# LA FACE CACHÉE DE *L'ÉQUIPE*

David Garcia

DANGER PUBLIC

Du même auteur :

*Multinationales 2005,* avec Walter Bouvais, Danger public, 2005.

*Le Pays où Bouygues est roi,* Danger public, 2006.



Collection : Hors Jeu
Directeur éditorial : Philippe Moreau
Directeur de collection : Roman Perrusset
Maquettistes : Anne Sorin, Marie Lemasson
Design de couverture : Marie Lemasson
Correctrice : Anne Descours


Groupe La Martinière
96, boulevard du Montparnasse
75014 Paris
Téléphone : 01 53 63 88 11
Fax : 01 45 49 17 60
dangerpublic@lamartiniere.fr
www.dangerpublic.net

ISBN : 978-2-35123-202-6

Droits étrangers / Subsidiary rights :
Pour toute demande de traduction, ou pour télécharger nos catalogues en langues étrangères, merci de vous connecter sur notre site Internet :
www.dangerpublic.net/index.php?Subsidiary-rights

« L'Équipe *légende le sport.* »
Devise et slogan publicitaire du quotidien sportif.

« L'Équipe *est un univers masculin,*
*un club où l'on peut oublier les grands problèmes de société,*
*le stress des rapports professionnels ou affectifs.*
*Nos lecteurs se sentent en communion car ils partagent*
*une même passion, qu'ils transmettent souvent à leur fils.*
*C'est le Club Med de la pensée.* »
Jérôme Bureau, *Le Monde*, 24 février 1996.

« *Nous avons été parmi les premiers à évoquer l'apparition*
*de l'EPO, en 1997. Mais attention à ne pas salir le sport.*
L'Équipe *doit continuer à exalter le champion.* »
Jérôme Bureau, *Libération*, 20 novembre 2002.

# LE SYMBOLE BALLESTER

Un spectre hante *L'Équipe*. Sept ans après le drame, le journaliste Pierre Ballester demeure l'ennemi public numéro un de la rubrique cyclisme. Viré « comme un malpropre [1] » – son expression favorite – pour « violation des règles d'honneur professionnel et violation d'un principe essentiel et contractuel de fonctionnement de la rédaction », l'ex-grand reporter, dix Tours de France au compteur, assume son geste et ne regrette – presque – rien.

Ballester a choisi de passer à l'acte selon un mode opératoire très particulier. Début décembre 2000, il remet à ses supérieurs hiérarchiques, Jean-Michel Rouet et Philippe Bouvet, trois témoignages écrits accusant deux autres journalistes de *L'Équipe* de connivence caractérisée avec des coureurs de l'équipe Festina, à l'occasion d'événements festifs. Des lettres où il est question, entre autres réjouissances, d'un stage d'entraînement arrosé, d'un mariage qui dérape et de prises en commun de… pot belge, mélange d'amphétamines, héroïne, cocaïne, caféine et antalgiques ! Un produit « injectable ou buvable », comme le précise Willy Voet dans un courrier daté du 9 décembre 2000. Parole d'expert.

L'ex-soigneur de l'équipe Festina est l'homme par qui a éclaté le plus grand scandale de dopage de l'histoire du sport. Contrôlé par la douane française, le 8 juillet 1998, alors qu'il s'apprêtait à faire passer en Belgique des centaines de produits dopants, le Flamand confesse l'existence d'un système de dopage organisé au sein de l'équipe Festina. Voet pointe du doigt les têtes d'affiche de la formation andorrane, notamment Richard Virenque, deuxième du Tour de France 1997 et grand favori de l'édition 1998. Des accusations reprises à son compte par Bruno Roussel, le directeur sportif de Festina, organisateur du trafic avec le médecin de l'équipe, Éric Ryckaert, décédé depuis.

Deux ans plus tard, Willy Voet et Bruno Roussel reprennent du service, cette fois à l'encontre de deux reporters de *L'Équipe*:

«Pendant le stage de l'équipe cycliste Festina qui s'est déroulé du 17 au 21 décembre 1996, des journalistes de *L'Équipe* sont venus réaliser un sujet sur notre équipe, relate Willy Voet d'une écriture fine et déliée. Le dernier jour du stage, après une réception, une grande partie des coureurs et des membres du personnel ont décidé de sortir en boîte de nuit à Aix-en-Provence, ainsi que les deux journalistes présents: MM. Martinez et Le Gars. Avant de partir, ils se sont tous réunis dans la chambre de Pascal Hervé pour, comme le veut la tradition, se “préparer un pot belge”, les deux journalistes étaient présents dans la chambre.»

En duettiste chevronné, Bruno Roussel corrobore de nouveau les propos de son ancien collaborateur: «À Gréoux-les-Bains [NDA: dans les Alpes-de-Haute-Provence, près des gorges du Verdon], j'ai pu noter une réelle complicité entre Richard Virenque, les coureurs et M. Le Gars – accompagné de M. Martinez. Les deux journalistes ont, en effet, accompagné une partie des coureurs de l'équipe Festina dans une fête improvisée et décadente *(sic)*, jusqu'au petit matin. Le lendemain, nous avons trouvé deux véhicules de l'équipe endommagés, dont un avec le toit enfoncé, visiblement on avait marché dessus volontairement. Je précise qu'à mon avis, il ne fait aucun doute que c'est quelqu'un de ce groupe – accompagnateurs compris – qui a eu un tel comportement. Je ne puis préciser l'identité de la personne, car je ne l'ai jamais su. Cependant, j'ai observé des sourires en coin, de la part de quelques coureurs, donc il s'agissait bien d'un membre du dit groupe. Cet épisode est particulièrement affligeant, vous en conviendrez. Je voulais préciser ceci, car depuis juillet 1998 et ce que l'on a appelé “l'affaire Festina”, j'ai régulièrement fait preuve de clarté et de responsabilité.»

Deux récits d'agapes nuptiales ajoutent au portrait peu flatteur des inséparables Le Gars-Martinez, présentés comme d'invétérés fêtards doublés de courtisans sans vergogne. Le premier concerne le mariage de Richard Virenque, célébré le 18 janvier 1997, auquel étaient invités les membres de l'équipe Festina et Philippe Le Gars. « Lors de la soirée, Virenque – comme le veut la coutume, celui qui invite "arrose" – a invité les coureurs, le personnel et M. Le Gars à participer à une "cérémonie de pot belge" qui se déroulait dans les toilettes du restaurant, explique Willy Voet. En sortant de ces toilettes, j'ai vu M. Le Gars y entrer avec Richard Virenque et Emmanuel Magnien. »

Tradition oblige, l'ancien champion de France de cyclo-cross Emmanuel Magnien n'a pas manqué lui aussi de convoler en justes noces, en novembre 1998. Parmi les invités, l'omniprésent Philippe Le Gars et le cycliste Jérôme Chiotti. Lequel raconte par le menu les flonflons du bal dans une lettre rédigée à l'attention de Pierre Ballester, l'ami des témoins à charge : « La soirée était plutôt réussie avec une ambiance assez "survoltée" due très probablement à ces fameux "pots belges", attaque le champion du monde de vélo tout-terrain 1996. Manu avait eu la courtoisie, comme cela se fait fréquemment dans les fêtes cyclistes aux mœurs bien accrochées, de mettre à notre disposition ces solutions injectables composées principalement d'amphétamines, d'héroïne et de cocaïne. Ainsi se sont déroulés pendant la soirée des va-et-vient incessants à l'extérieur ou aux toilettes de petits groupes formés selon les affinités. Jamais je n'ai "partagé" celui de

Philippe mais ses absences intermittentes et son attitude ce soir-là laissent à penser qu'il a très apprécié – et abusé ? –, tout comme moi d'ailleurs, les remontants gracieusement offerts par le marié !!! *(sic)* C'est ce qui s'appelle dans le jargon cycliste "rincer tout le monde" ! »

Jérôme Chiotti n'a « jamais partagé » de pot belge avec Philippe Le Gars en raison d'un différend entre les deux hommes, assure le vététiste dans le courrier. En somme, pas de copinage, pas de pot belge !

## DES ACCUSATIONS QUI FONT L'EFFET D'UNE BOMBE

L'année 2001 démarrait gentiment au 2, rue Rouget- de-Lisle, siège de la rédaction de *L'Équipe* à Issy-les-Moulineaux, dans l'ouest parisien. En ce dimanche d'après-fêtes de fin d'année, les rares journalistes présents trompent vaguement leur ennui, entre problèmes de digestion et blues post-gueule de bois. À l'exception du rallye Paris-Dakar, le mois de janvier est un désert sportif quasi absolu. Fidèle au poste, Jérôme Bureau, le directeur de la rédaction, fait signe à Philippe Le Gars. « Passe me voir dans huit jours. » Rendez-vous est pris au lendemain des championnats de France de cyclo-cross à Blaye, en Gironde. Manuel Martinez est convoqué le même jour, juste après son collègue.

« Assieds-toi, c'est très très grave. On t'accuse de complaisance avec des coureurs et d'avoir dépassé certaines limites lors de soirées. » Ce matin-là, Jérôme Bureau est beaucoup plus tendu qu'à l'ordinaire. Sur un ton inhabituellement sec, il invite Philippe Le Gars à prendre connaissance des trois témoignages dirigés contre lui. Refus poli du reporter de la rubrique vélo, qui dément catégoriquement la sortie de route déontologique et la consommation de pot belge. En guise de bonne foi, le rubricard propose d'apporter « la preuve capillaire » de son innocence. « Pas la peine », lui répond le patron, qui lui ordonne un silence complet sur l'affaire, histoire de calmer le jeu. « On laisse passer quinze jours », conclut-il en substance. Le temps de diligenter une « enquête interne » et de prendre une décision. Livide, Philippe Le Gars met au parfum son camarade d'infortune, et articule péniblement ces mots empreints de révolte : « C'est terrible, c'est n'importe quoi ! »

Novembre 2007. Malgré les embouteillages monstres, conséquence de la grève des transports en commun, Philippe Le Gars arrive à l'heure dite. Pas question de se défiler. La discrétion n'est plus de mise. Avec sa mine de premier communiant outragé, le jeune quadragénaire au visage grave défend *mordicus* sa version des faits. *Mezza voce*, il détache chaque syllabe en inclinant légèrement la tête.

« Je ne comprends pas qu'on puisse se piquer ou sniffer, mais je m'interdis de juger qui que ce soit, tout le monde a des vices », souffle-t-il. Quant à Manuel Martinez, la vue d'une seringue lui fait « tourner de l'œil ».

Dix ans après le stage *olé olé* de Gréoux-les-Bains, le tandem admet ne pas avoir fait toute la lumière sur cette ténébreuse affaire. Philippe Le Gars était l'envoyé spécial de *L'Équipe*, Manuel Martinez préparait un reportage pour *Vélo Magazine*, un mensuel appartenant au même groupe que le quotidien sportif. Un détail significatif émerge : la soirée des Festina était sponsorisée par Ricard. Résultat, dès 18 heures, les convives roulent sous la table avant même d'attaquer les plats de résistance. La faute au manager, Bruno Roussel, prêt aux dernières extrémités pour galvaniser ses troupes : « Allez bois ton coup, c'est moi qui régale ! », murmure-t-il à l'oreille de ses champions. Manuel Martinez n'est pas le dernier à s'exécuter. « J'avais bien picolé », sourit-il. Autant que le bondissant Laurent Brochard ? Victime d'une hallucination nocturne, le champion du monde de cyclisme sur route 1997 confond le toit d'une voiture Festina avec un trampoline ! D'un abord chaleureux, les mains toujours en mouvement, le très méditerranéen Manuel Martinez passe pour un type serviable et convivial, aux antipodes d'un Le Gars austère et tourmenté. Il n'est pas rare de voir le journaliste d'origine espagnole accoudé au comptoir de l'Irish Corner, le pub à côté de *L'Équipe*.

Rien d'autre à signaler sur Gréoux-les-Bains ? Philippe Le Gars marque une pause. « Ce soir-là, avec Manuel Martinez, nous nous sommes posé des questions sur leur état d'excitation. » Sans faire le rapprochement avec le pot belge, qui depuis des décennies est au milieu du vélo ce que la cocaïne est au show-biz : un rite initiatique et un code culturel. Ah bon ? Censément rompus – du haut de leurs dix ans de bouteille au groupe *L'Équipe* –, aux us et coutumes vélocipédiques, Philippe Le Gars et Manuel Martinez avaient vaguement entendu parler de la chose. De là à soupçonner une telle épidémie… « Certains ont peut-être pris des pots belges, mais je n'ai rien vu et je n'avais pas envie de savoir », reconnaît benoîtement Philippe Le Gars.

Dans les jours qui suivent la révélation des témoignages aux principaux intéressés, Jérôme Bureau organise une confrontation entre l'accusateur et les accusés, en présence des responsables du vélo, Jean-Michel Rouet, son adjoint Philippe Bouvet et du numéro deux de la rédaction, Claude Droussent, fin connaisseur du milieu cycliste. « Si monsieur Ballester est aussi honnête dans ses écrits que dans la calomnie, on peut mettre en doute ses compétences de journaliste », fulmine Philippe Le Gars. Impassible, Pierre Ballester déroule l'argumentaire qu'il répète inlassablement depuis sept longues années.

Attablé à l'étage d'un restaurant italien branché de la rue Montmartre, au cœur du « boboland » parisien, Pierre Ballester déplie les pages de *L'Équipe*. Taille moyenne, allure décontractée, l'homme fait plus jeune que ses 47 ans. Tout sourire, il évoque son chemin de Damas journalistique. Au commencement était le plaisir un peu égoïste d'exercer un métier correspondant à sa vocation. Contrairement à la plupart de ses anciens collègues, Pierre Ballester n'a jamais fantasmé à l'idée d'entrer à *L'Équipe*. En 1989, il débarque du bureau londonien de l'Agence France-Presse (AFP), direction les rubriques boxe et cyclisme du quotidien. « Seul sport itinérant échappant à la trilogie aéroport-stade-hôtel, le vélo constitue un formidable alibi au voyage », se remémore-t-il, un brin nostalgique. « Avant 1998, on parlait dopage, mais sans le matérialiser, par ignorance », résume le journaliste. Poursuivant son introspection, Pierre Ballester note que « le sport est l'une des rares rubriques vers laquelle on vient par passion, ou/et en raison d'une admiration sous-jacente pour les champions ». Ce « cordon ombilical qui relie à l'enfance les journalistes de sport » expliquerait « un certain penchant à l'absolution des sportifs ». Comme si chez eux, la passion « primait sur le devoir d'impartialité et rendait aveugle, sourd et muet ».

Et la lumière fut : « L'affaire Festina m'a ouvert les yeux, je suis devenu journaliste », murmure le converti. À la trappe les comptes-rendus exaltés et interviews énamourées.

Converti au journalisme d'enquête, le Prix Antoine-Blondin 1994 tombe comme une furie sur le paletot des tricheurs. Quitte à prendre à rebrousse-poil les cadors de la petite reine. Lance Armstrong, septuple vainqueur du Tour de France, sera le premier et dernier, faute de temps, à faire les frais de son opération mains propres.

Bien sûr, tous les journalistes de *L'Équipe* n'entrent pas dans ce schéma tracé à gros traits. Ses anciens collègues n'ont pas attendu l'oracle ballestérien pour accomplir leur mue. Certains prophètes avaient même prêché la bonne parole longtemps avant lui. Il n'empêche. Pierre Ballester voit juste lorsqu'il affirme qu'avec le séisme Festina « les personnalités de journalistes se sont révélées ». Une majorité de confrères prend alors le train en route, « au gré du vent ». Laissant deux minorités plus ou moins agissantes s'opposer plus ou moins frontalement. Les chantres de l'investigation à tous crins contre les apôtres d'un journalisme glorifiant les exploits des champions… au risque de la connivence. Le débat ne se réduit pas à une opposition aussi platement manichéenne. Sans quoi, il aurait été tranché depuis belle lurette.

## LA CONNIVENCE ORDINAIRE

« J'ai vu arriver monsieur Philippe Le Gars dans le monde cycliste professionnel, et très tôt j'ai eu le sentiment qu'il cherchait à s'attirer les faveurs du coureur le plus en vue de notre équipe, en l'occurrence, M. Richard Virenque. » Dans son témoignage remis clés en main à Pierre Ballester, Bruno Roussel dissèque le cas Le Gars à la manière d'un médecin diagnostiquant les symptômes d'une maladie. « Je ne connais pas le code déontologique de la presse, mais j'ai la conviction que cette personne faisait du "copinage" avec Richard Virenque, dans le souci de devenir son interlocuteur privilégié au journal *L'Équipe*. Cette situation s'est prolongée longtemps au point de me laisser perplexe quant à l'objectivité des articles concernant notre coureur, signés par ce monsieur. » Autant de jolis articles qui fleurent bon l'exploit et l'épique. De quoi gonfler d'orgueil Richard « Cœur de Lion », ravi de parader à la une des journaux. « Si la vie avait été mieux faite, je serais devenu une rock star. Monter sur une scène, faire délirer les foules à la Michael Jackson… », confiait Virenque dans *Le Quotidien*[2]. À défaut de faire chavirer le Stade de France, le super-grimpeur Virenque – 7 maillots à pois sur le Tour de France, un record – rafle haut la main le trophée du cycliste français le plus populaire des années quatre-vingt-dix. Une épopée relayée par *L'Équipe* avec le même soin zélé, hormis la « parenthèse » de l'affaire et du procès Festina, jusqu'à la retraite du coureur en 2004. Le secret de cette réussite médiatique hors norme ? « Richard a su nouer des relations privilégiées et suivies avec de jeunes journalistes qui ne lui ont jamais fait défaut », analyse Bruno Roussel, joint au téléphone en juin 2007. À la décharge de Philippe Le Gars et consorts, « avant 1998 surtout, tout le monde écrivait des articles sympas sur Virenque », nuance Roussel. Quand la France succombait à la « Virenquemania »…

Jérôme Chiotti confirme cette « proximité », ainsi que celle de Manuel Martinez avec Emmanuel Magnien, un ancien Festina beaucoup moins célèbre : « Lorsque Manuel Martinez a divorcé, il a été hébergé par Emmanuel Magnien. » « Il m'a "récupéré" (*sic*) pendant une semaine, abonde Manuel Martinez. Mais nous nous sommes brouillés par la suite, la femme de Magnien m'a reproché d'avoir écrit et réécrit que son mari avait été placé en garde à vue lors de l'affaire Festina. »

Quoi de plus normal que ce voisinage ? « Les journalistes ont besoin de se faire des amis parmi les sportifs pour sortir des informations exclusives. Certains coureurs bénéficient donc d'un traitement de faveur. Virenque et Magnien en ont profité, d'autres prennent le relais aujourd'hui. Tant mieux pour eux, tant mieux pour les journalistes de *L'Équipe* », assène Jérôme Chiotti sur un ton désabusé. Un accord « gagnant-gagnant » en somme. Tricard depuis la publication de ses aveux, l'ancien champion du monde de VTT s'est retiré dans le Gard, où il tient une pizzeria.

En butte lui aussi au rejet du milieu du vélo, Antoine Vayer, ancien entraîneur de l'équipe Festina, a fait de *L'Équipe*, qualifiée à l'envi de « *Pravda* du sport », sa tête de Turc favorite. Appelé à témoigner lors du procès Festina, il stigmatise ces journalistes qui « servaient de relations publiques aux coureurs, partageant leur mode de vie et même plus si affinités [3] ».

Si Philippe Le Gars nie farouchement le moindre acoquinement avec le roi Richard, ses textes laissent transparaître au minimum une certaine complicité. Florilège.

Le 12 juillet 2003, Richard Virenque remporte à Morzine une des plus belles étapes de sa carrière sur le Tour de France. Deux jours plus tard, Philipe Le Gars exalte le retour triomphant du seigneur de la montagne [4] dans une interview d'anthologie. « On vous a senti justement presque détaché de ce qui vous arrivait samedi », interroge-t-il avec une pointe d'admiration. « J'ai passé l'âge de m'exciter comme un fou. Il y a des choses tellement plus importantes qu'un maillot jaune. [...] Je resterai le Virenque offensif jusqu'au moment où je dirai : voilà messieurs, c'est fini. Je vous remercie pour tout, et au revoir ! Je veux une belle sortie, honnête et respectable. » Pas question pour Philippe Le Gars de rester sur cette note trop humble. « Mais d'autres au téléphone, samedi soir, ont dû vous rappeler que vous veniez de réaliser un véritable exploit ? » Notre champion varois opine : oui, Johann Museuw[5], Laurent et Nicolas Jalabert, ses anciens coéquipiers de Festina, Pascal Hervé et Laurent Dufaux, lui ont rendu hommage. « Même Armstrong » est venu féliciter la vedette télégénique. « Comment avez-vous passé la nuit de samedi à dimanche ? », revient à la charge Le Gars, mû par un irrésistible sens du détail. Incisif : « On a l'impression que vous vous êtes surpris vous-même ? » Extatique : « Pourtant c'est votre fougue et votre inconscience qui vous ont aidé à devenir Richard Virenque ? » Avant de s'inquiéter brusquement : « N'avez-vous pas peur aujourd'hui qu'on doute encore de vos performances, de votre intégrité ? » En état de lévitation avancée, le beau Richard se met à parler de lui à la troisième personne : « On l'a évoqué. Il savait tout ce qui s'était passé. Mais s'il [Patrick Lefévère, le gérant de Festina] m'a embauché, c'est parce qu'il avait totale confiance en Richard Virenque. »

Logiquement, c'est à Philippe Le Gars que revient l'honneur d'annoncer la retraite de Virenque dans *L'Équipe* du 24 septembre 2004 : « Le panache et le sens du spectacle de Richard Virenque auront fait sa carrière, mais sans jamais faire oublier l'affaire Festina, terrible brèche dans un parcours jusque-là parfait, rappelle-t-il en préambule. Entêté dans son refus d'avouer sa faute, il l'a toujours été aussi sur son vélo.» Le Gars s'échine à représenter Virenque comme un chic type fourvoyé dans le dopage et la fraude organisés. Un anticonformiste maladroit et incompris. «En fait, il fut longtemps et souvent la risée d'un peloton attaché aux traditions, voire réactionnaire. Car, qu'on le veuille ou non, Richard Virenque, à l'entame des années quatre-vingt-dix, passait pour un original dans le milieu.» Non, Richard Virenque n'était pas l'être arrogant, inculte et légèrement m'as-tu-vu dépeint par certains esprits snobs. Enfin pas seulement. Son seul tort aux yeux de Le Gars? «Se promener en Perfecto noir, […] rouler en Porsche et surtout […] vivre sur la Côte d'Azur, loin des terres traditionnelles du cyclisme. On lui reprochait à l'occasion de manquer de respect pour les anciens […]. Sauf que sa maladresse provenait d'un manque total de culture cycliste.»

Dans *L'Équipe* du lendemain, Le Gars raconte les confidences de Virenque dans le taxi qui le conduit à l'Olympia où il fera ses adieux, trente-huit ans après Jacques Brel… Le journaliste s'attache à polir l'image que laissera Virenque à la postérité. Façon Hollywood, avec séquence obligatoire de la rédemption du héros. «Comment expliquez-vous que votre image ait évolué dans le bon sens après l'affaire Festina?» Réponse à la troisième personne du Virenque repenti mais toujours aussi mégalo: «Voilà, je ne suis plus comme avant. […] Il y a eu deux Richard Virenque, en fait. […] Le premier Richard Virenque se sentait invincible. Le second s'est retrouvé tout seul, il est reparti avec un esprit libéré. Mais celui-là a bien vécu. Il a su profiter des meilleurs moments de la vie.» Rideau.

Connivence, et alors? «Les patrons de la rédaction de l'époque[6] étaient très fiers que je participe au mariage de Richard Virenque, contre-attaque Philippe Le Gars. Ils m'ont même poussé à y aller car j'étais payé par le journal pour sortir des exclusivités et des infos de première main.» «Après Festina, Le Gars était le seul journaliste à qui Virenque acceptait de parler, Jean-Michel Rouet sautait de joie au plafond», témoigne Manuel Martinez.

Preuve de l'efficacité de sa méthode de travail, Le Gars sort notamment les affaires de dopage de Christophe Moreau et Pascal Lino. Mieux: le 15 janvier 1997, il révèle «les confessions du docteur X», alias Éric Ryckaert, le médecin de l'équipe Festina, sur le dopage. Un joli coup réussi «grâce aux liens patiemment tissés pendant des années», insiste Le Gars. À la question, «que pensez-vous des progrès réalisés pour déceler l'EPO[7]?», il répond: «Mais il y a cinq ans, les techniques de recherche étaient exactement les mêmes qu'aujourd'hui! Alors, soudainement, on serait capable de déceler l'EPO? Si les instances internationales avaient vraiment voulu protéger le cyclisme et ses sportifs avant 1997, elles auraient très bien pu débloquer les budgets nécessaires. C'est un manque de volonté politique.

On aurait pu, il y a cinq ans déjà, déceler l'EPO dans le sang mais aussi dans les urines. Sans doute ne l'a-t-on pas voulu.» «Énorme», aurait pu titrer en une *L'Équipe*. Sous couvert d'anonymat–l'article, de même, est non signé–, Éric Ryckaert explique tranquillement que l'Union cycliste internationale (UCI) a laissé se développer le dopage faute d'intervenir à temps. Avant de se contredire juste après en affirmant sans rire que «les cyclistes d'aujourd'hui sont beaucoup plus propres»!

## MONSIEUR DOPAGE

Le genre de sentence définitive que l'on entendra régulièrement par la suite. Par exemple pendant le Tour de France 1999, censé être celui du «renouveau». Raté. Le Tour 1999 marque l'avènement de Lance Armstrong, un miraculé du cancer qui jusque-là n'avait guère brillé sur les épreuves de trois semaines. Il vient alors d'inventer le cyclisme «à deux vitesses», selon une formule de Philippe Bouvet: «C'est un autre coureur, qui ressemble vaguement à celui qui fut, sous la pluie déjà, l'un des plus jeunes champions du monde de l'histoire, il y a bientôt six ans à Oslo. [...] Bref, le maillot jaune est seul, trop seul. Il y a lui et les autres[8].» Le numéro deux de la rubrique cyclisme de *L'Équipe* donne le nouveau ton du journal. Résolument offensif et déterminé à ne plus s'en laisser conter par le premier héros venu. L'ouragan Festina, que personne n'avait vu venir avant le coup de filet de la douane, est dans toutes les têtes. Pas de chance pour Armstrong, contraint de se coltiner des journalistes échaudés et incrédules devant ses performances exceptionnelles.

18 juillet au soir. Le téléphone portable de Pierre Ballester sonne. Au bout du fil, Lance Armstrong. « Faut arrêter avec vos titres à double sens. Vous me traitez avec mépris, ces insinuations tout ça… Ce n'est pas normal[9]. » Ballester calme le bouillant Américain et lui propose de « s'expliquer ». Rendez-vous est pris le lendemain, jour de repos, dans la chambre d'hôtel d'Armstrong à Saint-Gaudens, en Haute-Garonne. Bousculé par un Ballester pugnace et intransigeant sur l'exercice de son droit de suite journalistique, Armstrong joue le jeu sans se défausser. À l'arrivée, cela donne une excellente interview qui a dû défriser plus d'un vieux lecteur de *L'Équipe*[10]. Les questions fusent, tranchantes comme des lames de rasoir. « Vous n'avez recours à aucun certificat médical ? » ; « Rien de rien ? Ni pour les corticoïdes ni pour l'EPO ? » ; « N'avez-vous jamais utilisé des produits de ce type pour guérir votre cancer ? » ; « N'avez-vous plus de traitement à suivre pour éviter une éventuelle résurgence de votre cancer ? » ; « Que s'est-il passé pour que vous abandonniez si brutalement Paris-Nice en mars 1998, au cours de la première étape ? »

« Je sais, c'était dingue, il faisait froid et venteux », bredouille le Texan. « Comme lors de bien des courses du mois de mars », réplique sèchement le reporter. En vieux renard du journalisme, Ballester garde la question piège pour la fin.

« Que répondez-vous à ceux qui vous ont vu franchir les cols menant à Sestrières bouche fermée et dépourvu de marques de fatigue ? – Qui, moi ? – Ben oui, vous. – Mais bon Dieu, c'était un sacré putain d'effort ! Et je cherchais de l'air par mon nez, par ma bouche, par mon cul, mes orteils ! Mais il ne faut pas que ça se voit. Vous savez, la stratégie joue à plein dans ces moments-là. Si vous grimacez, l'adversaire ne le verra peut-être pas directement, mais son directeur sportif, qui a un poste de télévision dans sa voiture, détectera aussitôt votre souffrance. On sait quand les caméras sont braquées sur nous. Il faut savoir jouer avec. » L'Américain ne sera pas toujours aussi franc.

Mais l'esprit critique n'empêche pas un certain respect teinté de fascination. Curieusement, Pierre Ballester s'incline devant le « come-back du siècle[11] », six jours seulement après avoir dézingué l'ami du président Bush ! « Oui, Lance Armstrong "*just did it*", il l'a fait. Pas seulement de remporter quatre étapes ou de prendre une place parmi les étoiles, pas uniquement pour avoir mis à genoux les doutes de notre nature humaine et d'adresser un formidable message, mais pour avoir terrassé le dragon noir de notre condition terrestre. Parce que sa trajectoire impossible, comme il l'a sobrement conclu, "est une histoire vraie".» Chassez le lyrisme, il revient au galop !

Une fois digérée cette petite rechute, Ballester se glisse tout entier dans la peau de son nouveau personnage. Désigné officiellement comme le monsieur dopage de la rubrique cyclisme à la rentrée 1999, il prend du champ pour se consacrer pleinement aux « affaires », et à leur environnement juridico-institutionnel. En quelques mois, il devient le « référent » unique en matière de dopage à *L'Équipe*, même s'il ne sort pas de la sphère cycliste. « Au début, l'activisme de Ballester ne gênait nullement ses collègues de rubrique, assez peu motivés par les enquêtes sur le dopage », explique Jean-Pierre Bidet, adjoint à la responsable de la rubrique vélo. Les choses se gâtent à partir de l'été 2000, dans la foulée de la nomination de Pierre Ballester au poste de chef de service. Soit l'équivalent du troisième rang dans la hiérarchie, derrière Jean-Michel Rouet et Philippe Bouvet. Une partie de la rédaction du cyclisme perçoit cette promotion comme une mise en cause implicite de sa façon de travailler. Dès lors que Ballester exerce une influence légitimée par son statut, le fossé avec les traditionalistes ne va cesser de se creuser. Manuel Martinez et surtout Philippe Le Gars ne supportent pas les remarques de Ballester sur leurs papiers, encore moins les coupes plus ou moins sombres. Les sujets décommandés sont vécus comme des humiliations, voire des sanctions déguisées. « Ballester ne manque ni de talent ni de convictions, mais son engagement contre le dopage lui est monté à la tête », analyse Jean-Pierre Bidet. Catalogué au choix « donneur de leçons », « chevalier blanc » ou « monsieur propre », il exaspère une bonne partie de ses collègues, y compris ceux qui sont d'accord avec lui. Au point de susciter une amorce de rébellion.

Digne d'une escarmouche picrocholine, la scène se passe fin septembre à Plouay, hôte des Championnats du monde de cyclisme sur route. Guy Roger, Philippe Le Gars, Manuel Martinez, Jean-Luc Gatellier, Barbara Rumpus... Profitant de l'absence des trois chefs, la rubrique presque au complet se réunit un soir dans le bar d'un hôtel situé au Bono, petit port de pêche du golfe du Morbihan : Le Gars, le meneur de la bande, s'exprime en premier. « On ne tient pas compte de notre vécu, on nous donne des ordres sans concertation, il n'y a plus d'échange », dit-il en substance. Pour Manuel Martinez, pas de doute : « Pierre Ballester a pris le pouvoir, avec le consentement de Jean-Michel Rouet et Philippe Bouvet. Il a raison sur tout, on ne parle plus de cyclisme, seul le dopage l'intéresse. » Unanimes, les rebelles décident de rédiger une lettre faisant état de leur malaise et de la transmettre à Jérôme Bureau. Mais ces velléités contestatrices ne survivront pas au retour à Issy. Ce qui n'empêche pas Rouet et Bouvet de convoquer Le Gars, Martinez, Guy Roger et Ballester. La rumeur aidant, le projet de lettre s'est transformé en tentative de putsch ! Vociférations de part et d'autre. Le Gars et Ballester se prennent officiellement le bec. À compter de ce jour, ces deux-là se haïront ouvertement. Dédouanés par Jean-Pierre Bidet, Le Gars et Martinez sauvent leur tête sur le fil du hachoir.

## LA GUERRE EST DÉCLARÉE

Le climat va définitivement se dégrader à l'automne, pendant le procès Festina. « Personne ne s'est battu pour le couvrir », ironise Jean-Pierre Bidet. Hormis Pierre Ballester, auquel prêtera main-forte Guy Roger, spécialiste du cyclisme espagnol. Leurs comptes-rendus des audiences sont appréciés en haut lieu. Jérôme Bureau ne tarit pas d'éloges sur le travail de Ballester, qui se sent pousser des ailes. Tout en tolérant de moins en moins l'hostilité affichée de Martinez et de Le Gars. « Pierre Ballester se sentait de plus en plus contesté et désavoué par ces deux confrères, y compris à l'extérieur du journal », écrit Dominique Candille, déléguée CGT de *L'Équipe*, dans un témoignage du 28 février 2001 transmis à l'avocat du journaliste après son licenciement.

Ne manquait plus que l'étincelle pour allumer la mèche. Au milieu du mois d'octobre, en plein procès Festina, éclate une violente altercation dans la salle du cyclisme. Philippe Le Gars prend à partie Philippe Bouvet en lui reprochant de confier à Ballester des responsabilités que ce dernier serait incapable d'assumer. Vexé, le chef de service incriminé se sent « agressé et en état de légitime défense, ses qualités professionnelles, son éthique étant bafouées », toujours selon le témoignage cégétiste. C'est à ce moment-là que Ballester se met en quête de témoignages prouvant la mauvaise conduite professionnelle de ses deux collègues. Officiellement pour « mettre les choses à plat » et provoquer une discussion « sur le fond » au sein de sa rubrique. En réalité et bien qu'il refuse de le reconnaître, le but de la manœuvre était bien de faire virer Philippe Le Gars et Manuel Martinez.

Trop sûr de son coup, Ballester néglige les fondamentaux de la stratégie. Au lieu de tâter le terrain auprès de ses chefs, il les met devant le fait accompli et insiste pour que les témoignages accablant Le Gars et Martinez remontent vers la direction de la rédaction. Vœu exaucé : Rouet et Bouvet refilent dare-dare la patate chaude à Jérôme Bureau en prenant soin de se désolidariser de leur chouchou. « Je me sens étranger à cette affaire », affirme aujourd'hui Philippe Bouvet. De son côté, Jean-Michel Rouet trouve « exagéré [12] » l'emploi du mot « connivence » pour désigner l'attitude des journalistes. Il dit encore : « J'ai tenté de dissuader Pierre de s'engager dans cette voie sans issue. » En vain.

Ballester est convoqué un matin à 11 heures pour un entretien préalable à son licenciement. Vers 10 heures 30, Jean-Michel Rouet, qui devait être présent, annule sa participation. Jérôme Bureau a donc tranché en faveur de Philippe Le Gars et Manuel Martinez. Par ici la sortie pour Pierre Ballester, informé de son éviction par un courrier daté du 7 février 2001. Juridiquement, le licenciement repose sur deux motifs. Le directeur de la rédaction reproche à Ballester « d'avoir été l'auteur de deux ouvrages[13] pour le compte de personnalités du monde du cyclisme sans avoir sollicité l'autorisation écrite de la direction de la rédaction ». *Massacres à la chaîne*, le livre choc de Willy Voet révélant les dessous de l'affaire Festina, et les aveux de Jérôme Chiotti reconnaissant s'être dopé ont pour seul et même auteur Pierre Ballester. En clair, les journalistes de *L'Équipe* ont le droit de jouer au « nègre », à condition de demander la permission avant. Mais là n'est pas l'essentiel. Même si le pedigree des pseudo-auteurs, tous deux témoins à charge dans cette affaire avec Bruno Roussel, n'a pas dû arranger le tableau aux yeux des tauliers de *L'Équipe*. « Deux des auteurs des trois témoignages ont été condamnés à des peines d'emprisonnement avec sursis par le tribunal correctionnel de Lille car ils ont été impliqués dans des affaires de dopage de coureurs cyclistes, plaidera l'avocat de *L'Équipe* lors du procès intenté par Pierre Ballester à son ancien employeur, devant le conseil des prud'hommes de Nanterre. Le troisième auteur, M. Jérôme Chiotti, a reconnu publiquement avoir utilisé des produits stupéfiants en vue de conquérir le titre mondial de VTT en 1996.» «Les témoignages me semblaient sujets à caution, venant de gens qui en voulaient aux deux mecs en question», juge en écho Jean-Michel Rouet. «Les amis de mes ennemis sont mes ennemis», dit l'adage... Or, l'ancien directeur sportif et l'ex-soigneur de Festina n'ont pas pardonné le lâchage en règle de Richard Virenque après leur arrestation, en juillet 1998.

Derrière la formulation absconse du second motif, «violation d'un principe essentiel et contractuel de fonctionnement de la rédaction», se cache la vraie raison du départ forcé de Ballester. La méthode employée a profondément choqué la rédaction, bien au-delà de la direction. «La dénonciation de collègues de travail dans des lettres rappelle de mauvais souvenirs», estime un témoin direct des faits toujours en poste aujourd'hui. Plus énervé, un autre «n'ose imaginer comment se serait comporté Pierre Ballester pendant la Deuxième Guerre mondiale». La citation a été tronquée à dessein, mais tout le monde aura compris le parallèle quelque peu outrancier. Adepte du parler vrai, l'ancien rédacteur en chef Marc Van Moere synthétise l'opinion dominante: «Pierre Ballester est un journaliste qui a des couilles, mais c'est en même temps un individualiste forcené et un mauvais camarade[14].» Un autre ex-rédacteur en chef qui souhaite garder l'anonymat jure que «Jérôme n'a pas pu faire autrement que de le virer. Autrement, il aurait laissé la porte ouverte à toutes les dérives». Bureau refuse de s'exprimer sur cette affaire, et plus généralement sur son règne de dix ans à la tête de *L'Équipe*. Son adjoint de l'époque et successeur Claude Droussent, juge «inadmissible ce qu'a fait Ballester, tant sur la forme que sur le fond». Il n'y a guère que Damien Ressiot, spécialiste du dopage omnisports à *L'Équipe*, qui soutient son prédécesseur à la rubrique cyclisme: «J'aime bien Ballester, c'est un bon journaliste. Il est détesté humainement à cause de sa manière indéfendable de procéder. Mais comment éviter le débat de fond? Les faits qu'il dénonce sont totalement hallucinants par rapport au fonctionnement du journal. Je comprends que ce soit devenu insupportable pour lui. À sa place, je me demande comment je réagirais[15].»

Le plus insupportable pour Ballester est d'être passé en quelques semaines du statut de journaliste plébiscité à celui de paria. «Le mec qui a fait une couverture remarquable du procès Festina en octobre 2000, aux dires de ses pairs et de sa hiérarchie, va être viré en février 2001», lâche-t-il, amer. Poussé par son avocat Thibault de Montbrial, également défenseur du trio Roussel, Voet et Chiotti, Ballester engage des poursuites contre *L'Équipe* à qui il réclame 170 000 euros de dommages et intérêts. Encore raté. Il est débouté le 25 juillet 2002. Défaite sans appel. « Ma future femme travaillait à *L'Équipe*, j'ai laissé tomber pour la préserver d'éventuelles représailles. »

Le désormais ex-journaliste du quotidien sportif refuse pour cette même raison de livrer les détails de sa mésaventure dans les colonnes d'autres journaux. À l'exception de *Libération*, où il s'autorise une allusion cryptée au scandale : « Je trouve normal qu'un curé dénonce un autre curé s'il est pédophile [16] » !

## LES CHAMPS DE RUINES

Le dénouement de l'affaire Ballester laisse la rubrique cyclisme sens dessus dessous. La guerre civile qui s'achève a laissé des traces. Traumatisés, les proches de Ballester attendent le couperet, résignés. La reprise en main ne se fait pas attendre. Jean-Michel Rouet est débarqué. Philippe Bouvet s'accroche après avoir accepté de rétrograder au rang de co-« leader » de la rubrique avec Philippe Brunel. Tous deux sont sanctionnés pour leur incapacité à avoir circonscrit l'incendie Ballester. Pourquoi n'ont-ils pas réglé le problème à leur niveau en demandant des explications à Martinez et Le Gars, plutôt que de s'empresser de refiler le bébé à Jérôme Bureau ? La purge s'étend aussi aux non-gradés.

Exit Guy Roger et Jean-Luc Gatellier, transférés à la rubrique football. La voie est libre pour Frédérique Galametz. En provenance du groupe des sports olympiques après avoir suivi le PSG et l'équipe de France de football, cette proche de Claude Droussent, le directeur adjoint de la rédaction, remet de l'ordre dans la maison. Sa première décision : conforter à leur place Philippe Le Gars et Manuel Martinez. « Cette affaire les a détruits psychologiquement, alors qu'ils font partie des meilleurs journalistes de *L'Équipe*, dit-elle. À qui demande-t-on d'interviewer Alberto Contador ? Manuel Martinez. Jan Ullrich, Alexandre Vinokourov ? Philippe Le Gars[17]. »

« Il a fallu dix ans de travail pour que je gagne la confiance d'Ullrich, explique Le Gars. Vers 2001-2002, il a compris qui j'étais et j'ai pu aller chez lui en Suisse à deux ou trois reprises. » Ce qu'aucun autre journaliste, y compris allemand – le vainqueur du Tour de France 1997 déteste les médias de son pays –, n'a réussi ! Exclusivité mondiale, *L'Équipe* sera le premier journal à annoncer la retraite d'Ullrich, le 26 février 2007, avant même sa conférence de presse. Quatre mois plus tard, paraît un article intitulé « Ullrich, si loin[18] », où l'on sent de nouveau la patte Le Gars.

« L'hiver dernier, Ullrich a passé plus d'un mois en Afrique du Sud, où il s'est engagé dans une action humanitaire pour la construction d'écoles. Sa présence a permis de récolter des fonds importants pour ces projets. Il n'a pas souhaité en faire la publicité en Europe.» Incorrigible, Le Gars ne peut pas s'empêcher d'en rajouter sur la philanthropie pudique du champion originaire d'Allemagne de l'Est, impliqué dans le réseau de dopage organisé Puerto mis au jour en juin 2006. «Aujourd'hui, il préfère l'anonymat, ce qui ne l'empêche pas d'utiliser encore son nom pour ses affaires – quelques investissements dans une ligne de vêtements et une marque de vélo –, mais surtout pour aider une association suisse offrant un enseignement scolaire adapté aux enfants hospitalisés.»

Non, Philippe Le Gars n'a pas changé, même si la blessure n'en finit pas de cicatriser. «Je voulais porter plainte pour calomnie, finalement j'ai suivi la ligne du journal. Je l'ai très mal vécu, ça me rend malheureux[19].» Pas facile de faire abstraction quand on porte une pancarte «pot belge» solidement accrochée dans le dos. Longtemps après la fin de ses démêlés avec Ballester, un farceur s'injecte devant lui le contenu d'une seringue imaginaire. Les portes de l'ascenseur se referment. Le Gars et le Mime Marceau du pot belge n'échangeront pas une parole. Contrairement aux apparences, son compère Martinez ne va pas mieux: «Pendant et après la campagne de calomnies, ça a été le black-out total, plus personne ne me connaissait au journal. Je ne m'en suis toujours pas remis, j'intériorise beaucoup[20].» De loin en loin, le diable ressort de sa boîte, rouvrant la plaie. Comme lors de cette soirée sur le Critérium du *Dauphiné libéré*, en juin 2007, où un journaliste de France Télévisions balance, hilare, à Manuel Martinez : « Le pot belge, toi tu connais bien. » Personne n'en parle ouvertement, mais le milieu du vélo, médias inclus, connaît l'anecdote sur le bout du doigt. Et s'en délecte.

Tôt ou tard, les secrets de famille les mieux gardés finissent par remonter à la surface. Gare au retour du refoulé ! « On peut reprocher à Bureau d'avoir refermé le couvercle de la marmite en sacrifiant Ballester sans oser ouvrir un débat sur la connivence dans le journal », analyse Frédérique Galametz. Jérôme Bureau s'opposera au grand déballage devant l'ensemble des salariés. Lui dont la facilité à retourner comme un gant les assemblées générales les plus frondeuses fit l'admiration des syndicalistes les plus endurcis… Résultat :

« *L'Équipe* n'est pas sortie de cette ambiguïté entre une critique salutaire du dopage et la nécessité vitale pour elle d'être proche des champions », ajoute la chef de la rubrique cyclisme. Bien vu. On va y revenir tout au long de ce livre.

PREMIÈRE PARTIE

# *L'ÉQUIPE*, UN MONOPOLE

# LA BIBLE DU SPORT

La bible du sport. C'est la formule qui vient spontanément à l'esprit des sportifs, dirigeants, professionnels, amateurs ou simples lecteurs, quand on leur demande de qualifier *L'Équipe*. Le quotidien et ses principaux satellites –*L'Équipe Magazine*, *France Football*, *Vélo Magazine*, L'Équipe.fr, L'Équipe TV–, tous propriété du groupe Amaury, sont au sport ce que *Le Monde* est à l'actualité internationale, la politique, les sujets de société et l'économie. Une référence incontestable et incontestée. Même pour ses détracteurs les plus virulents ; que ce soit dans la presse, hier *Miroir du football*, aujourd'hui *Les Cahiers du football;* chez les intellectuels critiques du sport ; ou encore parmi les pourfendeurs du dopage, tels que le docteur Jean-Pierre de Mondenard ; tous se réfèrent sans cesse à *L'Équipe*. La légitimant un peu plus, sans doute à leur corps défendant. Il en va bien sûr de même pour le présent ouvrage.

Grands Chelems et Masters Series en tennis ; meetings d'athlétisme ; Tri-Nations de rugby dans l'hémisphère Sud ; Copa America et Coupe d'Afrique des nations en football ; Tour de France, Giro, Vuelta, classiques en cyclisme ; sans oublier les innombrables « petits sports » auxquels *L'Équipe* n'a jamais fait défaut. Ses 289 journalistes – en juin 2008 – couvrent l'actualité du sport aux quatre coins du globe.

Le soleil ne se couche jamais sur l'empire d'Issy-les-Moulineaux, siège du groupe *L'Équipe*. Le 19 janvier 1984, l'Italien Francesco Moser battait le record de l'heure de cyclisme sur piste détenu par Eddy Merckx. Pierre Chany, le mythique leader de la rubrique cyclisme de *L'Équipe*, était le seul envoyé spécial de la presse française. Une génération plus tard, le samedi 31 mai 2008, un seul journaliste français assistait à la « chevauchée fantastique » – poncif de rigueur dans la presse sportive – d'Usain Bolt. Ce jour-là, le Jamaïcain pulvérisait le record du 100 mètres à New York. Sous l'œil exigeant et non moins enthousiaste de Jean-Denis Coquard, journaliste à la rubrique athlétisme de *L'Équipe*.

Avec une enveloppe de quatre millions d'euros dévolue, bon an mal an, au reportage, le quotidien voulu et créé par Jacques Goddet puise sa force au plus près du terrain, là où se fait l'actualité. À rebours de la tendance générale dans la presse à la réduction des postes de reporters. Non, *L'Équipe* ne sacrifie pas à la dictature du *desk* – travail de bureau – et au copier-coller des dépêches d'agence. Non, *L'Équipe* ne se vautre pas non plus dans le chauvinisme, ou du moins beaucoup moins qu'ailleurs. « Le journal est plus chauvin aujourd'hui, nuance Françoise Inizan, ancienne chef de la rubrique athlétisme du quotidien et reporter à *L'Équipe Magazine*. Lors des championnats du monde d'athlétisme de 2007, *L'Équipe* ne parlait quasiment que des athlètes franco-français [1]. » Oui, mais c'est pire du côté des voisins espagnols et italiens, par exemple. Obnubilés par les clubs de football locaux, *La Gazzetta dello sport* et *Marca* laissent la portion congrue aux autres sports, sauf quand leurs compatriotes s'y illustrent.

« *L'Équipe* a créé le sport français. » Cette jolie formule appartient à Serge Laget, l'ex-archiviste en chef de *L'Équipe*, qui a pris sa retraite en 2008. Historiquement, la presse sportive, *L'Équipe* en tête, a lancé et organisé des épreuves sportives pour gonfler ses ventes. C'est dans cette perspective que *L'Auto* –l'ancêtre de *L'Équipe*, propriété de Victor Goddet– invente le Tour de France en 1903. La Grande Boucle renaîtra de ses cendres après-guerre grâce à la détermination de Jacques Goddet –et à un coup de main intéressé d'Émilien Amaury. Suivra, en 1955, la Coupe d'Europe des clubs champions, dont le copyright, la mise en musique et le service après-vente reviennent respectivement à Gabriel Hanot, leader de la rubrique foot, à Jacques Ferran, le pape du football à *L'Équipe*, et à Jacques Goddet. Le Ballon d'Or *France Football*, qui récompense le meilleur footballeur européen de l'année, voit le jour durant la même période. «*France Football* est une "institution" du foot, explique Laurent Wetzel, rédacteur en chef de l'hebdomadaire. Il bénéficie d'une notoriété mondiale, grâce, bien sûr, au Ballon d'Or. À Madrid, Turin, Milan, Barcelone, Munich, Londres, on connaît *France Football*[2].» On peut sans risque d'erreur dire la même chose de *L'Équipe*. Dans les années soixante, *L'Équipe* crée la Coupe du monde de ski, puis la Route du rhum, la décennie suivante. Et parraine le rallye automobile Paris-Dakar à ses débuts, en 1978.

Poussant l'engagement jusqu'à aider financièrement les héros tricolores, à une époque où l'argent n'irriguait pas encore le sport. À l'automne 1958, Michel Jazy, futur champion d'Europe du 1500 m et du 5000 m, est embauché comme typographe à *L'Équipe*, dans l'optique des Jeux olympiques de Rome.

Même Pelé, le roi du football, est impressionné par la stature de Jacques Goddet. Venu en France, dans les années soixante, pour faire la promotion d'une marque de café, le Brésilien se poste devant le bureau du directeur de *L'Équipe* sans oser déranger. Jusqu'à ce que le journaliste de rugby Henri Garcia le remarque. « Mais je le connais, c'est Pelé ! »

De plein pied dans le monde du sport, les fondateurs de *L'Équipe* sont à la fois journalistes et organisateurs, quand ils n'exercent pas des responsabilités sur le terrain. Témoin cet aveu troublant dans *L'Équipe*, le 19 juin 1949, au surlendemain de la monumentale déculottée subie par l'équipe de France de football face à l'Espagne (1-5) : « Le sélectionneur n'a pas réussi cette saison. Si cela suffit à condamner un homme qu'on le remplace. » Signé : Gabriel Hanot. Le leader de la rubrique football de *L'Équipe* réclame la démission du sélectionneur qui n'est autre que lui-même ! Lequel s'exécutera sans sourciller.

Chantre des exploits, petits et grands, *L'Équipe* glorifie le champion, figure moderne du héros mythologique. Ses plus grandes plumes ont construit la légende du sport français. Denis Lalanne a magnifié la tournée triomphale du XV de France en Afrique du Sud à la fin des années cinquante ; Pierre Chany a composé la geste de Jacques Anquetil ; Antoine Blondin, au-delà des calembours dont il fut un maître, a donné ses lettres de noblesse au reportage de sport. « Peu à peu, chaque détour de la route, chaque lacet de la montagne finit par appeler l'écho d'un exploit et la figure d'un homme, écrivait-il dans *Sur le Tour de France*[3]. Une nouvelle carte de France se dessine à l'intérieur de l'autre, dont les provinces sont aux couleurs des champions qui s'y sont illustrés, qui les ont illustrées. »

Des champions qu'il n'est pas question de bousculer, et encore moins de déboulonner, hier comme aujourd'hui. Marie-José Pérec est la cible des quolibets de la presse anglo-saxonne après sa fuite rocambolesque pendant les Jeux olympiques de Sidney ? Le journal du sport français vole au secours de « French Garbo », double championne olympique du 400 m. « Mais lâchez-lui donc les baskets !, intime le directeur de la rédaction Jérôme Bureau dans *L'Équipe* du 15 septembre 2000. [...] Rien qu'une star... Voilà ce qu'ils lui reprochent à notre Marie-Jo, notre "divine" à nous. »

Mieux vaut être ami avec les champions quand on veut avoir un espace à *L'Équipe*. Ce qui est bon pour le journal est aussi bon pour la carrière des journalistes... Au prix parfois de légères entorses à la déontologie. Le sponsor de Thierry Herny monnaie trente minutes d'interview avec la star du Barça en échange d'une page Shopping du magazine sur les tenues Tommy Hilfiger. Idem pour une interview du gardien vedette du Real Madrid et de la sélection espagnole de football, Iker Casillas, parue « avec une photo cadrée plein pot sur Reebok contraire à la charte graphique du *Mag*, qui prévoit une photo d'action », dixit la Société des journalistes. « Pour approcher les grandes stars, on est obligé de passer par les sponsors qui le font payer cher », soupire Françoise Inizan, ancienne présidente de la « SDJ ». Des sponsors tellement bien vus que leurs campagnes de pub s'étalent dans le hall d'entrée du journal, à Issy-les-Moulineaux.

IL regrette amèrement d'avoir claqué la porte de *L'Équipe*. « Dis-leur que dehors il fait froid », a dit un jour ce journaliste à un ancien collègue toujours dans la place. Avec un salaire moyen de 3 500 euros brut, 9 semaines et demie de congés payés, 22 jours de RTT et des conditions de travail de rêve, les salariés du quotidien sportif ne sont pas à plaindre. À l'exception des pigistes bouche-trous : corvéables à merci, ces « équipiers » – la même terminologie que chez McDonald's ! –, peuvent travailler jusqu'à 45 jours consécutifs sans repos ! Pendant ce temps-là, les placards débordent de vieux briscards désœuvrés. « On rentre à *L'Équipe* plein d'espoir, mais sans garantie d'être embauché, témoigne l'un d'entre eux. Trois, quatre, cinq ans plus tard, on a perdu toute motivation. Faciles à reconnaître, les pigistes sont les plus pâlots, ils n'ont pas toujours la pêche, alors qu'ils sont censés l'ouvrir pour se faire repérer. » Ce ne sont pourtant pas les ressources financières qui manquent.

Deuxième quotidien national le plus vendu derrière *Le Figaro*, en 2007, *L'Équipe* était aussi le journal le plus lu, avant de se faire détrôner la même année par le « gratuit » *20 minutes*. En 2006-2007, 7,5 millions d'individus le parcouraient en moyenne chaque semaine. Depuis sa création en 1946, ce journal n'a jamais enregistré le moindre déficit. Seul quotidien national français à gagner de l'argent avec *Les Échos*, *L'Équipe* a dégagé un bénéfice net de 4,3 millions d'euros en 2007. De quoi faire pâlir d'envie la concurrence.

## SECRETS DE FAMILLE

Émilien Amaury peut se frotter les mains. Il vient de réaliser l'affaire du siècle. Nous sommes en 1965, Charles de Gaulle s'apprête à briguer un second mandat de président de la République. Moyennant un peu plus de 15 millions de francs de l'époque, *L'Équipe* et ses satellites tombent dans l'escarcelle d'un des plus puissants groupes de presse français, construit autour du *Parisien libéré*. Cinq ans plus tard, les bénéfices cumulés du journal permettent d'autofinancer l'achat. En clair, le président du groupe Amaury s'est offert *L'Équipe* à crédit, sans débourser un centime ! Mieux : « Au cours des huit années qui suivirent, la marge nette accumulée, estimée en francs, en 1978, fut de l'ordre d'une centaine de millions[4] », précise René Laure, le nouveau président nommé par Amaury. De quoi renflouer son quotidien populaire en perte de vitesse…

## LES FOLIES DE JACQUES GODDET

C'en est donc fini de l'indépendance du grand quotidien sportif. Son fondateur, Jacques Goddet, s'en explique dans son autobiographie: « Je n'avais, hélas ! personne derrière moi, dans ma lignée familiale, pour poursuivre l'œuvre. Il me sembla donc que la solution raisonnable était de nous rattacher à un grand groupe de presse quotidienne. [...] Et puis, n'est-ce pas ? En 1965, je franchirais le cap des soixante ans : j'atteindrais le cap de la vieillesse[5] ! » Hélas, cette présentation des événements est passablement tronquée.

Malgré ses 95 ans, Pierre Skawinski garde un souvenir très net de l'engrenage qui a conduit Jacques Goddet à se jeter dans les bras d'Émilien Amaury. Le secrétaire général de *L'Équipe* de 1946 à 1986 nous reçoit chez lui à Ahetze, un bourg situé dans l'arrière-pays de Biarritz. Cet ancien athlète de haut niveau a tutoyé – comme disent les journalistes sportifs – les sommets de sa discipline, le 400 mètres plat. Un jour, raconte-t-il, Robert Thominet, administrateur de *L'Équipe*, évoque avec ses associés la nécessité d'augmenter les capacités d'impression du groupe. Depuis le lancement de *Football Magazine* et de *Sport & Vie*, l'atelier de composition de la rue du Faubourg-Montmartre, au siège du journal, n'arrive plus à suivre les cadences effrénées. Une imprimerie est à vendre du côté de Levallois-Perret, en proche banlieue parisienne. Pourquoi ne pas saisir l'occasion ? Le rapport qualité/prix est imbattable, fait valoir Thominet. Séduits, Jacques Goddet, Pierre Skawinski et Patrice Thominet – le père de Robert –, président du conseil d'administration, donnent leur feu vert. « Nous avons fait confiance à Robert Thominet, mais cette imprimerie avait le défaut de ne pas pouvoir tourner la nuit[6] », explique Pierre Skawinski. Un comble pour un quotidien du matin ! Incorporée à un immeuble d'habitation, elle est soumise à des horaires d'ouverture de bureau, de 8 heures à 20 heures… histoire de préserver la santé mentale des riverains. Car les rotatives font trembler les murs, en dépit de lourds travaux d'insonorisation. L'espoir d'obtenir une dérogation grâce aux relations haut placées de Goddet s'évanouit. Des dizaines de millions de francs sont engloutis en pure perte, et la rentabilité des nouveaux magazines, déjà incertaine, est fortement compromise. Ils ne s'en relèveront pas. « Ce fut une erreur grossière de la part de Robert Thominet », ajoute en connaissance de cause l'ancien responsable des ventes, qui contrôlait l'acheminement des journaux vers les points presse.

Un vent de panique souffle sur le faubourg. Habitué à mener grand train, le directeur songe avec mélancolie qu'il va devoir se serrer la ceinture. « Jacques Goddet était très dépensier sur le plan personnel, il roulait en Ferrari et se vantait de parcourir la distance entre Paris et Saint-Raphaël aussi vite que le train[7] », sourit Henri Garcia, pilier de

*L'Équipe* de 1949 à 1993. Jacques Goddet divorce souvent –trois fois– et ne sait pas dire non à ses chères et tendres, paraît-il. Depuis qu'Ève est sortie de la côte d'Adam, c'est toujours de la faute des femmes ! Jacques le flambeur se ruine dans l'achat d'un hôtel particulier à Neuilly-sur-Seine, qu'il met au nom d'une sœur de son épouse du moment. Journaliste hors pair, génial créateur d'événements sportifs, directeur de course avisé sur le Tour de France, Goddet s'avère définitivement incapable de gérer une entreprise. « Jacques Goddet vit au-dessus de nos moyens », avait l'habitude de dire « Ska ». Aux abois, il confie ses états d'âme à Émilien Amaury, l'homme qui lui a sauvé la mise une première fois à la Libération.

Nommé ministre de l'Information par le général de Gaulle, président du Gouvernement provisoire issu de la Résistance, Pierre-Henri Teitgen voue à « la fosse commune des déshonneurs nationaux » les propriétaires de journaux ayant continué de paraître pendant l'occupation allemande. Fondé en 1900 par Victor Goddet, père de Jacques, et Henri Desgrange, le quotidien sportif *L'Auto*, inventeur du Tour de France, est frappé d'indignité et dissous le 17 août 1944. Jacques Goddet, qui a repris le flambeau après la mort de Desgrange, au tout début de la guerre, se retrouve à la rue.

Dans un livre d'entretiens, Philippe Brunel, leader de la rubrique cyclisme de *L'Équipe*, relate ce cri du cœur de Jacques Goddet, avouant à son jeune confrère pourquoi il a « tenu à sortir *L'Auto* » coûte que coûte. « Parce qu'il fallait que la France continue à tourner ! Il fallait faire travailler les gens, disait-il. Il fallait continuer à produire du charbon. Il fallait continuer à imprimer des journaux. Voilà ! » Il reprend, la voix vibrante : « Et puis savez-vous ce que c'est que la peur ? Nous avions peur ! J'ai fait partie de cette génération qui a eu peur. Que voulez-vous faire contre ça[8] ? »

Si Jacques Goddet ne s'est rendu coupable d'aucun acte de collaboration avec l'ennemi, il a publié des communiqués de propagande de l'envahisseur – les Allemands ne lui laissaient pas le choix – et fait paraître sous sa signature certains points de vue à tonalité clairement pétainiste, dans la rubrique d'information générale « Savoir vite ». « Son attitude pendant la guerre est complexe, remarque Christophe Penot, un journaliste qui l'a rencontré à plusieurs reprises sur la fin de sa vie. Mais, s'il faut la résumer, résumons-la de la même manière que Pierre Chany : «Jacques Goddet n'a vendu personne ». Ancien maquisard, feu Pierre Chany[9], journaliste à *L'Équipe* de 1953 à 1991, était considéré comme le meilleur connaisseur du cyclisme au monde – *voir le chapitre « Cyclisme,* L'Équipe, *dopage : le trio infernal »*.

Les 16 et 17 juillet 1942, la police française, aux ordres de René Bousquet et Jean Leguay, arrête plus de 13 000 Juifs. Près de 8 000 d'entre eux sont parqués dans l'enceinte du vélodrome d'Hiver, haut lieu du cyclisme sur piste avant-guerre. Avant d'être déportés vers les camps d'extermination de l'est de l'Europe. Administrateur du Vél' d'Hiv, Jacques Goddet fait preuve d'une discrétion remarquable pendant le déroulement de la plus grande rafle de Juifs perpétrée sur le territoire français. « S'il avait démissionné du Vél' d'Hiv, il se serait fait remarquer, relativise Jacques Marchand, le biographe de Goddet. C'était le point noir de sa vie qu'il n'aimait pas évoquer. Jacques Goddet affirmait qu'il avait fait échapper des Juifs. Le concierge aurait fait évader trois ou quatre personnes. » On notera le conditionnel. Terriblement mal à l'aise lorsqu'on évoque devant lui cet événement tragique de l'histoire de France, Jacques Goddet ne se départira jamais d'un mutisme gêné sur le sujet. Tout au plus procède-t-il par allusion « peu compréhensible, isolée de son sinistre contexte[10] », comme le note Jacques Marchand. « Il y eut, hélas, la souillure subie sous le temps de l'Occupation, écrit Goddet dans *L'Équipée belle*. Le gardien que nous avions, à l'époque, habitant au quartier des coureurs, examina attentivement les conditions d'internement pour voir s'il n'y avait pas dans le dispositif de surveillance une faille susceptible d'être exploitée à bon escient. Hélas, la vigilance policière restait draconienne. » Le poids de cette lâcheté ordinaire, partagée par des millions de Français qui n'étaient pas tous des salauds, pèsera sur sa conscience jusqu'à son dernier jour. « Cinquante après, j'éprouve encore la honte de cette part d'Histoire telle que je l'ai vécue », confesse-t-il douloureusement.

On ne sait pas si Charles Faroux, chef de la rubrique automobile du journal *L'Auto*, a fait son mea culpa ou s'il a sauvé son Juif. Ses écrits, en tout cas, suintent la xénophobie : « En France, avant la guerre 14-18, il fallait une ou plusieurs générations pour gagner une modeste aisance… Ceux qui soulevèrent la colère, le méritèrent par leur manque de pudeur. Arrivés en France pauvres, prêts à n'importe quel trafic, vendant n'importe quoi, ils se crurent les maîtres de la France[11]. » En tant que directeur de la publication, Jacques Goddet doit être tenu responsable de la teneur assez peu républicaine de ces propos. Même si les accusations répétées de sympathie à l'égard des « Israélites », colportées à son encontre par la presse collaborationniste, plaident en sa faveur[12]. Il pourra surtout, à sa décharge, se targuer d'avoir rejeté les avances de l'occupant, désireux de faire renaître le Tour de France de ses cendres, pour servir sa propagande. Jacques Goddet échappe à l'épuration grâce au comportement exemplaire de trois de ses collaborateurs, courageux résistants. Sans participer directement à ces actes subversifs, Goddet détourne la tête avec bienveillance. Maurice Henry, le successeur de Charles Faroux à la tête de la rubrique auto, renseigne le réseau Alibi ; Jean Lafitte, premier secrétaire de rédaction, est un agent actif de Libération Nord ; et Roger Roux, le chef de l'atelier de composition, imprime des tracts et des journaux clandestins pour le compte d'Émilien Amaury.

## L'ASCENSION FULGURANTE D'ÉMILIEN AMAURY

« Je crois que j'ai visé juste en te proposant de t'occuper de la publicité. Cela semble t'intéresser davantage que le journalisme. Tu as peut-être trouvé ta voie…

– Que voulez-vous, j'ai compris que je ne pourrais jamais faire un bon journaliste. Pas seulement à cause de l'orthographe. […] Tandis que la publicité… Je crois que je peux plus facilement y faire mon trou. Et puis c'est un métier qui peut rapporter beaucoup d'argent. »

Ces lignes sont extraites du roman *L'Empereur*[13] dont le protagoniste emprunte de nombreux traits à Émilien Amaury. Un écrivain de Saint-Germain-des-Prés, Garmond, se prend d'affection pour Adrien Anthelme, adolescent pauvre et inculte. Il lui offre un emploi de secrétaire, tremplin pour une carrière qui le conduira à la direction d'un grand groupe de presse. Toute ressemblance avec l'itinéraire d'Émilien Amaury n'est pas pure coïncidence. L'auteur, le journaliste Jean Diwo, futur fondateur du magazine *Télé 7 jours*, rassemble les matériaux de son récit au début des années cinquante. Reporter débutant au *Parisien libéré*, il est frappé par le parcours atypique et l'épaisseur romanesque d'Amaury. Né le 5 mars 1909 à Étampes, le jeune Émilien fait la rencontre de sa vie au restaurant coopératif du 38, boulevard Raspail à Paris, où il travaille comme serveur. Bluffé par le bagout et l'énergie d'Amaury, Marc Sangnier – 1875-1950 –, le fondateur du *Sillon*, creuset de la démocratie chrétienne française, l'embauche comme coursier avant de le prendre comme secrétaire particulier. « Voyant en lui un homme efficace, Marc Sangnier l'a quasiment adopté et élevé », souligne le journaliste de l'AFP, Jean-Michel Cadiot, auteur d'une biographie sur son grand-père Francisque Gay, disciple de Sangnier et cofondateur du Mouvement républicain populaire (MRP) à la Libération[14]. « Il a été attendri par un gosse qui en voulait, un gaillard formidable », abonde André Lafargue, journaliste au *Parisien* depuis un demi-siècle, et doyen de la presse française en pleine forme à 90 ans passés ! Oubliant l'existence cabossée qu'il a menée jusque-là, Émilien Amaury étanche sa soif d'entreprendre dans l'ombre de son Pygmalion. Il s'intègre à l'équipe militante de la Jeune République. Dynamique et ambitieux, il apprend vite et bien. Son ascension est fulgurante.

Administrateur de *L'Éveil du Peuple*, l'hebdomadaire du mouvement, Émilien fait ses premiers pas dans la publicité. Il entre en contact avec la régie publicitaire de *La Vie catholique*, et crée à 20 ans, aux côtés de Roger Meunier, l'Office de publicité générale, dont il devient le gérant.

Georges Mandel, ministre des Colonies, l'appelle à son cabinet comme conseiller technique, en 1938. Au début de la guerre, Émilien Amaury est mobilisé comme lieutenant au 4e spahis, à Senlis. Fait prisonnier avec son unité en 1940, il s'évade et rentre à Paris. Sa destinée bascule à ce moment-là. Émilien Amaury crée le Groupe de la rue de Lille –les bureaux de l'Office de publicité générale sont situés à cette adresse du VIIe arrondissement de Paris–, avec notamment le fils de Marc Sangnier. Il y reçoit Honoré d'Estienne d'Orves, héros de la France libre, premier grand martyr de la Résistance, fusillé par les Allemands au mont Valérien. Parallèlement, le commissariat aux Affaires familiales du régime de Vichy lui confie sa propagande. « Champin » –son blaze de résistant– recycle les surplus de papier, sévèrement rationné, avec lesquels il alimente les imprimeries clandestines. Outre l'impression des discours du général de Gaulle, il finance celle des principaux journaux résistants, ainsi que des poèmes de Paul Éluard et *La Rose et le Réséda* de Louis Aragon, tous deux communistes.

L'imprimerie de *La Démocratie* est visitée par la Gestapo, Marc Sangnier incarcéré. « Mais le Groupe de la rue de Lille par chance a échappé à ces inquisitions [15] », rappelle son fils, Jean Sangnier.

Un double jeu qui suscite les sarcasmes des nostalgiques de Vichy. Auteur d'un ouvrage très instructif – quoique à prendre avec des pincettes – sur l'histoire de « la spoliation de la presse française » à la Libération, Claude Hisard ironise sur le numéro d'équilibriste des démocrates chrétiens : « Sous la francisque du Maréchal, ils faisaient de la "résistance" contre le gouvernement qui les entretenait…

« M. Amaury fit ainsi une carrière vichyssoise fort honnête. Comme dit le colonel Rémy [16], cela ne fut pas inconciliable avec son action résistante. Sans doute, mais cela ne le qualifiait pas non plus pour pourfendre les "vichyssois" et jouir de la spoliation de leurs dépouilles [17]. »

Allusion aux origines de la fortune d'Émilien Amaury, bâtie sur les ruines de la presse collaborationniste. Pierre-Henri Teitgen, futur président du MRP, lui aussi issu de la matrice du Sillon, le nomme à la direction des services d'affichage et de propagande de son ministère, puis le parachute à la direction générale d'Havas publicité, nationalisée à la Libération. Insatiable, Amaury fonde le syndicat de la presse parisienne, lance l'hebdomadaire d'opinion *Carrefour*, classé à droite de la droite, et entre dans le capital du *Parisien libéré*, qu'il contrôlera totalement quelques années plus tard. Président du conseil d'administration du *Courrier de l'Ouest* à Angers, président du conseil de surveillance d'*Ouest-France*, qu'il a cofondé, Amaury étend aussi son influence sur la presse magazine, avec *Point de vue - Images du monde* et *Marie France*.

C'est donc d'un homme de réseaux, doué d'un fort entregent et déjà installé, que Jacques Goddet implore l'aide. Candidat à la création d'un nouveau quotidien sportif, l'ancien patron de *L'Auto* ne peut apparaître en première ligne, en raison du barrage de la Société nationale des entreprises de presse. Chargée de la dévolution des biens de presse placés sous séquestre à l'été 1944, la SNEP exige des postulants de solides titres de résistance. Pierre Louis-Dreyfus, héritier du grand groupe de négoce – père du cousin de Robert Louis-Dreyfus, l'actuel patron de l'Olympique de Marseille – et grand résistant, Patrice Thominet, le « colonel Guillaume », chef du réseau Ceux de la Libération-Vengeance, et ses trois fidèles collaborateurs cités plus haut, se portent garants de la vertu patriotique de *L'Équipe*, qui reprend les locaux de *L'Auto* et le personnel d'avant-guerre. En coulisse, Émilien Amaury joue un rôle déterminant en faveur de son nouvel ami, dont le nom ne figurera pas dans le journal à ses tout débuts. Le temps de se faire oublier des épurateurs. Sincère, la considération qu'Émilien porte à Jacques n'est pas complètement désintéressée. En échange de son appui pour recouvrer les droits sur le Tour de France – dissocié de *L'Auto* –, convoité par la presse communiste, Amaury est associé à 50 % à la gestion de la Grande Boucle, désormais co-organisée par *L'Équipe* et *Le Parisien libéré*. L'ex-démocrate chrétien, devenu gaulliste forcené, a mis un pied dans la porte. En attendant d'avaler le morceau tout entier, une vingtaine d'années plus tard.

## L'AUTORITAIRE « JUPITER »

La rédaction de *L'Équipe* ne tarde pas à s'apercevoir que la réputation de patron de choc d'Émilien Amaury n'est pas usurpée. Prétextant des comptes dans le rouge, « Jupiter » – un de ses surnoms – ordonne une saignée dans l'effectif. La foudre s'abat sur six journalistes, dont Jacques Augendre. Tous se demandent quelle mouche a piqué Goddet, quand il a décidé de couper la tête d'Augendre, reporter de cyclisme loué pour sa compétence et sa gentillesse proverbiale. « Professionnellement, on n'avait rien à reprocher à Augendre[18] », affirme Jacques Thibert, journaliste au foot et futur directeur de la rédaction de *France Football*. « On » peut-être, Gaston Meyer si. Le rédacteur en chef de *L'Équipe* est un homme épanoui dans son travail. Il jouit de l'estime de son supérieur, Jacques Goddet, et de ses subordonnés. Mais un problème personnel le turlupine. Sa jeune maîtresse risque de se faire expulser du territoire national si elle n'obtient pas la nationalité française dans les plus brefs délais. Pourquoi pas un mariage de complaisance pour arranger le coup ? Il n'y a plus qu'à lui trouver un mari consentant. Meyer convoque Augendre, réputé sage et obéissant, et lui intime : « Ou tu l'épouses ou je te mets à la porte. » Le gentil Augendre refuse de céder au chantage. Question de principe. Même s'il n'est pas marié, il a déjà un engagement avec une femme. Mieux vaut mourir debout que dire « oui », contraint et forcé, devant monsieur le maire ! La « mémoire du Tour de France » ira proposer ses services au journal *Le Monde*. Avant de revenir en fin de carrière dans le giron du groupe Amaury, où il travaillera au service documentation du Tour de France. Ironie de l'histoire, il y sympathise avec Serge Laget, archiviste de *L'Équipe* et du Tour, et accessoirement gendre de Gaston Meyer. Opportunément absent pendant plusieurs semaines – « il était devenu une ombre », dixit Jacques Thibert –, Jacques Goddet se rallie à l'opinion du plus fort et laisse faire. Comme à l'accoutumée. « J'ai du respect pour Gaston Meyer, mais ce n'est pas possible que les hommes se conduisent de cette manière », tonne Jacques Thibert. Profondément meurtri, Jacques Augendre refusera toujours d'évoquer cette affaire sordide qui a gâché sa carrière, y compris avec ses proches.

Jacques Ferran n'a pas non plus oublié Émilien Amaury et son intransigeance à privilégier la défense de ses intérêts et de ses amis aux dépens de la description des faits. Présenté comme le dauphin naturel de Gaston Meyer, le rédacteur en chef adjoint chargé du foot est rayé d'un trait de plume de la liste des prétendants pour cause de crime de lèse-Jupiter.

En ce jour d'assemblée générale du Groupement des clubs professionnels, les dirigeants du football français se succèdent à la tribune. L'un d'entre eux remarque la présence de Jacques Ferran dans la salle. Son sang ne fait qu'un tour. « La seule chose à dire à ces journalistes, c'est merde », vitupère-t-il rageusement dans le micro. Cette profession de foi d'un homme en colère est signée Adolphe Touffait. Le vice-président du Groupement ne supporte pas les critiques de *L'Équipe*, qu'il juge systématiques et infondées. Non content de lui tailler des croupières à longueur de colonnes, cet impertinent vient le narguer jusque dans son antre pour écrire son article ! « J'avais pris la tête de la politique sportive au journal, ne cessant d'appeler à la restructuration du foot, explique Ferran. De son côté Touffait, qui aspirait à la présidence du Groupement, avait cru bon de lancer un projet hurluberlu mêlant première et deuxième divisions et deux groupes géographiques. Alors que je militais pour un resserrement de l'élite. Son projet avait été balayé par ses pairs, probablement un peu à cause de moi[19]. » Adolphe Touffait n'est pas seulement un cacique du football français. Procureur général de la Cour de cassation, il peut prétendre au titre de plus haut magistrat du pays. Et compte Émilien Amaury parmi ses amis et soutiens les plus fidèles. Un dimanche matin, aux alentours de 1970, Ferran apporte l'article rédigé à Jacques Goddet. « Je ne peux le censurer, vous savez sans doute ce que vous faites », met-il en garde le directeur de *France Football*. Le papier passera tel quel, sans être édulcoré. Dès sa parution, Jacques Goddet, René Laure et Jacques Ferran sont convoqués immédiatement au 114, avenue des Champs-Élysées, dans les bureaux du grand chef. « Comment avez-vous pu écrire ça sans me téléphoner ? On ne pouvait laisser passer cette injure », s'offusque-t-il. Faisant comprendre à Ferran qu'il pouvait dire adieu à la promotion espérée. « Émilien Amaury estimait être un patron de droit divin, j'avais osé le provoquer. Je savais ce que je risquais, mon attitude était impardonnable, les autres ne m'ont pas défendu. Jacques Goddet avait toutes les qualités d'un grand journaliste et d'un patron d'exception sauf le caractère. » Le grand vainqueur de l'affaire Touffait s'appelle Édouard Seidler. Le jeune outsider de 38 ans s'assoit dans le fauteuil de Gaston Meyer en 1970.

## LES OBSESSIONS DE JUPITER

À l'actif du fondateur de *L'Équipe*, Émilien Amaury ne pourra jamais contrôler le contenu du journal, ainsi qu'il l'aurait souhaité. La tentative insidieuse de Félix Lévitan, chef des sports du *Parisien libéré*, de prendre le pouvoir au 10, rue du Faubourg-Montmartre, avec la bénédiction de son mentor, fait long feu. Il assiste à quelques conférences de rédaction – tous les jours à midi –, puis, devant l'hostilité générale, jette l'éponge. Le Tour de France, dont il se fait nommer codirecteur à égalité avec Jacques Goddet, correspond mieux à son tempérament d'entrepreneur aux méthodes autoritaires et efficaces. Viscéralement attachée à son indépendance, la rédaction marche unie derrière la bannière de Jacques Goddet. La stature et la force de persuasion du fils spirituel d'Henri Desgrange font la différence, dissuadant Jupiter d'empiéter sur son domaine réservé. Hantise des journalistes du Faubourg, *L'Équipe* serait peut-être devenue un *Parisien* bis, sans Goddet. C'est-à-dire un quotidien de mauvaise qualité, populacier plus que populaire, soumis au bon vouloir de son patron, à qui le rédacteur en chef téléphonait la une chaque soir. « Amaury dictait la manchette du journal, témoigne André Lafargue, ancien résistant et déporté. Pour être sûr d'être obéi, il a promu des carpettes à la rédaction en chef[20]. » Il avait ainsi les coudées franches pour monter en épingle ses thèmes de prédilection. Tels que le lait de chèvre qui donne le cancer. Ou cet article injustement oublié qui prenait pour argent comptant les élucubrations d'un mage américain prédisant l'envoi imminent d'une femme dans l'espace ! Visiblement, il ne se référait pas à Claudie Haigneré…

Fou de rugby, Amaury ne rate pas un match du Tournoi des cinq nations, qu'il regarde à la télévision. Chauvin à l'extrême, il hurle « à mort à l'arbitre » plus souvent qu'à son tour, uniquement lorsque les décisions de l'homme au sifflet sont défavorables aux Bleus bien sûr. Amaury prend alors son téléphone et « incite » ses larbins à faire monter la mayonnaise contre les décisions iniques des suppôts de l'anti-France, comme Romeu. Ce demi d'ouverture du XV de France dans les années soixante-dix manque sa transformation contre l'Irlande lors d'un match décisif pour l'attribution du Tournoi. Accablé par la déroute tricolore, Émilien Amaury téléphone à Félix Lévitan un dimanche après-midi : « Il faut parler du pied fourchu de Romeu. » Le lendemain, un appel de une du *Parisien* stigmatise la maladresse du joueur de l'équipe de France. Amaury poursuit la tournée des popotes et contacte le directeur de *L'Équipe*. « Il voulait qu'on démolisse l'arbitre anglais, se souvient Henri Garcia. Jacques Goddet s'est rangé à l'avis d'Amaury et a rectifié son article. » Un coup de fatigue, sans doute. On ne peut pas dire non tous les jours…

Amaury aime les animaux d'amour fou ? *Le Parisien libéré* aussi. « Les photographes du *Parisien* plaçaient un chien dans les bras du pompiste pour faire plaisir au patron », s'amuse encore Henri Garcia.

De façon moins anecdotique, Émilien Amaury impose ses idées réactionnaires et xénophobes, flattant les instincts les plus vils des lecteurs. Sur l'égalité des sexes : « La féminité n'a jamais gêné les femmes quand elles la choisissent. Elles en sont plutôt fières et elles ont raison. C'est ce qui les différencie des hommes dont, voudrait-on nous convaincre, elles sont l'égale », clame *Marie France*, en janvier 1976. Ça décoiffe ! La famille : « 20 milliards pour la famille mais 12 pour la pilule et combien pour l'avortement ? », dans *Carrefour*, le 8 janvier 1976. Ça défrise ! Les phrases lourdes de sous-entendus racistes, du genre « un individu au teint basané... », pullulent dans les pages faits divers ; les origines juives de Simone Veil, la ministre de Giscard à qui l'on doit la légalisation de l'interruption volontaire de grossesse, sont sans cesse soulignées. L'antisémitisme est la face la plus sombre du personnage, nourri à l'antijudaïsme chrétien, qui tient le « peuple élu » pour responsable de la mort du Christ, pourtant juif lui-même.

Il a honte. Ne sait plus où se mettre. Guy Bechtel, le directeur général adjoint de *Marie France*, est porteur d'un message d'Émilien Amaury pour Louis Merlin, le directeur d'Europe n°1.

« Je suis venu vous délivrer une commission que je ne peux pas vous dire…

*(Intrigué).* – Il vous a demandé de me dire que je suis un imbécile ?

*(Embarrassé).* – Oui, en quelque sorte.

*(Guilleret).* – Mais non voyons, il a vous a chargé de me dire que je suis un sale Juif, c'est bien ça ? »

Étonnamment perspicace, Louis Merlin, dont l'esprit et le sens de la répartie mériteraient de figurer en bonne place dans un manuel d'humour juif, a tapé dans le mille. Émilien Amaury avait en réalité donné l'ordre suivant à Bechtel : « Dites-lui de ma part : "Vous êtes un sale Juif !" » Ce dernier se contorsionne sur sa chaise, ébauche l'esquisse d'un refus du bout des lèvres. « Je vous fous à la porte si vous ne le faites pas ! », tranche son gaulliste d'extrême droite de patron.

Henri Garcia fait partie des rares journalistes de *L'Équipe* à avoir rencontré Jupiter à plusieurs reprises. Amaury, qui se déplaçait rarement au Faubourg-Montmartre, ne s'est adressé à l'ensemble des salariés qu'à une seule reprise, au moment du rachat en 1965. « C'était un homme d'ordre, très patriote mais aussi antijuif, anti-arabe, très vieille France », résume l'ancien président de la Société des journalistes et délégué de la rédaction auprès du comité d'entreprise.

Tombé dans les oubliettes de l'Histoire, le nom d'Émilien Amaury n'évoque plus qu'un lointain souvenir aux générations des plus de cinquante ans. Les défenseurs de sa mémoire sont encore plus rares. Né en 1922 – et décédé le 1er septembre 2008 –, Alain Griotteray est de ceux-là. L'ex-député maire de Charenton, qui aime à se définir comme « le plus indépendant des gaullistes et le plus gaulliste des indépendants », vomit le politiquement correct et le consensus mou d'une époque dans laquelle il ne se reconnaît pas. Chez les Griotteray, Mai 68 s'est arrêté à la porte. L'insigne de la Légion d'honneur épinglé sur le revers de sa veste, le plus jeune chef de la Résistance, fondateur du réseau de renseignement Orion, ne renie pas son amitié pour Émilien Amaury. « Amaury n'a jamais éprouvé de sympathie pour Tixier-Vignancourt[21] et Le Pen, assure-t-il. Antisémite Amaury ? Jamais. Il savait que j'étais pour Israël et ne s'en formalisait absolument pas[22]. » On peut croire sur parole le cofondateur de *Minute* et du *Figaro Magazine* – au moins sur la première partie de sa réponse. Lui qui depuis un demi-siècle jette des passerelles entre la droite et l'extrême droite. Reste que les apparences sont trompeuses. Pro-Algérie française, *Le Parisien libéré* prend fait et cause pour le « quarteron de généraux félons à la retraite » qui fomente un putsch anti-de Gaulle. Claude Bellanger, directeur et cofondateur du journal, renâcle. Ce résistant de la première heure, républicain laïc, conservateur modéré, est impitoyablement mis au placard, dont il ne sortira qu'à la mort d'Émilien Amaury.

## JUPITER FAIT PEUR

Bien avant les «événements» de Mai 68, *Le Parisien libéré* et *Carrefour* tombent à bras raccourcis sur les centrales syndicales, accusées sans nuance d'intelligence avec Moscou. Inexistants au *Parisien libéré*, les syndicats de *L'Équipe* donnent du fil à retordre à Amaury. «CGT, CFDT, SNJ, FO, tous les syndicats se mobilisaient contre les volontés d'Émilien Amaury. Mais quand on était convoqué au 114, on chiait dans nos frocs[23]», expose crûment Jean-François Renault, délégué CFDT dans les années soixante-dix et futur directeur adjoint de la rédaction. Des mains de bûcheron, une gueule de boxeur montée sur des épaules de rugbyman, Jupiter possédait «une stature de pilier avec un faciès très marqué», selon Henri Garcia. «Batailleur et sportif, il pouvait néanmoins se montrer affectueux, au fond Amaury aimait bien qu'on lui tienne tête[24]», décrit Jacques Marchand.

Ce journaliste-là ne s'en est pas privé. Chef de la rubrique cyclisme puis rédacteur en chef de *L'Équipe* de 1955 à 1976, l'ancien bras droit de Jacques Goddet claque la porte afin de protester contre la suppression du Tour de l'avenir, le pendant de la Grande Boucle pour les espoirs du cyclisme, qu'il a créé en 1964. Amaury n'a que faire d'une course qui ne rapporte pas un sou.

Ses rencontres hautes en couleur avec Émilien Amaury, qu'il prend un vif plaisir à retracer, demeurent à jamais gravées dans sa mémoire. En particulier une discussion, tendue, sur la grille de salaires des journalistes. La rédaction de *L'Équipe* menaçait de se mettre en grève. Avisant la cravate rouge de Marchand, Jupiter l'empoigne par le colback et tonne : « Vous avez la faucille et le marteau ! » Même pas. De retour d'une course disputée en Grande-Bretagne, le journaliste avait fixé sur sa cravate un pendentif représentant une roue anglaise. Et non le redoutable emblème des partis communistes. On a tendance à l'oublier, la guerre froide échauffait les esprits.

Le 2 janvier 1977, Émilien Amaury est retrouvé agonisant au pied d'un arbre de la forêt de Chantilly, près de sa propriété de Vineuil-Saint-Firmin. Cavalier émérite, il semble avoir perdu le contrôle de Chouan, dont le tempérament fougueux et incontrôlable pouvait laisser présager le pire. Le lendemain, *Libération* titre : « Le cheval d'Amaury sort indemne d'un accident » ! Contre toute attente, le conflit du livre, qui bloque la fabrication et la distribution du *Parisien libéré* depuis plus de deux ans, se dénoue enfin. Sous l'impulsion de Claude Bellanger, qui s'assoit dans le fauteuil d'Émilien Amaury, un accord est signé avec la CGT dans les mois qui suivent. *Le Parisien libéré* a perdu 500 000 lecteurs en route. Ses pertes sont énormes. « Quand il est mort, ça a été un soulagement pour ses collaborateurs les plus proches. Il nous traitait comme des chiens[25] », affirme Guy Bechtel. Propos fort peu appropriés en l'espèce, s'agissant d'un homme qui vouait une tendresse infinie à ses molosses. Au point de les mentionner nommément dans son testament ! « Amaury faisait s'agenouiller ses collaborateurs devant lui, il a même fait mettre à genoux un patron de filiale[26] », affirme Jean-Pierre Courcol, président du groupe Amaury de 1998 à 2002, sur la foi de témoignages de première main. Le Code du travail n'était pas son livre de chevet. « N'importe qui pouvait être foutu à la porte du jour au lendemain[27] », assure Mireille Paraillouх, la pasionaria CFDT du *Parisien*, de 1973 à 2005. Guy Bechtel soutient qu'un jour Amaury aurait lancé en substance à un laquais disgracié : « Décampez, vous êtes viré, quand j'aurais fini de pisser, vous aurez intérêt à ne plus être là ! » Au moins, Émilien avait toujours un petit mot personnalisé pour chacun : « Il traitait le fils de Marc Sangnier de "petit con", "connard" », ajoute Bechtel, manifestement traumatisé à vie par son voyage au centre du pays « amaurien ». Directeur général de *Marie France* et bras droit d'Émilien Amaury, Jean Sangnier encaisse sans broncher les humiliations, trois décennies durant. Tout les opposait : Amaury était un autodidacte, un *condottiere*, un parvenu. Tandis que Sangnier, issu de la grande bourgeoisie parisienne, fin lettré aux manières policées, était du genre rosette sur canapé.

## L'ÉTRANGE PHILIPPE AMAURY

Les héritiers de Jupiter, Francine et Philippe, se disputent âprement l'héritage. Objet de toutes les supputations quant à son authenticité, un testament non signé fait de l'aînée la légataire de la fortune d'Émilien Amaury, au détriment de Philippe. À l'issue d'un procès fleuve, l'Office de publicité générale et le juteux pôle magazines du groupe échoient à Francine Amaury. Philippe Amaury hérite du *Parisien libéré*, de *L'Équipe* et du Tour de France. En 1982, il s'installe à Saint-Ouen, siège du *Parisien*, qui perdra son épithète anachronique au milieu de la décennie.

Le fond de l'air est frisquet et le ciel plombé en cette matinée maussade du 31 mai 2006. Bernard Hinault se tient debout, au fond de l'église Saint-François-Xavier, dans le très chic VII<sup>e</sup> arrondissement. Le Tout-Paris médiatique et le personnel du groupe Amaury sont venus saluer la mémoire d'un patron de presse pour le moins discret. Une énigme. Qui peut se targuer d'avoir connu Philippe Amaury, terrassé par un cancer quelques jours auparavant, dans sa soixante-sixième année ? La messe est à l'image du défunt : sobre et austère. Ses enfants, Aurore et Jean-Étienne, lisent des versets de la Bible. L'avocat, Jean-Marie Burguburu, prononce un discours de circonstance : « Philippe Amaury n'était pas l'homme des grandes effusions » ; « il fixait le cap, mais en grand chef, il savait déléguer» ; «il faisait preuve d'une indépendance farouche vis-à-vis des pouvoirs» ; «il n'intervenait jamais dans la ligne éditoriale de ses journaux». Plaidoirie convaincante, sincère et vraie. Le 31 décembre 2005, «Burgu» dînait en tête-à-tête avec Philippe Amaury, qui «n'aimait pas les réveillons».

Le fils d'Émilien n'aimait tout simplement pas beaucoup la vie. «Il souffrait énormément.» Le mot est de Jean-Pierre Courcol, qui a très bien connu Philippe Amaury. De 1981 à 2002, hormis une parenthèse entre 1994 et 1998, Courcol a été de toutes les grandes décisions stratégiques du groupe, qu'il a pour la plupart inspirées et impulsées. «La seule personne en qui Philippe Amaury avait une confiance absolue, c'était sa femme, Marie-Odile, dit-il. Elle l'a protégé, elle a joué un rôle capital dans vie. Docteur en droit, il s'exprimait très bien, avait beaucoup de culture. Mais il n'était pas capable de communiquer. Les vœux de début d'année au personnel, c'était pas son truc, je parlais avant lui. Il ne voulait pas prendre les décisions lui-même. Pour la marche de son groupe, il avait confiance en deux hommes, Martin Desprez et moi.» Ces deux anciens dirigeants du groupe Havas recueillent Philippe Amaury quand son père le bannit du groupe. Entré en rébellion ouverte après la mort de sa mère, en 1975, à qui il voue un culte, le jeune homme ne supporte plus l'autoritarisme outrancier de Jupiter. Car Émilien traite sa progéniture comme ses employés : à coups de trique ! Obéissant au pied de la lettre aux consignes paternelles, Francine Amaury a clairement les faveurs de son père. « Francine, une jolie jeune fille, aimable et douce, fermée au monde, qui vivait virtuellement en religion, dans une ferveur inconditionnelle de son père, raconte Jacques Goddet dans *L'Équipée belle*. Et dans la totale soumission à sa volonté. Ainsi n'acceptait-il en aucune façon qu'elle puisse associer son existence à celle d'un homme, conjoint ou pas. [...] "Jacques, s'écriait-il, indigné, mimant des gestes de caresse sur un corps de femme, un type qui toucherait à ma fille !..." Je l'engueulai littéralement pour tant de rigorisme, mais ne le convainquis d'aucune façon. Le célibat n'a pas quitté Francine... »

Depuis la mort de « père », elle vit recluse dans le domaine de Chantilly. Il se murmure que Melle Amaury ferait tourner les tables pour converser dans l'au-delà avec l'homme de sa vie. C'est peut-être une histoire inventée – on ne prête qu'aux riches ! –, mais elle en dit long sur le destin misérable d'une femme broyée par l'amour exclusif d'un père. Tout comme l'a été son frère. « Il ne s'est jamais remis d'avoir fait respecter ses droits et d'avoir "tué" sa sœur, qui ne lui a plus adressé la parole après les obsèques d'Émilien Amaury. Un jour il m'a dit : "Je ne sais pas qui était mon grand-père, mon père ne savait pas d'où il venait. Je ne sais pas d'où je viens" », relate un ancien cadre dirigeant.

Doutant de sa propre identité, miné par le remords et le syndrome du fils mal aimé, Philippe Amaury ignore comment être au monde. Un souvenir particulièrement pénible le taraude.

Émilien Amaury désapprouvait son mariage avec Marie-Odile Kuhn. Issue de la bonne bourgeoisie alsacienne, cette « demi-Juive » n'était pas assez bien pour lui. « Amaury voulait unir ses enfants à des princes du sang », raille un ancien cadre dirigeant du groupe. Il fait tout de même le déplacement, en hélicoptère, assiste à la cérémonie et repart au bout d'un quart d'heure.

Philippe Amaury survit plus qu'il ne vit, retranché de ses contemporains, dans une dimension parallèle. Le moindre contact humain tourne au supplice. Une ex-cadre dirigeante en témoigne : « Ce monsieur avait un problème de communication important qui se manifestait dans son groupe. Il vivait seul et reclus. Un jour, on débarque avec Jean-Pierre Courcol au Coq de la Maison-Blanche, un restaurant à côté du *Parisien*. On commande. Je dis : "Jean-Pierre, je vais au pipi-room." J'aperçois Philippe Amaury, seul à l'étage. "Oh ! Philippe, bonjour." Il bégaie laborieusement deux phrases. Je lui refais un coucou en revenant du pipi-room, il a le nez plongé dans *Le Parisien*. Je dis à Jean-Pierre : "C'est dommage, on pourrait prendre le café ensemble." Courcol me répond : "Pas question de lui faire coucou, tout le monde le laisse tranquille !" »

Pas question de croiser des bipèdes doués de parole, ou alors le moins possible. Le patron du restaurant tenait un paravent à sa disposition, au cas où. « J'ai déjeuné une fois avec lui en quatre ans », ajoute Jean-Pierre Courcol. Un ascenseur lui était même réservé avenue Michelet à Saint-Ouen. « Pour un homme de communication, il poussait le bouchon assez loin », note un journaliste de *L'Équipe*. Détestant les mondanités plus encore que son père, Amaury junior ne sortait jamais et ne partait pas en vacances. Le golf était son seul loisir. Il adorait taquiner la petite balle à Chantilly. Une pincée de normalité dans une drôle de famille. Comme tout un chacun, Philippe Amaury avait ses défauts. « Excessivement maniaque, il pouvait pousser des colères froides si les stores de son bureau n'étaient pas remontés au bon niveau », se marre Mireille Paraillloux. C'est quand même moins grave que l'antisémitisme, camarade syndicaliste !

Plus ennuyeux à ce niveau de responsabilité, il lui arrivait de disparaître pendant des jours, voire des semaines. Sans que personne ne sache ce qu'il trafiquait. « Dès qu'il était gêné par quelque chose, il se renfermait, et quand ça allait vraiment très mal, il s'évadait, poursuit un ancien dirigeant. Il était atteint d'une grave maladie mentale, nous étions très peu nombreux à le savoir. » Dans ces moments-là, Philippe Amaury trempait son angoisse et sa dépression dans les vapeurs de l'alcool. « Sans être alcooliques, les

Amaury, que ce soit le père, le fils ou la fille, étaient assez œnophiles, témoigne un ex-proche. Il n'y avait qu'à voir la cave splendide d'Émilien à Vineuil, croulant sous des milliers de bouteilles de vin et des stocks de grands crus. Il fallait être un peu amateur pour apprécier tout ça.»

Même Balzac n'aurait jamais osé inventer des patrons de presse pareils!

# PAS DE PITIÉ POUR LA CONCURRENCE

« Un jour, je lancerai un quotidien de sport. » Près de trente ans après l'échec du grand rival communiste *Sports*, un jeune chef de publicité de *L'Équipe* ose penser l'impensable et prononcer l'imprononçable. À l'époque, le reporter tout-terrain, Patrick Blain, ne prend pas trop au sérieux son collègue et ami, Xavier Couture, 27 ans à peine. Le futur P-DG de Canal Plus débarque un peu par hasard à *L'Équipe*. Veuf avec deux enfants à charge après la mort de sa femme dans un accident de voiture, il envoie un CV à Jacques Goddet. Embauché au service commercial, Couture sympathise avec la génération montante qui fera les beaux jours de *L'Équipe Magazine*. « J'ai connu le plomb dans les ateliers de fabrication du journal, ça sentait bon le XIXe siècle[28] », sourit l'ex-beau-frère de Thierry Sabine, fondateur du rallye automobile Paris-Dakar. Sur la même ligne qu'un Noël Couëdel pas encore sorti du bois, il trouve le journal vieillot et confit dans un conformisme d'un autre âge. Et se verrait bien endosser le rôle de modernisateur de la presse sportive en France. À son départ du Faubourg-Montmartre à l'automne 1980, où il vient de passer quatre ans, Xavier Couture réunit une dernière fois ses proches au Petit Riche, un bistrot du coin. Patrick Blain en est, tout comme la fille du général Laure, gérant de *L'Équipe*. Bravache et sûr de lui, Couture signe des adieux en forme de défi. « Vous verrez, je ferai le concurrent de *L'Équipe*. » Hilarité générale autour de la table. Couture ne se démonte pas. « Je peux compter sur toi, Patrick ? » Du tac au tac : « Pas de problème. » Patrick Blain « tombera de l'armoire » quand Xavier Couture lui rappellera son engagement, six ans plus tard. On ne résiste pas à l'ex-mari de Claire Chazal, présentatrice vedette de TF1.

## L'IMPOSSIBLE DÉFI

Porte d'Auteuil, dans le très cosy XVIe arrondissement de Paris. Cintré dans un élégant costume bleu marine, l'œil pétillant et le sourire charmeur, le producteur de télévision n'a rien perdu de sa superbe. D'un signe de tête, il salue d'autres habitués du restaurant Le Murat, un cadre chic idoine pour commencer agréablement sa journée de travail. Malgré un parcours professionnel chaotique depuis son passage éclair sur la chaîne cryptée, le directeur des contenus d'Orange, Xavier Couture, fait honneur à sa réputation d'homme affable.

*Le Sport* est né d'une rencontre fortuite. Devenu, après son expérience à *L'Équipe*, éditeur de *Scores international*, un magazine de sport pour les détaillants, Couture fait la connaissance de René Tézé lors d'un salon professionnel. Ce dernier publie notamment *Gap*, un périodique sur la mode de sport à l'usage des distributeurs. Bien qu'ils soient concurrents, une complicité s'installe entre eux. À l'étroit dans leur secteur d'activité, ils partagent la même envie: échapper à leur morne quotidien. « Je m'emmerde, tu n'as pas une idée ? », demande Tézé à son nouvel ami. « Si on créait le concurrent de *L'Équipe* ? », répond sans hésiter Couture. Emballé, le fondateur de *Points de vente* réfléchit un quart de seconde avant d'adhérer au projet. Au nom d'un raisonnement frappé au coin du bon sens : « On arrive à gagner de l'argent sur une niche où s'affrontent quatre magazines de sport et on ne pourrait pas tirer profit d'un grand marché détenu par un seul journal ? » Tézé veut aussi s'inspirer du quotidien économique *La Tribune*, qui chasse depuis 1985 sur les terres des *Échos*, également en situation de monopole pendant des décennies. Cahin-caha, *la Tribune* poursuit son bonhomme de chemin, en dépit de multiples vicissitudes.

Surtout, « le sport est devenu un enjeu médiatique et social majeur dans les années quatre-vingt, décrypte finement Éric Brame, ancien directeur publicitaire du *Sport*. La France disposait de champions et d'événements capables de drainer un large public. C'était l'époque des Prost, Noah, Rives, Platini, etc. La télévision découvrait que des audiences record pouvaient être obtenues grâce à des événements majeurs comme les JO, le Tour de France, ou la formule 1. Le football avait déjà son statut à part de catalyseur de la fierté nationale[29]. » Dans ce contexte, la France ne disposait que d'un seul quotidien, quand l'Italie en comptait trois et l'Espagne deux ; la Grande-Bretagne et l'Allemagne ayant une presse populaire forte et largement consacrée au sport. « Cette situation de monopole a semblé absurde et la création du *Sport* paraissait légitime », martèle Éric Brame, aujourd'hui P-DG de la régie Option. Une alternative que certains ne manqueraient pas de saluer comme une bénédiction, calculent les contestataires de l'ordre établi. Sportifs, dirigeants de fédération, lecteurs, l'hégémonie de *L'Équipe* « indisposait pas mal d'acteurs[30] », souligne Patrick Blain. Témoin la réaction très vive d'une délégation d'athlètes à l'encontre d'un rubricard qui les avait « stigmatisés de tous les noms », dixit Blain, lors de la cérémonie de clôture d'une grande compétition. Passant devant la tribune de presse, les sportifs bafoués dans leur honneur couvrent d'injures le journaliste sous les yeux médusés de ses confrères. Inusable refrain de l'abus de position dominante entonné sans relâche depuis la venue au monde de *L'Équipe*, le 28 février 1946. L'impulsif président de l'Olympique lyonnais, Jean-Michel Aulas, poussera à son tour la chansonnette après une énième élimination prématurée de son club en Ligue des champions. « Pour réussir à conquérir l'Europe, il faudrait aussi que le premier et seul quotidien sportif de France, qui ne réussit pas non plus tout ce qu'il entreprend – Tour de France, Dakar…[31] – soutienne un peu plus les initiatives certes cocardières mais qui font du bien au moral et à l'esprit d'initiative des Français[32]. » Réponse circonstanciée du professeur Duluc, leader de la rubrique football, sur l'air de « On a en vu d'autres » : « Les joueurs ont toujours, dans un coin de leur tête, le souvenir urticant d'une note blessante, et cela permet à ce ciment facile de prendre dans la minute. Ce principe quasi scientifique s'appelle "Dupont est un con", du nom d'un ancien journaliste de *L'Équipe* qui avait fait l'objet de ce cri du cœur de la part d'un athlète revanchard, au moment de franchir en vainqueur la ligne d'arrivée après avoir été vertement tancé dans ce journal[33]. » Tout ça pour un titre « L'OL n'y arrive pas[34] ». Sans parler de l'ennemi intime, Christian Bîmes, président de la Fédération française de tennis (FFT), ou d'Aimé Jacquet, pourfendeur hors catégorie de *L'Équipe* pour l'éternité – *voir le chapitre suivant « L'Équipe et les fédérations, "je t'aime moi non plus" » et la partie « L'affaire Jacquet »*. Sûr que ces trois-là et bien d'autres ne seraient pas fâchés de « faire jouer la concurrence ».

## NAISSANCE D'UN RIVAL

Restait à financer le rival en question. Les deux associés vendent leurs publications, créent une société anonyme détenue à 85 % par René Tézé et partent illico à la recherche d'investisseurs. Avec un atout maître dans la manche : Tézé a pour beau-frère un certain Francis Bouygues, P-DG du tout-puissant groupe de BTP, qui vient de souffler TF1 à Jean-Luc Lagardère[35]. Rassurés par la présence de l'empereur du béton, des noms prestigieux acceptent de verser leur écot au pluralisme de la presse et s'engagent à augmenter leur participation une fois passée la phase de rodage. Outre Maison Bouygues, la famille Wertheimer, propriétaire de Chanel et coactionnaire des éditions La Martinière, Paribas, Dassault, Bernard Arnault entrent au capital du *Sport*, accompagnés d'actionnaires moins voyants : le groupe Cible (Usines Center), la banque d'affaires Duménil-Leblé, Christian Liagre – aménagement d'espaces culturels et commerciaux – et Daniel Druon, patron du groupe de presse juridique *Le Particulier*. Ce polytechnicien atypique a repris l'affaire familiale au décès de son père, en 1976. D'emblée, il affiche un enthousiasme à toute épreuve qui contraste avec la distance blasée des gros bonnets du CAC 40. « Je n'avais aucune raison d'en vouloir au groupe Amaury mais je trouvais le challenge plutôt marrant et l'idée de se faire *L'Équipe* assez émoustillante[36] », confesse-t-il sans vergogne.

Près d'un an et 256 rendez-vous plus tard – pour le seul René Tézé–, dont parfois 20 pour un seul investisseur contacté, la société éditrice du *Sport* est enfin sur les rails. La mise de départ s'élève à 42 millions de francs – 6,4 millions d'euros. Avec 33,75 % du capital, le tandem Tézé-Couture détient la minorité de blocage. Suivent par ordre d'importance *Le Particulier* à hauteur de 17,37 %, Cible et Paribas-technologie à 8,42 % chacun, Chanel et Bouygues à 3,42 %, les autres actionnaires se répartissant le reliquat.

Cheville ouvrière du *Sport* en tant que directeur général, Xavier Couture éprouve moins de difficultés à mettre sur pied une rédaction. « C'était lui le meneur sur le plan économique et stratégique, se souvient Jérôme Bureau. Il était à la fois un catalyseur, un séducteur et celui qui savait trouver les gens compétents[37].» Après avoir nommé Patrick Blain rédacteur en chef, il puise spontanément dans le vivier de *L'Équipe*. Débauché en deuxième, le prometteur Jérôme Bureau devient rédacteur en chef adjoint chargé de la coordination entre les services. « *L'Équipe* ressemble au *Titanic* », voilà ce que déclare le présomptueux reporter de *L'Équipe Magazine* en embarquant dans un canot de sauvetage nommé *Le Sport*. Autre transfuge de *L'Équipe*, Gérard Ejnès dirige le foot, la rubrique phare du journal; Michel Guégan chapeaute la voile et l'automobile et Alain

Beyer, en provenance de l'Agence France-Presse, le reste. À *L'Équipe*, la nouvelle fait l'effet d'une bombe. Non content de perturber son confort, un concurrent direct en gestation avancée vient s'approvisionner en interne ! Les patrons de la rédaction, Robert Parienté et Henri Garcia, n'en reviennent pas. « Ça a été un choc de voir que des cadres prometteurs de sa rédaction, de jeunes journalistes de 30 à 35 ans, étaient capables de partir pour un truc sortant de nulle part, même pas soutenu par un groupe comme Lagardère ou Hersant. Pour eux, ce n'était qu'un petit projet qui allait durer six mois[38] », ironise le journaliste d'investigation Éric Maitrot, un ancien de la rubrique football enrôlé par Gérard Ejnès. Qu'il semble loin le temps où l'on entrait à *L'Équipe* comme en religion. Tandis que Parienté et Garcia se demandent si le ciel est en train de leur tomber sur la tête, un esprit facétieux affiche dans les couloirs un tableau à double entrée : « Oui, j'ai été contacté par *Le Sport*. Non, je n'ai pas été contacté. » Les heureux élus baissent la tête, tandis que des petits malins feignent d'avoir été approchés pour décrocher une augmentation de salaire. Noël Couëdel, passé de la rédaction en chef du magazine à celle du quotidien, renvoie sèchement l'un d'eux dans ses vingt-deux : « Tu sais, si on faisait une liste de cent journalistes pour *Le Sport*, tu serais le cent unième ! » Au final, seuls six journalistes céderont aux sirènes du *Sport* : Blain, Bureau, Ejnès, Maitrot, plus deux autres rédacteurs,

Alain Mercier et Didier Braun. En avertissant les éventuels candidats au départ qu'ils prendraient un aller simple, Jean-Pierre Courcol, directeur de *L'Équipe*, anéantit les velléités d'aventures de quelques-uns.

Le premier numéro du *Sport* paraît le 12 septembre 1987, en pleine quinzaine des Internationaux de tennis des États-Unis. Patrick Blain choisit de mettre en une la légende Jimmy Connors et de consacrer deux pages « événement » au quintuple vainqueur de Flushing Meadow, en ouverture de journal. Suit la rubrique « podium », qui valorise des personnalités du monde sportif, avant de passer aux comptes-rendus et résultats proprement dits. En privilégiant un traitement « magazine » de l'actualité quotidienne, *Le Sport* expose sa différence comme un étendard. « *L'Équipe* laissait alors la primauté au résultat et à la description des faits, analyse Éric Brame. *Le Sport* avait une ligne éditoriale fondée sur la prise en compte de la curiosité du lecteur pour les aspects plus subtils de la compétition. Partant de l'idée que la télévision montrait beaucoup, la presse se devait d'aller plus loin, d'entrer dans les coulisses, d'éclairer ce qui n'avait pu l'être par l'image. » Encore un exemple tennis avec la couverture de Roland-Garros 1988. « Le défaut classique de la presse quotidienne est de présenter le tournoi sous la forme de quinze fois un jour, expliquait Jérôme Bureau dans le magazine *Stratégies*[39]. Notre choix, c'est de faire de

"Roland" une sorte de feuilleton épique et de traiter aussi, en plus des matchs ou des interviews, des à-côtés de la compétition. De ce qui se passe avant 11 heures et après 21 heures. » Des choix tranchés et assumés. Peut-être trop. Au risque de se couper d'une partie du lectorat potentiel. « On avait quasiment fait l'impasse sur le rugby, ce qui nous a beaucoup été reproché dans le Sud-Ouest notamment », relate Éric Maitrot. Perçu comme ringard par le trio de tête rédactionnel, le rugby est délaissé au profit du tout football assaisonné d'un zeste d'aventure. « *Le Sport* faisait ses gorges chaudes avec la Coupe de l'America, le Défi Areva et ses bateaux super-équipés », s'agace toujours Henri Garcia, grande figure du rugby à *L'Équipe*.

Format tabloïd, une seule affiche, aux antipodes des entrées multiples de la couverture de *L'Équipe* de l'époque, et une prédilection pour l'envers du décor, *Le Sport* se veut une déclinaison de *Libération*, inventeur dans les années quatre-vingt d'un ton journalistique à la fois critique et caustique. L'engagement politique à gauche en moins. « En tout cas, nous n'étions pas fascinés par Bernard Tapie, son esbroufe et ses millions », glisse malicieusement Éric Maitrot. Suivez son regard en direction de *L'Équipe*, qui commençait à dérouler le tapis rouge à Super « Nanard » *– voir le chapitre « Le Tapie-boom »*.

## L'EMPIRE CONTRE-ATTAQUE

Touchée en plein cœur, *L'Équipe* organise la contre-offensive tous azimuts. D'abord, rassembler les forces en présence et leur insuffler l'esprit de reconquête. Prévoir des pancartes sur les murs de la rédaction : « Tuez *Le Sport* ». Limpide et entraînant. Un sympathique mot d'ordre estampillé Jean-Pierre Courcol, ex-publicitaire toujours vert qui profite de l'opération commando pour accélérer la mutation de *L'Équipe*. Comme par hasard, la nouvelle formule programmée depuis l'année précédente atterrit dans les kiosques… le 12 septembre 1987.

Augmentation de la pagination de 20 %, création de rendez-vous hebdomadaires, accroissement des illustrations, réduction de la longueur des articles et, surprise du chef, passage à la couleur de la une et de la der : *L'Équipe* sort l'artillerie lourde. Et le fait savoir, via une grosse campagne de pub à la radio, dans la presse et sur les dos de kiosques où s'étalent des affiches en noir et blanc, par contraste avec la nouvelle coloration du quotidien. Sous une photo en gros plan d'un sportif victorieux hurlant son bonheur, le slogan « Plus vite, plus haut, plus fort », décalque de la devise olympique, est suivi du nom du journal. Le tout pour un coût non négligeable de 20 millions de francs de l'époque, un peu plus de 3 millions d'euros.

Côté coulisses aussi, *L'Équipe* et la famille Amaury font le nécessaire pour couper les ailes du *Sport*. Quand il ne débine pas le vilain petit concurrent auprès des annonceurs potentiels, l'inamovible Louis Gillet, président de Manchette, la régie du groupe, invite tout ce petit monde aux Jeux olympiques de la pub à l'Île Maurice. En bout de chaîne, «*L'Équipe* multiplie les coups en faisant pression sur les imprimeries de province pour que *Le Sport* arrive en retard aux kiosques», assure Éric Brame. Conformément au système coopératif des Nouvelles Messageries de la presse parisienne, le dernier arrivé est imprimé en dernier. «*L'Équipe* se démerdait pour toujours prendre du retard, se désole René Tézé. On ratait la première voiture, c'était mort pour nous, résultat on bouillonnait à mort[40].» Certaines zones plus ou moins reculées n'auraient jamais été desservies. Travaillés au corps par les commerciaux d'Amaury, moult kiosquiers voient *Le Sport* comme un empêcheur d'accumuler des ronds et prennent le parti du vaisseau amiral *L'Équipe* et de sa flotte secondaire, *France Football* et *Vélo*. Le calcul est vite fait. Une débâcle, voire une disparition des deux titres majeurs que sont *L'Équipe* et *France Football*, entraînerait un manque à gagner que ne compenserait pas un hypothétique succès du *Sport*. «Parfois on arrivait dans un kiosque en fin de matinée et le paquet d'exemplaires du *Sport* n'était même pas ouvert», rapporte Éric Maitrot.

Pas en reste, Philippe Amaury apporte sa contribution à cette entreprise générale de déstabilisation. Discrètement comme à son habitude, l'héritier persuade le P-DG de Paribas, Michel François-Poncet, qui siège comme lui au conseil d'administration de M6, de renoncer à sa participation au *Sport*. Première d'une longue liste de défections fatales. Après un premier numéro vendu à près de 290 000 exemplaires et un deuxième à 150 000, la diffusion du *Sport* se stabilise autour de 50 000. Loin du seuil de rentabilité évalué à 100 000. Passé l'euphorie des commencements, la réalité économique prend peu à peu le dessus. Deux mois après son lancement, le journal, qui a déjà perdu plusieurs millions de francs, se trouve en danger de mort imminent. Un signe encourageant tout de même : à Paris, seule zone en France où le journal ne pâtit pas des retards d'impression et de distribution, *Le Sport* vend la moitié du nombre des exemplaires de *L'Équipe*. Or le quotidien fondé par Jacques Goddet écoule 250 000 exemplaires. En extrapolant ce résultat au niveau national, *Le Sport* atteindrait son « point mort » synonyme de... survie. À condition de convaincre les financeurs de remettre la main au portefeuille.

## FRANCIS BOUYGUES M'A TUÉ

Novembre 1987. Le deuxième tour de table tourne à l'aigre. Daniel Druon, président du conseil de surveillance[41] du *Sport*, tance vertement Martin Bouygues. Le jeune P-DG de Maison Bouygues, âgé de 35 ans, vient d'annoncer le désengagement du groupe. Le patron du *Particulier* explose : « Votre père ne veut pas continuer, alors dites-le ! » « Je l'ai sacrément secoué, s'amuse Daniel Druon rétrospectivement. Martin n'avait pas les coudées franches à ce moment-là, son père lui a demandé d'arrêter les frais et il s'est exécuté. » L'abandon en rase campagne du numéro un mondial du BTP, qui refuse d'allonger le moindre centime, refroidit les ardeurs déjà émoussées des autres actionnaires. Stupeur de René Tézé. Le président du directoire[42] et son associé Xavier Couture sont lâchés de toutes parts, à l'exception du fidèle Druon, le seul à recapitaliser l'entreprise, comme convenu à la création du titre.

« C'est Francis Bouygues qui m'a tué. » La phrase claque comme un règlement de comptes posthume. La soixantaine alerte, un œil sur son inséparable compagnon canin, René Tézé a vécu dans l'ombre de son beau-frère jusqu'à la mort de ce dernier en 1993. Marié à sa sœur Monique Téze, Francis Bouygues, né en 1923, a l'âge d'être son père. Le transfert s'est fait d'autant plus facilement que René a perdu son géniteur assez jeune. Toute sa vie durant, il éprouvera une admiration sans bornes pour Francis. « Ce qu'il a fait est exceptionnel, en plus de ses réalisations grandioses dans le bâtiment, il a réussi dans un deuxième métier avec TF1 », dit-il avec un soupçon de ferveur. Au point de se bercer d'illusion sur les intentions de celui qu'il croit connaître par cœur. « Que fais-tu de différent et de mieux que *L'Équipe* ? », lui demande abruptement son mentor, le jour où il vient plaider le renflouement du *Sport*. Tétanisé, René Tézé ne sait pas quoi répondre. « Francis Bouygues était un *tycoon* hors norme qui intimidait tout le monde », le dédouane Xavier Couture. Tout en prenant sa part de responsabilité : « J'ai surestimé l'influence de René Tézé sur son beau-frère. » « Allez savoir dans quelle mesure il n'y avait pas une rivalité là-dedans : supposons que le petit beau-frère ait réussi ce coup fumant de plumer *L'Équipe*, ça aurait pu lui faire de l'ombre », interprète Daniel Druon. Le fringant sexagénaire se revoit en septembre 1987, attendant dans une loge de TF1 pour passer à l'antenne. « J'éprouvais le sentiment désagréable de supplier un grand de vous donner un sucre. Ce soir-là, j'ai bien vu qu'on n'était rien. » Même pas dignes de ramasser quelques reliefs du banquet « bouyguesque ». « Les quelques millions dont avait besoin *Le Sport*, c'était une crotte de bique pour Francis Bouygues, comme pour tous les loulous autour de la table, poursuit Druon dans la même veine. C'est que j'appelle un comportement de snobisme mondain. » Bienvenue dans le monde des grands patrons. « En réalité, les gens de Bouygues n'avaient aucun goût pour la presse écrite, et probablement ont-ils préféré garder de bonnes relations avec le groupe Amaury dans la perspective de diffuser à terme le Tour de France », avance Xavier Couture. Quelques années plus tard, en 1992, TF1 échouera à souffler le Tour au service public…

Moitié moins nombreux que leurs concurrents, les 80 journalistes du *Sport* se serrent désormais un peu plus la ceinture et voient encore moins le jour. Partisan d'un électrochoc visant à retrouver le dynamisme des débuts, Xavier Couture saute sur l'occasion pour rebattre les cartes du pouvoir au sein de la rédaction. Le directeur général convoque les journalistes, et leur annonce sans fioritures la nomination de Jérôme Bureau au poste de rédacteur en chef, aux côtés de Patrick Blain. Officiellement, un duo, voire un trio avec Gérard Ejnès, dirige la rédaction, histoire de sauver les apparences. Mais ce montage ne trompe personne. Borduré, l'ami de dix ans de Couture doit céder la place au jeune trentenaire en pleine échappée vers les sommets de la gloire. Le futur directeur de la rédaction de *L'Équipe* vient de commettre son premier fait d'armes avec un savoir-faire qui force le respect. Dès le lancement du *Sport*, Jérôme Bureau se rapproche de Xavier Couture, qui lui prête une oreille de plus en plus attentive, convaincu d'avoir sous la main l'homme de la situation. Beau parleur,

« Jérôme Bureau donnait du sens à tout ce qu'on faisait », remarque Alain Beyer. La fameuse « quête de sens », fourre-tout stratégico-managérial déjà en vogue dans les années quatre-vingt.

En quête de lecteurs, *Le Sport* réussit quelques jolis coups éditoriaux, au détriment de qui vous savez. Anticipant la mort de Jacques Anquetil, quintuple vainqueur du Tour de France, survenue le 18 novembre 1987, *Le Sport* prépare 12 pages, thématisées avec des photos choisies à l'avance. À côté, le traitement nécrologique classique de *L'Équipe* paraît bien fade, malgré la plume trempée dans l'excellence de Pierre Chany, grand ami du coureur normand. « *L'Équipe* était mortifiée alors qu'il s'agissait d'un champion maison », relève Patrick Blain. Parmi les scoops, Claude Askolovitch – future plume de *L'Obs* – annoncera en exclusivité la retraite d'Alain Giresse, l'une des plus grandes étoiles du football français des années quatre-vingt, et sacré « champion des champions » tricolores par *L'Équipe* en 1982. Il y a aussi cette faculté à bousculer la maquette en fonction des événements. En guise de clin d'œil à la victoire sur un Grand Prix du plus grand champion français de formule 1, le nom et le logo du journal sont remplacés par l'anagramme « Le Prost ». Astucieux peut-être, insuffisant sans aucun doute. Au printemps 1988, la diffusion reste désespérément bloquée à 45 000 exemplaires vendus en moyenne, avec parfois des pointes à 60 000.

Du genre obstiné, Daniel Druon aura tout essayé pour maintenir à flot le frêle esquif du *Sport*, envers et contre tout. Alors que les comptes virent au rouge vif, il reçoit la visite d'un émissaire du groupe Amaury. Sur un ton courtois mais ferme, le très lisse directeur général adjoint de *L'Équipe*, Fabrice Nora, lui « recommande », en substance, de siffler au plus vite la fin des hostilités : « Sous peine d'y laisser votre culotte ! » Si les conseils d'ennemis ne sont pas forcément les pires, Druon éconduit poliment son interlocuteur de marque. Et tente même un ultime coup de frime, sur le mode : « Vous ne savez pas jusqu'où on ira ! » Réponse trois mois plus tard : dépôt de bilan, puis liquidation totale. Réduits aux dernières extrémités, le trio Couture, Tézé et Druon ravalera sa fierté et proposera à *L'Équipe* un arrangement entre adversaires. « On pensait que ça les intéresserait de récupérer nos 60 000 lecteurs. » Nouvelle erreur de Druon, sans qui *Le Sport* aurait fermé boutique depuis longtemps. Même démarche désespérée auprès de Patrick Le Lay, placé depuis peu à la tête de TF1 par Francis Bouygues. Dans ce genre de situation, « les gens vous regardent comme un mourant », grince un Daniel Druon pince-sans-rire. Aimable et même respectueux, Le Lay raccompagne délicatement le malade en phase terminale. Les éventuels repreneurs se désistent les uns après les autres. Après le groupe Hersant, le magnat britannique Robert Maxwell, proche de Francis Bouygues et actionnaire de TF1, jette l'éponge. Non sans avoir joué un rôle ambigu, et œuvré en coulisses en faveur de ses propres intérêts. Car Maxwell, qui lorgne sur *Le Parisien*, ne veut pas froisser le groupe Amaury. L'affaire se conclut par une sorte de *gentleman's agreement* du style : « Vous laissez *Le Sport* mourir et on fera des affaires ensemble. » Au bout du compte, Maxwell n'aura ni *Le Sport* ni *Le Parisien*. Jacques Chirac ne disait-il pas en son temps que les promesses n'engagent que ceux qui les croient ? « Dommage, car je suis persuadé qu'avec quelques mois d'oxygène en plus nous nous serions fait notre place, soupire Éric Maitrot. Mais le problème, c'est que les dirigeants du groupe Amaury savaient bien que *L'Équipe* était un géant fragile. Nous lui avions déjà piqué environ 30 000 lecteurs, soit l'équivalent de la marge bénéficiaire du quotidien. Ils avaient donc intérêt à ce qu'on meure très vite. » Vœu exaucé, le 29 juin 1988. Bilan des courses : un déficit cumulé de 50 millions de francs, 130 salariés licenciés, et des dirigeants sur la paille. Devenu actionnaire à 80 % après les multiples augmentations de capital à sens unique, Daniel Druon a fait perdre 42 millions de francs à son entreprise, qui aura bien du mal à s'en remettre. Délesté de 7 millions de francs sur ses deniers personnels, René Tézé se recase à TF1, tout comme Xavier Couture. À *L'Équipe*, le moral est au beau fixe.

## LES VAINCUS AU POUVOIR

Fin de partie pour la génération d'après-guerre, dont les riches heures seront célébrées dans un livre anniversaire, *50 ans de sport*, vendu à 300 000 exemplaires. Coordonnateur du premier ouvrage édité par *L'Équipe*, Robert Parienté, déchu de son titre de directeur général adjoint en charge de la rédaction, tire sa révérence sur un gros succès commercial. Nous voici en 1996. Jérôme Bureau, le proscrit du *Sport*, est de retour. Son nouveau costume de directeur des rédactions lui va à ravir.

« Quand nous sommes partis de *L'Équipe*, c'était la *Pravda*. À notre retour, le journal avait vécu sa révolution culturelle et laissé de côté son sectarisme et son dogmatisme. Grâce à nous, il est passé du statut de chapelle à celui de forum. *L'Équipe* a vampirisé toutes les bonnes idées du *Sport*[43]. » Par une surprenante ruse de l'histoire, ce sont les ennemis jurés d'hier qui ont fait la courte échelle aux renégats. Fair-play, Noël Couëdel, le nouveau patron de *L'Équipe*, rend hommage à « l'inventivité » et à la « créativité » du *Sport*. Et Jean-Pierre Courcol, tout à son entreprise de rénovation, considère que *L'Équipe* ne peut se passer des talents de l'ex-concurrent. À commencer par l'étoile montante, Jérôme Bureau, catapulté rédacteur en chef de *L'Équipe Magazine* dès 1989. « Il était le meilleur pour le poste », justifie l'ancien directeur général. Exit Jacques Carducci. Placé par Robert Parienté, il était trop « vieille école » pour réussir. Pas assez en phase avec la publicité, qui lui reproche de faire fuir les annonceurs. Sous-entendu : à cause de la baisse de qualité du magazine. Le come-back de Jérôme Bureau dans la peau de l'homme providentiel, orchestré par Courcol et Couëdel, provoque stupeur et tremblements au sein de la rédaction. Alertés par les rumeurs persistantes de retour, la Société des journalistes et les syndicats convoquent une assemblée générale, à l'initiative de Denis Chaumier, patron du foot. « Cet épisode a été vécu comme une trahison, explique Laurent Wetzel, journaliste à la rubrique foot à l'époque, aujourd'hui rédacteur en chef adjoint de *France Football*. On ne pouvait pas faire pire. Ceux qui sont restés à *L'Équipe* se sont défoncés dans cette lutte à mort, ils ont gagné, et en guise de récompense on a fait revenir les vaincus qui ont pris le pouvoir. » La phrase sur le *Titanic* reste en travers de la gorge d'une bonne partie de la rédaction, peu disposée à pardonner. Au point que Noël Couëdel monte en première ligne et menace de démissionner si « l'AG » vote le refus du retour de Bureau et la défiance vis-à-vis de la direction : « J'aurais honte de vous, et par conséquent je ne pourrais plus être votre boss. » L'argument fait mouche et la rédaction s'abstient.

À défaut d'obtenir leur adhésion pleine et entière, Courcol parvient à s'assurer de la neutralité des cadres historiques. Avec l'aide de Jacques Goddet, appelé à la rescousse pour l'occasion. Au cours d'un déjeuner dans un restaurant d'Issy-les-Moulineaux, près du journal, le fondateur de *L'Équipe*, retraité de fraîche date, se prononce en faveur de Jérôme Bureau. « Il n'aimait pas Bureau à qui il ne pardonnera jamais son attitude, mais il voulait garder un bureau à *L'Équipe*... », soupire tristement un ancien rédacteur en chef qui l'a bien connu. « Un avis contraire ? », lance Courcol à la cantonade. Michel Clare, rédacteur en chef, et Henri Garcia ne pipent mot même s'ils n'en pensent pas moins. La scène se répète peu de temps après, lors d'une réunion des responsables de rubriques et de la rédaction. Denis Chaumier est le seul à oser porter la contradiction. « Des gens de grande qualité se sont révélés, pourquoi faire un appel à un sauveur qui a quitté la maison dans les conditions que l'on sait ? », martèle-t-il. « Tout le monde savait que le magazine constituait le tremplin idéal pour Bureau et qu'à terme il prendrait les rênes du quotidien », ajoute l'ex-trentenaire ambitieux, parfaitement conscient que l'avènement de Bureau lui barrerait la route des sommets. Chaumier paiera sa franchise au prix fort. Quelques mois après son arrivée à la direction de la rédaction de *L'Équipe*, fin 1993, Bureau l'écarte et fait de Gérard Ejnès, l'ex-patron du foot au *Sport*, son adjoint. Très vite, les anciens du *Sport*, revenus en masse dans la foulée de l'éclaireur Bureau, trustent les fonctions les plus éminentes de l'entreprise. Olivier Margot remplace Jérôme Bureau à la tête de *L'Équipe Magazine*, Claude Droussent devient rédacteur en chef de *Vélo magazine*, avant de succéder à Olivier Margot, puis à Jérôme Bureau en 2003… Pendant ce temps-là, les anti-*Sport* sont placardisés quand on ne leur montre pas la sortie. D'assemblées générales en menaces de grève, après une opposition aussi larvée que systématique, le chef de file des « Bureauphobes », Jean-Yves Viollier, délégué du personnel CFDT, finit par jeter l'éponge en 1996. Non sans avoir obtenu de pouvoir faire jouer la clause de conscience et de partir avec ses indemnités ! « Dès que j'ai appris le retour de Bureau, j'ai envoyé une lettre à la direction expliquant que l'air me paraissait plus pur à la base qu'au sommet, s'amuse-t-il. J'ai volontairement renoncé à mon poste de rédacteur en chef technique et accepté une baisse de 10 % de mon salaire[44]. » Outre Jean-Yves Viollier, un seul journaliste profitera de la clause de conscience ouverte par le patron de *L'Équipe*, Paul Roussel, tout heureux de se débarrasser des derniers irréductibles.

## *L'ÉQUIPE* ET LES FÉDÉRATIONS, « JE T'AIME, MOI NON PLUS »

19 août 2008. En direct du « nid d'oiseau » de Pékin, pendant la deuxième semaine des Jeux olympiques, le président de la Fédération française d'athlétisme répond aux questions de France 2. Le journaliste Patrick Montel interroge Bernard Amsalem sur la suspicion entourant la médaille d'argent en 3000 m steeple décrochée la veille par le coureur français Mahiedine Mekhissi-Benabbad. Le jour-même, *L'Équipe* titrait malicieusement « Questions d'argent » un article sur la « stupéfiante » seconde place d'un Mahiedine « venu d'ailleurs ». Très affûté, le quotidien sportif pointe « l'incrédulité de passionnés qu'on a tant floués par le passé qu'ils préfèrent douter par principe que de distiller un bout de bonheur non-certifié ». Le commentaire de trop pour Bernard Amsalem, qui dit le fond de sa pensée au micro de France Télévisions : « Dans ce "grand journal", [il y a] une tradition, dès qu'un Français émerge, on lui coupe la tête. »

Entre ce « grand journal » et les instances dirigeantes du sport, les relations n'ont pas toujours été aussi fraîches : « Quand on allait aux finales de Coupe d'Europe, une limousine amenait Jacques Ferran vers les hauts dirigeants de la Fifa [Fédération internationale de football] », relate Jean-Jacques Vierne, ex-rédacteur en chef de *L'Équipe* puis de *France Football*. Respecté et choyé par les puissants de la planète foot, Jacques Ferran ne dément pas cette proximité, tant avec João Havelange, le président de la Fifa dont il a soutenu les premières candidatures, qu'avec Fernand Sastre, patron de la fédération française de 1972 à 1984. « Les relations avec les fédérations étaient proches, ce qui ne nous empêchait pas de critiquer sévèrement les dirigeants sportifs, il n'y avait donc pas de connivence, nous gardions une liberté totale, se défend l'ancien directeur de la rédaction de *France Football*. On m'a reproché ma gentillesse, mais je ne critiquais pas pour critiquer. »

Chasse gardée des tauliers de la vieille école, Robert Parienté en tête, les sports olympiques cultivent également une collusion institutionnelle qui perdurera jusqu'à la prise de pouvoir de Jérôme Bureau en 1993. Le président de la Fédération française d'athlétisme de 1987 à 1993, Robert Bobin, ne fait jamais un pas sans être suivi par son fidèle Parienté, proche parmi ses proches. En ce temps-là, les journalistes de *L'Équipe* savaient se tenir. Et quand l'un d'entre eux commettait un écart, il était vite rattrapé par la patrouille…

Mai 1981. François Mitterrand s'installe à l'Élysée. La nouvelle ministre des Sports, Edwige Avice, s'apprête à dénoyauter les institutions sportives mises en place à la Libération. Le journaliste de *L'Équipe Magazine* Éric Lahmy dévoile en avant-première les changements à venir. Avec la bénédiction d'un jeune rédacteur en chef aux dents longues, Noël Couëdel, qui s'est déjà fait remarquer en publiant un classement des présidents de fédération. Quelle insolence ! Insaisissable comme une anguille – un des surnoms de cet homme de pouvoir –, l'ancien directeur de la rédaction de *L'Équipe* sera rappelé au printemps 2008 pour colmater les brèches d'un navire qui prend l'eau – *voir le chapitre « Un déclin inéluctable ? »*.

Les indiscrétions politiques d'Éric Lahmy paraissent un samedi. Folle de rage, Edwige Avice convoque Jacques Goddet et Robert Parienté dans la tribune présidentielle du Parc des Princes, où se dispute un match de rugby du Tournoi des cinq nations. L'énergique ministre leur intime l'ordre de publier un démenti. « Ils sont tellement mis sous pression qu'ils vont venir exprès au journal le dimanche pour rédiger un éditorial signé *L'É* démentant pièce à pièce les infos du magazine », rapporte un témoin direct. L'article est publié dans le quotidien du lundi. Ce même matin, Noël Couëdel est sommé de s'expliquer devant le trio légitimiste Parienté-Garcia-Clare. Avec Michel Clare, rédacteur en chef, dans le rôle du procureur général. Ce dernier va jusqu'à l'accuser d'antisémitisme, en référence à la judéité de Robert Parienté. Déplacé et outrancier. Couëdel en sort néanmoins meurtri. Il éclate en sanglots dans son bureau. «Je me les ferai tous», renifle-t-il, revanchard. Il tiendra promesse. Ironie de l'histoire, Michel Clare prendra sa retraite en 1991, l'année où Noël Couëdel quitte la direction de la rédaction de *L'Équipe* pour celle du *Parisien*, l'autre fleuron du groupe Amaury. Resté actif, Clare rédige les discours de l'ancien ministre des Sports du général Franco, Juan Antonio Samaranch, président du Comité international olympique, jusqu'en 2001. Auquel il voue toujours une admiration sans borne. Malgré les accusations de corruption et de favoritisme au profit de grandes compagnies, au premier rang desquelles Coca-Cola…

## LES LEÇONS DE CHRISTIAN BÎMES

Démarche fatiguée et cheveux clairsemés blanchis sous le harnais, Christian Bîmes invite à prendre place. Idéalement placé, juste au-dessus de la tribune présidentielle, son vaste bureau tout en boiseries offre une vue imprenable sur le court central de Roland-Garros. En face du sexagénaire patron de la Fédération française de tennis, une accorte et souriante «directrice adjointe de la communication».

Sophie Morel ne se lasse pas de donner du « président » au maître des lieux. Le pharmacien toulousain, élu pour la première fois en 1993, sort une feuille de papier, chausse ses lunettes et commence la dictée. Telle une élève appliquée assise au premier rang de la classe, la jeune Sophie note consciencieusement les réponses présidentielles. Sujet du jour : *L'Équipe*, avec qui le successeur de Philippe Chatrier entretient des rapports exécrables. « Ce journal doit tout à ses membres fondateurs, et parmi les plus éminents, Jacques Goddet, à qui je tiens à rendre hommage, déclame-t-il d'un ton sentencieux. [...] La deuxième personne importante est mon oncle, Pierre Skawinski, ancien secrétaire général de *L'Équipe*. Ce sont ces personnages qui ont fait la renommée de *L'Équipe*[45]. » Après eux le déluge, en quelque sorte. Parce que, poursuit-il, « on peut regretter une position de monopole qui autorise *L'Équipe* à donner le ton mais sans possibilité de contre-pouvoir. Avec la Coupe du monde de 98, on a pu voir les limites de ces procédés. Je peux vous confirmer qu'en étant en opposition systématique avec les fédérations *L'Équipe* ne fait pas avancer le sport, et je suis vraiment étonné du nombre de bénévoles, en particulier dans le tennis, qui me disent ne plus vouloir le lire ». Surtout, Christian Bîmes ne pardonne pas au quotidien sportif son engagement en faveur de Jean-Pierre Courcol, dans la course à la présidence. Un combat perdu d'un cheveu par l'ancien directeur général du groupe Amaury, à l'époque patron d'Air Inter. «*L'Équipe* a fait campagne contre moi en 1997», affirme Bîmes. «Faux, conteste énergiquement Claude Droussent, directeur de la rédaction du journal de 2003 à 2008. Jean-Pierre Courcol a réuni les journalistes de la rubrique tennis pour leur expliquer qu'il n'attendait aucun soutien de leur part[46].» Dominique Candille, la déléguée CGT, est moins catégorique: «Quand Courcol s'est porté candidat à la présidence de la FFT, la rubrique tennis a fait plusieurs articles, rappelle-t-elle. J'ai apporté mon témoignage en tant que syndicaliste, expliquant notamment que Courcol n'était pas un homme de dialogue et qu'il pouvait se montrer extrêmement brutal. Jérôme Bureau a exigé le retrait de ce passage[47].» Pour Bîmes, il y a un avant – et un après – février 1997.

«Il s'est créé de mauvaises habitudes dans la rédaction qui depuis a tendance à vouloir critiquer systématiquement la FFT et surtout son président», s'agace-t-il. Allusion à la publication par *L'Équipe Magazine* des éléments du dossier ayant conduit à la mise en examen de Christian Bîmes le 15 février 2007, pour «abus de confiance» et «prise illégale d'intérêts». Ordonnée fin 2004 après une plainte de quelques licenciés de la Fédération française de tennis, l'enquête judicaire aboutit à la révélation d'un système mêlant dépenses somptuaires et conflits d'intérêts. Ami de nombreuses célébrités du show-biz, grand amateur de soirées people, cet héritier d'une famille fortunée de la Ville rose–son père, professeur de médecine renommé, a présidé le Stade toulousain pendant deux décennies–aurait également profité de son poste de patron de TF1 entreprises pour céder à l'Union européenne de radiodiffusion, à laquelle appartient Eurosport, filiale de la chaîne du groupe Bouygues, les droits de Roland-Garros. L'auteur du dossier, Fabrice Lhomme, persiste et signe : « J'ai lu ses déclarations dans lesquelles il remet en cause l'impartialité de *L'Équipe*, dit-il. Mais les faits sont là. Selon l'enquête judiciaire, dont nous nous sommes procurés les conclusions, Bîmes est accusé d'avoir piqué dans la caisse, point. Je n'ai rien inventé[48] », assume l'ex-rédacteur en chef adjoint du magazine, qui a rejoint le site d'information Mediapart – Christian Bîmes devrait être jugé en correctionnelle début 2009 pour « prise illégale d'intérêt » et pour « abus de confiance ». Président de FFT depuis 1993, il ne sollicitera pas un cinquième mandat.

Irrecevable, répond Christian Bîmes, pour qui les articles de *L'Équipe* sont tout, sauf motivés par le désir légitime d'informer le lecteur. « Sur ma mise en examen, *L'Équipe* est de parti pris et souvent volontairement approximative et inexacte, déplore-t-il. Avec le temps, on trouve dans ce journal de plus en plus d'opinions et de moins en moins d'informations. La Coupe Davis et la Fed Cup sont souvent relatés de façon très précise, mais avec quelques tendances là encore à amplifier les polémiques. Comme avec Guy Forget dernièrement. » À l'automne 2007, le quotidien sportif s'était fait l'écho de l'existence de tensions entre le capitaine de l'équipe de France et Christian Bîmes, unanimement détesté par les joueurs tricolores. S'il en avait le pouvoir, Bîmes expédierait volontiers les garnements de *L'Équipe Magazine* dans un « centre éducatif fermé », histoire de leur inculquer les bonnes manières. « *L'Équipe Magazine* s'est distinguée lors de la candidature aux Jeux olympiques 2012 en critiquant les têtes couronnées du Comité international olympique alors que celles-ci allaient voter quelques semaines plus tard pour Londres, Paris ou Madrid », s'exaspère-t-il. Si seulement les journalistes de *L'Équipe* étaient plus compétents, ils le comprendraient mieux !

« Je regrette qu'il n'y ait pas suffisamment de spécialistes et d'anciens joueurs, ajoute le président. Car eux connaissent le tennis. Ce qui n'est pas le cas de la majorité des journalistes de la rubrique, qui ne pratiquent pas notre sport, à une ou deux exceptions près. » Des noms ! Il ne se fait pas prier pour citer Dominique Bonnot, la pasionaria de la rubrique tennis de *L'Équipe*, et accessoirement tête de Turc du numéro un de la FFT. « Dominique Bonnot est très mal placée pour me critiquer comme elle le fait depuis plusieurs années, puisque nous nous connaissons depuis l'âge de 16 ans et qu'elle sait tout ce que j'ai entrepris dans le tennis. Dommage, car je lui reconnaissais une certaine compétence raquette en main puisqu'elle s'est classée en seconde série. Dominique

Bonnot fait partie des quelques journalistes de *L'Équipe* à qui je ne souhaite plus parler même si ça n'est pas systématique. Encore récemment, j'ai répondu à des sollicitations sur l'équipe de France.» L'intéressée admet éprouver une aversion viscérale pour le personnage: «Contrairement à ce qu'il prétend, *L'Équipe* travaille de manière parfaitement indépendante, mais j'ai toujours réprouvé ses méthodes, contre-attaque-t-elle. Nos mauvaises relations datent du début de son premier mandat. En allant lui rendre visite à Toulouse pour une interview, je me suis aperçue que sa manière de diriger était fondée sur la peur de perdre ses avantages. C'est comme ça qu'il tient les gens. Je n'ai jamais aimé cette façon de faire[49].» Pas étonnant qu'ils ne se disent plus bonjour. Apercevant Dominique la subversive lors d'une conférence de presse à Metz, Christian Bîmes s'arrête immédiatement de parler. «Je ne peux pas donner la conférence de presse si elle y assiste, explique-t-il à ses auditeurs avec une franchise désarmante. Bon, je ne donnerai pas de conférence de presse», ajoute-t-il pour que le message soit bien reçu. «Il l'a donnée dans un petit coin à des journalistes locaux», glisse Bonnot. Conséquence de cet ostracisme personnalisé, la journaliste se sent parfois très isolée. «En présence de Bîmes, des gens qui me faisaient la bise hésitent à s'afficher avec moi», dit-elle.

Dans son dépit, le président de la FFT se console en se persuadant que «*L'Équipe* n'est pas un pouvoir, puisqu'elle a perdu toutes les campagnes menées contre des présidents de fédération. Fauroux contre Lapasset, elle a perdu, Courcol contre Bîmes, elle a perdu, Le Graët contre Simonet, elle a perdu, et je ne parle même pas du cas Aimé Jacquet, particulier mais ô combien significatif». «Ce n'est pas *L'Équipe* qui fait les présidents de fédé, Bîmes et Lapasset ont été réélus malgré l'hostilité du journal[50]», renchérit Marie Gérard, la directrice de communication du groupe *L'Équipe*.

Effectivement, le quotidien sportif a échoué plus souvent qu'à son tour chaque fois ou presque qu'il a porté le fer contre une institution.

## LES CAMPAGNES DE *L'ÉQUIPE*

Au début des années quatre-vingt, la statue de Jean-Marie Balestre, l'omni-président des fédérations française et internationale du sport automobile, vacille mais ne tombe pas sous les coups de boutoir de *L'Équipe*. Jean-Marie Balestre qui, pour la petite histoire, a travaillé à *L'Auto* comme secrétaire de rédaction de 1938 à 1940, sous les ordres de Jacques Goddet. Juste avant de s'enrôler sous l'uniforme nazi! Plusieurs photos aux archives de *L'Équipe* en attestent. «On lui reprochait de trop jouer la carte de la F1 business, à l'époque où Bernie Ecclestone a pris le contrôle économique des Grands Prix, se souvient Francis Monsenergue, ex-rédacteur en chef adjoint de la rubrique automobile. On était contre ce rapprochement et contre les prises de position de Balestre, mais on n'avait pas envie de le faire sauter[51]. » Édouard Seidler, patron de l'automobile avant de prendre la direction de la rédaction de *L'Équipe* en 1970, relate cet épisode mouvementé dans ses Mémoires: « Nous l'avions fermement soutenu lorsqu'il s'était opposé au représentant des constructeurs de formule 1, Bernie Ecclestone, qui était en fait leur homme d'affaires et menaçait toujours de faire passer leurs intérêts économiques avant la préservation de la crédibilité sportive de cette discipline, écrit-il. Et puis, les rebondissements de la politique sportive – aussi sinueuse souvent que la politique tout court – firent se rapprocher Balestre et son ancien adversaire. Notre campagne fut vive alors à l'encontre du président. Il prit si mal la chose qu'il en vint à nous intenter deux procès, pour un total de six millions de francs – procès auxquels il ne donna d'ailleurs aucune suite, sachant parfaitement qu'il n'avait aucune chance de les gagner. Le rencontrant alors, je lui dis: "Six millions, Jean-Marie, c'est un peu mesquin. Songe que le dollar est à 7 francs. Tu nous demandais un million de francs de plus, et tu aurais pu clamer que tu nous réclamais un million de dollars. Ça aurait fait plus sérieux, non ?" Balestre sut en rire mais, surtout, réorienter sa politique. Et on put le soutenir à nouveau[52]. »

Bernard Lapasset savoure sa revanche avec le sourire du condamné rescapé d'une mort certaine. Sollicité par l'auteur pour une interview, l'ancien président de la Fédération française de rugby hésite longuement. Mais, avant de quitter son bureau de la rue de Liège pour exercer la fonction suprême de patron de l'International Rugby Board, l'ex-joueur d'Agen ne résiste pas au plaisir de dire sa vérité sur un quotidien sportif qu'il assure « ne plus lire depuis 1995[53] ». 13 octobre 1995, 15 décembre 1995, 4 janvier 1996. Trois dates, trois numéros de *L'Équipe* qui ont fait un raffut monstre dans la tête du successeur d'Albert Ferrasse. Avec Marc Van Moere dans le rôle de l'ange exterminateur.

Acte I. *L'Équipe* publie une enquête solidement étayée, retraçant les conditions douteuses dans lesquelles deux appels d'offres pour la FFR ont été lancés. Le premier, arbitré par le comité directeur du 20 janvier 1995, avait débouché sur l'attribution des droits nationaux du rugby à France Télévisions plutôt qu'à TF1, pourtant mieux-disant de 48 millions d'euros, au moins, sur quatre ans. « Le manquement aux procédures et règlements fédéraux et un argumentaire contestable, établi dans des conditions inhabituelles, selon la thèse contenue dans le livre d'Éric Maitrot[54], avait frustré la chaîne de Bouygues d'une victoire qui lui semblait promise », affirme Marc Van Moere. Le tout sur fond d'entente préalable à l'appel d'offres.

Acte II. Dans un second dossier, *L'Équipe* y dénonce notamment une entente entre Jean-Claude Darmon et la société ISE pour se partager le marketing et les droits internationaux de la FFR, trois mois avant l'appel d'offres !

Acte III. *L'Équipe* du 4 janvier 1996 donne du canon en une. Manchette : « Un vrai désaveu ». Sous-titre : « Bernard Lapasset, le président de la Fédération française de rugby, est clairement désavoué par ce rapport qui confirme l'essentiel de nos précédentes révélations. »

Marc Van Moere signe là l'une des plus belles séries d'enquêtes de l'histoire du journal. Aucun des faits rapportés n'a été infirmé par les protagonistes de l'affaire. « On a failli faire sauter Lapasset », commente Van Moere, l'œil brillant. « Failli » seulement. Toujours debout douze ans après, Bernard Lapasset affirme avoir tourné la page et refuse de se prononcer sur le fond du dossier. « Plus j'étais attaqué dans *L'Équipe*, et plus je repassais devant mes électeurs, avec succès chaque fois, dit-il. Je n'ai jamais répondu à une seule attaque. Le côté répétitif était un peu incompréhensible. J'aime les critiques de la presse d'opinion à condition qu'elles soient fondées. Je n'ai jamais demandé de droit de réponse. Si je ne lis plus *L'Équipe*, c'est parce que dans ces moments-là, c'est l'ego qui réagit, l'image qu'on a de soi. On se sent agressé, on porte ça comme un regard sur soi. Je ne me reconnaissais plus moi-même. Je me suis senti agressé par rapport à ma famille. »

La famille Lapasset peut dire merci à Aimé Jacquet. « C'est vrai que les attaques contre moi ont cessé au lendemain de la Coupe du monde 1998, sourit le président – *voir la partie* « *Le syndrome* ». Il faut dire que le cas d'Aimé Jacquet était outrancier. *L'Équipe* a multiplié les attaques personnelles finalement balayées par un résultat sportif. Cela les a peut-être fait réfléchir sur mon propre cas. » « La fin du match avec Lapasset est consécutive à l'affaire Jacquet », confirme Marie Gérard, directrice de communication du quotidien.

## LA NORMALISATION

Christophe Chenut n'a pas réfléchi plus d'un quart de seconde. À peine installé dans le fauteuil de directeur général, il fait chauffer le téléphone. « Allô ! président ? » Bernard Lapasset apprécie la démarche. « J'ai déjeuné à *L'Équipe* à l'invitation de Claude Droussent et Christophe Chenut, je précise que je n'avais rien demandé », dit-il. Depuis lors, la Fédération française de rugby et le quotidien sportif vivent une romance exemplaire, pas même troublée par le placage impromptu du rubricard Henri Bru. « Henri a fait un long papier pour expliquer que la Coupe du monde 2007 était un fiasco annoncé, sous-estimant l'effet mobilisateur du Mondial français, raconte Bernard Lapasset. Mais je ne l'accable pas. Il a eu le courage de reconnaître son erreur et de me le dire de vive voix, ce qui est tout à son honneur.»

« Bernard, je me suis trompé, je l'écrirai.

– Surtout pas, Henri ! »

Pourquoi humilier une rédaction amie ? « C'est important d'avoir un quotidien de sport, la Fédération a besoin de cet outil de communication, susurre le président, sans se départir de son air sérieux. En réalisant le guide de référence de la Coupe du monde, *L'Équipe* a été notre partenaire. Avec ses différentes déclinaisons – quotidien, magazine, Internet, télévision –, c'est un grand média de sport reconnu qui a toute sa place dans le dispositif sportif d'accompagnement des projets fédéraux.» On songe au film noir de Stanley Kubrick, *Le Baiser du tueur*. Franchement président, vous avez pris votre revanche ? « Honnêtement non », glisse Bernard Lapasset, avec ce sourire qui ne l'a pas quitté de tout l'entretien. On n'est pas obligé de le croire.

On peut en revanche croire Christophe Chenut sur parole quand il confie sa difficulté à renouer les fils avec un monde institutionnel échaudé par l'affaire Jacquet. En mars 2003, le conseil d'administration du Comité national olympique du sport français (CNOSF), sous l'impulsion de Christian Bîmes et Bernard Amsalem, le président de la Fédération d'athlétisme, envoie un courrier de réprimande à Philippe Amaury. « Le courrier stigmatisait le fait que *L'Équipe* ne jouait plus son rôle de partenaire du sport français, rapporte Claude Droussent. Christophe Chenut et moi pensions qu'il valait mieux toujours dialoguer. En réponse, nous sommes allés les voir, ce qui correspondait à leur attente. Alors qu'en 1998 nous avions eu le mauvais réflexe de nous refermer sur nous-mêmes.» Après les départs en cascade de Jean-Pierre Courcol et Paul Roussel à l'automne, *L'Équipe* s'enfonce dans le doute. La nature ayant horreur du vide, les patrons du sport français se sentent pousser des ailes. C'est le moment ou jamais de mater le fils prodigue et de ressusciter le compagnonnage d'antan. «Cette lettre constituait une réaction aux arrivées de Christophe Chenut et Claude Droussent, confirme Henri Sérandour dans un courriel adressé à l'auteur[55]. Il s'agissait pour le mouvement sportif d'une volonté d'établir de nouvelles relations fondées sur le dialogue et la compréhension. *L'Équipe* s'était montrée parfois injuste dans ses critiques sur les dirigeants ou les instances sportives nationales. [...] La position dominante de *L'Équipe*, en lui conférant une parole de référence, incontestée, lui donne un ascendant sur l'opinion publique, avec son lot de dérives potentielles, et lui confère donc une certaine responsabilité. Nous ne voulons pas être censeurs, quand les faits sont avérés, nous les acceptons, mais nous souhaitions une rencontre, estimant que l'abus de critique n'amène rien de bon, que s'acharner sur quelques personnalités du mouvement sportif s'avère au final très négatif pour le sport dans son ensemble. *L'Équipe* valait mieux. Christophe Chenut, que je fus le premier à rencontrer parmi les dirigeants, et Claude Droussent ont entamé un très bon dialogue avec les pouvoirs sportifs, et ce, dans l'intérêt de tous, parce que quand l'interaction est positive, cela profite tout autant au mouvement sportif qu'à *L'Équipe*. »

Même Christian Bîmes salue le virage de 2003. « Avec Christophe Chenut et Claude Droussent, des efforts ont été entrepris, admet-il. Ils ne souhaitaient pas que ces polémiques perdurent. J'ai donc noté un petit infléchissement de la ligne éditoriale en particulier pendant les années non électorales. » « Petit ? » « La rédaction est contre un rapprochement avec Bîmes, ils sont solidaires de Dominique Bonnot », se désole la dircom de *L'Équipe*. Frédéric Thiriez, le patron de la Ligue de football professionnel, fait également partie des gros poissons approchés par le directeur général de *L'Équipe*. « Chenut lui a donné des gages, il voulait créer des partenariats avec la Ligue, mais ça ne s'est pas fait », explique un reporter de *L'Équipe Magazine*.

Marie Gérard mesure avec satisfaction le chemin parcouru en cinq ans : « Quand j'ai pris mon poste, on ne voyait plus *L'Équipe* dans les enceintes sportives, il n'y avait plus de pub *L'Équipe* dans les stades. Trop d'arrogance, pas assez de proximité avec les fédérations. Notre image était trop détériorée », pointe l'ancienne dircom d'Adidas. À son initiative, les liens se retendent. « À titre d'exemple, *L'Équipe* a noué un partenariat avec la Ligue nationale de basket-ball, dont les panneaux portent notre logo dans toutes les salles de France », se réjouit-elle.

Fort de ces bonnes relations, Claude Droussent pensait pouvoir s'appuyer sur les plus hautes autorités du sport pour lancer les « Jeux de France ». L'idée du directeur des rédactions de *L'Équipe* était de faire oublier la déconvenue de l'attribution des Jeux olympiques 2012 à Londres, au détriment de Paris, largement favori, en organisant des épreuves réservées aux « jeunes ». Raté. « Un journal ne peut plus lancer ce genre d'événement, chacun doit rester dans son métier, regrette-t-il amèrement. D'autant que je me suis heurté à un refus de certains membres du monde du sport sous prétexte que ce n'était pas à eux d'encourager une initiative de *L'Équipe* qui les taille à longueur de colonnes. » Ingrats, les boss du sport français ? « Le CNOSF et le mouvement sportif ont participé à toutes les réunions liées à ce projet, dément Henri Sérandour. Ses prises de position ont été guidées par trois facteurs essentiels : la faisabilité, le financement et la pertinence du projet. Par ailleurs, l'ambition du Comité international olympique de créer les Jeux olympiques de la jeunesse, sans être officielle, était déjà d'actualité à l'époque. Ils se tiendront d'ailleurs à Singapour en 2010. »

Comme quoi, un journal n'est jamais assez docile aux yeux du pouvoir, quel qu'il soit.

## DEUXIÈME PARTIE

# L'AFFAIRE JACQUET

# LA DRÔLE DE VICTOIRE

Où est passée la coupe du monde? Ce 13 juillet 1998, *L'Équipe* consacre pas moins de 15 pages à la victoire de la France face au Brésil. Et 1, et 2 et 3 - 0... 15 pages... sans le moindre cliché du trophée soulevé par Didier Deschamps à 23 heures 9 minutes précises, dans un Stade de France survolté.

En une, Zinédine Zidane, l'homme des deux premiers buts, et son complice Youri Djorkaeff se regardent les yeux dans les Bleus, ivres de bonheur. « Pour l'éternité », titre élégamment le quotidien sportif. Tout est dit à défaut d'être montré. Page 2, « Deschamps le meneur », capitaine du navire France, apparaît à la lutte avec Rivaldo. Toujours pas de coupe du monde. La recherche continue page 3. Après examen minutieux à la loupe, les filets de Barthez ne dissimulent pas le trophée aux ailes dorées. L'enquête se poursuit page 4, où éclate de nouveau la joie du « divin chauve » se prêtant au rituel du baiser porte-bonheur déposé sur son crâne lisse par Laurent Blanc.

Même les annonceurs semblent l'ignorer superbement, cette coupe nommée désir. Que dit Hewlett Packard, fournisseur officiel ? « Quand on organise une petite fête avec 3 milliards d'amis, on n'a pas le droit à l'erreur. » Clin d'œil convenu ou carton rouge subliminal adressé aux iconographes de *L'Équipe* ? Page 13, Nikon décroche le pompon du pied de nez involontaire : « Merci à vous photographes de la compétition, de l'exploit, de l'émotion d'avoir choisi Nikon pour oser et réussir des photos impossibles, merci à ceux qui ont choisi le Nikon F5. » Quel exploit de sortir un numéro collector sans aligner ne serait-ce qu'un Photomaton pourri, en noir et blanc, de ce que TOUS les gamins en culottes courtes afficheront dans leur chambre ! Quel exploit de l'écouler quand même à 1614317 exemplaires, record de vente pour un quotidien national depuis la Libération.

## LA COUPE DU MONDE A DISPARU !

« On a fait une connerie monumentale mais elle n'était pas intentionnelle », jure Jean-François Renault, directeur adjoint de la rédaction et responsable d'édition au soir du 12 juillet 1998. À circonstances exceptionnelles, bourde hors norme, si l'on en croit la rédaction en chef de l'époque.

Reconstitution. Le match se termine à 22 heures 54 minutes. C'est le début d'une folle course contre le temps. En prévision d'un énorme tirage, le « bouclage » du journal doit être avancé... à 23 heures pour pouvoir imprimer et livrer à temps le million et demi d'exemplaires du numéro d'anthologie. Pas le temps de jeter un œil sur le tour d'honneur et la remise de trophées. Les reporters ne disposent que de quelques minutes pour mettre la dernière main à leur papier et l'envoyer. Le directeur technique, Gilbert Chaleil, veille à ce que les délais soient strictement respectés. « Les photos de la remise de la coupe ne sont pas arrivées à temps », explique Jean-François Renault, fataliste.

Contrairement à l'usage les soirs de match, la direction du journal n'ordonnera aucun « repiquage », une opération consistant à arrêter les rotatives, enlever les articles « froids » et les remplacer par des papiers « chauds » contenant les déclarations de dernière minute et les ultimes photos. Pas de repiquage donc ce 12 juillet historique y compris pour l'Île-de-France, pourtant plus facile à desservir grâce à l'imprimerie du groupe Amaury toute proche, à Saint-Ouen – Seine-Saint-Denis –, d'où sortent également les exemplaires du *Parisien*. Lui, qui a eu le temps, après avoir repoussé le bouclage de une heure et trente minutes, de présenter en une, sous le titre « Elle est à nous ! », une photo d'Aimé Jacquet brandissant le précieux trophée. Page 2, Deschamps soulève la coupe. Tandis que surgit à la suite la bonne vieille photo de groupe, celle qui ornera la porte des toilettes. Marcel Desailly et Bernard Diomède y resteront éternellement jeunes et heureux d'avoir à leurs pieds la coupe du monde de football.

« Vous y croyez, vous, à la thèse de la contrainte technique ? Jérôme Bureau, le directeur de la rédaction, y est évidemment pour quelque chose », lâche en 2007 un membre de la direction de *L'Équipe*, sourire en coin, sur le ton d'un adulte qui s'amuse de la naïveté d'un enfant. Le tout sous le couvert de l'anonymat.

« Il n'y a eu aucune décision concertée, ni de Paul Roussel, le directeur, ni de Jérôme Bureau, visant à empêcher la parution de photos de l'équipe de France avec la coupe du monde, réfute Jean-François Renault. Mais la direction aurait pu essayer, sinon de changer la une, au moins de glisser une photo à l'intérieur pour les numéros destinés à la région parisienne, c'était jouable, mais on était tellement tous sous le choc après ce que venait de balancer Aimé Jacquet. »

## UN JOURNAL EN ÉTAT DE CHOC

Le choc en question se produit peu après le coup de sifflet final. L'interviewer volant de TF1, Philippe Houy, se fraie un chemin au milieu du staff français en liesse et tend le micro à Aimé Jacquet, comme à chaque fin de match depuis le début de la Coupe du monde. « Une certaine presse a menti honteusement », attaque le sélectionneur-champion du monde. « Aimé, pardonnez-vous à *L'Équipe* ? » La réponse fuse, cinglante comme une tête de Zidane au premier poteau : « Je ne pardonnerai pas, je ne pardonnerai jamais. Je n'ai qu'un mépris pour ces gens-là, ce sont des voyous. »

Il récidivera le lendemain au journal télévisé de Patrick Poivre d'Arvor, en direct du Lido. « On a cru pouvoir se payer le petit fraiseur », lance-t-il à l'attention des journalistes de *L'Équipe*, qualifiés de « malhonnêtes », et détenteurs à ses yeux du « monopole de l'imbécilité ». Le 14 juillet, jour de la fête nationale, « Mémé » enfonce encore un peu plus le clou sur le plateau de « Téléfoot » : « Je pense que j'ai en face de moi des gens irresponsables qui font du business, qui veulent vendre du papier... J'ai eu un peu honte de cette presse. J'ai affaire à des voyous, des malhonnêtes et des incompétents. »

Aimé Jacquet estime avoir été l'objet d'une campagne de démolition systématique depuis sa nomination au poste de sélectionneur, à la fin de l'automne 1993. « Je n'ai jamais frappé personne, mais je cognerai un jour sur Gérard Ejnès[1] », confiait-il au printemps 1998, quelques semaines avant le coup d'envoi de la Coupe du monde en France. Dès cette époque, l'ancien tourneur fraiseur de Saint-Chamond évoquait « deux ou trois voyous de la presse ». Il pensait aux numéros un et deux de la rédaction de *L'Équipe*, respectivement Jérôme Bureau et Gérard Ejnès, et au leader de la rubrique football, Vincent Duluc.

Épilogue provisoire de cette revanche médiatique, une longue interview donnée au *Monde* dans laquelle Aimé Jacquet massacre ses ex-détracteurs[2]. Pourquoi tant d'acharnement? « Pendant la période de préparation, il y avait des motifs de critique. J'ai accepté celles qui touchaient au football. C'est le cynisme, le mépris et la déformation qui m'ont choqué. [...] Nous avons gagné dans le monde entier. Or, à lire certains articles, on pouvait se demander s'il y avait une équipe de France, s'il y avait même un sélectionneur[...]. » Le pardon ne fait toujours pas partie du vocabulaire de l'ancien entraîneur des Girondins de Bordeaux: « Je mesure ce qui se serait passé si j'avais perdu. Depuis longtemps, je n'achète plus ce journal, qui était pourtant mon journal préféré. Malheureusement, sa rédaction a été squattée par quelques voyous. » Aimé Jacquet pouvait tout dire. « Il marchait sur l'eau, c'était le fils de Jean Moulin et de Jeanne d'Arc[3] », rigole Christian Montaignac, ex-grand reporter et chroniqueur à *L'Équipe*.

« Si l'équipe de France gagne, la première question sera pour vous. » Une heure avant le début de la finale France-Brésil, un journaliste de TF1 avertit Étienne Bonamy, numéro deux de la rubrique football, de l'imminence du tsunami anti-*Équipe*. De quoi refroidir les ardeurs des reporters du journal, présents en masse à la tribune de presse du Stade de France. Pendant ce temps, les confrères se préparent à faire la fête. L'un d'entre eux arbore le maillot tricolore. Feu Jean-Louis Pierrat, du *Parisien*, offrira même le champagne à la fin de la rencontre.

Ambiance plus feutrée dans les tribunes VIP. Jean et écharpe rouge, Olivier Hellard, responsable du marketing, tente laborieusement de transformer ses compagnons de loge, dirigeants d'entreprise pour la plupart, en supporters chauds bouillants. « Enlevez-moi ces cravates, il faut y aller ! » Au troisième but, marqué par Emmanuel Petit, un endimanché tend une coupe de champagne à Olivier Hellard, et lui dit : « Vous avez l'air con *L'Équipe*. » « Vous avez l'air malin », glisse un journaliste de Canal Plus au-dessus de l'épaule de Bonamy, en train d'envoyer l'article sur Barthez. Des centaines de milliers de supporters se dirigent déjà vers les Champs-Élysées, prélude à une longue nuit de festivités. La déferlante touche la France entière. Seul un îlot d'irréductibles Gaulois résiste à la vague populaire : la rédaction de *L'Équipe*.

La veille au soir, pourtant, le journal avait organisé une fête en plein air, sur son parking. Visage radieux, Paul Roussel et Jérôme Bureau ne boudent pas leur plaisir. D'ores et déjà, *L'Équipe* a réalisé des records de vente pour un mois de juillet, et la France sera peut-être championne du monde demain. Que demander de plus ? Annonceurs, partenaires, confrères et même Johann Cruyff, l'ex-vedette de l'Ajax d'Amsterdam et du FC Barcelone, entrechoquent leurs verres de champagne en cette belle fin de journée estivale. L'air pollué d'Issy-les-Moulineaux s'emplit des éclats de rire des journalistes mêlés aux administratifs, commerciaux, publicitaires et communicants. Les accros de la palabre et de la bibine poursuivront les réjouissances jusqu'à 4 heures du matin.

Vingt-quatre heures plus tard, l'insouciance fait soudainement place à un climat de « drôle de guerre ». Le journaliste Roland Dorgelès[4] employa cette expression pour décrire la période s'étirant de la déclaration de guerre en septembre 1939 à l'invasion allemande du 10 mai 1940. Neuf longs mois pendant lesquels les soldats français tuèrent le temps en attendant l'offensive germanique, à l'ombre de la ligne Maginot. En ce 12 juillet 1998, les journalistes de *L'Équipe* ne trouvent pas le temps de s'ennuyer mais semblent résignés à voir le ciel leur « tomber sur la tête ». Et 1-0 ? Zéro réaction. Pas un bruit dans la grande salle du foot. Et 2-0 ? Toujours rien. Un silence de cathédrale qui rétrospectivement ferait presque passer la cruelle nuit de juillet 1982 à Séville pour le carnaval du siècle. « Une sorte d'abattement s'était emparée de nous alors qu'en temps normal n'importe quel but de l'Olympique de Marseille en huitième de finale de Coupe d'Europe déclenche une explosion de joie», se souvient Jean-François Renault. Plateau-repas sur la table, l'œil rivé sur son téléviseur, Jérôme Bureau assiste impassible à l'ascension des Bleus. «Disons qu'il n'était pas joyeux joyeux», résume un responsable de la rubrique football. Le successeur de Jérôme Bureau, Claude Droussent, reviendra sur cet épisode agité dans une contribution à l'ouvrage collectif retraçant soixante ans d'histoire du journal, intitulée «Jacquet, 1998 et nous[5]»: «Pas un regard, partout en France, que l'on ne croise ce 13 juillet sans qu'il n'irradie de bonheur, de fierté. Partout, sauf à *L'Équipe*. [...] *L'Équipe* est infiniment triste car résonnent, pour longtemps, les propos aux accents de lynchage d'Aimé Jacquet, la veille, à chaud, sur la pelouse du Stade de France. "Je ne pardonnerai jamais." Cette phrase glaciale et définitive, assénée à un micro compréhensif, a installé, la stupeur passée, le malaise en chacun de nous et infiltré les murs du bâtiment que nous occupons depuis plus de dix ans en bord de Seine, à Issy-les-Moulineaux.»

Malgré tout, ici et là, perdus dans l'immensité muette des locaux de *L'Équipe*, quelques trouble-fête sifflent un verre de champagne. Certains extériorisent même une forme de joie. Mais le cœur n'y est pas. Dépités par l'attaque éclair d'Aimé Jacquet, la plupart des journalistes quittent les lieux sans demander leur reste. Vers minuit et demi, un des derniers rescapés de la débâcle décroche son téléphone.

Au bout du fil, un envoyé spécial à l'étranger. La discussion tourne court : « Je ne peux pas te parler, c'est la Nuit des longs couteaux. » Sitôt le bouclage achevé, les principaux responsables de la rédaction s'isolent dans le bureau de Pierre-Marie Descamps, le responsable du foot. « À la fois accablé et heureux de cette belle victoire, je regardais la France défiler sur les Champs-Élysées[6] », relate ce dernier, un brin de mélancolie dans la voix. Assis sans rien dire, Descamps se tient à l'écart d'une discussion animée dont il ne perçoit pas encore la portée. Le ton et les décibels montent très rapidement. Olivier Margot, ancien rédacteur en chef de *L'Équipe Magazine*, fidèle d'entre les fidèles du patron de la rédaction Jérôme Bureau, rue dans les brancards de son adjoint, Gérard Ejnès, qu'il rend responsable de la ligne anti-Jacquet. Réponse virile et incorrecte de l'accusé : « T'as pas de couilles ! » Sous-entendu : facile de donner des leçons quand on est de mèche avec tout le monde. Dans un style à peine moins véhément, Marc Van Moere, évincé de la direction de la rubrique foot au profit de Pierre-Marie Descamps, sonne aussi la charge contre le numéro deux de la rédaction. « Vous ne vous rendez pas compte de ce que vient de dire Aimé Jacquet, on va le traîner comme un boulet, ça va être terrible pour le journal, on a déconné, vous êtes allés trop loin », assène-t-il en substance. « Tu vas aller sur LCI, comme tu t'y étais engagé ? », demande-t-il à Jérôme Bureau. L'intéressé bredouille un « oui, j'irai ».

## JACQUET TIENT SA REVANCHE

« Si on gagne le 12 juillet, je me fouetterai avec plaisir. » Bravache, Jérôme Bureau avait jeté ce serment en forme de défi devant les caméras de LCI, le 27 mai, au plus fort de la polémique opposant son journal au sélectionneur de l'équipe de France. C'était le temps où, sûr de lui, sûr de la défaite des Bleus, le patron de la rédaction de *L'Équipe* faisait feu de tout bois pour provoquer Jacquet. Il avait tout prévu, sauf de devoir se représenter un jour pour exécuter la sentence. Engagement tenu lundi 13 juillet 1998 au matin. Traits tirés, yeux rougis et gorge nouée[7], Jérôme Bureau pose sa tête sur le billot médiatique. « On s'est gourés, avoue-t-il, l'air infiniment contrit. [...] Je demande pardon. Il y a deux choses qu'on n'a pas comprises : d'une part, qu'un groupe était en train de se constituer, qui allait tout balayer sur son passage [...]. On n'avait pas compris non plus la méthode Jacquet[8]. »

Dans *Le Figaro* du lendemain, il tombe un peu plus le masque. À la question « vous ne regrettez donc rien ? », il répond : « Si, les attaques personnelles contre Aimé Jacquet. Si c'était à refaire, je ne procéderais pas de la même façon. J'éviterais de me focaliser sur l'homme comme j'ai pu le faire. »

Une autocritique franche et directe, reformulée dans un grand éditorial publié au lendemain du sacre : « Ainsi, aussi sincere avait été notre défiance il y a quelques semaines, [...]

aussi sincère est aujourd'hui notre envie de féliciter Aimé Jacquet pour le travail accompli. Puisse-t-il l'entendre ainsi. Il y a quelques semaines nous avions de bonnes raisons d'avoir des craintes – et nous étions loin d'être les seuls –, aujourd'hui nous avons de formidablement belles raisons de reconnaître que la méthode Jacquet a payé[9]. »

Ce que n'avait pas prévu non plus Bureau, c'est « la violence extrême[10] » de la réaction d'un Mémé peu enclin à la magnanimité. « Triste évangile que celui qui prône le lynchage de ceux qui n'ont pas pensé comme vous. Triste évangile que celui qui préfère la haine au pardon[11] », se lamente-t-il.

Preuve qu'il est toujours en vie, Jérôme Bureau puise encore la force de se rebiffer, alors même qu'une folle rumeur court dans les rédactions parisiennes. Aimé Jacquet aurait réclamé sa tête au président Jacques Chirac, lors de la traditionnelle réception des jardins de l'Élysée du 14 Juillet, dont les Bleus sont les hôtes d'honneur. Bureau et Ejnès présentent d'ailleurs leur démission au directeur, qui les refuse. « Jérôme Bureau a fait un mea culpa courageux, qui confirme bien que c'est un très grand directeur de la rédaction, l'absout Paul Roussel, interrogé par *Le Monde*. Les réactions me paraissent démesurées. Si tous les journalistes qui avaient écrit des choses fausses devaient arrêter, il n'y aurait plus grand monde dans les journaux. Je considère que l'incident est clos[12]. »

Affaire classée ? Donnons la parole à celui qui fut l'adjoint de Jérôme Bureau avant de le remplacer: « La polémique *L'Équipe*-Jacquet a définitivement versé du passionnel vers l'irrationnel, de l'incompréhension vers la déraison, écrit Claude Droussent dans le livre anniversaire du journal. Pourquoi tant de haine, en ce moment de bonheur et de partage? Aimé Jacquet ne l'a sans doute jamais su: [...] ses petites phrases ont déchaîné une dangereuse hystérie à l'égard de *L'Équipe* et de l'ensemble de ses collaborateurs sans distinction. Des centaines de "supporters" anonymes ont insulté des standardistes et menacé de mort des journalistes, des coursiers à deux-roues ont été agressés, des voitures suiveuses du Tour de France aux couleurs de notre journal ont essuyé des jets de pierre. [...] Oui, c'est tout cela, de l'amertume, de la rancœur et une profonde douleur mêlées, que nous ressentons le 13 juillet 1998 au matin, à découvrir notre environnement familier placé sous haute protection: vigiles à l'entrée du bâtiment, maîtres-chiens sur les parkings, car la peur aussi est présente. [...] Et si, cet après-midi, un mouvement de foule déplaçait quelques dizaines d'excités des Champs-Élysées vers le siège de *L'Équipe*, à Issy? » « Ce qui m'a le plus marqué, c'est le fait que le jour où le journal bat son record de vente, à la place des bouteilles de champagne, il y avait des policiers en civil devant *L'Équipe* », complète-t-il dans un entretien avec l'auteur. « J'ai été le premier à comparer les scènes de liesse sur les Champs-Élysées à celles de la Libération, explique Gérard Ejnès. Mais cela rappelait aussi des heures moins glorieuses de cette période de l'Histoire[13]. »

Sur un mode ironique, le chroniqueur Christian Montaignac, grande plume du quotidien sportif, décrit l'ouverture de la chasse à *L'Équipe* sur les routes du Tour de France. Il raconte comment la voiture de *L'Équipe* est accueillie aux cris de « Allez Jacquet ! » C'était bien la peine de retirer les autocollants identifiant les véhicules… « Il y eut même des « pou » puis des « ri » pour nous entraîner plus avant sur un terrain très glissant. Arrachée au piétinement grégaire, la foule se défoulait, une houle menaçante se déplaçait. Et les gestes étaient à l'appui, des joyeux et des douteux, des frénétiques et des fanatiques. Les bras étaient d'honneur, et le doigt indiquait la profondeur[14]. »

Lors de la folle nuit du 12 au 13 juillet 1998, les salariés du journal doivent quitter précipitamment l'Aquarium, une boîte située en bord de Seine, près de la tour Eiffel, où une cinquantaine d'entre eux s'était retrouvée pour célébrer la fin du Mondial. L'ambiance ? Relativement détendue, malgré le coup de matraque télévisuel asséné quelques heures plus tôt. Quand soudain au milieu de la nuit, une poignée de supporters éméchés reconnaît Jérôme Bureau. La rançon de la gloire : le patron de la rédaction de *L'Équipe* livrait une chronique quotidienne sur Canal Plus pendant la Coupe du monde. Sa tête, pas encore mise à prix à l'époque, n'était donc pas inconnue du grand public. Les partisans de Jacquet invectivent Bureau, auquel ses fidèles collaborateurs viennent prêter main-forte. Des fois qu'un « excité », pour paraphraser Claude Droussent, commettrait l'irréparable. Excédés, les piliers de comptoir de *L'Équipe* déclarent forfait et optent pour un repli stratégique. Jacquet 2-*L'Équipe* 0. Direction Les Trois Maillets, le cabaret jazzy du Vᵉ arrondissement, ouvert jusqu'à l'aube. « La soirée s'est terminée plus calmement mais le cœur n'y était plus[15] », se souvient Patrick Lafayette, adjoint au chef de la rubrique foot et gentil organisateur de la fête gâchée. Décidément…

Au bord de la rupture médiatique et de la crise de nerfs, Jérôme Bureau, cible numéro un des *lazzi* anti-*Équipe*, part se ressourcer à Saint-Gervais à l'invitation de l'ancien patron du journal Jean-Pierre Courcol, qui y possède un chalet. Il n'en fallait pas plus pour qu'un esprit malin fasse le parallèle avec les événements de Mai 68. « De Gaulle a filé en hélicoptère à Baden-Baden auprès du général Massu, Bureau, lui, s'est arrêté en Haute-Savoie », persifle le boute-en-train Patrick Lafayette. Nul ne sait en revanche avec certitude quel moyen de transport a utilisé Jérôme Iᵉʳ dans sa fuite à Saint-Gervais. Une chose est sûre : loin des jacqueries de la France Black, Blanc, Beur, Bureau respire un grand bol d'air alpestre. « Il m'a expliqué dans les sentiers montagneux pourquoi il avait eu raison de critiquer Jacquet », confie Jean-Pierre Courcol dans un sourire.

## AUX ORIGINES DE L'AFFAIRE

Avec le recul, Aimé Jacquet doit sa réussite à un « criminel » bulgare et à son complice français. 17 novembre 1993. À quelques secondes de la fin du dernier match comptant pour les éliminatoires de la Coupe du monde 1994, Emil Kostadinov profite d'un coup franc hasardeux de l'attaquant vedette des Bleus, David Ginola. Au plan de sa carrière internationale, David Ginola ne se remettra jamais de cet homicide involontaire. Pas plus que Gérard Houllier, débarqué dans la foulée. Lui succède son adjoint, Aimé Jacquet, nommé le 17 décembre. *L'Équipe* l'annonce en bas de page sur quatre colonnes: «Le conseil fédéral devrait nommer Aimé Jacquet sélectionneur de l'équipe de France, à titre provisoire.» Pour deux matchs seulement! Un provisoire qui va finalement durer près de cinq ans. Ce que nul n'est alors en mesure d'imaginer. Le Jacquet de l'époque est un homme marqué par une succession d'échecs. L'ancien international et joueur de l'AS Saint-Étienne se remet difficilement de son limogeage par Claude Bez, président des

Girondins de Bordeaux, le 13 février 1989. L'entraîneur du meilleur club français des années quatre-vingt, triple champion de France en 1984, 1985, 1987 et double vainqueur de la coupe en 1986 et 1987, ne cesse depuis lors de naviguer de Charybde en Scylla. « En somme, beaucoup voient dans celui qui vient de fêter son cinquante-deuxième anniversaire un "has been", voire un "ringard", terme qu'il renverra plus tard à ses détracteurs », note Guy Sitruk dans *France Football*[16]. Le milieu du football et la presse spécialisée le traitent d'emblée comme un pestiféré. « Un président intérimaire a nommé un entraîneur intérimaire », ironise Rolland Courbis[17]. Just Fontaine, détenteur du record du nombre de buts marqués en une seule Coupe du monde – 13, en 1958 – et éphémère sélectionneur tricolore, tombe à bras raccourcis sur son lointain successeur : « Jacquet est là parce que les autres ne savaient pas quoi faire après Houllier. Ni Simonet[18] ni personne. Ils se sont dit : "Est-ce qu'on nomme un révolutionnaire, genre Fernandez ou Tigana, ou bien un mec de la famille ?" Jacquet est un Houllier bis. Il fait partie du sérail. Il était donc logique qu'ils le prennent pour une période transitoire. [...] Ils ont pensé : "On sait ce qu'on a, on ne sait pas ce qu'on aura."[19] » Sans pitié, « Justo » Fontaine ajoute : « Jacquet, quand il parle du jeu offensif et qu'il joue avec un attaquant, ça prouve qu'en fait, il a la trouille. Et il le montre quand il est interviewé, regardez-le. » Allusion directe à l'impressionnante série de matchs médiocres au score vierge des débuts de l'ère Jacquet. «Houllier avait échoué, Aimé Jacquet était son adjoint, il ne devait donc pas devenir sélectionneur, explique Denis Chaumier, directeur de la rédaction de *France Football* et ancien chef du foot au quotidien à la fin des années quatre-vingt. On lui collait l'étiquette d'homme du passé, il fallait, disait-on, des gens de notre génération. Voilà pourquoi *L'Équipe* considérait qu'il fallait l'allumer. Cet a priori total a inspiré la ligne du journal jusqu'à la finale gagnée[20].»

## PAS DE ROUND D'OBSERVATION

«Vous n'avez pas été élu pour diriger cette équipe mais désigné comme on administre un calmant faute de mieux. Vous n'avez jamais été un artiste. Vous ne faisiez plus autorité mais provoquiez des sentiments aussi polis et désolés que votre façon de vous exprimer. Par correction, j'avouerai que je suis de ceux qui doutent de votre réussite en raison d'une certaine idée de votre fragilité. Entraîner vous savez, mais être entraînant[21] ?» Gérard Ejnès n'aura pas eu la patience d'attendre le coup d'envoi du premier match d'Aimé Jacquet comme sélectionneur de l'équipe de France. Trop pressé d'expédier un premier Exocet en direction de sa nouvelle tête de Forézien. Cette «Lettre à Aimé» sera suivie de beaucoup d'autres «poulets»–le surnom des éditos–au goût épicé. Des articles piquants qui ressemblent à tout sauf à des billets doux, et dont certains asticotent encore la mauvaise conscience des journalistes de *L'Équipe*. Esquisse de la campagne anti-Jacquet à venir, ce premier coup de griffe en rassemble tous les ingrédients : le ton, résolument offensif et à tendance polémique, l'indéniable talent d'écriture d'Ejnès – l'une des plumes les plus acérées de l'histoire du journal ; et déjà le goût des attaques personnelles. Aimé Jacquet parle comme un ouvrier français né dans les années quarante, un détail qui n'en n'est pas un pour Gérard Ejnès. Et qui semble lui poser problème, puisqu'il le souligne. La propension à juger a priori, plutôt que sur pièces. Or, le 16 février 1994 à Naples, la France bat l'Italie 1 but à 0 en match amical. Cette même *Squadra azzurra* qui sera vice-championne du monde aux États-Unis. D'entrée de jeu, les faits donnent tort au directeur adjoint de la rédaction de *L'Équipe*.

Pour l'heure, Aimé Jacquet encaisse sans broncher. Tout juste fait-il valoir qu'« en France, dès que vous avez la cinquantaine, vous êtes souvent considéré comme un vieux, c'est une habitude qui m'horripile[22] ». Déjà, il explique sa démarche, avec des mots simples, voire passe-partout. « J'insiste toujours sur deux notions fondamentales : la concentration et l'esprit de compétiteur », déclare-t-il à Patrick Urbini dans *L'Équipe* du 18 février 1994. La fameuse méthode Jacquet qu'encenseront les médias et les publicitaires, dans l'euphorie post-Mondial. Après une deuxième victoire consécutive contre le Chili (3-1), le bail du sélectionneur est prolongé jusqu'à l'Euro 96.

Dans un groupe largement à sa portée, l'équipe de France aligne trois piètres 0 à 0 face à la Slovaquie, la Roumanie et la Pologne. Pauvre, défensif et sans imagination, le jeu produit par les Bleus n'augure rien d'excitant pour la suite. Le spectre d'une élimination sans gloire ressurgit. « À quoi joue Cantona ? », se demande *L'Équipe*. Flamboyant en Premier League avec son club Manchester United, le capitaine français donne l'impression de s'ennuyer ferme sur le terrain. La piètre performance du onze tricolore face à de faibles Polonais fait sortir Gérard Ejnès de ses gonds : « Et puis après ? Après Jacquet peut soit prier, soit rêver, soit trouver une idée géniale, soit laisser sa place. C'est au choix[23]. » Misant sur une sortie de route prématurée de coach Mémé, *L'Équipe* ronge son frein après la petite victoire des Français en Azerbaïdjan (2-0). « Les voilà tranquilles pour trois mois et avec eux leur entraîneur qui passera donc l'hiver. Tant mieux pour lui[24]. » Juste avant les fêtes, Gérard n'oublie pas d'envoyer sa lettre au Père Noël tout en souhaitant ses meilleurs vœux à Aimé : « Marre des trouillards et des faiblards. Marre des épiciers et des à-peu-près. Marre des apothicaires et des discours lénifiants. Marre de la soupe au chou, vive la grande bouffe ! Vive le luxe et les palaces !

Vive le caviar et le champagne… Que Jacquet se débrouille ! C'est son métier. »

Amateur de gastronomie sélecte, Ejnès manque de s'étouffer au printemps 1995. Le roboratif falafel servi par Israël à domicile n'a pas l'air de plaire au gourmet. Aimé Jacquet aurait-il un pois chiche à la place du cerveau ? Le patron du foot de *L'Équipe* n'est pas loin de le penser. Auteurs d'un quatrième 0-0 en cinq rencontres, les Bleus donnent des verges pour se faire battre. *L'Équipe* ne se fait pas prier et laisse éclater sa rage en barrant sa une d'un « Zéro ! » vengeur. Cette édition marque très précisément le début de l'engrenage qui va conduire à une séparation sans retour entre le quotidien sportif et le sélectionneur national. Gérard Ejnès y exécute son meilleur ennemi, « ce sympathique ouvreur de parapluie qui est Aimé Jacquet », dans un billet ciselé au titre fracassant : « Mourir d'Aimé[25] ». « En un mot comme en cent, ils [les joueurs] donnent l'impression de s'emmerder et, du coup, ils nous emmerdent. Un peu par leur faute ? Sûrement, car ils pourraient s'assumer un peu mieux dans le jeu. Mais beaucoup, certainement, par la faute de celui qui les dirige […]. Une équipe de France, ce n'est pas une daube indigeste. Une équipe de France, ce n'est pas un entraîneur qui tape joyeusement dans le vent, c'est une folle sarabande. »

Dans un climat passablement délétère, *L'Équipe* sonne dès le lendemain, toujours en une, l' « Alerte rouge pour les Bleus[26] ».

On y trouve l'explication de l'étrange phrase de la veille où il est question d'un « entraîneur qui tape joyeusement dans le vent ». Une scène, en apparence anodine, est à l'origine du courroux d'Ejnès. Titre accrocheur – « Le geste qui choque » –, légende assassine – « Le match vient de se terminer. Aimé Jacquet, guilleret, frappe de bonheur dans la main de Ferri. Le sélectionneur prouve en direct l'étendue de ses limites et son manque d'ambition » –, *L'Équipe* a mis les petits plats dans les grands avec un photo-montage digne de la presse people. Au fait docteur, c'est grave pour un sélectionneur de frapper joyeusement la main d'un joueur ?

Comme d'habitude, le meilleur de la dégustation, au sens propre comme au figuré, vient à l'intérieur du journal, où le monomaniaque Gérard Ejnès propose un *gentleman's agreement* à qui vous savez. Il appelle ça « l'offre faite à Aimé » : « Nous aimons beaucoup le sélectionneur national, homme courtois et distingué, parfait passionné de football, dont il est un serviteur fidèle et obstiné, susurre-t-il. Avec d'ailleurs un certain mérite quand on se souvient qu'avant d'intégrer la Direction technique nationale il venait successivement d'être viré de Bordeaux, Montpellier et de Nancy, ce qui est bien sûr le parcours idéal pour prendre en charge un jour l'équipe nationale.

Qu'Aimé Jacquet, légèrement usé par les événements, ne soit pas actuellement l'homme de la situation ne fait guère de doute. Aimé Jacquet, l'entraîneur "invainqueur", néologisme qui nous paraît mieux convenir que le qualificatif invaincu, a enfin accepté de reconnaître, fût-ce du bout des lèvres, le néant, le gâchis qui mène tout droit l'équipe de France dans le mur de l'élimination. Nous proposons à Aimé Jacquet de promettre de démissionner après le match contre la Slovaquie si par malheur ce jour-là encore le zéro rejoint l'infini. La balle est dans son camp.»

## JACQUET, LA TÊTE SUR LE BILLOT

*L'Équipe* réclame donc ouvertement la tête de Jacquet, qui lui revient moins que jamais. Mais ce qui ne devait pas arriver arriva. Les Slovaques sont asphyxiés à Nantes sur un score «sans appel», comme on dit dans les gazettes sportives, de 4 buts à rien. Un vrai ballon d'oxygène pour une équipe de France sortie provisoirement de la zone rouge. Comme il se doit, *L'Équipe* salue la performance d'un «Réveil en fanfare» à la une[27]. «Les Bleus ont fait un pas important vers l'Euro 96, admet Ejnès. Accessoirement, ils ont prolongé la durée de vie de leur sélectionneur qui verra naître l'été; c'est très bien ainsi pour l'instant[28].»

L'enthousiasme tempéré de Gérard Ejnès, qui tranche avec la violence des critiques antérieures, ne tient pas seulement à son jugement réservé sur le jeu de l'équipe de France. Se greffe désormais une rancœur personnelle à l'égard de la personne d'Aimé Jacquet, qui l'a battu froid au vu et au su de ses confrères de la presse écrite. À la fin du match contre la Slovaquie, au stade de la Beaujoire, Ejnès s'approche du sélectionneur et lui tend la main, beau joueur. Aimé Jacquet refuse ostensiblement de fumer le calumet de la paix. Ce ne sera pas la dernière fois. « Il a fait un bond de deux mètres en arrière, comme si j'avais la peste, raconte Ejnès. Et il m'a traité de malhonnête en public[29]. » Moralité : le fair-play ne paie pas toujours. *L'Équipe* saura s'en souvenir. « J'ai assisté à la scène, je peux témoigner que leur animosité réciproque est née à ce moment-là[30] », affirme Jean-Jacques Vierne, rédacteur en chef de *France Football* à l'époque et ancien collègue de Gérard Ejnès à la rubrique foot dans les années quatre-vingt. Ce que réfute ce dernier : « Personnellement, je n'ai jamais rien eu contre Jacquet[31] » !

Les Bleus arrachent leur place à l'Euro le 15 novembre 1995 à Caen, grâce à une victoire (2-0) contre la bête noire Israël. Cette fois, Gérard Ejnès reconnaît pleinement les mérites tricolores, sélectionneur compris, dans un article équilibré : « Ceux qui lisent ce journal savent à quel point nous avons douté de la réussite d'Aimé Jacquet [...].

Nous sommes aujourd'hui admiratifs mais stupéfaits devant le bilan global du sélectionneur, 17 matchs sans défaite, quand on se souvient de quelques productions frisant la nullité, dont la première mi-temps contre Israël à Caen fait partie. » Sévère mais juste. Tout en exerçant légitimement son droit de suite et de critique, inhérent au métier de journaliste, le monsieur foot de *L'Équipe* reconnaît la vérité du résultat. Il tiendra le même discours, le lyrisme en prime, après le succès amical (1-0) contre l'Allemagne à Stuttgart, le 1er juin. Dommage qu'il ait tourné le dos à cette méthode de travail par la suite.

La préparation de l'Euro sera émaillée des traditionnelles polémiques sur la composition de l'équipe de France. Faut-il garder les valeurs sûres, quoique vieillissantes, Ginola et Cantona, ou faire confiance à Aimé Jacquet, qui penche pour la paire Zidane-Djorkaeff ? *L'Équipe* milite pour le maintien des exilés en Grande-Bretagne, à commencer par l'ex-Marseillais « Canto ». Or Jacquet redoute que la personnalité de l'homme qui parle aux mouettes écrase le très réservé Zinédine Zidane. « Rappelons que, grâce à son but victorieux, les Reds de Manchester sont revenus à un point de Newcastle, le leader du championnat anglais. Il ne serait pas emballé, Jacquet, par un but décisif de Canto contre la Bulgarie sur le même terrain, en juin prochain, pendant l'Euro [32] ? » Cela se discute, et *L'Équipe*, en l'occurrence son supplément du samedi, est pleinement dans son rôle en mettant en cause le choix de tel ou tel joueur.

Canto et Ginola ne disputeront pas l'Euro 96 en Angleterre, ce qui n'empêchera pas les Bleus d'accéder aux demi-finales, ne s'inclinant qu'aux tirs au but face aux Tchèques. Difficile dans ces conditions de tirer à boulets rouges sur Jacquet. Le principal reproche de *L'Équipe* porte sur la titularisation de Zidane, alors qu'il était blessé. Sans remettre en question les qualités de « Zizou », le quotidien sportif estime que Corentin Martins, l'homme en forme du moment, double vainqueur de la Coupe et du Championnat de France avec Auxerre, aurait pu faire basculer la rencontre contre la République tchèque. « Le dossier Zidane mérite évidemment d'être ouvert, écrit Ejnès. On nous l'a présenté comme le nouveau Platini, pour l'instant, il n'est au mieux qu'un potentiel futur Platini. Hors de forme, il a erré dans cet Euro sans jamais allumer cette étincelle décisive qu'on attendait de lui. A posteriori, il s'avère que son maintien forcené au poste de meneur de jeu était une mauvaise décision[33]. » A posteriori, les doutes sur Zidane et la campagne pro-Martins, à peu près oubliés aujourd'hui, suscitent les sarcasmes des spécialistes. Jean-Jacques Vierne se rappelle une discussion avec Ejnès, le jour du match contre la Roumanie : « Il n'était pas emballé par Zidane. Certains de ses collègues me disaient même : arrêtez avec votre nouveau Platini. »

Tout le monde peut se tromper d'autant qu'il est toujours facile de juger le passé avec les lunettes du présent. Mais « on peut se poser la question de la compétence des responsables de la rubrique foot de *L'Équipe*[34] », estime Michel Nait-Chalal, ancien de la rubrique avant de déménager à *L'Équipe Magazine*.

Effet collatéral de la prestation honorable des Bleus à l'Euro, Aimé Jacquet est reconduit jusqu'à la Coupe du monde 1998. Une décision annoncée en exclusivité à la une de *L'Équipe* du 28 juin. « Aucun successeur incontestable n'est disponible. Guy Roux, qui ferait parfaitement l'affaire, s'apprête à découvrir la Ligue des champions avec "son" Auxerre, explique Gérard Ejnès. Et Jean Tigana, qui a également la dimension pour le poste, vient de prolonger son contrat avec Monaco. Hors Jacquet, et ces deux pointures, tout choix s'avérerait discutable. » *L'Équipe* et Mémé vont devoir se supporter pendant encore deux ans. Putain ! deux ans…

## UNE HABITUDE DE LA MAISON ?

« Ce n'est pas la première fois que *L'Équipe* fait campagne contre un sélectionneur, proteste vivement Vincent Duluc, leader de la rubrique football depuis 1996. Il suffit de se replonger dans les archives. Par le passé, les critiques étaient tout aussi virulentes. On ne peut pas dire que dans les années soixante, Henri Guérin a été particulièrement ménagé. La différence avec 1998, c'est qu'on a une génération qui gagne et va au bout, mais on ne pouvait pas le deviner[35]. »

La génération 1998 des journalistes de *L'Équipe* aurait donc perpétué une vieille tradition maison. Ni plus, ni moins. Denis Chaumier, prédécesseur de Gérard Ejnès au poste de grand chef du foot, donne raison à Duluc sur ce point. « Vouloir faire et défaire les sélectionneurs relève d'une préoccupation d'anciens. Ce ne doit pas ou plus être le rôle d'un journal comme *L'Équipe*, qui doit s'en tenir à une analyse critique des faits sans demander la tête de tel ou tel », explique le directeur de la rédaction de *France Football*.

« C'est une curieuse réminiscence du passé, une espèce de tic, confirme Alain Beyer, ancien rédacteur en chef adjoint du *Sport* et ex-responsable de la rubrique sports du *Parisien*. Pour des raisons historiques, et de personnalité des membres fondateurs, le quotidien sportif est devenu un deuxième pouvoir. *L'Équipe* n'a jamais voulu se contenter d'être un journal et a toujours cherché à être le centre de décision du sport français, et est restée sur ce créneau. L'affaire Jacquet marque une résurgence de ces tendances hégémoniques dans un contexte où *L'Équipe* ne fait plus vivre le sport comme autrefois[36]. » Jadis, au temps de sa splendeur, le quotidien de Jacques Goddet assurait quasiment à lui seul la promotion du sport et de ses vertus. Aujourd'hui, les principales chaînes de télévision couvrent d'argent les sélections nationales au travers des droits acquittés aux fédérations et aux clubs. À côté de TF1 et Canal Plus, *L'Équipe* est un nain économique. Pas étonnant que la voix de Jérôme Bureau porte infiniment moins loin que celle de feu Goddet.

Nostalgique, la bande à Ejnès ? Pas exactement. En réalité, les archives font apparaître des différences substantielles de traitement avec l'ère Jacquet. « *L'Équipe* faisait le forcing pour virer l'entraîneur parce que les équipes de France perdaient. Mais sur un ton et un style différents[37] », rectifie Didier Braun, historien attitré du football au journal. Olivier Margot, le grand reporter de *L'Équipe*, soutient que son journal était beaucoup plus dur dans les années soixante qu'à l'époque de Jacquet: «En 1963, *L'Équipe* a écrit des choses horribles sur Raymond Kopa alors qu'il était en train de perdre son fils, atteint d'une grave maladie. Les journalistes le savaient mais ça ne les a pas empêchés de le massacrer après un match contre l'Austria de Vienne[38].»

« Faut-il condamner Guérin ? », s'interroge Jacques Ferran dans *L'Équipe* du 19 juillet 1966. Les chances françaises de qualification pour les quarts de finale de la Coupe du monde semblent compromises. À la veille d'une rencontre décisive contre les Anglais, futurs vainqueurs sur leur sol, le chef du foot et directeur de la rédaction de *France Football* dresse un constat lucide et sans concession de la situation du moment. «Le procès de Guérin, il sera donc bien temps de le faire dans deux jours, écrit-il. [...] Henri Guérin sera le bouc émissaire idéal. Vous voyez tout ce qu'on pourra dire. Il a mal choisi ses sélectionnés. Il leur a imposé un système de jeu qui ne leur convenait pas. [...] Bien, mais Guérin ne s'est pas trompé seul. Il était entouré de Lucien Jasseron et de Robert Domergue qui passent pour deux de nos techniciens les plus évolués et les plus lucides. Et nous sommes témoins que les trois hommes ont travaillé la main dans la main [...]. Alors, qui est coupable? Les joueurs? Ils sont ce qu'ils sont. Ils vont où on les mène. [...] C'est, une fois de plus, le procès de toute la direction du football français qu'il faudra instruire, sitôt cette Coupe du monde terminée. Et non pas seulement celui de Guérin. »

Cet éditorial est un cas d'école. Plutôt que de se focaliser sur le sélectionneur, dont les mauvais choix sont soulignés avec force, il s'attache à remonter la chaîne des responsabilités. Jacques Ferran tape sur un système, pas sur un homme. Était-il un bon communicant, savait-il parler aux journalistes ? On n'en saura rien. Les dirigeants du football français, eux, en sont pour leurs frais… d'avocats. Au moins, leur procureur a-t-il eu le savoir-vivre de leur communiquer la date d'ouverture de leur procès. Autre époque, autre façon de concevoir le métier de journaliste. Commandement numéro un : tu ne simplifieras point. Un sélectionneur, aussi médiocre soit-il, ne peut être tenu pour unique responsable des résultats de son équipe, bons ou mauvais.

Comme prévu, les Bleus perdent le match contre l'Angleterre (2-0). Le procès peut commencer. Premier compte-rendu d'audience dans *L'Équipe* du 22 juillet 1966. Titre en une : « Deux procès inévitables : celui de Guérin et celui de la FFF (Fédération française de football) ». Signé « *L'É* », l'éditorial s'ouvre sur ces mots : « Pas de pendaison mais… » !!! La suite est un peu moins thermidorienne. « On ne menacera pas Henri Guérin de pendaison… ce serait tout de même excessif ! *(sic)* On ne ceindra pas non plus son chef d'une couronne de lauriers. Et l'on regrettera aussi que la FFF lui ait renouvelé, avant la lettre, une confiance généreuse et anticipée ! »

Le même jour, le juge Ferran instruit à charge et à décharge le procès du sélectionneur. À « l'actif » de Guérin, « la qualification de la France à cette Coupe du monde ». Malgré « son médiocre comportement. Il a de larges circonstances atténuantes et nous croyons que ce serait une erreur fatale que de tout lui "mettre sur le dos" [...]. » « Guérin a dû utiliser les joueurs qu'on lui offrait après un championnat épuisant. [...] À la décharge de Guérin également, on retiendra l'approbation sans réserve qu'il a reçue de Domergue et de Jasseron. [...] »

Pour autant, poursuit Ferran, « Guérin, avec toutes les excuses du monde, n'a pas su trouver la manière de faire jouer l'équipe de France dans une circonstance cruciale. [...] Guérin devrait, de lui-même, s'effacer. [...] On y verrait plus clair et peut-être les principaux responsables de la crise générale de notre football, qui sont les dirigeants fédéraux et les pouvoirs publics, seraient-ils tenus de faire face à leur devoir. »

La campagne anti-Guérin reprend de plus belle à la rentrée de septembre, sur le thème : « Dehors et vite ». « Il apparaît que la situation d'Henri Guérin reconduit dans ses fonctions risquerait de devenir intenable, argumente Jacques Ferran. Désormais chaque faux pas lui serait attribué. Il serait, plus que jamais, l'alibi parfait, celui des joueurs, celui des clubs, celui des pouvoirs fédéraux.» Et de plaider pour que la Fédération française de football et le Groupement, l'ancêtre de la Ligue professionnelle, convoque «une table ronde où seraient représentés les joueurs, les entraîneurs, les clubs et les pouvoirs publics afin d'enquêter à fond sur ce qui s'est passé en Angleterre et de promouvoir un plan de quatre ans jusqu'à la prochaine Coupe du monde[39]». Chez Ferran, la critique se veut constructive et s'accompagne de propositions de sortie de crise.

Ce qui ne l'empêche pas d'utiliser des formules bien senties que ne renierait pas Gérard Ejnès, embauché à *France Football* en 1978, sous les ordres de... Jacques Ferran. L'emblématique Georges Boulogne, promoteur inlassable des centres de formation qui ont fait la richesse du football français, n'a pas résisté à la charge orchestrée par *L'Équipe*, en raison de l'élimination de la France à la Coupe du monde 1974 en Allemagne. «On lui a demandé cent fois: "Allez-vous rester ou partir? ", avec l'espoir, non dissimulé, de l'entendre répondre qu'il s'en allait. S'ensuit une longue défense de l'intéressé, qui a tout loisir de développer ses arguments[40].» Une nouvelle fois, Ferran met en perspective les contre-performances tricolores du moment, pointant surtout les insuffisances structurelles du système français, contrairement à *L'Équipe* des années quatre-vingt-dix qui fait une fixette sur le sélectionneur et ignore le contexte global: « La question n'est pas de savoir pourquoi l'équipe de France n'est pas meilleure. La question est: pourquoi le serait-elle? À l'exception d'une courte période, exceptionnelle, elle ne l'a jamais été. Si nous voulons construire enfin un grand football français, avoir des clubs et des joueurs de dimension internationale, on n'y parviendra pas en préférant la passe courte à la passe longue: tel avant-centre à tel autre, et Dupont à Durand comme sélectionneur. On n'y parviendra qu'en travaillant, obstinément, en profondeur et dans les clubs. »

## OPÉRATION LYNCHAGE

En cette rentrée des classes 1996, le rédacteur en chef de *L'Équipe Magazine*, Claude Droussent, prend ironiquement la « résolution », « de ne plus jamais laisser entendre que l'équipe de France nous procure le plus grand ennui[41] ». Dans le même temps, Jérôme Bureau prend la résolution de cogner comme un sourd sur Aimé Jacquet. Jusqu'à présent, le directeur de la rédaction s'était tenu en retrait, laissant son adjoint faire le coup de poing. La remise d'un obscur prix du fair-play lui fournira le prétexte idoine pour monter en première ligne. Bureau ne supporte pas que l'Association française pour un sport sans violence et pour le fair-play (AFSVFP) décerne son prix Pierre Comte-Offenbach à un individu aussi blâmable que Jacquet. « Désolé, mais je ne vais pas être très "fair", prévient-il avec gourmandise[42]. » « Sérieusement, à la lecture de ce "palmarès" de l'AFSVFP, les bras m'en sont tombés. D'autant que je ne suis pas certain que l'homme qui fut le dévoué entraîneur du Bordeaux des années Bez – faut-il rappeler ce qui s'y passait alors ? – soit exempt de tout reproche en matière de "rigueur morale". À l'époque, on ne l'entendait guère résister… » Aimé Jacquet ne pardonnera jamais cet éditorial. Sa haine envers Bureau est née ce jour-là. Mais ce qu'il n'a jamais su, c'est que la première version de l'article était bien plus implacable. « Ils ne reculèrent même pas devant ce qui ressemble fort à une insulte, voire à de la diffamation », écrira-t-il plus tard dans *Ma vie pour une étoile*[43]. « Les termes étaient extrêmement violents, c'était un pur règlement de comptes, Bureau entrait dans une pure logique de combat, dévoile Pierre-Marie Descamps. Je lui ai dit : "On ne peut pas le passer tel quel." Il a accepté de l'édulcorer. »

Jérôme Bureau a mis le doigt sur l'une des principales raisons de l'impopularité de Jacquet au sein de la rédaction de *L'Équipe*, bien au-delà du cercle de direction. Le tonitruant Claude Bez, président des Girondins de Bordeaux de 1977 à 1990, condamné pour malversations, déteste la critique en général et les journalistes en particulier. Ceux de *L'Équipe* et de *France Football* figurent en bonne place parmi ses ennemis abhorrés. Et réciproquement. De là à mettre Aimé Jacquet dans le même panier –à salade– que l'ancien expert-comptable mégalomane, il n'y a qu'un pas que nombre d'anciens n'hésitent pas à franchir.

Un ex-rédacteur en chef très proche de Jérôme Bureau précise la pensée du chef: « Aimé Jacquet est un mauvais qui s'est acoquiné avec Bez, dit-il, énervé comme au premier jour. Avant le 12 juillet 1998, il y avait Dieu, depuis, il y a Dieu puis Aimé Jacquet. Ce qu'on oublie de dire, c'est que Jacquet le vertueux, le tourneur fraiseur de Firmy, prend 130 000 balles pour une conférence et qu'à Bordeaux il n'a pas levé le doigt une seule fois quand Bez s'asseyait sur les questions morales. Les magouilles, la manière éhontée dont Bez méprisait les moyens d'information, il savait tout ça mais n'a pas levé le petit doigt, pour garder sa place. C'est avéré ! Alors qu'il ne vienne pas s'ériger en modèle de vertu ! » Sommé de s'expliquer sur ses rapports avec Bez, Aimé Jacquet se justifie dans les colonnes de *Libération*: « Je suis solidaire de mon club, mais je ne suis pas compétent pour répondre à tout. [...] Je ne suis qu'un technicien limité à ce qui se passe sur le terrain[44]. » En somme, le « pas vu pas pris » de Bez avait son pendant avec le « ni vu ni connu » de Jacquet.

Le féroce éditorial de Jérôme Bureau sur le fair-play de Jacquet ouvre la quatrième saison de chasse au sélectionneur. Avec un mot d'ordre lumineux comme une forêt giboyeuse au petit matin d'automne : tirer à vue sur le Mémé national ! Après quelques mois d'un repos bien mérité, le tireur d'élite Gérard Ejnès ajuste son viseur et fait un carton plein dès son premier essai. Pas question de baisser la garde sous prétexte que la France ne disputera plus que des matchs amicaux jusqu'à la Coupe du monde. Les Bleus doivent d'abord devenir champions du monde des matchs amicaux, comme leurs glorieux devanciers qui n'ont jamais rapporté de trophée à la maison. En clair, les tricolores ont l'obligation d'être deux fois champions du monde ! Sous peine d'essuyer les rafales du *sniper* en chef, Ejnès, et de ses aides de camp embusqués au Centre technique national de Clairefontaine.

## L'EXCUSE DU BEAU JEU

Ejnès et Bureau reprochent à Jacquet, non seulement d'être allergique au beau jeu, mais surtout de se montrer incapable de bâtir une équipe offensive, condition *sine qua non*, croient-ils, pour gagner la Coupe du monde. À l'appui de sa thèse, le numéro deux de la rédaction cite le capitaine de l'équipe de France, Didier Deschamps : « À l'heure actuelle, nous n'avons pas la carrure pour être champions du monde. On n'est pas assez complets. On a un manque sur le plan offensif[45]. » Jacquet est-il seulement en mesure de s'en rendre compte? Bon sang mais c'est bien sûr! en fait Mémé est lourdement handicapé. Le pauvre homme ne possède pas de cerveau! La preuve: « Répondant à un confrère qui lui demandait la semaine dernière pourquoi il n'avait pas présélectionné Stéphane Guivarc'h: "Je n'y ai même pas pensé." Bel aveu. Voilà donc un sélectionneur qui ne pense pas[46]. » Si ce n'est pas de l'acharnement, cela y ressemble furieusement. « Pas du tout, désapprouve Étienne Bonamy. *L'Équipe* a durement critiqué Aimé Jacquet, mais sans volonté de nuire. Jérôme Bureau et Gérard Ejnès militaient pour une autre vision du jeu, ce qui était leur droit[47]. » Ils n'étaient pas les seuls.

« Quand Jérôme Bureau débute à *L'Équipe Magazine*, il écrit des papiers sur Falcao, Pelé, il adore le jeu à la brésilienne, c'est un esthète du foot », confirme un ancien responsable du supplément gratuit du samedi. Son adjoint, Gérard Ejnès, communie dans le même culte des dieux du football. « Ils s'encouragent l'un l'autre. Enfermés dans leur système de pensée comme des théoriciens du football, ils ne voient pas la véritable équipe de France », observe un ancien responsable de *L'Équipe Magazine*. *L'Équipe* se serait donc alignée sur les positions idéologiques de *Miroir du football*, avec trente ans de retard! « "Le beau jeu est une utopie", affirme Jacquet. Le bonheur aussi, sans doute[48]? », enrage Jérôme Bureau.

Un virage assez improbable aux yeux des anciens qui ont vécu les grandes heures du combat contre l'hebdomadaire de François Thébaud. «*L'Équipe* avait toujours privilégié le résultat, le beau jeu, c'est très bien, à condition de gagner à la fin», s'étonne Jean-Jacques Vierne. «Ejnès s'est grisé. La défense du beau jeu? Une excuse bidon pour taper sur Jacquet», tranche un ancien rédacteur en chef du quotidien. Dans le livre consacré à l'histoire des Bleus, édité par *L'Équipe*, Pierre-Marie Descamps et Gérard Ejnès finiront d'ailleurs par admettre que la défense, et non plus obligatoirement l'attaque, est le point fort des équipes championnes du monde. «Je revendique le droit à l'erreur», dit Ejnès. Dont acte. Des observateurs extérieurs et certains de ses collègues n'en revendiquent pas moins le droit de penser que «l'erreur» du quotidien sportif n'en fut pas une. Ou pas seulement. D'un côté, *L'Équipe* réclame à cor et à cri un jeu spectaculaire sachant les risques de quitter prématurément la compétition sous les vivats certes, mais les mains vides. De l'autre, le quotidien sportif exige la victoire, tout autre résultat étant considéré comme un échec. Vouloir gagner à tout prix impliquait de renoncer à certaines valeurs, ce que savait parfaitement la direction de la rédaction. Dès lors, se pose LA question taboue entre toutes à *L'Équipe:* Gérard Ejnès et Jérôme Bureau ont-ils anticipé, voire misé sur la défaite des Bleus pour pouvoir plastronner au lendemain de la défaite sur l'air du «on vous l'avait bien dit»?

## LA THÈSE DU COMPLOT

C'est la thèse défendue par le mensuel satirique *Les Cahiers du football.* « Elle [*L'Équipe*] appelle en effet de ses vœux deux situations très antagonistes, mais qui seraient les plus rentables pour elles. Soit les tricolores gagnent le Mondial, ce qui lui permettra de hurler en gros caractères son euphorie, de rassasier notre bonheur à coups de superlatifs et de battre ses records de diffusion. Soit les Bleus foirent leur parcours – le foirage incluant une défaite en demi-finale, voire l'Euro 96 –, ce qui l'autorisera à défouler son ressentiment, à se répandre en polémiques et à immoler le sélectionneur avec quelques joueurs dans un grand feu de joie mauvaise et de papier journal[49]. »

Des indices concordants et des témoignages fiables permettent de l'affirmer avec une quasi-certitude. Quasi ? Il n'y a aucune raison de ne pas accorder le bénéfice d'un doute, aussi infime soit-il, à l'attelage Bureau-Ejnès. Mais les écrits restent et les faits sont têtus.

Depuis sa nomination fin 1993, le sélectionneur concentre les critiques. Empêcheur de bien jouer, bouc émissaire désigné en cas de défaite, il ne lui est même pas laissé le bénéfice de la victoire. Si la France gagne, c'est malgré lui, si elle perd, c'est à cause de lui. Pratique. Dans tous les cas, *L'Équipe* a raison. Le compte-rendu du France-Pays-Bas (2-1) illustre cette duplicité de manière éclatante. Les tricolores l'emportent grâce à deux buts inscrits par Robert Pires et Patrice Loko, entrés en cours de match. C'est un fait, les choix de Jacquet ont été payants. Pas pour Ejnès. « Aimé Jacquet peut dire merci à ses joueurs qui l'ont tiré hier soir d'un très mauvais pas, ironise-t-il. Car si ceux-ci, dès qu'ils furent mis en situation de le faire, ont réussi leur match, lui a bel et bien raté le sien. [...] La première demi-heure fut un véritable crève-cœur, une incongruité footballistique, l'anti-France *(sic)*. Pour ces tristes instants-là, à la place de Christophe Dugarry, nous porterions plainte contre le sélectionneur pour non-assistance à attaquant à danger [...] [50]. » Sans le savoir, les futurs champions du monde étaient en quelque sorte les « malgré nous » du football français. En plus chanceux. « La presse a eu une attitude ambiguë à l'égard d'Aimé Jacquet. Elle le considère comme responsable, donc coupable, des mauvaises prestations des Bleus. Dans le même temps, elle minore son influence sur le fonctionnement de l'équipe [51] », analyse le journaliste du *Monde*, Jean-Jacques Bozonnet.

## LE SONDAGE QUI DOIT TUER JACQUET

Juin 1997. La France vient de terminer avant-dernière du Tournoi de France amical disputé en vue de la préparation à la Coupe du monde, avec deux matchs nuls et une défaite. Comme souvent, le bilan tricolore est donc mitigé. « Catastrophique », corrige Pierre-Marie Descamps. Un an, jour pour jour avant le début du Mondial, la presse dans son ensemble exprime son inquiétude. La France sera-t-elle prête le 12 juin 1998 face à l'Afrique du Sud ? Il y a bien longtemps que cette question ne fait plus débat à *L'Équipe*, tant la réponse paraît évidente à la direction de la rédaction. C'est le moment que choisit Jérôme Bureau pour porter une attaque mortelle au sélectionneur. L'idée lui vient de commander un sondage sur l'action d'Aimé Jacquet, sur le modèle de celui publié par *France-Soir* en juillet 1996 après le demi-échec tricolore à l'Euro. À l'époque, 72 % des sondés déclaraient souhaiter le départ du patron de l'équipe de France. Vu le climat de défiance ouvertement affiché par les supporters envers Jacquet et ses joueurs, *L'Équipe* pouvait espérer s'appuyer sur une opinion aussi négative. Voire carrément hostile. « Maladroitement, Aimé Jacquet a déclenché le signal des hostilités en affichant sa froideur au public de Lyon pendant France-Brésil. Christophe Dugarry a emboîté le pas du sélectionneur, déclarant de son côté que le comportement de Gerland, pour une reprise manquée de Florian Maurice, était “une honte”[52] », regrette Gérard Ernault, directeur de la rédaction de *France Football*, pourtant enclin à l'indulgence vis-à-vis de Jacquet. « Jérôme Bureau, Gérard Ejnès et moi-même étions persuadés que les supporters interrogés accableraient Jacquet, raconte Pierre-Marie Descamps. Derrière, Jérôme avait prévu d'exiger le départ de Jacquet. » Manque de chance, les résultats ne correspondent à ce qu'attendait la rédaction en chef. 72 % des personnes interrogées « font confiance à Aimé Jacquet pour diriger l'équipe de France en vue de la Coupe du monde 1998 ». Tandis que 67 % ont apprécié le jeu développé par l'équipe de France durant le Tournoi de France, soit cinq points de plus qu'au lendemain de l'Euro. De quoi désespérer du bon peuple. À défaut de dissoudre la majorité pro-Jacquet, Jérôme Bureau décide dans un premier temps de faire comme s'il n'avait rien vu. « En regardant le sondage, il a fait la gueule, sa réaction immédiate a été de dire : “On ne le sort pas” », témoigne Pierre-Marie Descamps, aux premières loges en tant que chef du foot.

Après ce cri du cœur, le pragmatique Bureau se ravise. Un sondage, cela coûte très cher. Difficile de justifier une non-publication, même si les finances du journal sont au beau fixe. Gérard Ejnès demande alors à Didier Braun, préposé aux chiffres à *L'Équipe*, de commenter le sondage. « Pourquoi moi, je reviens à peine au journal et je ne travaille plus sur l'équipe de France ? », s'étonne-t-il. « Tu es notre statisticien », répond Ejnès. « Peut-être que le résultat ne correspondait pas à celui qui était attendu », sourit Braun, de retour à *L'Équipe* après plusieurs années passées à travailler au service documentation de la Direction technique nationale. Proche de Jacquet pendant cette période, il est considéré comme neutre dans la polémique opposant le sélectionneur au quotidien sportif. Braun semble donc le mieux placé pour rédiger un article « positif » sur Jacquet. L'article paraîtra, uniquement en province pour cause de grève des syndicats de la presse parisienne ! Sous le titre : « Oui à Jacquet, tout simplement[53] ». « Le sondage que nous publions aujourd'hui prouve qu'il existe un décalage entre, d'une part, la population qui suit plus ou moins régulièrement les performances de ses footballeurs, et, d'autre part, les observateurs professionnels de la chose sportive, écrit Didier Braun librement, sans aucune pression de la part de ses chefs. » Si les Français font « confiance à Aimé Jacquet pour conduire la sélection jusqu'au Mondial 98 », paradoxalement, les mêmes sondés ne se bercent pas d'illusions sur les chances françaises de victoire : à la question « la France a-t-elle des chances de gagner la Coupe du monde 98 ? », ils répondent oui à 38 %. Peut-être pas si paradoxal que cela. Statistiquement, la France avait effectivement peu de chances de gagner le Mondial…

Commentaire sarcastique de Gérard Ejnès formulé devant l'auteur de l'article: « On a l'entraîneur parfait pour ne pas gagner la Coupe du monde. » « C'est le style Ejnès », s'amuse Didier Braun. Le style, c'est l'homme!

La scène se déroule dans la grande salle de réunion, pendant la conférence de rédaction du matin, à midi, trois mois environ avant le début de la Coupe du monde. La discussion roule inévitablement sur l'équipe de France et son sélectionneur controversé. Rien de nouveau sous le soleil d'Issy-les-Moulineaux: « Jacquet n'est pas l'homme de la situation, l'équipe de France va droit dans le mur, etc. » La routine. Inopinément, une frêle voix féminine fait entendre une note discordante: « Dites, les gars, on va continuer comme ça jusqu'à la Coupe du monde? Vous êtes sûrs? » Grand reporter à la rubrique tennis, Dominique Bonnot a du mal à suivre les garçons. « Il arrive un moment où il faut prendre en compte la légitimité des responsables en poste, en l'occurrence Jacquet, dit-elle. On ne va pas continuer à lui taper dessus indéfiniment, on a dit ce qu'on avait à dire. Je ne suis pas dans le foot, mais j'ai bien compris ce qu'a été notre croisade. Est-ce que vous pensez faire changer d'avis Jacquet? » Réponse de Jérôme Bureau, confirmée par Gérard Ejnès: « Non, Aimé Jacquet ne changera pas. » « Mais alors il faut arrêter parce que si on doit aller jusqu'à la Coupe du monde dans cette ambiance, ça va être infernal à vivre ! » Silence gêné autour de la table. « Arrêter » le rouleau compresseur anti-Jacquet ? Impossible, tranche Bureau. « Si Dominique Bonnot n'avait pas été une bonne copine de Jérôme Bureau, il l'aurait exécutée d'une phrase alors que là, il a pris la peine de développer ses arguments en défaveur de Jacquet », replace Pierre-Marie Descamps. Trop tard. Enfoncé dans sa guerre de positions, le journal accentue la pression sur le sélectionneur. « C'est quoi ce match ? », titre *L'Équipe* en une, le 24 mars 1998, à la veille de la rencontre amicale Russie-France. Le chapô de Vincent Duluc tourne autour d'une idée simple : l'équipe de France part à vau-l'eau. « Ça patine à Moscou. [...] et on voudrait que ce Russie-France soit une idée géniale. On ne peut pas s'attendre, bien sûr, à ce qu'Aimé Jacquet avoue que c'est le match de trop. »

Les Russes battent la France 1-0. « On s'attendait à un match qui ne ressemble à rien. On l'a eu », commente *L'Équipe*, de plus en plus blasée et péremptoire. Suite et fin du précédent épisode, le journal laisse éclater son exaspération : « C'était quoi ce match ? [54] » Malgré la défaite, le sélectionneur juge que ses joueurs ont montré « un bon visage » et « un jeu conquérant ». C'est à se demander si le sélectionneur vit dans la quatrième dimension, ironise la presse, *L'Équipe* en tête. « Venant d'un autre que lui, on aurait attribué l'énormité à un abus de vodka, chambre Vincent Duluc. Venant de lui, il n'y a que deux solutions :

soit il se moque du monde, soit il regarde son équipe avec les yeux de l'amour, et il s'aveugle. La première hypothèse est fâcheuse, mais elle a moins de conséquences[55]. »

Le petit nouveau, Vincent Duluc s'inscrit parfaitement dans la ligne Bureau-Ejnès.

## *L'ÉQUIPE* MUSCLE SON JEU

Le 27 juin 1996, lendemain de défaite des Bleus en demi-finale de l'Euro, la rubrique football s'affaire à la préparation d'une édition qui revient sur les raisons de l'échec. Le leader de la rubrique, Patrick Urbini, rédige le chapô, tandis que le jeune et prometteur Vincent Duluc, tout frais émoulu du *Progrès de Lyon* pour lequel il suivait assidument l'OL, s'occupe du « jeu et des joueurs ». Urbini est tombé tout petit dans *L'Équipe* où son père Max a travaillé comme journaliste de 1946 aux années quatre-vingt. « PU » annonce en conférence de rédaction son intention d'écrire un papier sous l'angle, en substance, du jeu trop défensif des tricolores qui a privé le pays d'un deuxième trophée. Comme le veut la tradition remontant à la création du journal, il prévoit aussi un « Q-R », questions-réponses avec le sélectionneur. Calés normalement dans le « chemin de fer » du journal et remis scrupuleusement à l'heure, les papiers n'attendent plus que le feu vert de la direction de la rédaction avant de partir à l'impression.

Pourtant *L'Équipe* du 28 juin ne sortira pas dans l'ordre prédéterminé. Vers 17 heures, Jérôme Bureau sursaute à la lecture du chapô. Il décide brutalement d'inverser les rôles entre Urbini et Duluc. L'héritier est rétrogradé, le provincial pressé devient leader. Vincent qui rit, Patrick qui pleure. « Jérôme trouvait Urbini trop mou, ne portant pas assez le fer dans la plaie[56] », rapporte Patrick Lafayette. Alors que Patrick Urbini penchait pour une ligne moins rentre-dedans, plus réaliste, en vertu du principe selon lequel seul le résultat final compte. Perdre en demi-finale aux tirs au but, même sans génie, n'avait pour lui rien d'infamant. Pierre-Marie Descamps annonce à PU la mauvaise nouvelle, assortie d'un laconique : « On ne fait plus les questions-réponses. » Il s'attire cette réponse sèche : « Comment, on ne va pas donner la parole au sélectionneur ? Pas question ! » « Jérôme Bureau a été le premier à dire "on arrête de donner mécaniquement la parole au sélectionneur, *L'Équipe* doit cesser d'être la voix de son maître", confirme Pierre-Marie Descamps. Ce en quoi il avait parfaitement raison. » Avec la ferme volonté « de bousculer un journal poussiéreux sur le contenu et de se mettre en ordre de marche pour faire un journal de référence mondiale en vue de la Coupe du monde. On a renouvelé les cadres, mis les meilleurs aux postes clés ». On allait voir ce qu'on allait voir. *L'Équipe* serait « le Milan AC du journalisme de sport », ou ne serait pas.

Sans citer de nom, bien aidé par son nègre, Philippe Tournon – ancien de *L'Équipe*, devenu attaché de presse en chef des Bleus –, Aimé Jacquet livrera son sentiment sur cet épisode de la vie du quotidien sportif dans ses Mémoires. L'Albert Londres de *L'Équipe* y est habillé pour les hivers les plus rudes. « Le journaliste maison en charge de l'équipe de France, [...] et avec lequel j'entretenais donc des rapports fréquents, et j'ajouterais loyaux, se trouva soudain affecté à d'autres tâches, coupable visiblement de n'avoir pas pris une part active aux manœuvres visant à déstabiliser puis à éliminer le patron des Bleus. On lui substitua, promotion à la clé, un garçon qu'en d'autres temps et en d'autres lieux j'avais connu plutôt avenant et rigoureux dans l'exercice de son métier. Parvenu à ce qu'il estima peut-être le sommet de son Himalaya, emporté par l'ivresse des cimes, à moins qu'il n'ait simplement suivi la pente naturelle de sa docilité, il se mit à son tour à me chercher des poux dans la tête, sous les prétextes les plus anodins [57]. » Si Vincent Duluc s'abstient de commenter son portrait au vitriol, il souligne le caractère « tendancieux » du comportement et des propos de l'ancien sélectionneur. « J'ai toujours entretenu de bonnes relations avec Jacquet, il m'arrivait de l'appeler chez lui », précise-t-il. En février 1998, à la veille du match amical France-Norvège, Mémé retarde le début de la conférence de presse après avoir remarqué l'absence du reporter de *L'Équipe*, égaré dans les rues de Marseille. « Tous les journalistes sont là sauf moi, et il m'attend pendant vingt minutes.» Quant à sa promotion express, il se contente de glisser que «Patrick Urbini était proche de Michel Platini et Aimé Jacquet». Manière de pointer une forme de connivence entre son prédécesseur et les hiérarques du football. Incontestablement, Jérôme Bureau et Gérard Ejnès ont insufflé un vent d'indépendance à la rubrique reine du journal, traumatisée par les années Tapie *–voir le chapitre «Le Tapie-boom»*.

«Longtemps, *L'Équipe* s'est positionnée en défenseur du drapeau, décrypte Benoît Cambillard, consultant en management et organisation auprès du groupe *L'Équipe*. C'était "Tous derrière l'équipe de France" quoi qu'il arrive. Quand Jérôme Bureau est nommé directeur de la rédaction, il dit stop, on arrête de faire office d'annexe du ministère des Sports[58].» L'analyse n'est pas sans rappeler la phraséologie de ces hommes politiques pressés de substituer à un ordre ancien forcément «archaïque» une nouvelle ère nimbée de progrès. En n'oubliant pas au passage de faire don de leur personne à la patrie en danger. Avant 1993, *L'Équipe* n'était ni à la solde de la Fédération française de football ni à la traîne des sélectionneurs. A-t-elle fait preuve d'indulgence coupable envers Gérard Houllier, rendu responsable numéro un du double fiasco israélien et bulgare? Jérôme Bureau en était persuadé. «Il considérait qu'en soutenant Houllier par esprit cocardier *L'Équipe* s'était plantée et avait failli à sa mission de vigie, ajoute le fondateur d'Habeo conseil. »

Une interprétation rejetée par le numéro deux de la rédaction et patron du foot de l'époque, Denis Chaumier, débarqué par Bureau au profit de Gérard Ejnès. Quinze ans après l'élimination surprise des Bleus, le directeur de la rédaction de *France Football* trouve toujours des circonstances atténuantes à son copain Gérard Houllier. « Il était au cœur d'événements extra sportifs qui ont perturbé ses choix: la guerre OM-PSG, l'affaire VA-OM, rétorque Chaumier. Tout ça a provoqué des ravages terribles qui ont miné l'équipe de l'intérieur.» Les articles publiés au lendemain de la déroute du Parc des Princes sont empreints d'une certaine modération. Étienne Bonamy, coresponsable de la rubrique football, ne verse pas dans la surenchère.

«Michel Platini avait fait de ce groupe de corsaires des pilleurs de points, écrit-il. La chance en plus. Gérard Houllier a changé des hommes, pas la méthode. La chance en moins... Il n'est pourtant qu'un fusible. Autour de lui, il y a ceux qui l'ont mis en place, ceux qui veulent sa place et ceux qu'il faut remettre à la leur... » Pour la petite histoire, ce soir funeste, la rédaction en chef n'arrivait pas à trouver le bon titre. Jusqu'à ce qu'un journaliste descendu à l'atelier de composition entende un ouvrier du livre qualifier d'«inqualifiable» le hold-up bulgare. Accolé à un point d'exclamation, le bon mot fera la une du journal.

Un bon titre, mais un ton général trop « mou du genou » au goût de Jérôme Bureau et Gérard Ejnès, obsédés par la crainte que l'équipe de France rate « sa » Coupe du monde et gâche la fête par la faute de l'ex-adjoint de Gérard Houllier. Les débuts poussifs d'Aimé Jacquet les confortent dans leur parti pris. Finies, les bonnes manières entre gens du même monde. Place au parler vrai et à l'aboiement systématique. *L'Équipe* sera le chien de garde du football français, contre vents et institutions. Mieux vaut « mourir d'Aimé » debout que vivre à genoux. « C'est l'histoire, résume Vincent Duluc, d'un conflit entre un journal et une institution exacerbé par l'enjeu du plus grand événement du sport français. » Et un enjeu économique majeur pour *L'Équipe*, dont les bénéfices, comme toujours, seront indexés sur les exploits des Bleus.

## LA VICTOIRE DU MARKETING ?

Un peu plus d'un mois avant le début de la Coupe du monde, la tension est à son comble tant dans les bureaux de *L'Équipe* qu'à Clairefontaine, où Jacquet rend les derniers arbitrages sur la liste des joueurs sélectionnés pour disputer les trois matchs du tour préliminaire. Et plus en cas de qualification. La communication des « 22 » est à *L'Équipe* ce que l'immobilier est à *L'Express*, le palmarès des lycées au *Nouvel Observateur*: un «marronnier» ou, en français courant, un sujet récurrent supposé «vendeur». C'est chaque fois le même jeu de poker menteur entre un quotidien sportif avide d'indiscrétions et un sélectionneur désireux de garder jusqu'au dernier moment le suspense sur la composition de son groupe.

La déclaration officielle dictée par le chef du service de presse de la Fédération française de football, Philippe Tournon, à l'Agence France-Presse, le 24 avril, met *L'Équipe* en transe: «Aimé Jacquet communiquera mardi 5 mai à 15 heures 30 au Centre technique national du football à Clairefontaine la liste des joueurs retenus pour la préparation à la Coupe du monde.» L'AFP précise en toutes lettres dans la même dépêche: «La Fédération française de football n'a pas voulu préciser le nombre de joueurs que comporterait cette liste.» «Mais *L'Équipe* se crut en droit de claironner le lendemain à sa une: “Les 22 connus le 5 mai”[59]!», s'agace Aimé Jacquet. Tandis que *Le Parisien* prédisait qu'il y aurait 28 noms. «Le journaliste Didier Romain a vérifié l'information auprès de Philippe Tournon qui lui dit: “Relis bien les termes de notre communiqué du 23 avril.”»

Ce même jour, Gérard Ejnès fait la leçon au sélectionneur. La France peut gagner la Coupe du monde, à condition que le coach suive à la lettre les recommandations du numéro deux de la rédaction de *L'Équipe*. «S'il laisse libres [les joueurs] de s'exprimer dans un cadre balisé où l'imagination sera au pouvoir, Aimé le désenchanteur deviendra peut-être le plus surprenant roi de la planète. » Un « désenchanteur » soupçonné par Vincent Duluc de vouloir contourner l'obstacle des 22. « En principe, Aimé Jacquet doit annoncer sa liste des 22 pour le Mondial, s'inquiète-t-il. Mais il est capable de reculer devant l'échéance qu'il avait lui-même fixée, et d'offrir 25 ou 26 noms. Ce serait un terrible non-choix. »

Aimé Jacquet choisit finalement de présenter à la presse une liste de 28 joueurs. Ce « terrible non-choix » lui attire les foudres de Jérôme Bureau en personne. « Et on joue à $13^{60}$ ! », allume *L'Équipe* en une. « Le titre est une trouvaille de Jérôme », précise un ancien rédacteur en chef. Dans un éditorial intitulé « On rêve », Bureau étale son mépris du sélectionneur et de l'homme Jacquet : « Désolé d'être aussi direct, mais je vous avoue que les événements de ce mardi m'ont, convaincu qu'Aimé Jacquet n'était décidément pas l'homme de la situation. Car là où nous attendons, depuis des mois, un leader qui donne un vrai souffle, nous n'avons, une fois encore, eu droit qu'à un brave type qui émet des soupirs. [...] Alors peut-être que ces Bleus seront tout de même champions du monde, et je serai absolument ravi d'avoir eu tort. Mais hier, en entendant ce brave homme affirmer qu'il ne voulait "pas prendre de risques", j'ai eu vraiment peur de ne pas me tromper[...]. »

« Brave type, brave homme »... Bureau gourmande Jacquet à la manière d'un maître de maison indisposé par son majordome.

Évidemment, Aimé Jacquet apprécie moyennement. La « photo soigneusement choisie où, la bouche ouverte, je passais pour un excité » et « l'édito voisin [qui] me décrivait comme un "brave type" qui "émettait des soupirs", incapable d'entraîner – au sens moteur du terme – qui que ce soit où que ce soit[61] », lui restent en travers de la gorge. La réaction de *L'Équipe* vis-à-vis de Jacquet paraît d'autant plus disproportionnée que 25 des 32 équipes qualifiées pour le Mondial communiqueront leur liste après le 5 mai. En réalité, le règlement de la Fédération internationale (FIFA) leur accordait un délai jusqu'au 2 juin, soit dix jours avant le début de la Coupe du monde.

« Cet éditorial me met la puce à l'oreille, témoigne Marc Van Moere. On sort la bombe atomique pour écraser un moustique. » Autrement dit, la direction de la rédaction fait du premier couac venu une affaire d'État. « Après les matchs de l'équipe de France, Gérard Ejnès venait voir Vincent Duluc et lui disait en déconnant, "il faut l'allumer, Jacquet", témoigne un reporter de la rubrique football. Mais Duluc répondait : "Non, j'écris pas ça, je ne suis pas d'accord." Contrairement aux deux patrons de la rédaction, Vincent a strictement limité ses critiques au jeu de l'équipe de France. »

Le lendemain de l'éditorial qui fâche, Pierre-Marie Descamps pousse la porte du grand bureau du directeur de la rédaction. « J'assume tout ce qui a été écrit dans *L'Équipe* sur Jacquet mais je me suis désolidarisé des "soupirs du brave type". » « Tu es allé trop loin ! », balance le chef du foot à la figure de Jérôme Bureau. Le numéro un coupe court à la contestation d'un trivial « tu me fais chier ! ».

« Outre une mémoire et une connaissance du sport fantastiques, Jérôme Bureau est capable d'impulsions et de réflexes journalistiques impressionnants, poursuit Pierre-Marie Descamps. Mais ce qui l'intéresse par-dessus tout, c'est faire des coups. » « Prêt à tout pour dénicher l'info croustillante, Bureau lâche à une ou deux reprises : "Il y a sûrement un problème, il faut chercher la merde", expose sans ambages l'ancien chef du foot. Dans son esprit, ça voulait dire : trouver ce qui n'allait pas et pouvait faire polémique. En revisitant cette affaire, je me suis rendu compte que Jérôme Bureau avait toujours un coup d'avance, et sur Jacquet, et sur nous en interne. »

Puisque Aimé Jacquet ne lui plaît pas, au départ pour des raisons sportives qui peuvent se défendre, pourquoi se priver d'une bonne polémique susceptible de rameuter des lecteurs à court, moyen et long terme ? Une sorte de politique de coups à plusieurs détentes.

Le quotidien généraliste *Libération* le suggère dans son édition du 30 mai 1998 : « Double jeu à *L'Équipe*. Le quotidien sportif cogne sur Jacquet et les Bleus. Par amour du foot ou pour faire monter les ventes ? » « Peut-être une étude marketing avait-elle révélé que je n'étais pas "porteur"... fulmine Aimé Jacquet. Quoi qu'il en soit, ils ont commencé à me snober, à me chercher des noises, pour finalement instruire à mon encontre une sorte de procès pour "délit de sale gueule"[62]. »

« Pour de bons connaisseurs de la maison *Équipe*, l'attitude anti-Jacquet de la direction ne daterait pas d'hier, abonde *Le Canard enchaîné*[63] : Dès 1993, disent-ils, Paul Roussel, le directeur, et Francis Gabet qui était alors le responsable du marketing, un service qui ne compte pas pour peu dans le journal, ont passé la consigne à la rédaction : "Jacquet n'est ni sexy ni glamour. Pour vendre l'équipe de France, il faut un autre entraîneur." » L'inspirateur de cet article s'appelle Jean-Yves Viollier, secrétaire de rédaction pour le compte du palmipède satirique. Le « bon connaisseur de la maison *Équipe* », où il a travaillé pendant près de vingt ans, c'est lui. « Bureau est le premier journaliste aux ordres du marketing dans l'histoire de *L'Équipe*, affirme-t-il. Après l'échec du *Sport*, il est revenu à *L'Équipe* comme les bourgeois de Calais, pieds et poings liés. » Tout heureux d'être autorisé à remettre les pieds dans un journal où il était loin d'être le bienvenu –*voir le chapitre « Pas de pitié pour la concurrence »*–, Bureau se serait couché gentiment devant les pontes du marketing. « Faux, archi faux ! explose

Francis Gabet de son bureau du musée olympique de Lausanne, dont il est le directeur. Je n'ai jamais donné la moindre consigne à la rédaction en général et à son directeur en particulier. Vous imaginez un type aussi indépendant que Jérôme Bureau le doigt sur la couture du pantalon ?[64] » Son successeur, Olivier Hellard, jure que le service marketing n'a commandé aucune étude visant à démontrer l'impact de la ligne anti-Jacquet sur les ventes. « Nous n'avons jamais cherché à influencer le traitement éditorial, pas plus aujourd'hui qu'hier », martèle-t-il. « Notre journal est exclusivement pensé en fonction de ses lecteurs et non en fonction d'une mode ou du marketing[65] », opine Jérôme Bureau. Lequel n'a nullement besoin qu'on lui murmure à l'oreille les chiffres de ventes en fonction des sujets traités. Il a lui-même le réflexe. Dans la controverse Jacquet, « Bureau s'est comporté en vrai patron du journal et du marketing », révèle Pierre-Marie Descamps. De l'avis général, le discret Paul Roussel a totalement laissé le champ libre à son charismatique directeur de la rédaction. « Au fond, le vrai directeur général, c'était Jérôme Bureau », ose même un ancien hiérarque. On comprend mieux pourquoi le journaliste s'est porté candidat à la succession de Paul Roussel, en 2002. « Jérôme Bureau ou l'art de marier le journalisme et le marketing, résume un ancien grand reporter de *L'Équipe Magazine*. Il est obsédé par le commerce de la presse. »

## LES VISIONS DE JÉRÔME BUREAU

Jérôme Bureau n'a pas toujours été l'ami des « marketeurs » et autres publicitaires reconvertis dans la presse. Au très chic lycée Jeanson-de-Sailly de Paris, le jeune Jérôme milite activement dans les rangs de la Ligue communiste révolutionnaire ! Un parti d'obédience trotskiste prisé des enfants de bourgeois en mal d'engagement, en ces années post-soixante-huitardes. « Les convictions fluctuent », raillera quelques décennies plus tard l'ancien directeur de la rédaction, Henri Garcia, poussé vers la sortie par la bande de Jeunes-Turcs de *L'Équipe Magazine*, dont Jérôme Bureau sera un membre actif. Le prurit marxiste-léniniste tendance IVe Internationale s'émousse à mesure que grandit sa vocation pour le journalisme. En 1978, à seulement 22 ans, il fait ses premiers pas dans la profession comme pigiste à *Sandwich*, le supplément culturel du quotidien *Libération*, repaire de gauchistes pas encore tout à fait repentis. Sous l'influence de Jean-Pierre Delacroix, l'emblématique patron des sports de *Libé* à qui il succède en 1981 au palmarès du meilleur article de sport de l'année[66], Bureau se convertit aux canons du « nouveau journalisme » en vogue dans une certaine presse avant-gardiste. La future bête noire d'Aimé Jacquet récitera méthodiquement son bréviaire, mélange de curiosité touche-à-tout et d'impertinence, tout au long de sa carrière de journaliste de sport.

Dès son installation dans le fauteuil de patron de la rédaction, le nouveau commandant de bord fixe le cap qu'il compte imprimer à *L'Équipe*. Extrait de la note adressée à l'ensemble des journalistes : « Nous nous retrouvons aujourd'hui à un véritable tournant où il va falloir, tous ensemble, redéfinir ce que doit être ce journal [...]. Il faut repenser certaines de nos priorités. Il faut retravailler certains modes de traitement[67]. » Il s'agit de finir le travail de dépoussiérage entamé cinq ans plus tôt. Le coup de barre est spectaculaire. « Noël Couëdel avait dû composer avec la vieille garde, attachée aux sempiternels comptes-rendus, tandis que Jérôme aura les mains libres pour conduire tambour battant l'indispensable modernisation du journal », s'emballe un proche de Bureau. « Même s'il a voulu davantage "magaziner" l'actualité du quotidien, Noël Couëdel restait un orthodoxe et respectait l'identité de *L'Équipe*, complète Michel Nait-Chalal, grand reporter à *L'Équipe Magazine*. Alors que Jérôme Bureau a notablement accéléré le mouvement et transformé l'identité du journal. » La génération montante des années quatre-vingt impose ses idées, avec à sa tête un timonier de 37 ans. « Le sport pur, je n'y crois pas, confiera Jérôme Bureau à son ancien collègue du *Sport*, Claude Askolovitch. Il y a quinze ans, je n'aimais plus *L'Équipe*. C'était l'époque de la Coupe du monde de foot en Argentine et des Jeux olympiques de Moscou. J'étais pour le boycott. *L'Équipe* défendait la participation, parce que le sport, ce n'était pas de la politique ! Tout ce qui intéressait le journal, c'était la défense de l'amateurisme[68] ! » Jérôme Bureau se prononcera clairement contre l'organisation des Jeux olympiques à Pékin. Comble de la réussite et du talent, Bureau surfe habilement sur la vague concomitante de l'explosion du sport relayée par la télévision et l'éclosion de grands champions français. Alain Prost, Marie-José Pérec, Jean-Pierre Papin et l'OM, les Bleus vainqueurs de la Coupe du monde et de l'Euro… « Les années quatre-vingt-dix ont été notre âge d'or, c'était la France qui gagnait[69] », s'émerveille encore Olivier Hellard, le directeur du marketing. D'une moyenne de 210 000 exemplaires en 1990, les ventes frôlent les 400 000 en 1998, l'année du sacre à Saint-Denis. Les trois plus gros scores de l'histoire du journal datent de cette période bénie : 1,6 million le 13 juillet 1998, 1,2 million le 3 juillet 2000, au lendemain du but en or de David Trezeguet en finale de l'Euro, et enfin 991 000 exemplaires écoulés le 9 juillet 1998 après la victoire au finish contre la Croatie en demi-finale de la Coupe du monde. La machine à sous déborde.

Le sport est à la mode ? *L'Équipe* aussi, désormais. Bureau accomplit le tour de force d'élargir l'audience du journal bien au-delà du cercle des pratiquants et amateurs purs et durs. Décomplexés, les cadres n'ont plus honte de déplier leur quotidien préféré en public ! « Quand j'ai démarré dans la pub, on achetait *L'Équipe* et on se le refilait en douce, sourit Olivier Hellard. Aujourd'hui, notre journal est mis en évidence sur les présentoirs des agences. Le sport n'est plus l'apanage du mimile au gros rouge. » « Le canard à Mimile se transforme en journal de l'élite ! », exulte Louis Gillet, président de Manchette sports, la régie publicitaire de *L'Équipe*[70].

À rebours du reste de la presse, *L'Équipe* sert à ses acheteurs une actualité globalement heureuse. Un antidépresseur à bon marché et sans effets secondaires ! « *L'Équipe* est un univers masculin, un club où l'on peut oublier les grands problèmes de société, le stress des rapports professionnels ou affectifs, théorise Bureau. Nos lecteurs se sentent en communion car ils partagent une même passion, qu'ils transmettent souvent à leur fils. C'est le Club Med de la pensée[71]. » Hélas, les méchants rôdent aux portes du monde enchanté. « Notre éthique, c'est la défense du sport de haut niveau. Nous combattons le dopage et la corruption pour qu'il reste loyal et propre[72]. » Difficile de faire plus consensuel. A-t-on jamais vu un journal s'engager en faveur de l'EPO et des dessous-de-table ?

Dommage que le gentil organisateur Bureau n'ait pas convié Aimé Jacquet dans son parc de loisirs. Même si le sélectionneur en pincerait plutôt pour *L'Équipe* du temps jadis: «Ces hommes étaient, au même titre que les correspondants de *L'Équipe* en province, les témoins quotidiens de nos matchs et de nos entraînements. Ils avaient le contact facile et courtois, ils interrogeaient, nous répondions, et ensuite ils faisaient leur boulot[73].»

«Puis, vers la fin des années quatre-vingt, est apparu un "nouveau journalisme" qui s'est caractérisé, du moins à mes yeux, par la disparition progressive des papiers de fond et des analyses techniques [...]. Comme je m'en étonnais un jour auprès d'un journaliste que je connaissais de longue date – et qui ne travaillait pas à *L'Équipe* –, il me fit cet aveu: "Nous n'avons plus le droit de raconter le match; il faut trouver des angles, des anecdotes. Créer la polémique, voilà le fin du fin. [...] Le match passe au second plan. Il n'est plus qu'un prétexte." Selon les canons de ces "nouveaux journalistes" – au moins certains d'entre eux –, je ne figurais sans doute pas le sélectionneur idéal[74].»

## LE CULTE DU CHEF

L'autorité et l'emprise du roi Bureau sont telles qu'une poignée de serviteurs zélés lui vouent un culte inconditionnel, plus ou moins désintéressé bien sûr. Quand le patron parvient à décrocher une interview de la championne de 200 et 400 mètres, Marie-José Pérec, murée dans un silence radio depuis six mois, il provoque l'extase de son adjoint Claude Droussent. « Je vous demande d'applaudir Jérôme ! » Tout le monde se lève...

Un soir, vers 23 heures, Patrick Lemoine, rédacteur en chef, et proche parmi les proches de Jérôme Bureau, reçoit un appel du directeur de la rédaction, parti en Nouvelle-Zélande couvrir la Coupe de l'America. « Patrick, c'est quoi les résultats de la D1 ? » Sous le choc, Lemoine entend à peine son collègue de la rubrique foot. « Patrick, on met quoi en une ? Patrick... » Patrick s'en fout. Un sourire de gamin illumine son visage. « Assieds-toi, je viens d'avoir Jérôme. Il m'a appelé pour avoir les résultats de la D1. » Un autre grand ami de Jérôme, Olivier Margot, n'oubliera jamais ce jour de 1995 où son mentor l'a viré de la rédaction en chef de *L'Équipe Magazine*. « Je n'ai plus la confiance de Jérôme », sanglote-t-il comme un enfant abandonné. Agacé par ces manifestations intempestives d'adulation, Patrick Lafayette lance un jour au phénomène : « Tu sais qu'on t'appelle Dieu ? » « Oui, je sais », se marre Bureau. « Tu n'es pas Dieu ! », corrige Lafayette. Juste la 25e personnalité parmi les « 100 qui font le sport français », si l'on en croit un classement publié par *L'Équipe Magazine* le 18 janvier 2003 !

Cinq ans après son départ, en mars 2003, le prestige du « Guide suprême » ne faiblit pas. Tels des orphelins inconsolables, ses anciens adeptes entretiennent en secret la flamme du souvenir. « Et si Jérôme revenait ? », rêvent même certains à voix haute, sans trop y croire. « Journalistiquement, Jérôme Bureau est un génie, affirme un fan resté fidèle. Non, je n'exagère pas, il mérite d'être considéré comme le directeur de la rédaction absolu. Au lieu de refiler *Libé* à Joffrin, Édouard de Rothschild[75] aurait mieux fait de nommer Bureau. Il avait amplement l'étoffe pour redresser ce journal. » Un avis partagé par de nombreux patrons de presse, selon lesquels Bureau est « l'un des meilleurs directeurs de rédaction en France, écrivait *Stratégies*... quelques semaines après le triomphe d'Aimé Jacquet. Ne dit-on pas que si Philippe Amaury était parvenu à faire affaire avec Robert Hersant et à racheter *Le Figaro* au début des années quatre-vingt-dix, la place aujourd'hui occupée par Franz-Olivier Giesbert lui serait revenue[76] ? » Jérôme Bureau impressionne les collègues par son aisance à frayer avec la presse non sportive. Le provincial et réservé Noël Couëdel se laisse séduire par le charisme et les compétences relationnelles de son protégé. Homme de réseau, Bureau reçoit le Tout-Paris médiatique chez lui. Il fréquente assidûment des journalistes de *L'Événement du jeudi*, l'ancêtre de *Marianne*. Surtout, Bureau possède une capacité d'entraînement hors du commun. « Gérer une équipe de 200 journalistes est tout sauf simple, il a été un remarquable et courageux directeur de la rédaction », lui rend hommage Jean-Pierre Courcol. Venant de l'ancien patron du groupe Amaury qui, paraît-il, n'apprécie guère la gent journalistique, le compliment n'est pas anodin. « Bureau est un mec ambitieux conscient de sa valeur, très grande, détaille Marc Van Moere. Il connaît parfaitement les rouages d'un journal, il dégage un truc, il sait entretenir l'esprit d'équipe. » Un « truc » à la limite de la sensualité. « Pendant les dix années où j'ai bossé avec toi, j'ai bandé en faisant ce journal », lui avouera-t-il le jour de son départ ! Incapable de supporter l'intronisation de Claude Droussent comme dauphin, à son détriment, Marc Van Moere quitte *L'Équipe* en amoureux déçu. Mais sans rancune excessive à l'égard de Jérôme Bureau. « Un mec à qui tu ne peux pas en vouloir », confesse-t-il. Son côté « pochetron », dixit Van Moere, a conquis plus d'un sceptique. Après le bouclage, il n'était pas rare que le boss invite ses rédacteurs en chef à manger un morceau dans une brasserie des Champs-Élysées. Ou à boire un dernier verre au Bedford, ce temple des amateurs de rugby chics et branchés, situé « rue de la soif », ça ne s'invente pas !

## PLACE AUX FEMMES

Les femmes peuvent également le remercier d'avoir facilité leur intégration au « Club Med de la pensée ». Unis dans l'effort comme souvent, Jérôme Bureau et Gérard Ejnès font preuve d'un volontarisme sans faille sur la question de la féminisation du journal. Tant *L'Équipe* et la presse sportive dans son ensemble partaient de loin. Dans les années soixante, la journaliste de tennis Judith Elian fait figure de précurseur, avec l'ancienne championne de natation Yvonne Jeanne, dont Jacques Goddet moque l'allure, « traînant sur la plage des piscines, sans grâce ses jupes longues et quelque peu poussiéreuses, mais dévouée[77] », avec un zeste de paternalisme.

Le machisme ordinaire, Frédérique Galametz connaît. Cette fille de député socialiste du Nord le subira de plein fouet, notamment au quotidien régional *Sud Ouest*. « Ce journal n'est pas sérieux. La preuve : il confie les comptes-rendus des Girondins de Bordeaux à une femme ! » Signé Claude Bez. L'ennemi numéro un de Bernard Tapie sera condamné en mars 1991 pour discrimination sexiste à son encontre. Quatre ans plus tard, c'est au tour de Thierry Roland de lui tomber dessus à bras raccourcis. Des journalistes femmes dans le foot ? « C'est franc et net : non ! s'égosille-t-il dans un livre d'entretiens[78]. […] Une fille dans le foot, non merci ! » Frédérique Galametz a droit elle à une spéciale dédicace.

« Ce n'était pas gentil pour elle, mais je comprends parfaitement le reproche de Claude Bez, assume-t-il. Il me paraît anormal que *Sud Ouest*, journal phare d'une région, ne confie pas les destinées des Girondins de Bordeaux, club vedette de cette même région, à un garçon. [...] Je ne sais pas si Frédérique Galametz est une bonne ou mauvaise journaliste. » Il faut dire que la Galametz est le genre de fille à chercher les ennuis. Non contente d'avoir assombri la fin de règne du roitelet moustachu du Haillan, elle aggrave son cas en se faisant recruter à *L'Équipe* en août 1994. Fraîchement débarqué du *Parisien*, Gérard Ejnès veut rajeunir et féminiser le journal. L'ex-reporter du *Sport* sera la première femme à intégrer la rubrique foot, où elle suit le Paris Saint-Germain. Certains de ses collègues lui réservent un accueil des plus exquis. « Les femmes sont interdites dans le campement », prévient une pancarte, hissée dans la grande salle du foot au deuxième étage ! « Les rédacteurs de la vieille école, j'insiste sur ce point, car les plus jeunes étaient ouverts d'esprit, devaient se coltiner une nana, en plus des nouvelles méthodes de la direction qu'ils avaient du mal à accepter, témoigne-t-elle. Je serai éternellement reconnaissante à Jérôme Bureau. En donnant sa chance à une femme, il prenait un risque. » Forte du soutien de la hiérarchie de la rubrique, Frédérique Galametz fait son trou sans accroc majeur. Et rejoint même le cercle fermé des journalistes en charge de l'équipe de France. D'autres femmes ont depuis lors collaboré à la rubrique foot – telle Hélène Foxonet, ancienne joueuse et supportrice de l'OM, devenue correspondante de *L'Équipe* à Marseille – qui reste néanmoins une chasse gardée masculine. « Ce n'est pas demain la veille qu'une fille prendra la direction du foot », pronostique un ancien de *L'Équipe*.

Quant aux autres services, ils se féminisent plus lentement que sûrement. Anne Giuntini a succédé à Johnny Rives au poste très convoité de leader de la formule 1, Sylvie Josse dirige le groupe des sports olympiques. Le regard des sportifs évolue dans le même sens, bien qu'à un rythme contrasté selon les disciplines. Engagée par Jérôme Bureau au *Sport* puis à *L'Équipe Magazine*, Dominique Issartel sera la première femme envoyée sur le Tour de France. En 1992, soit quatre-vingt-neuf ans après la naissance de la Grande Boucle ! La faute en grande partie au protectionnisme conservateur de Jacques Goddet. L'héritier d'Henri Desgrange ne concevait pas que des personnes du « beau sexe » puissent assister au spectacle des coureurs cyclistes pissant un petit coup sur leur vélo ! Né en 1923, le rugbyman de choc Jean Prat refusera de répondre à une interview de Dominique Issartel. Mais le machisme ultra tend à s'effacer. Même les plus irréductibles se font une raison : n'est-ce pas Thierry Roland ? Tout heureux de participer à l'émission « 100 %

foot », présentée alors par la jeune Estelle Denis sur une idée de... Jérôme Bureau, directeur de l'information de M6.

## LE « POLIT-BUREAU »

Côté lumière, « JB » présente le profil du manager idéal. Sa rapidité d'exécution enchante ses ouailles. « Les pieds sur son bureau toujours vide, c'est le genre de type à décider vite et bien, un leader que tu as envie de suivre », s'incline Stefan L'Hermitte, grand reporter à *L'Équipe Magazine*. Même ses opposants ou ceux qui l'apprécient modérément lui savent gré d'avoir fait barrage aux velléités interventionnistes de la direction et de la publicité. « Jérôme Bureau a toujours eu cette qualité importante à mes yeux, de défendre sa rédaction quand il le fallait. C'est quelqu'un d'intelligent, qui sait écouter, qui EST journaliste. Avec lui, *L'Équipe* a nettement progressé, même si le marché du sport était porteur à l'époque », admet Laurent Wetzel, rédacteur en chef adjoint de *France Football*, et ancien de la rubrique foot du quotidien où il a passé douze ans. Après le Mondial, la direction promet de verser une prime en deux fois. Le premier paiement est acquitté comme convenu, pas le second. Colère des syndicats qui convoquent une assemblée générale et brandissent la menace d'une grève. « Bureau s'est présenté devant les salariés, leur a donné raison et obtenu le deuxième versement », se félicite Dominique Candille, la déléguée et secrétaire générale au plan national du syndicat des journalistes CGT. Elle lui décerne au passage la note de dix sur dix pour sa gestion des « ressources humaines » : « Quand il repérait des qualités chez quelqu'un, il s'en servait, il n'avait pas peur de le mettre en avant, y compris s'il s'agissait d'un jeune journaliste inexpérimenté. » N'en jetez plus. Par définition, Dieu le Père rime avec zéro défaut, c'est bien connu. À quelques détails près…

« Jérôme Bureau est un dictateur éclairé », concède Jean-Philippe Leclaire, rédacteur en chef de *L'Équipe Magazine*. Un dictateur « qui n'aime pas qu'on lui résiste », nuance Dominique Candille. Gare aux réfractaires ou à ceux qui ont le malheur de déplaire au prince. « Sur le plan humain, c'est quelqu'un qui pouvait être très dur, blessant, voire humiliant. Je pense qu'il a rendu des gens malheureux », tempère à son tour Laurent Wetzel.

Trop jeune, Jean-Philippe Leclaire n'a pas participé à l'aventure du *Sport*, mais éprouve comme les autres une gratitude infinie envers le grand homme qui lui a mis le pied à l'étrier. « Il exerçait le pouvoir de façon très centralisée, mais la rédaction du magazine respectait son charisme. Sa petite bande dont je faisais partie s'était même autoproclamée les employés de Bureau[79] », dit-il, admiratif.

Entouré d'une garde rapprochée constituée d'anciens du *Sport* et d'une poignée de jeunes ambitieux, Jérôme Bureau court-circuite les canaux de décision traditionnels. « Les coups de fil des membres du clan ont remplacé les directives des responsables de rubrique. Il voulait des mecs à sa botte, avec lui est venu le temps des courtisans », critique Michel Nait-Chalal. « Il a créé une chapelle d'indéfectibles avec les leviers habituels, les augmentations de salaire et les promotions », confirme Jacques Thibert, ancien directeur de la rédaction de *France Football*. Jérôme Bureau cloisonne strictement ses rapports avec cette double hiérarchie, officielle et officieuse. Et laisse se développer plusieurs cercles d'affidés autour de lui. S'ils n'occupent pas forcément de fonction exécutive, les amis les plus proches, auxquels il voue une fidélité – presque – jamais démentie, forment le premier niveau. Suivis d'un deuxième cercle moins amical, chargé de faire appliquer les consignes du patron. Une pratique mitterrandienne du pouvoir qui lui permet de verrouiller efficacement le processus de décision. Au risque de se couper de la base et de ne plus entendre les avis différents ou opposés à la ligne éditoriale…

## LE RÈGNE DE LA PENSÉE UNIQUE

« Cette campagne [anti-Jacquet] a distillé une forme d'autocensure parfois, mais qui ne venait pas de la direction de la rédaction, responsable de son côté des critiques sur la personne du sélectionneur[80] », observe Virginie Sainte-Rose, une ancienne journaliste du quotidien et de *L'Équipe Magazine* promue responsable du développement éditorial. Elle est l'une des rares à dire *on* ce que beaucoup déclarent en aparté *off the record*. Car, au-delà du jugement erroné sur l'envergure d'Aimé Jacquet, il y a bien eu dérapage incontrôlé. « Il n'y avait pas unanimité, au sein de la rédaction comme de la rédaction en chef, mais la hiérarchie de la rubrique football puis celle du journal ont eu ce discours-là », expliquait déjà un journaliste dans *Le Monde* du 21 juillet 1998. De façon anonyme, par crainte d'éventuelles représailles.

« Gérard Ejnès et Jérôme Bureau considéraient Aimé Jacquet comme un imbécile bas de plafond, dézingue une ancienne grande gueule de *L'Équipe*. Ils ont signé l'un et l'autre des papiers dignes de *Je suis partout*[81]. C'est tout juste s'ils n'ont pas lancé des appels à le coller au mur.» Totalement outrancier, ce jugement massue a le mérite d'introduire une forte dose de contradiction dans le discours de dédouanement qui prévaut encore à *L'Équipe*. Où, pendant cinq ans, la ligne anti-Jacquet n'a donné lieu à pratiquement aucun débat interne. «En dehors du trio qui a tapé sur le sélectionneur – Bureau, Ejnès, Duluc –, très peu de journalistes, en dehors de Patrick Urbini, trouvaient des circonstances atténuantes au sélectionneur», justifie un ancien chef de la rubrique foot. Gérard Ejnès, qui selon lui n'a «aucune mémoire» (!), assure ne pas se souvenir d'avoir entendu l'expression d'opinions contradictoires sur Jacquet. «À ma connaissance, personne, à la rubrique foot, ne nous a mis en garde», dit-il. «Quand ça rigole, tout le monde est sur le pont avec la hiérarchie, sabre au clair, sinon c'est la faute des chefs, ironise Jean-Philippe Leclaire. Désolé, mais je n'ai pas vu de Jean Moulin à la machine à café.»

## *L'ÉQUIPE* MET LA SOURDINE

Il n'empêche que la direction de la rédaction refusera de prendre en compte certains retours du terrain en contradiction flagrante avec ses positions sans nuance. Lors d'une réunion de service, un reporter fait état d'une discussion avec Bixente Lizarazu, l'arrière-gauche des Bleus : « Vous êtes durs avec Jacquet, il est proche de nous, il a vachement d'autorité, oui, les résultats sont moyens mais il est respecté par les joueurs, la réalité n'a rien à voir avec la caricature. » Rembarré sans ménagement par un journaliste proche du Polit-Bureau, le briseur de certitudes se concentrera sur son propre secteur, à savoir une sélection nationale étrangère. Bouche cousue jusqu'au 14 juillet. Le contestataire frustré salue alors Vincent Duluc d'un retentissant « pas trop mal au cul ? ». « D'accord, c'était un peu con, en fait je ne voulais pas dire "bien fait pour vous" mais "vous nous avez exclus, vous avez fait votre truc dans votre coin, alors maintenant assumez" ! » précise-t-il. « J'avais la charge de l'équipe des Pays-Bas depuis l'Euro 96. L'équipe de France était "réservée". Et quand certains, au sein de la rubrique football de *L'Équipe*, par les rapports qu'ils pouvaient avoir avec certains joueurs membres de l'équipe de France, ont laissé entendre que le journal faisait peut-être fausse route, on n'a pas su les entendre », regrette Laurent Wetzel. Pierre Ménès, la nouvelle star du football sur M6, formé à *L'Équipe*, est plus direct : « La base n'était pas consultée, elle avait juste le droit de fermer sa gueule [82] », grommelle-t-il.

Hormis Patrick Urbini, un seul journaliste d'envergure mettra en doute l'orientation du journal, sans toutefois le crier sur les toits. « Je suis pro-Jacquet et je l'exprime dès février 1998, proclame Olivier Margot, une pointe de fierté dans la voix. J'écris d'immenses portraits du sélectionneur, avant et pendant la Coupe du monde, tous très favorables. L'essentiel dans cette histoire est que toutes les opinions ont été émises dans le journal, des plus hostiles aux plus positives», insiste-t-il. À la veille du huitième de finale France-Paraguay, il signe un portrait criant de vérité: «On comprend, en tout cas, qu'un homme élevé ainsi, passé d'un roman paysan de Giono à un film ouvrier de Carné, puisse se débattre avec tant de difficultés dans un univers médiatisé. [...] Aimé, c'est Docteur Jekyll et Mister Hyde. Avec la presse, c'est évident, il est un autre, on a l'impression qu'il navigue à vue, qu'il n'a pas de ligne de conduite... Avec les joueurs, c'est l'inverse: il sait ce qu'il veut, il le leur dit, c'est clair et précis [...][83].» «Aimé, une vie de foot» arrive bien tard, à quelques semaines de la consécration. Comme s'il s'agissait d'effacer en catastrophe cinq longues années d'obstruction systématique, dès lors que la cote des Bleus était montée en flèche.

Olivier Margot a son explication: «À *L'Équipe*, nous nous sommes mis d'accord sur un certain nombre de critères définissant la réussite dans le sport de haut niveau. Parmi ces critères il y en a un très simple qui domine les autres, c'est le nombre de victoires. Or tout s'est passé comme si nous n'avions pas tenu compte des critères objectifs élaborés par nous-mêmes. À partir de là, les jugements personnels devenaient possibles.» Crédible, cette démonstration fait l'impasse sur le nom du donneur d'ordre. Qui a allumé la mèche? Le tout-puissant Bureau ou son malin génie Ejnès? «Difficile à dire, il y a eu une sorte d'entraînement mutuel, puis un effet de groupe qui a gagné l'ensemble de la rédaction, tout le monde avait fini par s'autopersuader que Jacquet était un obstacle», avance Frédérique Galametz.

## *L'ÉQUIPE* FONCE DANS LE MUR

Une «autopersuasion» passablement téléguidée... Pour bien comprendre les subtilités quelque peu byzantines des raisonnements mis en avant par les principaux témoins de l'affaire Jacquet, il faut se replacer dans le contexte des luttes d'influence de l'époque. Et ne pas oublier que ses apôtres se disputaient les faveurs du divin Jérôme Bureau. À sa droite, le favori du moment, Gérard Ejnès et ses sympathisants, regroupés autour de Pierre-Marie Descamps. À sa gauche, les détracteurs d'Ejnès, et accessoirement candidats au grade de premier apôtre, au premier rang desquels Olivier Margot et Marc Van Moere. Au centre ou plutôt aux marges, Patrick Lafayette, ni pro-Bureau ni anti-Ejnès. Ni Dieu ni maître comme au bon vieux temps où il incendiait Bernard Tapie dans *France Football* –*voir le chapitre «Le Tapie-boom»*.

Van Moere hausse les épaules. « C'est au fond assez simple, l'équipe de France jouait mal, elle nous emmerdait, et Jacquet n'était pas charismatique. Et ce sentiment partagé par l'immense majorité de la presse a été traduit de manière exacerbée par Ejnès principalement, avec la bienveillance de Bureau. »

*L'Équipe* a-t-elle fabriqué le sentiment hostile au sélectionneur ? « On a fait l'opinion pour nos lecteurs », reconnaît Gérard Ejnès. La plupart des journaux, à l'exception notable du *Figaro*, de *L'Humanité* et des *Cahiers du football*, s'aligneront sans sourciller sur les positions anti-Jacquet du quotidien sportif, avant de tourner casaque comme un seul homme après les quarts de finale, alléchés par l'odeur du triomphe. Mais pour Alain Beyer, chef des sports du *Parisien*, la comparaison est faussée : « On ne peut mettre sur le même plan des journaux ayant critiqué Jacquet par rapport aux matchs et déclarations vues et entendues avec *L'Équipe* qui applique une véritable stratégie visant à obtenir le remplacement du sélectionneur, déroule-t-il. Mal coiffé, mal fringué, s'exprimant mal, dit-on, il est pourtant le premier sélectionneur tenu de faire gagner l'équipe de France dans le contexte financier du foot-business. »

Certains magazines se laissent même aller à ricaner grassement sur le « look » présumé ringard du fils de boucher. « Les méthodes de la plus mauvaise presse people sont ici enfoncées, mais personne ne s'en chagrine, note

Jean-Jacques Bozonnet. [...] L'hebdomadaire *Elle* lance une opération “SOS look: sauvons Mémé”[84]! » « Racisme social[85]! », s'emporte Jérôme Latta, directeur de publication des *Cahiers du football*. Sans doute. Mais *L'Équipe*, quoi que l'on pense de l'implication de ses têtes pensantes dans « l'affaire », n'a pas franchi ce Rubicon-là. « *L'Équipe* s'en est pris à l'homme, elle s'est foutue de sa gueule, mais ça ne fait pas pour autant de Bureau un mec de droite qui n'aime pas les tourneurs fraiseurs », reconnaît Jean-Jacques Vierne, pas franchement parmi les soutiens du patron de la rédaction de *L'Équipe*. Sans surprise, Pierre-Marie Descamps a tendance à affranchir son ami de trente ans, au détriment de Jérôme Bureau. « Dans cette affaire, Jérôme Bureau a été l'aiguillon et l'accélérateur qui a poussé Gérard Ejnès à développer sa thèse. »

Tandis que, pour Olivier Margot, Jérôme Bureau a commis une erreur majeure de management en donnant les clés du foot à son vieux complice. « Ejnès était le meilleur journaliste de foot de France. Mais la seule fois où Bureau a délégué à Ejnès, en le soutenant totalement quand les ennuis ont commencé, *L'Équipe* est allée droit dans le mur. Bureau est tout à la fois un patron, un polémiste et un extrémiste. Ejnès aussi est capable d'être un extrémiste, parce que c'est un écrivain et qu'il va au bout de ses idées. En plus, il a du charisme. La conjonction des deux tempéraments a donné l'affaire Jacquet. Mon affrontement avec Bureau a été violent, mais il a choisi Ejnès plutôt que moi», s'épanche-t-il. Patrick Lafayette conclut les échanges sans fioritures: «Après coup, Jérôme Bureau fera croire qu'il avait délégué à fond pour utiliser Ejnès comme un fusible. En réalité, il n'a jamais modéré son adjoint, il était toujours à bloc derrière lui. Vu de l'extérieur, Ejnès était le fer qui portait les coups alors qu'en interne il ne poussait à rien.»

Si le staff et les joueurs de l'équipe de France avaient été invités à voter pour leur journaliste de *L'Équipe* préféré, nul doute qu'Olivier Margot aurait été élu sur un score de maréchal. Sa popularité est telle qu'il obtient l'autorisation d'assister à la fête donnée en l'honneur des champions du monde dans les locaux de la Fédération française de football, le 13 juillet. Trois accréditations ont été délivrées pour cette réception, dont deux réservées à l'Agence France-Presse. Ce qui signifie qu'Olivier Margot est le seul journaliste, hors AFP, à avoir réussi à pénétrer dans le saint des saints. Un authentique tour de force au vu des rapports exécrables entre *L'Équipe* et Aimé Jacquet! Les réjouissances ont pourtant failli tourner court. «Un garde du corps voulait m'empêcher d'entrer, mais Marcel Desailly l'a plaqué!» raconte Margot. Avant de prendre sous le bras son ami Olivier. Tout aussi affectueux, Aimé Jacquet lui donne spontanément l'accolade. Le jour où les Bleus se font épingler la Légion d'honneur à l'Élysée, par le président de la République, Jacques Chirac, Didier

Deschamps et Mémé entraînent leur pote Margot pour faire une photo à trois. Bluffé par l'entregent hors norme de son ami, Jérôme Bureau l'envoie à Clairefontaine tenter une opération rabibochage. Rendez-vous est pris avec le sélectionneur le 15 juillet. « En vain, malgré trois quarts d'heure de discussion dans la chambre que Jacquet occupe au rez-de-chaussée. Jacquet reste intransigeant[86]. »

## LA FÊTE À *FRANCE FOOTBALL*

Y a d'la joie ce 12 juillet 1998 au soir à la rédaction de *France Football*. Des rires, de la bonne humeur, du champagne qui coule à flots. Rien à voir avec l'ambiance funèbre de l'étage du dessous. Et pourtant, l'hebdomadaire de foot n'appartient pas seulement au groupe Amaury comme *Le Parisien*, il fait partie intégrante de la famille *Équipe*. Même société, même directeur général, mêmes avantages sociaux, même grille de salaires, etc. Pour le reste, les rubriques football du quotidien et le magazine créateur du Ballon d'Or se ressemblent à peu près autant que le jour et la nuit. Quand ils ne choisissent pas des voies diamétralement opposées, typiquement envers le sélectionneur des Bleus. « Aimé Jacquet a tâtonné, ses choix n'étaient pas forcément convaincants, constate le numéro deux de la rédaction Rémy Lacombe. *France Football* a émis des critiques mais n'a pas franchi la ligne jaune. Nous nous sommes efforcés de juger sur pièces[87].» Au lendemain du désastreux Tournoi de France, *France Foot* titre d'un peu amène : « Nul du début à la fin ». Mais sans mener campagne contre le sélectionneur. Lacombe reproche à *L'Équipe* son « acharnement anti-Jacquet » année après année. Et se dit convaincu que « *L'Équipe* a voulu avoir raison à tout prix et a misé pour cette raison sur la défaite de l'équipe de France ». « *France Football* a souligné que le jeu de l'équipe de France avant le Mondial 98 n'était pas séduisant, mais il ne s'en est jamais pris humainement à Aimé Jacquet, affirme en écho Laurent Wetzel. Du côté de *L'Équipe*, on avait le sentiment qu'il y avait une volonté de le faire partir… »

Le feuilleton de la liste des 28 donnera lieu à des critiques mesurées dans *France Football*, aux antipodes du choc frontal imposé par *L'Équipe*. « La conférence de presse tant attendue s'est donc résumée à une reconnaissance des lieux où les journalistes qui suivent l'équipe de France travailleront dans un mois – ce qui les intéresse beaucoup, mais assez peu leurs lecteurs ou auditeurs – […]. L'opération de communication n'a pas été très brillamment menée, et sans doute aurait-il mieux valu préciser, même deux jours avant, qu'il s'agirait d'une liste de 28 et non de 22 », écrit Jean-Jacques Vierne. Avant de préciser que « si, sur la forme, l'opération a été médiocrement menée par un responsable, d'ailleurs mal à l'aise [...], sur le fond, elle est à notre sens très défendable[88] ». Il enfonce le clou quelques jours plus tard. « Il faut bien se mettre d'accord au départ : toute cette affaire des six joueurs qui n'iront pas à la Coupe du monde, sur le fond, se situe quand même à la lisière de l'équipe de France. On sait depuis le départ qu'il y a une trentaine de joueurs susceptibles de faire partie de la liste, dont la moitié ne se discute pas[89]. »

## MÉMÉ CHOISIT *FRANCE FOOT*

Traumatisé par les attaques de *L'Équipe*, Aimé Jacquet se console dans les bras de *France Football*, dont il fait son vecteur de communication privilégié, avant, pendant et après la Coupe du monde. À l'aube de la demi-finale contre la Croatie, c'est à *France Football* qu'il accorde une interview exclusive. Jacquet se sent chez lui dans les locaux de l'hebdomadaire, au 4, rue Rouget-de-Lisle. Juste à côté du 2, siège de *L'Équipe*, qu'il ignore superbement à chaque déplacement. À l'approche du dixième anniversaire de son triomphe, *France Foot* lui déroule le tapis rouge. Mémé évoque d'abord le difficile métier d'entraîneur dans les colonnes de son magazine préféré[90]. Trois semaines plus tard, « Aimé revit la finale de la Coupe du monde 98 » sur le site Internet de l'hebdomadaire. Ces trois mini-films de

Jacquet retournant sur les lieux de son exploit, au Stade de France, renvoient à une série « Champions du monde » où Vincent Machenaud compatit au martyre de Mémé criblé de flèches médiatiques tel un saint Sébastien des temps modernes. « Critiqué, vilipendé, voué aux gémonies, avant même le début de la compétition, pour ses choix, Aimé Jacquet est pourtant resté droit dans ses bottes, imperméable aux railleries, sûr de son fait et tendu vers un seul et unique objectif : devenir le premier sélectionneur d'une équipe de France vainqueur de la Coupe du monde[91] », écrit Machenaud. Collier de barbe blanche, regard bienveillant, un beau vieillard trône en majesté, pleine page, sur fond bleu mystique, la main droite tendue vers une étoile dorée, brillant symboliquement d'une lumière intérieure. Et cette légende photo digne d'un bulletin de paroisse : « Avec Aimé Jacquet en guide étoilé ». Saint Mémé priez pour nous !

Au-delà du réflexe journalistique consistant à voler au secours de la victoire, une telle déférence ne tombe pas du ciel. Fin 1992, Gérard Ernault quitte la direction de la rédaction de *L'Équipe* pour prendre la tête du service de presse du Comité français d'organisation (CFO) de la Coupe du monde 1998. Pendant deux ans, il travaille aux côtés de son ami Michel Platini, à l'origine de sa venue, et de l'autre coprésident du CFO, l'ancien président de la Fédération française de football Fernand Sastre. Ernault étant contesté en interne pour son manque d'allant, Jean-Pierre Courcol saute sur l'occasion pour le remplacer par Jérôme Bureau, qui ronge son frein à la rédaction en chef de *L'Équipe Magazine*. Quand il ne débine pas Ernault sur le thème : « Avec moi, cela ne se passerait pas comme ça. » Mais Gérard Ernault se fait difficilement à sa nouvelle vie. Si bien que lorsque la commission de la carte de presse refuse de lui renouveler son sésame, Ernault se sent pris au piège. Le principal critère d'obtention de la carte, qui ouvre le droit à un abattement fiscal de 7 650 euros : il faut tirer plus de la moitié de ses revenus d'une activité journalistique. Ce qui n'était plus le cas d'Ernault, passé de l'autre côté de la barrière. Méconnaissance sincère ou prétexte, Gérard Ernault claque la porte du Comité, officiellement pour cette raison. Entre-temps, la place de directeur de la rédaction de *France Football* s'est libérée. Saisissant l'opportunité, il fait jouer la clause de retour prudemment négociée avec Courcol avant son départ. Ernault emmène avec lui ses fidèles de toujours, Denis Chaumier et Jean-Jacques Vierne, placardisés par Jérôme Bureau. Exit François de Montvalon, la bête noire de Bernard Tapie –*voir le chapitre « Le Tapie-boom »* –, qui assurait l'intérim de Jacques Thibert, licencié sans fleurs ni couronnes. Une fois l'ami Gérard dans la place, Jacquet pourra dormir sur ses deux oreilles.

# *L'ÉQUIPE*, MAUVAIS PERDANT

Toute langue dehors, Christophe Dugarry dédie ironiquement son but à la presse qui ne l'a pas ménagé, lui reprochant de devoir sa place parmi les 22 à ses liens d'amitié avec Zidane plutôt qu'à ses qualités de footballeur. Le stade Vélodrome à Marseille chavire de bonheur. Le pays tout entier est en liesse. Les Bleus ne pouvaient mieux démarrer « leur » Coupe du monde, face à l'Afrique du Sud, matée 3-0. « Putain ! ils vont la gagner ! » Assis devant sa télé, à *L'Équipe*, Jérôme Bureau ne partage pas tout à fait l'enthousiasme général. « J'ai vu de l'incrédulité dans ses yeux, rapporte un témoin direct. Il a pressenti que si les Français allaient au bout, on passerait pour des cons et le journal connaîtrait des jours difficiles. » Dans la conférence de presse d'après-match, un Aimé Jacquet requinqué lance un premier avertissement en direction de *L'Équipe* : « Je demande au public français de prendre confiance en son équipe, même s'il a été trompé depuis longtemps par une certaine presse[92]. » Ejnès prend conscience que cette année, la Saint-Gérard, ordinairement fêtée le 3 octobre, risque d'être avancée exceptionnellement. Rien que pour lui. « Ce soir-là, j'ai compris que si la France gagnait la Coupe du monde, ce serait la guerre atomique[93]. » Pour l'heure, l'onde de choc se propage sur le territoire restreint des conférences de presse. Aimé Jacquet ne supporte plus les questions des journalistes de *L'Équipe*, auxquels il répond de manière sèche et laconique, en évitant soigneusement de regarder son interlocuteur. À l'avant-veille de la demi-finale, le sélectionneur organise un nouveau point presse à Clairefontaine. Il s'interrompt brusquement. Un ange passe ? Pire que ça. Gérard Ejnès vient de s'installer aux premiers rangs. L'ambiance est tellement plombée qu'avant France-Paraguay une délégation de journalistes de la presse quotidienne régionale réclame à Philippe Tournon une rencontre sur mesure avec le sélectionneur. Incroyable mais vrai, Jacquet accède à leur demande. En l'absence des moutons noirs de *L'Équipe*, l'atmosphère s'adoucit considérablement.

Sitôt le rideau tombé sur le retournement de situation contre la Croatie, la presse unanime sermonne les âmes damnées d'Issy-les-Moulineaux. « Si j'étais patron du journal *L'Équipe*, ce matin, je serais dans mes petits souliers », morigène Christophe Hondelatte sur France Inter, le 9 juillet. À ce stade, ce que l'on n'appelle pas encore « l'affaire Jacquet » devient définitivement un sujet de conversation qui dépasse le cercle habituel des fondus de foot. « En 1998, dans les dîners en ville, je me faisais régulièrement interpeller par des gens indifférents au foot habituellement et qui me disaient, "alors, vous avez encore allumé Jacquet" », témoigne Patrick Lafayette. « C'est comme si brutalement, Aimé Jacquet avait accédé au statut de sujet médiatique en soi », sourit Étienne Bonamy.

Dix ans après, la rédaction du quotidien sportif n'a toujours pas digéré ce qu'elle considère comme un manque flagrant de confraternité. À les entendre, la profession rassemblée aurait dû défendre l'honneur d'un des siens livré aux chiens. « Ça a été un moment très révélateur de ce qu'est la presse française : une presse conservatrice et plan-plan, assène un ancien chef du foot. La leçon de morale que tout le monde tirait se résumait à dire : "On est champions du monde, fermez-la maintenant." » « En France, il n'y a aucune solidarité entre journalistes », déplore un ancien pilier du journal d'autant plus dépité que « dans les conférences de presse, c'est le mec de *L'Équipe* qui conduit l'interview. Et quand vous posez une question intéressante, vous bossez pour tout le monde, c'est parfois frustrant et chiant ».

## LES « EXCUSES » DE *L'ÉQUIPE*

Une frustration ressentie par Gérard Ejnès, qui admet qu'« avec la France en finale, on ne peut pas lutter[94] ». Amer, le directeur adjoint de la rédaction esquisse un mea culpa contrebalancé par son ton grinçant.

« Depuis mercredi soir, l'équipe de France n'est plus une énigme, son entraîneur non plus. Parmi tous les noms d'oiseaux et qualificatifs dont il abreuve à langue rabattue l'anti-France *(sic)* qui, depuis deux ans, ne lui a pas accordé une confiance aveugle, il en est un, et un seul, sur lequel on peut s'arrêter : incompétent, ironise-t-il. Oui, incompétents, nous le sommes, car pendant que nous militions, de façon un peu surannée peut-être, pour une vision moins réductrice du jeu, une vision plus offensive, [...] il préparait tout autre chose. [...] C'est la marque de ceux qui réussissent que d'attirer la chance. Aimé Jacquet ne s'était pas particulièrement fait remarquer par cette qualité quand il était entraîneur de club, avec généralement une certaine réussite. Il est en train de drôlement rattraper son retard[95]. »

Courageusement, Gérard Ejnès persiste et assume ses prises de positions antérieures. Même le lendemain du « jour de gloire », il refuse d'accorder son blanc-seing au sélectionneur. « Un homme capable de faire descendre tout un peuple dans les rues pour un immense embrasement populaire, sans autre idéologie que celle du bonheur futile, ne peut être qu'un vrai héros», ironise-t-il, un rien provocateur[96]. Hors de question en tout cas pour lui d'aller à Canossa.

Tout le contraire de Jérôme Bureau, qui renie ses convictions dans l'espoir de s'attirer les bonnes grâces du sélectionneur et de survivre au naufrage. Le jour d'après France-Croatie, il adresse ses «félicitations» à Aimé Jacquet: «Nous avons suffisamment clairement exprimé notre défiance à son égard avant cette Coupe du monde pour ne pas avoir aujourd'hui le devoir de lui rendre hommage, dit-il. Nous doutions de sa capacité à accompagner cette équipe exceptionnelle jusqu'au plus haut niveau, et pourtant il l'a fait, à sa manière. [...] Bravo[97].»

Le «mouvement secret» qui a conduit Jérôme Bureau à se prosterner devant Jacquet suscite malaise, incompréhension et désapprobation parmi les siens. Remontés à bloc, de nombreux journalistes exigent une riposte plus ferme de la direction du journal, lors d'une assemblée générale, le 15 juillet. Pourquoi ne pas déposer plainte pour diffamation? Paul Roussel, le directeur général, et Jérôme Bureau leur opposent un *niet* catégorique, préférant laisser passer l'orage.

Ce faisant, «on a perdu une partie de notre crédibilité», juge Patrick Lafayette. Et Jérôme Bureau a dilapidé une grosse part du capital prestige et de l'autorité dont il jouissait auprès de sa base, « tenue à l'écart, pas écoutée puis lâchée », selon un ancien responsable de la rubrique foot. Plutôt que de faire acte de contrition, *L'Équipe* « aurait dû assumer, en reproduisant ce qu'on avait écrit sur quatre pages de 1996 à 1998 », soutient le chroniqueur Christian Montaignac. Au lieu de quoi, le directeur de la rédaction plongera les journalistes du quotidien sportif dans un abîme de consternation. « Une majorité d'entre eux a été choquée par un article de deux pages de Jérôme Bureau publié fin 1998, se désole Étienne Bonamy. Un papier trop dans la repentance alors que ça va, il n'y a pas eu mort d'homme. »

Peu avant Noël, comme chaque année, *L'Équipe* consacre un dossier aux temps forts de l'actualité sportive des douze mois écoulés. L'épopée des Bleus champions du monde se taille bien sûr la part du lion. Les deux contributions signées Jérôme Bureau et Gérard Ejnès ne passent pas inaperçues, tant elles sont éloignées sur le ton comme sur le fond. « À propos de Jacquet, nous nous sommes plantés et nous avons été aveuglés par notre défiance vis-à-vis de cet homme, avoue Bureau. Nous avons également, autre erreur grave, oublié qu'en matière de sport les certitudes absolues sont facilement des arrogances et que la fragilité naturelle d'un résultat, surtout dans le foot, devrait toujours inciter à beaucoup de prudence dans le jugement[98]. » Les soupirs du brave type ? « Une bien mauvaise appréciation. » Gêné aux entournures, il tourne néanmoins autour du pot. « Nous n'avons jamais attaqué Aimé Jacquet en tant qu'homme, mais en l'attaquant en tant qu'entraîneur, nous l'avons blessé en tant qu'homme », ergote-t-il.

Problème de communication avant tout, pour Bureau : « Nous rêvions de la même chose mais nous n'étions pas foutus de nous parler normalement. Quelle bêtise. À titre personnel, certains d'entre nous se reprocheront toute leur vie de n'avoir pas su briser le mur de cette incompréhension. Mais, s'il n'est pires querelles que celles de famille, il n'est pas de réconciliation plus délicate à réussir que celle de frères devenus ennemis. » Sur ce point, Jérôme Bureau a profondément raison. « *L'Équipe* était la bible d'Aimé Jacquet depuis son plus jeune âge, il s'est senti trahi », confirme Olivier Margot. *L'Équipe* a-t-elle outrepassé son « droit d'avoir des opinions » ? « Ce droit, nous en avons abusé non dans le fond mais dans les formes vis-à-vis d'Aimé Jacquet, concède Bureau. Nous en tiendrons évidemment sacrément compte à l'avenir. En tant qu'hommes et en tant que journalistes. » Il tiendra parole – *voir la partie suivante « Le syndrome »*.

Le papier de Gérard Ejnès a une toute autre allure. Non sans un certain panache, l'encore directeur adjoint de la rédaction entame son baroud d'honneur, avec l'énergie du gladiateur qui se sait condamné. À l'inverse de son supérieur hiérarchique, Ejnès ne passe pas sous silence « l'impensable anathème lancé par le sélectionneur au soir de son triomphe puis de façon récurrente sur une "certaine presse" –*L'Équipe* en l'occurrence–, sur des "voyous, des imbéciles, des malhonnêtes et des incompétents" auxquels il ne "pardonnera jamais", toutes paroles qui ne grandissent pas leur auteur, surtout dans une telle atmosphère de liesse[99]». Comme Bureau, il défend la « liberté d'expression qui ne se découpe pas en rondelles ». Des regrets ? Oui. Encore que, « avec Gérard, on ne sait jamais si c'est du lard ou du cochon », s'amuse un proche. « Il aurait fallu avoir l'intuition et la force d'écrire très clairement, et pas seulement par allusion, que tous les matchs amicaux ne servaient à rien, sinon à justifier la fonction du sélectionneur, qu'ils étaient une pure corvée pour les joueurs cadres qui s'en moquaient bien plus encore que de leur premier match en poussins », galèje Gérard, franchement provocateur. Et comme le rire n'est jamais loin de la mauvaise foi, Ejnès ajoute que « ces joueurs indiscutables qui allaient faire gagner le titre suprême à la France et qui, parfois, en beaux indifférents, repartaient en avion privé à la mi-temps d'une rencontre internationale dont ils n'avaient strictement rien à fiche, n'en n'attendant qu'une chose : qu'elle les laisse physiquement indemnes ». On aurait aimé lire dans *L'Équipe* une enquête fouillée établissant un lien de cause à effet entre le dilettantisme de certaines divas et les médiocres résultats de l'équipe de France. Non, décidément, la pilule Jacquet ne passe pas.

Sa philosophie du football non plus. « En nous focalisant trop sur un homme et pas assez sur une équipe, nous nous sommes globalement trompés », écrit-il, avant de refaire du Ejnès : « Parce que nous n'avons pas voulu entendre Didier Deschamps répétant de façon parfois un peu agaçante que "seule la victoire est jolie". Une rengaine qui fait peur. »

Le bras droit de Jérôme Bureau se paie même le luxe d'excuser Jacquet pour son comportement ! « Parce qu'il a souffert sous les attaques, [...] nous éprouvons des regrets et pardonnons quant à nous ses insultes en retour et sa volonté maintes fois réitérée de nous "détruire". »

Enfin, et il sera le seul journaliste de renom à oser l'écrire, Gérard Ejnès continue de penser que la providence s'est montrée généreuse avec les Bleus. « On a le droit d'être d'accord avec le provocant Rolland Courbis lorsqu'il déclare, avant de le démentir, tout en le confirmant : "La France a gagné la Coupe du monde. Je dis mission accomplie, point. Elle a eu besoin d'un but en or contre le Paraguay, elle bat l'Italie à pile ou face, l'ange gardien de Thuram se réveille contre la Croatie, et on finit contre le fantôme du Brésil et Ronaldo malade" », ne dément-il pas ?

Fallait-il s'excuser ? « Je ne réponds pas à la question », dit Gérard Ejnès, en renvoyant à la lecture comparée des deux articles du 21 décembre 1998. « Je n'ai rien à ajouter », conclut-il.

## LA FÊTE EST FINIE

Mars 1998. Jérôme Bureau invite Pierre-Marie Descamps à déjeuner au River café, le restaurant péniche des bords de Seine, côté Issy, juste en face de *L'Équipe*. « Pierre-Marie, il faut songer à l'après-Coupe du monde, on a fait un boulot de chien, lui explique Bureau. Je souhaiterais que tu restes et que tu prennes un numéro deux pour le former et en faire le prochain numéro un de la rubrique, dans un ou deux ans. » À la suite de cet entretien tout ce qu'il y a de plus cordial, le patron de la rédaction annonce à ses principaux collaborateurs le maintien de Descamps, qui se voyait déjà en haut de l'affiche. Mais quand il revient de congés début septembre, le patron du foot note un léger changement. Il trouve « le regard des gens bizarre ». « Ça a duré vingt-quatre heures, confie-t-il sans émotion apparente. Tout le monde savait que j'étais débarqué. Bureau m'annonce la nouvelle le lendemain à midi, au restaurant de *L'Équipe*, au 6e étage. Il m'a payé une bonne bouffe et m'a expliqué qu'il comptait nommer Didier Braun, quelqu'un qui a de bonnes relations avec la Direction technique nationale. Plus tard, il me dira : "Pendant cette phase finale tu n'as pas senti les coups, cette demi-finale, tu ne l'as pas sentie." Alors que trois mois avant, j'étais le numéro un du foot du journal de référence ! » C'est le début d'une lente descente en enfer.

Au sens propre comme au figuré, Pierre-Marie Descamps atterrit dans un cagibi sinistre. « Au rez-de-chaussée, sans ordinateur fixe, juste un portable, un vrai placard », insiste-t-il, les dents serrées. Il récupère la gestion des correspondants et prend en charge le « challenge de la ville la plus sportive de France », organisé par *L'Équipe*. Petit, mince, portant lunettes, l'homme cache des airs affables sous un aspect austère. Il sert le café avec application, dans une petite salle de réunion qui n'est pas sans rappeler l'ancien placard. On sent la blessure aussi vive que sa rancœur envers Jérôme Bourreau. Il se souvient : « Quand Bureau voulait séduire quelqu'un, il lui passait la main dans le dos, en susurrant des phrases du genre "ta femme va bien ?". Ou alors, "toi, t'es pas un con", avec une attitude de mépris affiché pour les autres. » Descamps fait partie des privilégiés qui célèbrent le quarantième anniversaire du Guide, en 1996. « Il m'avait invité avec ses amis alors que je n'étais pas son ami », lâche-il tristement. Pour lui, la roue de l'amitié a tourné dans le même sens que son infortune.

Après deux ans de purgatoire, Patrick Leroux, le nouveau rédacteur en chef de *L'Équipe Magazine*, le nomme adjoint. Mais la greffe ne prend pas. Cet ancien de *Libération*, proche de Bureau comme tous les chefs désormais en place, à l'exception de Gérard Ernault, réclame la tête du paria. Et l'obtient. Descamps est officiellement viré de l'entreprise le

30 septembre 2002. « Gilbert Chaleil et Guy Fahy, à l'époque directeur général adjoint, ont entériné mon licenciement, avalisé par le sous-fifre Paul Roussel, qui a dit “on ne fait pas d'omelette sans casser des œufs” », assène-t-il. Pierre-Marie Descamps est rattrapé in extremis par son ami de trente ans, Gérard Ejnès, qui assure avoir besoin d'un renfort pour sortir des suppléments sur la Coupe du monde, la présentation de la Ligue 1 et l'équipe de France 2002-2003. Le tout sous contrat à durée déterminée arrivant à échéance à la fin de l'année. Dans l'intervalle, Paul Roussel démissionne, puis Jérôme Bureau est évincé à son tour en mars 2003. « À trois mois près, je partais pour de bon, sourit Pierre-Marie Descamps, à la fois soulagé et lucide. Il fallait sacrifier une tête, ça a été la mienne. » Gilbert Chaleil corrobore pleinement son analyse. « Bureau s'est montré impitoyable avec Descamps, qui a servi de fusible. Il est tombé de très haut. Si seulement il avait fait preuve d'un peu de finesse[100] », soupire-t-il. Hormis le copain Gérard, peu de journalistes regrettent Pierre-Marie Descamps, critiqué pour sa raideur, son caractère irascible et accessoirement… ses élans d'amoureux transi. « On ne l'a pas beaucoup vu pendant la Coupe du monde, il était trop occupé », raille un collègue qui ne lui veut pas que du bien. Surnommé « l'œil d'Ejnès », Descamps est réduit, assez injustement, au rôle d'ombre portée de son ami. « Quand l'un faisait un pas, l'autre aussi, témoigne un ancien de la rubrique

foot. Durant les conférences de rédaction du lundi matin, par exemple, Ejnès se tenait sur le seuil de la porte, prêt à intervenir si Descamps rencontrait une difficulté.» Au point qu'aux yeux de tous le numéro deux de la rédaction passe pour le véritable patron du foot. «Il transmettait ses volontés à Descamps», résume un ancien rédacteur en chef.

Fin politique, Jérôme Bureau fait d'une pierre deux coups. Il désigne un coupable, contente sa base, et s'exonère au passage de toute responsabilité à titre personnel. Du travail d'orfèvre. Mais déjà, fidèle à lui-même, Bureau pense au coup d'après. Le remplacement de Pierre-Marie Descamps par Didier Braun, documentaliste à la Direction technique nationale, tombe à pic. Malmenées pendant cinq ans, les instances dirigeantes du football français attendaient un geste d'apaisement. La mission de Braun, qui avait décliné le même poste en 1994, au profit de Descamps? Réussir là où Olivier Margot a échoué et normaliser les relations de la rubrique avec le monde du foot. Sur le premier point, il essuie un refus non négociable. «C'est le copain ou le responsable du foot qui m'appelle? Si ce n'est pas exclusivement le copain, c'est inutile[101]», lui répond Aimé Jacquet. Rancunier, l'ancien sélectionneur rejettera systématiquement tout contact et toute demande d'interview émanant du quotidien *L'Équipe*. Sans parler des vaines tentatives de réconciliation orchestrées par Gérard Ejnès. « J'ai lancé des bouchons entre 1995 et 1998 », dit-il. Des bouchons pas au goût du Lyonnais d'adoption Jacquet. L'exemplaire dédicacé du livre *L'Année du football* sera renvoyé sans un mot à son auteur et expéditeur. « Seules les montagnes ne se rencontrent jamais. » Transmis à Mémé, ce message l'agacera au plus haut point. À tort ou à raison, il y verra un sens occulte, proche de l'expression « seuls les imbéciles ne changent jamais d'avis », avec lui dans le rôle de l'idiot de la famille.

Entre Jérôme Bureau et Gérard Ejnès, naguère liés comme les doigts de la main, rien ne sera plus jamais comme avant. « Ejnès s'est toujours comporté en adjoint extrêmement loyal, mais il n'avait plus confiance en Bureau », témoigne Gilbert Chaleil. « Il s'est senti lâché », complète un ancien rédacteur en chef. Cette belle amitié professionnelle et personnelle se fissure le jour où le directeur de la rédaction bat sa coulpe sur LCI. Ulcéré par ce qu'il considère comme un revirement à 360 degrés, Ejnès annonce son intention de partir à la fin de l'année. « Pas question », lui répond Bureau, qui accédera à sa requête un an plus tard. Une page de l'histoire de *L'Équipe* se tourne avec le départ d'Ejnès du quotidien pour les éditions du groupe, début 2000.

Au départ, c'était plutôt non à une demande d'interview. Avant d'ajouter, sur un mode interrogatif : « C'est pour un livre indépendant ? » Finalement, Gérard Ejnès acceptera de livrer sa grille de lecture de la controverse Jacquet. « Seuls les imbéciles ne changent pas d'avis », fait-il valoir. Veste et pantalon noirs, silhouette fine et élégante, Gérard Ejnès règne sur l'étage des éditions *L'Équipe* et Prolongations. Le fringant quinquagénaire reçoit dans un vaste bureau aux étagères surchargées de livres maison, le dos tourné vers de larges baies vitrées. Non, il ne regrette presque rien. Si ce n'est une forme d'imprudence. « À la veille du début de la Coupe du monde, j'ai écrit un article expliquant "voilà pourquoi la France va perdre" et en face "voilà pourquoi la France peut gagner". Ce genre de papier est dangereux car on ne retient que le côté "pourquoi on va perdre" », argumente-t-il. Pour le reste, il dit ne pas en vouloir à Aimé Jacquet. L'homme à l'origine d'« une légère tempête qui a secoué le journal et créé des traumatismes », minimise-t-il. Même si, dit-il, le fait d'être « livré à la vindicte populaire laisse des traces ». L'homme qu'il a surtout, dit-il sans rire, aidé à accomplir sa mission. « Aimé Jacquet s'est appuyé sur les critiques de *L'Équipe* pour forger sa volonté et celle de son groupe, c'était notre façon à nous de les aider à gagner la Coupe du monde », affirme sans rire Ejnès.

Il y a une chose que regrette Ejnès, profondément : la fin d'un certain journalisme dont il s'est fait le héraut pendant vingt ans, à *France Football* d'abord, à *L'Équipe* ensuite, au *Sport*, au *Parisien* puis de nouveau à *L'Équipe*. Soudain, il se lève et pioche dans la bibliothèque un beau livre à la couverture bleue comme son sujet[102] : l'histoire de l'équipe de France de football, une publication de *L'Équipe*. Gérard Ejnès l'ouvre à la page 89, et lit l'extrait d'un article de Jacques Goddet, publié le 12 novembre 1956, qui a pour titre : « Notre adversaire : la facilité ! » Ce jour-là, le fondateur de *L'Équipe* tançait la sélection tricolore, qui venait pourtant de battre la Belgique sur le joli score de 6 buts à 3, lors des éliminatoires de la Coupe du monde 1958. « Ce type d'article pourrait-il paraître aujourd'hui, dans *L'Équipe* ou ailleurs ? » s'interroge Ejnès. « À cette époque-là, enchaîne-t-il, les gens n'avaient pas vu le match, il n'y avait ni télé, ni droits d'image, un joueur de foot gagnait à peine deux à trois fois plus qu'un reporter. Alors qu'aujourd'hui l'écart est de 1 à 100 entre les journalistes et les stars. On ne touche plus à des footballeurs mais à des intérêts financiers. » À cet égard, 1998 a marqué un tournant majeur. Depuis lors, il n'est plus permis de critiquer les dieux du football quand ils gagnent. « Le journalisme d'opinion à la française est mort », déplore Ejnès. On peut le croire sur parole. Dans le livre précité sur l'histoire des Bleus, qu'il a dirigé, ne figure aucun extrait d'article un tant soit peu critique sur la période Jacquet. Un Ejnès nouveau, adepte du « tout le monde il est beau, tout le monde il est gentil », laisse éclater sa joie au fil du récit. Disparu, le savoureux « Mourir d'Aimé ». À la trappe, le mythique « Et on joue à 13 ? ». Y aurait-il quelque chose de changé au royaume de *L'Équipe* ?

## LE PROCÈS DE TROP

« Moi, je ne pardonnerai jamais à ces gens infects et lâches, même si j'ai stoppé leur imbécillité [103]. » Interrogé par *Le Monde* sur l'élimination prématurée des Bleus du Mondial 2002, Aimé Jacquet lâche la bride à sa haine viscérale de *L'Équipe*. Quatre ans après, l'ancien sélectionneur clame à la face du monde l'imprescriptibilité du crime de lèse-Jacquet.

Mais cette fois, les dirigeants du quotidien sportif refusent de passer l'éponge. Jérôme Bureau tape du poing sur la table. « On ne va pas se laisser traiter de malhonnêtes toute notre vie ! » Paul Roussel et son directeur de la rédaction font citer Aimé Jacquet et Jean-Marie Colombani, directeur du *Monde*, devant la 17ᵉ chambre du tribunal correctionnel de Paris, qui juge les affaires de presse.

« Tous les conseillers en communication du monde auraient sans doute recommandé à Jacquet, devenu vainqueur, de se montrer magnanime, de pardonner à *L'Équipe*

[...], notait l'hebdomadaire *Le Point*. Il a fait exactement le contraire [...]. Et, contre toute attente, ces accents revanchards lui ont assuré l'affection du public[104]. »

## MÉMÉ LE RANCUNIER

Sur son plateau favori de « Téléfoot », Dieu, selon le mot employé par Didier Deschamps durant l'émission pour le désigner, refuse obstinément d'absoudre les brebis égarées. « La fameuse "surprise" annoncée par la rédaction de "Téléfoot" consistait à redemander avec, cette fois, la complicité de Pierre Arditi à leur invité s'il désirait enfin pardonner à ceux qui l'avaient offensé. Et Aimé Jacquet, bien entendu a répondu : "Jamais." Comme pour prouver qu'il n'était pas Dieu. Finalement on aurait mieux fait d'aller à la messe[105]. » Devant les amis de *France Football*, qui partagent son aversion pour les patrons de la rédaction de *L'Équipe*, il s'étonne que Jérôme Bureau et Gérard Ejnès s'accrochent à leur poste. « Partir, c'est faire preuve de grand professionnalisme et de courage. J'en connais beaucoup qui ne l'ont pas[106]. »

Le diable, c'est bien connu, se nichant dans les détails, Aimé pousse le vice jusqu'à exiger de l'auteur des *Yeux dans les Bleus*, Stéphane Meunier, qu'il expurge le documentaire officiel de l'épopée de 1998 d'une séquence hautement sulfureuse. « Reprogrammé au mardi 14 juillet, le film est visionné le lundi 13 au matin par le sélectionneur champion du monde : "Aimé m'a juste demandé d'enlever un plan de Zidane en train de lire *L'Équipe* dans l'avion qui emmenait les Bleus à Marseille pour le match France-Afrique du Sud… Le gag, c'est que j'ai oublié de le faire et que le mardi soir après la diffusion, Henri Émile m'a appelé furieux. Mais pour la suite, le plan a été coupé…"[107] » « Pour la suite », l'heureux réalisateur écoulera 700 000 copies de son DVD. Question best-seller, Mémé en connaît un rayon, puisque *Ma vie pour une étoile*[108], son recueil de souvenirs, rédigé par son ancien chef de presse Philippe Tournon, s'est vendue à 300 000 exemplaires. Un chiffre exceptionnel pour ce type d'ouvrage.

En déplacement à Bruxelles pour le tirage au sort de l'Euro 2000, une délégation de journalistes de *L'Équipe*, composée de Patrick Urbini, Vincent Duluc et Patrick Lafayette, croise le directeur technique national Jacquet lors d'une soirée organisée par Adidas, sponsor de l'équipe de France et de Zinédine Zidane. « Il a refusé de nous saluer, se rappelle Patrick Lafayette. Il n'a jamais voulu nous parler en tant que DTN, ce qui était problématique étant donné l'importance de cette fonction dans le football. » Œil pour œil, dent pour dent.

Voyant s'envoler ses derniers espoirs de conciliation, Philippe Tournon s'active en coulisses pour éviter la tenue du procès. Il appelle Christophe Chenut, le tout nouveau directeur général de *L'Équipe* depuis le 1er mars 2003, et lui suggère de retirer la citation à comparaître déposée par son prédécesseur. Si cela ne tenait qu'à lui, le dossier aurait déjà fini sa course dans une poubelle. « Vous avez raison, mais j'ai trouvé une rédaction meurtrie par cette affaire, les journalistes estiment qu'ils ont payé largement, que ça suffit, je ne peux pas arrêter la procédure sous peine de conflit avec eux[109] », s'excuse-t-il presque. Chenut pouvait difficilement se brûler auprès de sa rédaction dès son entrée en fonction. Qui plus est sur un sujet à forte valeur symbolique. Les deux hommes conviennent néanmoins d'« essayer » de calmer le jeu, de ne pas en rajouter après l'énoncé du jugement et de s'abstenir de faire appel quelle que soit l'issue du procès. « Les parties auraient pu ne pas plaider et tenter une conciliation, trouver un accord, commente Catherine Bézio, la présidente du tribunal qui rendra le jugement. Mais aucune d'elles n'avait envie de baisser les armes[110]. »

## LE DIALOGUE DE SOURDS

Le 25 avril à 13 heures, Aimé Jacquet se présente devant Catherine Bézio, ses deux assesseurs, Nicolas Bonnal et Anne Depardon, et le procureur David Peyron. Ni Jean-Marie

Colombani, ni les plaignants n'ont fait le déplacement. N'appartenant plus à la famille *Équipe*, Paul Roussel et Jérôme Bureau ne veulent plus entendre parler de l'affaire qui a gâché la fin de leurs mandats respectifs.

La présidente garde un souvenir extrêmement précis de l'ancien sélectionneur. « Très digne, respectueux, il n'a pas cherché à faire "pleurer dans les chaumières" sur son sort de victime de *L'Équipe*, confie Catherine Bézio. Je l'ai accueilli comme celui qui nous avait gagné la Coupe du monde. Il m'a paru très meurtri, dans un style sobre. Il était moins haineux que touché, marqué. Comme alourdi par quelque chose, un poids qu'il semblait porter de façon pénible et douloureuse. Il n'avait pas un comportement passionné, il était extrêmement calme. »

Jacquet assume ses déclarations dans *Le Monde*. « Oui, j'ai tenu ces propos, dit-il. J'ai voulu rappeler que j'ai subi pendant quatre ans un matraquage difficile pour moi et ma famille. Ils me faisaient passer pour un incapable. [...] C'est un journal très critique, c'est son rôle mais ces propos, ce climat très tendu ont agi sur mon quotidien. [...] J'ai trouvé les excuses du journal superficielles. [...] J'ai été invectivé, pris à partie dans la rue à la suite de ces publications dans le journal *L'Équipe*[111]. » De quoi justifier des mots, qu'il « ne regrette pas », « à la hauteur du mal qu'ils m'avaient fait[112] ».

S'avance ensuite à la barre le seul témoin de l'audience. Cité par Aimé Jacquet, Lionel Bellenger donne des conférences à Clairefontaine sur la « communication avec les médias », dans le cadre de la préparation au diplôme d'entraîneur professionnel de football. Ce proche de Gérard Houllier, qui l'a fait venir à la Direction technique nationale pour coacher les entraîneurs et sélectionneurs de demain, a suivi à la loupe la guérilla entre *L'Équipe* et Jacquet. Quatre ans plus tard, l'ancien sélectionneur appelle à la rescousse le directeur général adjoint du groupe de communication et de formation Nuages blancs-Centor Idep, en vue du procès.

Lionel Bellenger s'acquitte impeccablement de sa mission.

« Pendant ces quatre années, je n'ai pas d'exemple où un joueur, un entraîneur ait été constamment mis en cause, explique-t-il à Jean-Pierre Versini, l'avocat de Jacquet, pendant l'audience. C'était l'époque où l'équipe de France accumulait les victoires. Ça avait une caisse de résonance importante sur les autres médias. Cette mise en cause de M. Jacquet n'était pas gratuite. On essayait de le déboulonner. Dans les derniers mois les attaques se sont portées sur sa personne de façon assez méchante et directe. »

Un hôtel particulier, siège du cabinet Versini-Campinchi et associés, rue de la Tour-des-Dames dans le IX^e^ arrondissement de Paris. Vedette médiatique du barreau parisien, respecté et redouté, ce sexagénaire suractif tourne à la hâte les pages du dossier Jacquet en se prêtant au jeu des questions-réponses, l'oreille vissée à son téléphone portable qui n'arrête pas de sonner. Les interviews de ce Corse, tout en fantaisie et second degré calculés – « Versini, c'est comme la mafia… », clin d'œil potache à son île de Beauté –, ressemblent à ses plaidoiries : calibrées, tranchantes et pertinentes. De Jean-Christophe Mitterrand, fils de l'ancien président, au chef d'État congolais Denis Sassou-Nguesso, M^e^ Versini défend les puissants et grands de ce monde. Aimé Jacquet est son premier client champion du monde de football. « J'ai rassemblé une cinquantaine d'articles d'autant plus désagréables qu'ils sont extrêmement bien écrits, dit-il. Jérôme Bureau a dit à Ejnès, une vraie plume, vas-y, lâche-toi. Les dessins de Lefred Thouron, en permanence dénigreurs plus qu'humoristiques, se foutaient de son accent, lui prêtant un français de paysan de la Loire et des tournures ridicules[113]. Aucun sélectionneur n'a jamais autant souffert d'une campagne de presse aussi systématique et malintentionnée, c'est du jamais vu[114] », insiste-t-il. Invoquant durant l'audience le « ressac de la mémoire », Versini plaide « l'excuse de provocation » et demande l'acquittement. « Qu'on ne m'explique pas que le mot lâche est la pire injure, lance-t-il. Le lâche, c'est celui qui se cache derrière son stylo pour distiller des formules venimeuses. » Tout en reconnaissant le talent d'orateur de son confrère, Basile Ader, l'avocat de *L'Équipe*, n'accorde aucune circonstance atténuante à Aimé Jacquet. « Aucune jurisprudence ne peut justifier qu'on injurie à froid des journalistes quatre ans après les faits reprochés, argumente le fils d'Henri Ader, ancien conseil du groupe Amaury. Il faudrait surtout que l'injure soit proportionnelle à la provocation, ce qui n'est absolument pas le cas. Un sélectionneur national polarise les critiques, Henri Michel a été critiqué pendant la Coupe du monde 86, Hidalgo en 82. Sauf à remettre en cause la liberté de la presse, Aimé Jacquet n'est ni le premier ni le dernier à qui cela arrivera [115]. »

Le procureur, David Peyron, suit Me Ader et réclame « une peine de principe », au motif qu'une personnalité de la trempe d'Aimé Jacquet, érigée en modèle de vertu et de conscience professionnelle, doit maîtriser sa parole en public.

## LA SECONDE VICTOIRE DE JACQUET

Ignorant les réquisitions du ministère public, les magistrats prononcent la relaxe de Jacquet et Colombani, le 30 mai 2003.

La phrase de Jacquet « contient indéniablement des termes outrageants et méprisants, qui rabaissent publiquement ceux auxquels il s'adresse », souligne l'exposé des motifs du jugement. C'est donc « à bon droit que les parties civiles ont fondé leur poursuite sur les textes relatifs à l'injure et non sur ceux touchant à la diffamation ».

Mais selon les juges, « il ressort, tant des débats – et notamment du témoignage de Lionel Bellenger – que des coupures du journal *L'Équipe* produites par la défense que le sélectionneur a, dès sa nomination, en 1993, au poste de sélectionneur de l'équipe de France et jusqu'à la Coupe du monde de l'été 1998, été l'objet d'une campagne de presse menée par le journal *L'Équipe*, tendant à systématiquement décrier les compétences professionnelles du prévenu ». Les articles et dessins publiés de 1994 à 1998 « renferment également des attaques personnelles dirigées à l'encontre de M. Jacquet, manifestement destinées à le ridiculiser et déstabiliser celui-ci », ajoutent-ils. Avec cet exemple à l'appui, extrait d'une chronique de Christian Montaignac : « Regardez bien Aimé Jacquet, son sourire en particulier. Il paraît dessiné par un air de chagrin. Il vaut mieux s'apprêter à en rire quoi qu'il arrive. C'est le jour ou jamais pour se souhaiter "Joyeuse défaite à tous[116]". » Des attaques personnelles reconnues par Jérôme Bureau en personne – *voir notre chapitre précédent.*

Les juges ne tiquent pas non plus sur la durée de l'intervalle entre la finale contre le Brésil et la publication des propos injurieux. Ils estiment que l'interview « n'a pas été publiée spontanément, de la propre initiative du prévenu, mais suscitée par la presse » et que « compte tenu du délai de quatre années écoulé avant que le journal *L'Équipe* ne présente ses excuses à l'entraîneur de l'équipe de France et durant lequel, dépassant le cadre de la liberté d'expression, le quotidien sportif l'a, au fil des articles, systématiquement dénigré, il n'apparaît pas surprenant que la blessure morale particulière ainsi infligée au prévenu ait nécessité une cicatrisation d'une durée équivalente». «Sans être hérétique, cette décision n'est pas d'une orthodoxie juridique totale, reconnaît Catherine Bézio, mais s'accorde avec la relativité des décisions de presse, qui loin d'être gravées dans le marbre, s'adaptent à chaque cas d'espèce. Après tout, Jacquet a été attaqué pendant quatre ans, il y avait donc, entre la réplique et l'attaque, une proportion, comme la loi l'exige, qui autorisait le tribunal à retenir l'excuse.»

Par conséquent, concluent les magistrats, «la salve dirigée par M. Jacquet à l'encontre des plaignants, certes virulente et acerbe, était néanmoins justifiée et proportionnée eu égard à la provocation dont il avait été l'objet par le fait même des parties civiles». L'excuse «permet au juge d'absoudre le délinquant, détaille la présidente. On comprend qu'Aimé Jacquet, pour parler très familièrement, en "ait eu gros sur la patate", il avait un juste motif de s'exprimer comme il l'a fait, c'est ce que retient la décision. Quand Jacquet répond "vous êtes des infects et des lâches", il répond sur le même registre que celui utilisé pendant quatre ans par *L'Équipe*, dans ses articles. C'était de sa part une manière de dire:

vous n'êtes que des gratte-papiers, vous n'avez pas les responsabilités que j'ai ».

Comme quoi, « ce pardon moral que Jacquet a refusé à *L'Équipe*, la loi permettait de le lui accorder juridiquement », décrypte subtilement Catherine Bézio.

Confortablement installé au fond du café Zimmer, une brasserie parisienne de la place du Châtelet célèbre pour ses rideaux de théâtre, Lionel Bellenger se revoit à la sortie de la 17e chambre correctionnelle, arpentant les longs couloirs du Palais de Justice. « Je marchais à côté de Versini, et Jacquet trois mètres devant, se souvient le consultant. Si *L'Équipe* est déboutée, on pourra parler de jurisprudence Jacquet, m'explique l'avocat, tout sourire. Quelques semaines plus tard, un samedi matin, au lendemain de l'énoncé du délibéré, Aimé Jacquet me téléphone, très ému, pour me dire qu'il est content et soulagé.[117] »

Jurisprudence Jacquet ? Pas si vite. « En l'espèce ce jugement ne fait pas jurisprudence, nuance Catherine Bézio. Pour cela, il aurait fallu que notre tribunal rende, dans une affaire semblable, la même décision ; il ne s'agit donc, à ce jour, que d'un cas isolé, un cas unique. » « Une décision de ce type ne sera jamais réitérée, approuve Basile Ader. Aimé Jacquet a été relaxé au titre de l'excuse de souffrance, ironise l'avocat. Il a profité de sa formidable aura médiatique et peut-être aussi d'une certaine indulgence de Catherine

Bézio, par ailleurs excellente magistrate.» *Objection, votre honneur.* «Dans l'affaire dite Jacquet, il y avait trois juges, j'étais la présidente de l'audience, mais je n'étais qu'un de ces trois magistrats à devoir juger, rappelle la présidente. La décision étant prise à la majorité, deux juges au moins sont donc tombés d'accord.» Même si, concède-t-elle, «Jacquet ne s'est pas présenté comme tout-puissant, et c'est moi qui avec mon côté méridional, originaire du Tarn, mes racines campagnardes, n'ai pu m'empêcher de dire, avec une chaleur simple et franche, "nous accueillons celui qui nous a fait gagner la Coupe du monde"». Avant d'avouer, un comble pour une juge ! : «Comme cela m'apparaît être souvent le cas dans ces contentieux de presse, une fois encore, le prévenu fut finalement plus "sympathique" que la victime, partie civile.»

À l'évidence, la profonde originalité du cas Jacquet l'a marquée. «Il est assez rare qu'une société de presse demande au juge de faire application, à l'encontre de quelqu'un, de la loi sur la liberté de la presse, fait-elle remarquer. Quand on est soi-même une société de presse, on a en effet d'autres armes pour régler ce type de conflit. *L'Équipe* aurait pu répondre dans ses propres colonnes. Autre particularité, la partie civile était un journal et agissait en raison de propos tenus dans un autre journal : or les journaux s'attaquent rarement entre eux. Cette affaire revêt donc un caractère d'exception.»

Les précédents ne plaident pas en faveur du quotidien sportif. Par le passé, l'hebdomadaire d'extrême droite *Minute* avait attaqué France Inter pour un calembour désobligeant : « *Minute* est un journal qu'on parcourt d'un derrière distrait. » « Si l'appréciation de la portée et de la valeur des mots est très subjective, notre chambre a retenu la jurisprudence du calembour pour relaxer les prévenus et la cour d'appel a infirmé le jugement estimant, de manière très sérieuse, qu'un organe de presse, comme tout sujet de droit, a droit au respect », précise Catherine Bézio.

Le plus atypique à ses yeux reste le fait « qu'un journal attaque un individu qu'il a, au préalable, malmené, et aussi, le fait que le journal demande l'application de la loi sur la presse contre quelqu'un, alors que cette législation est faite pour protéger la liberté d'expression qu'exercent, et défendent, au premier chef, les organes de presse, eux-mêmes ». Au bout du compte, « nous avons rétabli une espèce d'équilibre, quatre ans après », conclut-elle.

*Les Cahiers du football* résument bien l'enjeu de ce drôle de procès : « La liberté de la presse donne le droit de dénigrer systématiquement un homme, de le présenter comme un imbécile et de mettre en doute ses compétences avec des procédés douteux. De tels agissements n'ont pas de qualification pénale, ils font même partie de l'exercice ordinaire du journalisme sportif dont est coutumière

*L'Équipe* depuis plusieurs années, assènent-ils. En revanche, le journal n'allait pas rater l'occasion de poursuivre Aimé Jacquet.» Moralité: «Avec une conscience plus aiguë de leurs propres torts, les plaignants auraient laissé couler cette encre amère, comme un épanchement mineur en comparaison des hectolitres de fiel par eux-mêmes déversés. Si, quatre ans après, la plaie suinte encore, c'est peut-être parce qu'ils avaient enfoncé la lame un peu profond[118].»

TROISIÈME PARTIE

# LE SYNDROME

# LES TRAUMATISMES DE L'AFFAIRE JACQUET

« Tu es béni des dieux, honte à tes détracteurs[1]. » Sur le livre d'or, les remerciements succèdent aux témoignages de sympathie. En ce 3 octobre 1998, Sail-sur-Couzan s'est mis sur son trente et un pour fêter son fils prodige. Le correspondant de *L'Équipe* dans la région, Claude Chevally, ne rate pas une miette du « Jacquet show ». La journée se déroule « dans un climat tellement bon enfant qu'on comprendra pourquoi, en conférence de presse, Aimé Jacquet indiquera que "la journée a passé trop vite"[2] », écrit le spécialiste de l'Olympique lyonnais. Finis les sarcasmes. On ne joue plus. Profil bas. Avec Jacquet l'intouchable, *L'Équipe* a définitivement viré sa cuti. Et remisé son ton caustique au rayon archives.

Tout doux Jérôme Bureau. Gentil Vincent Duluc. Gérard Ejnès ? Il se fait oublier, en attendant, bientôt, d'aller voir ailleurs. Après la gueule de bois du 13 juillet, la rédaction vit sa rentrée la plus morose depuis la création du journal. Le

12 août 1998, Fabrice Jouhaud et Franck Ramella couvrent le match aller du tour de qualification de la Ligue des champions opposant le FC Metz à Helsinki. À domicile, les Finlandais battent les Lorrains 1-0. Le lendemain, les deux reporters signent un compte-rendu critique, justifié étant donné le standing du peu redoutable HJK Helsinki. Au retour, les vice-champions de France arrachent un pauvre résultat nul 1-1, synonyme d'élimination. Mauvais perdants, Joël Muller, l'entraîneur messin, et son président Carlo Molinari prennent à partie les journalistes de *L'Équipe*. « On se fait critiquer par ceux qui se sont trompés sur Aimé Jacquet ! », s'énervent-ils. Dans le même esprit, Arnaud Ramsay essuie les quolibets du patron de l'Union sportive Saint-Georges-les-Ancizes – Puy-de-Dôme –, à l'issue de l'élimination de ce club amateur de CFA en huitièmes de finale de la Coupe de France, en mars 1999. « Jacquet avait raison ! » se défoule le président dépité.

Tétanisée, la direction de la rédaction n'ose plus bouger une oreille, de peur de prendre un coup derrière la tête. Juste avant de partir à la retraite fin 2004, le grand reporter tout-terrain, Christian Montaignac, évoque dans une série de chroniques les riches heures de *L'Équipe* à travers une aventure singulière, la sienne, née trente-sept ans plus tôt. L'occasion de soulager sa conscience et de livrer une confession de dernière minute. En juin 1999, « un livre n'arriva pas sur nos bureaux, révèle Montaignac. C'était celui d'Aimé Jacquet que je m'empressai d'acheter. Suivrait, ce qui me revenait dans la rubrique livres de *L'Équipe Magazine* depuis plus de vingt ans, la critique de l'ouvrage en question. Elle ne passerait jamais, tant un traumatisme agissait. J'arrêtais aussitôt la responsabilité de cette rubrique et faisais savoir mon énorme déception pour une certaine idée, toujours, de ce métier. J'ai même ajouté à la navrante censure en ne faisant pas de note de frais[3] ». Le récent livre[4] de Vincent Duluc sur l'affaire Jacquet subira pour ainsi dire le même sort : aucune pub dans *L'Équipe*, alors que l'ouvrage est publié par la maison d'édition maison ! Il faut dire que son auteur n'esquisse pas une once de mea culpa… Au grand agacement de la patronne du groupe, Marie-Odile Amaury.

Le changement de braquet du quotidien sportif ne passe pas non plus inaperçu à l'extérieur. « L'effet Jacquet : pour Lemerre, *L'Équipe* change de ton », titre l'hebdomadaire *Marianne* dès le 24 août 1998. « Lemerre a tout du Jacquet un peu courtaud, un rien grisâtre, sur lequel le journal *L'Équipe* s'était jeté sans vergogne, observe *Marianne*. Il n'est pas plus taillé pour les mondanités, pas plus habile pour les babillages médiatiques que son prédécesseur. Mais il ne court à peu près aucun risque. *L'Équipe*, LA voix du sport français, se tient désormais tranquille. Traumatisé par le retour de bâton du Mondial, critiqué de toutes parts pour ses propos insolents, le journal sportif n'est pas près d'attaquer les manières du nouveau patron des Bleus. Et va se limiter à critiquer le jeu. Tant mieux… »

De l'effet Jacquet au syndrome, il n'y a qu'un pas, franchi illico par Jérôme Bureau. Début septembre 2000, les Bleus, double champions du monde et d'Europe, rencontrent l'Angleterre au Stade de France en hommage à ses cadres, Laurent Blanc et Didier Dechamps, jeunes retraités internationaux. Le rédacteur en chef et numéro trois du journal, Patrick Lemoine, choisit un titre méprisant pour son papier. « Jérôme Bureau l'a pris entre quatre yeux, témoigne un fin connaisseur. Dans le secret de son bureau, l'homme qui a adopté une position tranchée sur Jacquet, a dit à son fidèle Lemoine, gentiment mais avec fermeté : on ne peut pas traiter l'équipe de France comme tu l'as fait. Tant que l'équipe de France est championne du monde, elle ne peut être traitée ainsi », répète-t-il. Le porte-flingue de Noël Couëdel à *L'Équipe Magazine* des années quatre-vingt, devenu le séide de Bureau dix ans après, en reste bouche bée.

## JOURNALISTES EN THÉRAPIE

Dès septembre 1998, la directrice des ressources humaines du groupe *L'Équipe*, Brigitte Le Chevallier, souffle à Jérôme Bureau l'idée de faire appel à un cabinet de conseil en management et organisation pour aider la rédaction à réfléchir sur ses modes de fonctionnement. Dans le jargon des experts « RH » –comme ressources humaines–, on appelle ça un « audit managérial ». À plusieurs reprises déjà, la DRH avait plaidé pour une intervention extérieure. Entre-temps, la tornade Jacquet a tout emporté sur son passage. Et ce qui apparaissait comme une hypothèse de travail s'impose désormais comme une nécessité impérative. Benoît Cambillard, consultant et président fondateur d'Habeo conseil, s'affaire au chevet de la rédaction et de l'encadrement. Non sans difficultés à ses débuts. « Une partie des journalistes me considérait comme un marchand du temple parce que je venais du conseil », s'esclaffe-t-il. Sa mission : diagnostiquer les racines du plantage Jacquet et prescrire un vaccin anti-récidive. « Pour que l'opération serve à quelque chose et puisse aboutir à des améliorations concrètes, il fallait d'abord que la rédaction se l'approprie en partageant l'état des lieux », explique-t-il doctement. Procédant par étapes, le docteur Benoît, comme ne tarde pas à le surnommer Gérard Ejnès, s'entretient avec un panel représentatif d'une quarantaine de journalistes, validé par l'ensemble de la rédaction.

Au fil des entrevues, l'expert identifie « un vrai problème organisationnel ». Explication : « D'un côté, on avait une ligne éditoriale animée de façon assez resserrée par la direction de la rédaction et les responsables de la rubrique foot. De l'autre, l'équipe de France coupait ses relations avec

*L'Équipe*, à l'exception de rares journalistes isolés. Or, s'il y a une chose que doit éviter un journal, c'est se couper de ses sources. » Il aura manqué un « cadre organisationnel » permettant à la base d'exprimer ses doutes et éventuels états d'âme. Un espace autre que la conférence de rédaction de midi, où l'urgence de l'événement se marie difficilement avec le temps de la réflexion au long cours. « Ce n'est pas le lieu adéquat pour disserter sur les mérites comparés de 36 options, il faut décider vite et bien, comme le faisait à merveille Jérôme Bureau », précise le consultant. Systématisées sur proposition de la mission Cambillard, les conférences « J-2 » de 17 heures 30, qui préparent à froid l'édition du surlendemain, sont censées éviter la cristallisation de nouveaux « amendements » Jacquet. « Elles sont conçues pour garder du recul sur les événements et les anticiper », poursuit Cambillard. « Ce qui a favorisé le dérapage entre 1993 et 1998, c'est l'envie de faire son métier de journaliste en étant coupé d'une partie de la réalité », avance le docteur, sidéré par « l'absence de dialogue au sein du groupe entre *France Football* et *L'Équipe* ». « Un peu comme si un département de la banque d'investissement Goldman Sachs était au courant d'un revirement sur un marché et n'en informait pas le département d'à côté », compare-t-il.

En leur permettant de mettre des mots sur leurs maux, la thérapie du bon docteur Cambillard a fait un bien fou aux journalistes de *L'Équipe*. Sans parvenir, loin de là, à éradiquer un syndrome encore et toujours prégnant, une décennie tout juste après le coup de gueule de Jacquet. Au risque de contredire Marc Van Moere. « Les traumatismes comme dans la vie, ça ne dure pas dix ans. Il faudra que ça s'arrête », dit-il. Il faudrait l'expliquer aux plus hautes autorités de *L'Équipe*.

## ON NE TOUCHE PLUS AUX SÉLECTIONNEURS

Si la «jurisprudence Jacquet» sévit à la rubrique foot, elle n'épargne pas les autres sports, à commencer par le ballon ovale. Bernard Lapasset, président de la Fédération française de rugby, peut dire merci à Mémé. La campagne menée contre lui par le remuant Marc Van Moere s'arrête brusquement *–voir le chapitre «L'Équipe et les fédérations, "je t'aime moi non plus"»*. Pas de vagues. Le quotidien sportif ferme aussi les yeux sur le bilan mitigé des sélectionneurs du XV de France: Pierre Villepreux et Jean-Claude Skrela termineront tranquillement leur mandat après avoir été l'objet de critiques virulentes, en particulier dans *L'Équipe*. «Au printemps et durant l'été 1999, à la toute fin de l'ère Villepreux-Skrela, l'équipe de France de rugby est lamentable, mais Jérôme Bureau prévient, en substance: "Attendez les gars, on ne va pas encore se faire taper sur les doigts, alors prudence!"», affirme un rédacteur en chef. Leur successeur, le haut en couleur Bernard Laporte, bénéficiera de la même mansuétude pour l'ensemble de son œuvre de 1999 à 2007. « On n'aurait pas écrit à la une de *L'Équipe:* "Laporte ne gagnera pas la Coupe du monde." C'est une prudence qui relève de l'inconscient. Mais j'attends toujours des journalistes de rugby qu'ils expliquent pourquoi la France n'a pas gagné la Coupe du monde 2007, organisée sur son sol. On zappe trop d'un événement à l'autre sans réfléchir alors qu'il faudrait revenir sur l'événement et l'analyser après coup », explique l'ex-directeur des rédactions, Claude Droussent. À ce jour, *L'Équipe* n'a toujours rien publié de consistant sur le sujet.

## LAPORTE S'EN SORT BIEN

« *L'Équipe* a été gentille avec Laporte, elle n'a pas assez critiqué les options du sélectionneur sur le jeu », renchérit Olivier Margot, tout sauf un dangereux subversif.

Pourtant, le constat, au sein de la rédaction en chef et de la rubrique, ne date pas de l'échec de 2007. Quatre ans plus tôt, lors de la précédente Coupe du monde, le coaching de Laporte aurait sans doute mérité un traitement plus sévère. « En 2003, Laporte annonce qu'on sera champions du monde, et puis on perd en demi-finale puis le match pour la troisième place, rappelle Francis Deltéral, vétéran de *L'Équipe* en 2007, à l'issue d'une carrière vouée au rugby.

Mais Éric Champel, le responsable de la rubrique, refuse avec Claude Droussent qu'on fasse un bilan de la méthode Laporte. Le problème, c'est qu'on marche sur des œufs depuis l'affaire Jacquet[5].» Le remplacement du leader du rugby Pierre-Michel Bonnot par Christian Jaurena est aussitôt interprété en interne comme un symptôme supplémentaire de la frilosité ambiante. «Au-delà du cas Laporte, Bonnot écrivait des papiers assez critiques, ceux de Jaurena sont moins abrasifs», explique Francis Deltéral.

Cet ancien ailier de Bègles au début des années soixante-dix en a gros sur le cœur. À quelques mois de la retraite, il ne reconnaît plus son *Équipe*, où il a fait toute sa carrière depuis 1968. «Depuis 1998, le journal est sous la tutelle de l'amendement Jacquet, dit-il drôlement. Les chefs de rubrique découragent les critiques trop marquées, sur ordre de la direction de la rédaction. Autrefois, Denis Lalanne pouvait soutenir une position différente d'un éditorial, on ne pouvait l'empêcher d'écrire ce qu'il pensait. Il n'y a plus d'échange entre les responsables de rubrique et la direction de la rédaction, qui concentre tout le pouvoir. *L'Équipe* vit sous le régime de la pensée unique.» La preuve par l'exemple: «Un responsable m'a dit "on aura l'air malin si on est champions du monde". On m'a demandé de ne pas trop critiquer, on ne m'a pas confié certains papiers, par crainte que je ne prenne trop mes aises.» En clair, la prudence du grand quotidien sportif relève moins de

« l'inconscient collectif » que de consignes on ne peut plus claires, émanant du sommet de la pyramide.

Bernard Laporte n'aura eu de cesse de renforcer l'assise défensive du XV de France, au détriment du *French flair*, le beau jeu à la française. Recyclant d'une certaine manière les recettes du grand chef Jacquet, même si comparaison n'est pas raison. Et à la différence notable que Bernard Laporte échouera à deux reprises dans la conquête du titre mondial, là où Mémé transformera l'essai à sa première tentative. Le sélectionneur et homme d'affaires n'a en revanche pas manqué de relais efficaces au sein de la rédaction, lui. Le reporter Hamid Imakhoukhene, responsable de l'équipe de France, passait pour sa courroie de transmission officielle. « Il mangeait dans la main de Laporte, selon le mot d'un confrère », s'amuse un rédacteur en chef, sous le couvert de l'anonymat. Hamid Imakhoukhene que l'on a vu dans le rôle du consultant à « Télé rugby », sur TF1, pendant la Coupe du monde. « On ne peut pas dire qu'il s'est fait remarquer pour ses questions incisives », glisse un autre de ses confrères. Ainsi, le 13 octobre 2007, jour de la demi-finale de Coupe du monde France-Angleterre, Hamid Imakhoukhene interroge le sélectionneur national sur sa résistance aux critiques : « Vous avez été très exposé, très critiqué. Notamment pour votre initiative sur la fameuse lecture de la lettre de Guy Môquet… Était-ce un moment particulièrement difficile à vivre au plan personnel ? – Non. Parce que lorsque tu es entraîneur, tu penses vite à reconstruire », répond impeccablement Laporte. Super-pro et langue de bois, comme d'habitude.

Avant le match d'ouverture France-Argentine, Bernard Laporte, officiellement pressenti pour devenir secrétaire d'État aux sports après le Mondial, avait eu la curieuse idée de lire à ses joueurs la lettre d'adieu du jeune résistant communiste, fusillé à 17 ans. Guy Môquet, super héros posthume par la grâce du nouveau chef de l'État, Nicolas Sarkozy, fraîchement élu au printemps.

Autre journaliste de *L'Équipe* pas trop désagréable avec Laporte, le patron de la rubrique rugby, Arnaud David, qui a épaulé Hamid Imakhoukhene sur le plateau de « Télé rugby », à la demande de Claude Droussent. Des états de service suivis d'une promotion express au grade de rédacteur en chef. Visiblement, la réponse à la question « pourquoi la France n'a pas gagné la Coupe du monde ? » ne faisait pas partie des critères d'avancement !

Courageuse mais pas téméraire, *L'Équipe* attendra la défaite des Bleus contre les Anglais avant d'émettre la première critique sérieuse à l'encontre de Laporte. Et encore, par le truchement du demi d'ouverture du XV de France, Frédéric Michalak, pour qui « Laporte a fait son temps[6] ». On l'aurait deviné, mais ça mieux en le disant. Deux jours plus tard, *L'Équipe Magazine* planque une petite mine sous la chaussure à crampons du désormais ex-sélectionneur. Remarquablement enquêté, le dossier de Laurent Telò et Fabrice Lhomme révèle que, selon un rapport du fisc, la petite chaîne de restauration Olé Bodega, propriété de l'homme d'affaires Bernard Laporte, se livrait « à des dissimulations de chiffre d'affaires et/ou des majorations de charges et/ou des mouvements de fonds suspects via les comptes courants[7] ». Le rapport de la Direction nationale d'enquêtes fiscales évoque également des « opérations comptables susceptibles de constituer des infractions pénales, d'abus de biens sociaux, faux en écriture de commerce ». Une affaire classée sans suite. Enfin, Bernard Laporte est soupçonné d'avoir intercédé auprès de Nicolas Sarkozy, à l'époque ministre de l'Intérieur, pour faciliter l'obtention d'une licence nécessaire à l'ouverture d'un casino. « Bernard Laporte m'a dit : "Sarko est très sympa. Il pourra m'aider." Et il m'a proposé de faire cinquante-cinquante si l'affaire s'arrangeait », témoigne une certaine Frédérique Ruggieri, bénéficiaire de l'accord tacite qui ne se concrétisera jamais. Une plainte pour « favoritisme », déposée par cette dernière, est actuellement en cours d'instruction. Laquelle vise les pouvoirs publics, et non Bernard Laporte.

Huit mois auparavant, le jeune reporter Laurent Telò, très en verve, tirait le portrait du sélectionneur sur trois numéros du magazine. Le dernier épisode dévoile les dessous de la petite entreprise Laporte, suspectée notamment de conflit d'intérêts dans l'affaire du sauvetage raté du club de Bègles en Gironde. Du super-boulot? Oui, bien sûr. Quoique… En interne, la Société des journalistes fait la fine bouche. Un de ses adhérents, Stefan L'Hermitte, grand reporter à *L'Équipe Magazine*, met les pieds dans le plat : « Le magazine aurait pu sortir le rapport du fisc plus tôt mais il a préféré attendre sagement la fin du Mondial, témoigne le lauréat 2007 du prix LCL du meilleur article de sport. Rétrospectivement, on peut considérer que ce papier, d'ailleurs tout à fait excellent, a été utilisé pour faire diversion et masquer les insuffisances du quotidien. La semaine précédant la demi-finale perdue, *L'Équipe* ne critique absolument pas Laporte alors qu'il y avait matière, malgré la victoire surprise contre la Nouvelle-Zélande en quarts. En résumé, le travail incisif du magazine permet de dédouaner le quotidien, passé complètement au travers vis-à-vis du sélectionneur[8]. » Fabrice Lhomme, rédacteur en chef adjoint en charge de l'investigation à *L'Équipe Magazine*, conteste l'analyse de L'Hermitte sur le calendrier : « Laurent Telò était sur la piste de ce fameux rapport depuis son enquête-portrait de Laporte, explique-t-il. Il finit par l'obtenir en septembre, à l'entame de la Coupe du monde. Mais le document était imbitable, il fallait se le faire expliquer par des fiscalistes, ce qui a pris du temps. Ceci dit, on aurait pu publier le papier début octobre, mais on a fait le choix de repousser la parution pour une raison simple à comprendre. Le 6 octobre, la France affrontait la Nouvelle-Zélande pour une place en demi-finale. Si on avait publié le dossier ce jour-là, il serait passé complètement inaperçu. Alors que la concomitance de la publication avec l'entrée de Laporte au gouvernement nous a fait une jolie promotion. »

Incisif, le consultant Pierre Berbizier l'a été. Un peu trop aux yeux de la direction de la rédaction de *L'Équipe*. « Berbize » est une icône du rugby français. Capitaine de l'équipe de France finaliste de la première Coupe du monde en Nouvelle-Zélande, il assume la fonction de sélectionneur de 1991 à 1995. C'est dire s'il est bien placé pour émettre un jugement sur le jeu du XV de France. L'homme passe pour un technicien pétri de convictions, prêt à en découdre intellectuellement si le besoin s'en fait sentir. « L'affaire Jacquet a créé une psychose, explique-t-il. Il n'y avait plus de discussion sous l'ère Laporte, on se servait de l'affaire Jacquet pour occulter le débat et éviter toute analyse. Laporte a verrouillé la communication, ça limitait les signaux d'alarme, le débat et la critique. Or pour moi un journal comme *L'Équipe* doit faire vivre le débat[9]. » Avant la Coupe du monde 2003, l'ancien demi de mêlée d'Agen entretenait les meilleures relations du monde avec le quotidien et surtout L'Équipe TV, à laquelle il collaborait régulièrement. La cassure se produit après la défaite 40-13 des Français contre les Néo-Zélandais, dans le match pour la troisième place. « Quand j'ai vu un groupe de supporters français quitter le stade de Sidney peu fiers de leur équipe nationale qui s'était foutue du match, cela m'a fait mal, raconte Pierre Berbizier, un éclat de colère dans la voix. L'argument principal de ma chronique était lié à cela. Quand on représente la France, qu'on porte le maillot bleu, on n'a pas le droit de se moquer des gens. » Intégralement censurée, sa chronique n'a jamais été publiée. « Je n'ai reçu aucune explication, affirme-t-il. J'ai compris que si on ne me laissait pas écrire en fonction de mes convictions, on ne pouvait plus fonctionner ensemble. Je n'ai jamais attaqué les hommes, j'ai cherché à analyser les situations. Trois mois après cet incident, juste avant le Tournoi des six nations, j'ai fini par en discuter avec Droussent, lors d'une rencontre au journal. Il m'a fait comprendre que l'article ne pouvait pas passer. Et semblait éprouver plus de gêne que moi. » Claude Droussent ne partage pas tout à fait le point de vue de Berbize. « La décision de ne pas publier cette chronique a été prise par les responsables de la rubrique, en accord avec le directeur de la rédaction, Michel Dalloni, et moi-même, admet-il. J'aime bien Pierre, il est formidable, il est très têtu aussi. Mais il n'a pas respecté son engagement de ne laisser transparaître aucun règlement de comptes personnel. »

## LES BLEUS PEUVENT DORMIR, TRANQUILLES

« Pascal Praud: Didier, pour revenir à votre cas, vous avez cent une sélections, pas encore 32 ans, pour vous c'est le début.

Didier Deschamps: Tout le monde ne le dit pas malheureusement…

Praud: Nous, on le dit! […] Alors Didier, vous ne vous êtes pas exprimé dans les médias durant toute la compétition, ça a été un Euro difficile pour vous de ce point de vue?

Deschamps: Oui, difficile parce que je ne m'attendais pas à ça, encore que moi j'y suis prêt, mais j'ai trouvé en face de moi un manque de compétence et de respect, surtout de la part d'un journal, *L'Équipe*[10]… »

Au soir du triomphe «monumental[11]» des Bleus à Rotterdam, en finale de l'Euro 2000, l'inusable Pascal Praud tend le crachoir au capitaine Deschamps, tout content de pouvoir déverser sa bile. À cet instant, ou le futur ambassadeur des biscuits P'tits Lu joue la comédie ou il ne sait pas lire, tant le décalage est grand entre sa charge contre *L'Équipe* et le contenu réel des articles consacrés à la «Dèche». «Au sein de la rubrique, certains journalistes estimaient qu'il était cramé et ne méritait pas d'être titulaire, explique un ancien patron du foot. Alors que pour d'autres, son rayonnement et son rôle de relais du sélectionneur, le rendaient indispensable malgré une baisse de niveau de jeu. Mais jurisprudence Jacquet oblige, le débat n'a pas été tranché. Résultat : plus aucun parti pris dans les éditos, et bientôt plus d'édito du tout, comme ça, on ne prenait vraiment aucun risque, sur Deschamps comme sur le reste. »

Hormis quelques articulets vaguement critiques, le quotidien sportif a globalement ménagé l'ancien joueur de l'Olympique de Marseille. « *L'Équipe*, le Grand Satan depuis l'été 1998, est une nouvelle fois une cible bien commode, notent les journalistes Éric Maitrot, ancien de *L'Équipe* et du *Sport*, et Karim Nedjari, reporter au *Parisien*. Et tant pis si le débat a démarré puis a été nourri dans d'autres colonnes. En plein Tournoi Hassan-II à Casablanca, et à une semaine de l'ouverture de l'Euro 2000, c'est le quotidien *Le Parisien* qui, le premier, pose la question qui fâche dans son édition du 3 juin avec une double titrée : Deschamps est-il irremplaçable ? Équilibré, le dossier tente de répondre à cette question essentielle pour l'avenir des Bleus [12]. » Mais capt'aine la Dèche se focalise sur une série de papiers nettement moins incisifs parus dans *L'Équipe*. Comme Aimé Jacquet, il n'admet pas que la bible du sport égratigne ce monument bleu qu'il est devenu dans la touffeur de l'été 1998.

Signé Vincent Duluc, que l'on a connu plus corrosif sous l'autorité de Gérard Ejnès, « Deschamps, plus qu'un joueur » dresse un portrait nuancé du capitaine : « Si ses qualités de footballeur ne suffisent pas à expliquer une carrière aussi glorieuse, il a toujours su exercer son intelligence et sa remarquable capacité d'analyse pour maintenir sa position personnelle et faire avancer les équipes dans lesquelles il a joué, décrypte-t-il. [...] Son rôle d'entraîneur sur le terrain a souvent été moqué par ceux qui lui reprochent ses frappes anémiques et son faible rayonnement offensif, mais sans lui, qui osera engueuler Zidane ou Desailly si nécessaire, qui modifiera instantanément le dispositif de l'équipe de France au gré d'un changement adverse, qui contribuera à assurer la paix sociale d'un trait d'humour dépourvu d'innocence [13] ? » Vincent Duluc jure n'avoir « jamais attaqué l'homme ». En septembre 2000, l'ex-capitaine des Bleus passe « un coup de fil énervé » au leader de la rubrique foot.

« Moi, je m'en fiche de ce que tu écris. Mais ma famille a souffert de lire que j'étais un vieux joueur et ça, je ne le pardonne pas... – Mes enfants t'ont entendu dire devant vingt millions de téléspectateurs que les journalistes de *L'Équipe*, donc leur père, étaient malhonnêtes. – Mais l'article que tu as écrit avant l'Euro était tordu ! Au début, je me suis interrogé. Après, je l'ai relu, des gens m'en ont parlé et je me suis rendu compte... – Mais il y avait trois fois pire ailleurs, dans *Le Parisien*, *France-Soir*, partout ! (*Il coupe.*) – Les autres, ça m'est égal. Ce qui compte, pour nous, c'est *L'Équipe*, c'est tout. C'est le journal que lisent les gens du foot et nos proches [14]. »

Deux jours avant la finale contre Italie, Pierre Ménès s'interroge lui aussi sur «le cas Deschamps»: «Tandis qu'un Djorkaeff ou un Dugarry sont encore en train de se demander pourquoi ils n'ont pas participé à une malheureuse minute de la demi-finale contre le Portugal, Didier Deschamps reste inamovible et surtout intouchable dans l'acception totale du mot. C'est-à-dire qu'on n'y touche pas. Jamais. [...] Tout le monde a le droit de rater un match, et si Deschamps n'a pas été bon contre le Portugal, il avait fourni sa meilleure prestation au tour précédent contre l'Espagne. Contre Raul et ses coéquipiers, Deschamps, projeté vers l'avant, avait beaucoup apporté dans le jeu de transition[15].» La critique est mesurée et étayée. Pas de quoi fouetter un vieux matou expérimenté comme Deschamps. Pas de quoi justifier la volée de bois de vert administrée à *L'Équipe* devant vingt millions de téléspectateurs. Sauf à ériger en modèle de communication la «pensée positive permanente» conceptualisée par Christian Montaignac: «Aux dernières nouvelles, la parole a encore reculé dans le sport qui, par tradition et par nécessité, en fait un usage abondant mais sage, remarque la signature phare de la page 2 canal historique. Par tradition, parce qu'il n'a pas attendu l'avènement de la PPP – pensée positive permanente – pour la pratiquer, par nécessité dès lors que le sportif, esprit de groupe et de discipline aidant, se doit d'avancer dans l'ordre, le bon[16].»

Autant de bonnes raisons de ne pas rester muet, cette fois-ci. En 1998, la quasi-absence de réaction aux diatribes d'Aimé Jacquet avait accrédité l'idée d'une culpabilité acceptée. « Qui ne dit mot consent », dit le proverbe. Cette fois, le patron du foot, Didier Braun, démonte point par point la rhétorique du capitaine de l'équipe de France, dans un article intitulé « Deschamps et nous ». « Puisque l'Euro était un remake fort réussi du Mondial [...], il fallait bien que ce journal reprenne son rôle de méchant d'il y a deux ans, ironise-t-il subtilement. [...] Quand, dimanche, nous avons appris la véhémence de la sortie du capitaine français, intégralement réservée à ce seul journal, notre joie d'après-match s'éteignit aussitôt. Nos lecteurs réguliers furent sans doute surpris, surtout ceux qui écrivirent parfois, au cours de ces dix dernières années, pour nous accuser d'être exagérément bienveillants à l'égard de Deschamps, voire de le protéger. Cela était sans doute excessif, et Deschamps n'avait nul besoin de notre assistance. [...] À l'instant où un jugement élogieux mais sûrement incompétent sur "Deschamps en leader" s'imprimait dans le vacarme des rotatives, sa gifle d'après-match claquait en boucle à la télé. [...] [17]. »

## AUX ORDRES DE LEMERRE

« Tu n'as pas retenu la leçon ? » Quelques jours avant le début de la Coupe du monde 2002, le rédacteur en chef de *L'Équipe Magazine*, Patrick Leroux, n'est pas très chaud pour publier un portrait décapant de Roger Lemerre. On ne décape plus à *L'Équipe* depuis le 12 juillet 1998. Du genre entêté, Fabrice Jouhaud, le jeune – 32 ans – chef du foot qui a succédé à Didier Braun, insiste. Et finit par obtenir le feu vert de Jérôme Bureau en personne. « Bureau ne censurait pas », assure un membre du premier cercle. Fils spirituel de Gérard Ejnès, Jouhaud s'accommode mal de la pusillanimité ambiante. Même si comme les autres, il a succombé au syndrome Jacquet, en une occasion au moins. Fin août 2001 très exactement. Roger Lemerre, le successeur d'Aimé Jacquet, se confie aux envoyés spéciaux de *L'Équipe*, Olivier Margot et Fabrice Jouhaud, en marge de la conférence de presse précédent une rencontre amicale avec le Chili. « Il ne faut pas juger la dictature chilienne, vous savez, nous avons bien eu Napoléon en France », lance-t-il, sous le regard médusé des journalistes. Au pouvoir de 1973 à 1990, le général Augusto Pinochet a infligé aux Chiliens un des plus sanglants régimes militaires latino-américains du XX^e^ siècle. « On en fait quoi ? » Décontenancés par l'imprévisible Lemerre, Margot et Jouhaud décident, d'un commun accord, de ne pas citer ces propos dans l'immédiat et de les garder sous le coude. Il est urgent d'attendre ! Une chance que le trait d'esprit de l'ancien sélectionneur de l'équipe de France militaire ne soit pas tombé dans l'oreille d'un journaliste travaillant pour un tabloïd britannique. « En Grande-Bretagne, ce genre d'information aurait fait la une et aurait peut-être provoqué la démission de l'intéressé », remarque un rubricard du foot, bon connaisseur des médias d'outre-Manche. Une chance pour Roger Lemerre que la presse française, *L'Équipe* en tête, soit trop bien élevée pour chercher des noises au patron des champions du monde. Fabrice Jouhaud exploitera la pépite « lemerrienne »... le 21 mai 2002. Ce jour-là, le sélectionneur donne une conférence à l'hôtel Iwasaki d'Ibuki, au Japon, lieu de résidence des Bleus pendant la Coupe du monde. « À la veille d'affronter le Chili à Santiago, dans le stade Nacional qui avait servi de lieu d'exécution au régime Pinochet, dans les années soixante-dix, cela l'avait déjà conduit [Roger Lemerre] à une formule peu réfléchie : "Parfois, les dictatures sont nécessaires." Ce jour-là, les journalistes présents avaient choisi d'oublier l'affaire, confesse Jouhaud. Étaient-ils "aux ordres" ou bien estimaient-ils être des Français différents de lui[18] ? »

Même à retardement, la divulgation de la saillie chilienne plonge Roger Lemerre dans une colère noire. Le jour suivant, le sélectionneur convoque Jouhaud et lui passe un savon digne de l'époque où il officiait au bataillon de Joinville.

« Vous l'avez dite, cette phrase, oui ou non ?

– Ce n'est pas la question. »

« Sa phrase a été une énorme maladresse. Il était emmerdé, il se rendait compte que cela le faisait passer pour un glandu, dit un journaliste de la rubrique foot. Il le comprenait parfaitement, tandis que Fabrice Jouhaud assumait. Après tout, les entraîneurs de l'équipe de France n'ont pas l'obligation de parler aux journalistes. » Roger Lemerre pardonne d'autant moins à Jouhaud qu'au-delà de l'anecdote sur le Chili l'article passe à la moulinette son fantasme sécuritaire, doublé d'une méfiance maladive envers les journalistes. L'hôtel des Bleus est mieux gardé que la prison d'Alcatraz. Pour le plus grand bonheur de Roger. « Si le dispositif était renforcé, ça ne me poserait aucun problème », relate Fabrice Jouhaud. Se sentirait-il menacé ? « Pas du tout, je suis rassuré, au contraire. » « Un "camp retranché" dites-vous ? Mon Dieu, que j'aimerais avoir des camps retranchés comme celui-là plus souvent ![19] » Si les lecteurs n'ignorent plus rien des zigzags intellectuels du sélectionneur, ils devront attendre la sortie du livre *Histoire secrète des Bleus*[20] pour connaître les raisons du fiasco de juin 2002. Quatre ans après son couronnement à Saint-Denis, l'équipe de France quitte la Coupe du monde par la porte de service. Éliminé au premier tour, le tenant du titre termine dernier de son groupe. Victime d'un excès de confiance relayé par la presse, au nom de la prétendue baraka des sortants. Arsène Wenger, le respecté entraîneur d'Arsenal, avait pourtant tiré la sonnette d'alarme dans les colonnes de *L'Équipe*. En vain. Inaudible, son avertissement se perd dans les limbes médiatiques. « J'espère que la France ne paiera pas les pots cassés mais je le crains un peu. [...]. Et moi, je prétends simplement qu'on ne rend pas service à l'équipe de France en n'osant plus élever la moindre critique ! [21] »

« La tête dans les étoiles ou ailleurs, certains joueurs semblaient avoir perdu le sens de la réalité, analysent Éric Maitrot et Karim Nedjari. Ces six derniers mois, personne à la Fédération n'avait su ou voulu endiguer la dispersion médiatique des stars de l'équipe de France, l'agitation de Clairefontaine, l'omniprésence de certains sponsors. Comme si ceux qui payaient pour monter dans le train bleu, achetaient du même coup le droit de perturber l'essentiel : le projet sportif de la sélection de Roger Lemerre [22]. » Aucune trace de ces considérations journalistiquement et commercialement incorrectes dans *L'Équipe* ou *France Football*, pour une fois sur la même longueur d'onde.

« Les deux médias écrivent globalement la même chose, souligne Éric Maitrot : les Bleus du cap'taine Marcel vont tout casser parce qu'ils sont champions du monde... à vie ! Et donc ils se plantent dans les mêmes largeurs. Pour les mêmes mauvaises raisons : des questions de marketing. Quand les Bleus gagnent, on vend plus, donc prions pour que ça rigole encore cette fois. Sans oublier la fameuse mais flagrante jurisprudence Jacquet… »

Épargné par les effets de cette dernière qui frappe son concurrent, *Le Parisien* « va déclencher les hostilités, dans son édition du 26 juin. Entre le quotidien et le groupe France, il y a alors un lourd passif, note Bruno Godard, ancien rédacteur en chef du mensuel de foot *Grand Stade*. Le 7 juin, au lendemain de France-Uruguay, un de ses reporters a été surpris dans les couloirs du Pusan Asian Main Stadium alors que les Bleus s'entraînaient à huis clos. Lemerre, dont la paranoïa atteint déjà des sommets, s'empare de ce micro-événement pour tenter de ressouder son groupe. Il parle d'"espionnage, de ligne jaune franchie, d'ennemi de l'intérieur". Il part en vrille et plus personne ne peut le contrôler. Le journaliste, qui affirme s'être perdu dans les longs couloirs d'un stade qu'il ne connaissait pas, est déclaré "*persona non grata* dans le périmètre des Bleus"[23]. » Manchette, double page d'ouverture, les journalistes du quotidien populaire mettent le paquet. L'argent, le sexe, le laxisme de l'encadrement, l'ambiance délétère de l'hôtel, tout y passe. « Aucun article de cette double page n'est signé et l'on peut se demander légitimement si *Le Parisien* ne règle pas ses comptes avec le groupe France d'une manière un peu trop brutale[24] », ajoute Bruno Godard. En tout cas, le journal de Saint-Ouen peut se targuer d'avoir fait son travail.

# LE CAS DOMENECH

«N'occultez pas les bonnes décisions.» C'est par ces mots que Raymond Domenech tente de désamorcer ce qu'il perçoit comme une offensive larvée de *L'Équipe* à son encontre. «Ne nous transformez pas en bouc émissaire», lui répond en substance Claude Droussent, au cours d'un déjeuner avec le sélectionneur des Bleus dans un restaurant de l'avenue Georges-V à Paris. En ce mois de janvier 2006, à quelques mois du coup d'envoi de la XVIIIe édition de la Coupe du monde en Allemagne, l'heure est au dégel entre la maison bleue et *L'Équipe.* «Claude Droussent et moi-même avons suscité cette rencontre et invité le sélectionneur[25]», témoigne Michel Dalloni. Autour de la table, outre Domenech et les patrons de la rédaction de *L'Équipe*, Yann Le Guillard, le chef de presse des Bleus et Rémy Lacombe, responsable du foot. «Nous avons dit à Domenech : "Il va y avoir une Coupe du monde, l'équipe de France et Zidane sont très attendus, vous pouvez gagner, ou être éliminés. Il y a un passif, un traumatisme connu de chacun entre le journal et vous. Sachez qu'à aucun moment nous ne vous transformerons en bouc émissaire d'un quelconque événement." Nous voulions tout simplement déminer le terrain. Il n'a pas dit non. »

Rémy Lacombe, passé depuis lors avec armes et bagages à *France Football*, d'où il a tiré à boulets rouge vif sur Domenech, évoque lui aussi cette entrevue placée sous le signe de l'apaisement.

« Nous avons le bon réflexe de dire qu'il fallait tirer les leçons de 1998, expose-t-il. L'équipe de France de Domenech avait certes été très inquiétante, mais nous ne voulions pas reproduire les conneries du passé. Ne franchissons pas la ligne jaune ! Voilà ce qu'on se disait en permanence. Domenech avait le sentiment qu'on faisait exprès de ne souligner que ses mauvaises décisions. Mais il l'a un peu cherché, à ses débuts surtout. Dès son premier match, le nouveau sélectionneur suscite un gros malaise, il oblige les joueurs à mettre des protège-tibias et leur inflige un debriefing à 2 heures du matin. Nous avons discuté à bâtons rompus pour voir quels étaient les ressentis de part et d'autre. Il pensait qu'on menait une campagne contre lui. Ce à quoi nous avons répondu qu'il serait jugé sur pièces. »

Question piège à Gérard Ejnès : « De votre temps, invitiez-vous le sélectionneur pour aplanir les différends ? » Flairant la chausse-trappe, le toujours directeur adjoint de la rédaction en titre marque une hésitation puis lâche, laconique et prudent : « A priori, on n'allait pas voir le sélectionneur dans cette optique. »

## PAS TOUCHE À RAYMOND

Peu porté à accepter la critique, Raymond Domenech n'avait pourtant guère de raisons objectives de se plaindre du traitement de *L'Équipe*. « Comme on était allés trop loin avec Aimé Jacquet, on a eu le sentiment, vis-à-vis de ses successeurs, que la critique – qui aurait pu être tout aussi sévère – était beaucoup plus retenue, affirme Laurent Wetzel, rédacteur en chef adjoint à *France Football*. Le balancier lancé trop loin d'un côté, revenait trop loin de l'autre. » « *L'Équipe* a clairement mis le frein à main sur les sélectionneurs après 1998, confirme Thierry Cerinato, journaliste à la rubrique foot. Ce que faisait Domenech les deux premières années était indéchiffrable. Mais on a retenu une leçon : la France peut avoir l'entraîneur le plus nul du monde et arriver en finale[26]. » Même l'ancien patron des Bleus, Gérard Houllier, juge « *L'Équipe* pas trop critique avec les sélectionneurs depuis dix ans[27] ». Vincent Duluc admet que « personne n'a pu continuer de travailler dans ce journal comme si l'affaire n'avait pas existé. Personne n'a jamais eu envie de nier la part de culpabilité ni la nécessité d'un retour sur soi-même. Il a fallu du temps pour trouver le juste milieu entre le combat journalistique à découvert d'avant 1998 et les prudences excessives des années qui ont suivi. Le curseur continue de bouger[28].» Mais, se défend-il, lors d'un entretien avec l'auteur, «s'il est possible que nous soyons moins durs qu'avant, nous restons moins consensuels que les chaînes détentrices des droits télévisés sur les matchs de l'équipe de France». Tout à fait Vincent. Rien d'autre à signaler? Un détail peut-être. «Duluc est sous l'influence de Domenech», observe Christian Montaignac. «Il est proche du sélectionneur», corrobore Thierry Cerinato. Une proximité qui remonte à l'époque où Domenech a entraîné l'Olympique lyonnais, de 1988 à 1993. Le jeune et prometteur Vincent Duluc suit alors les destinées de l'OL pour le compte du *Progrès de Lyon*. Les deux hommes ne se sont jamais perdus de vue. Après une coupure de deux ans, ils se croisent à nouveau à Clairefontaine lorsque Domenech prend les rênes de l'équipe de France Espoirs. Interviewer attitré du sélectionneur comme au temps de son prédécesseur Patrick Urbini, Vincent est dans les petits papiers de Raymond. Et cela se ressent sur le ton et le contenu de ses analyses. Sans être à proprement parler complaisantes ni brosse à reluire, elles ont tendance à trouver une foultitude de circonstances atténuantes à l'ancien défenseur rugueux du Racing Club de Strasbourg et des Girondins de Bordeaux. À la décharge du leader du foot, cette propension à l'indulgence est partagée par la hiérarchie de sa rubrique voire, on l'a vu, par la direction de la rédaction.

Loin de s'émousser, le syndrome Jacquet atteint son point culminant sous l'ère Domenech. Le 30 mars 2005, la France obtient un laborieux résultat nul contre Israël à Tel-Aviv. Voici revenu le temps des « nuls » célébré en son temps par Gérard Ejnès ? Surtout pas ! *L'Équipe* fait semblant de n'avoir rien vu. « Quand David Trezeguet se fait expulser [à la 55e minute], il n'y a aucun coaching derrière. Domenech attend la fin de la rencontre [92e minute] pour faire entrer Vikash Dhorasoo à la place de Sylvain Wiltord, raconte Patrick Lafayette. Le lendemain, on ne parle pas des errements de Domenech, j'étais atterré. Et le soir à la radio, j'entends Pierre Ménès "tailler" les non-choix du sélectionneur. Je me souviens très bien, j'étais dans mon lit, je lui envoie un Texto disant que "j'aurais aimé le lire dans le journal", et il me répond : "Le journal c'est le journal, et moi c'est moi." »

Comme à son habitude, Raymond Domenech rejette toute responsabilité dans cette contre-performance, qui accélérera le retour de Zinédine Zidane en équipe de France *– voir le chapitre « Zidane, l'intouchable »* : « Je n'ai aucun regret, dit-il dans une interview à L'Équipe.fr. [...] Dites-moi que j'avais tort : personne ne pourra jamais le prouver. Remplacer Wiltord par Dhorasoo à la 92e, c'était pour rappeler à l'arbitre que le match allait finir et qu'il devait siffler. »

Même les bourdes les plus flagrantes du sélectionneur sont critiquées avec modération. Le 15 mai 2006, Raymond Domenech réserve la primeur de ses commentaires sur la liste des 23 sélectionnés pour le Mondial à SFR, sponsor de l'équipe de France. « Jeudi, on devrait donc en savoir encore un peu plus sur le pourquoi du comment de la liste. À condition d'être internaute, de se connecter sur le site en question ou de se rendre sur les Champs-Élysées. Une sorte de session de rattrapage pour les 4,9 millions de téléspectateurs rassemblés devant "Téléfoot" dimanche matin, et qui ont attendu en vain la bonne parole du sélectionneur[29] », reproche mollement Rémy Lacombe. Pas d'embardée sur le thème de l'argent roi qui prive des millions de footballeurs du dimanche d'un des derniers petits plaisirs gratuits du supporter. Pas d'édito bien senti rappelant une évidence : l'équipe de France appartient à tous les Français, et non aux abonnés d'un opérateur téléphonique. Trop « engagé », trop « dangereux ». « *L'Équipe* n'a rien osé dire, ou si peu, sur Pascal Chimbonda, retenu dans les 23 à la surprise générale[30] », bougonne Christian Montaignac.

Et les Q-R, Christian ? Vous oubliez le rôle essentiel dévolu aux questions-réponses. Pratique, informatif et sans risques. Extraits choisis à l'attention de Montaignac, le mauvais coucheur. Non sélectionné, le milieu de l'AS Roma Olivier Dacourt allume Domenech : « Vous n'êtes pas dans la liste des vingt-trois. Quelle est votre réaction ?

–Voilà ce qui se dit dans le milieu: Domenech a eu tous les meilleurs joueurs français de l'histoire avec les Espoirs. Pouvez-vous me dire ce qu'il a gagné avec ces équipes? Et en tant qu'entraîneur? C'est seulement un constat objectif. [...] Je persiste à répéter que l'équipe de France mérite les meilleurs joueurs. [...] Ce qui me heurte, c'est que Philippe Méxès soit oublié. C'est un scandale [31].»

Deux ans plus tard, Domenech zappe de nouveau Méxès sur des critères tout aussi contestables. «Il y a une forme d'injustice dans ce choix du sélectionneur, s'indigne à juste titre Sébastien Tarrago dans un "parti pris". Une injustice devenue patente avec le temps. C'est un choix arbitraire. Un choix despotique. Comme tous les autres? Un peu plus que les autres. Philippe Méxès n'est pas un recalé parmi d'autres. C'est un banni. Raymond Domenech ne l'aime pas. Il ne l'a jamais aimé. [...] Un entraîneur doit aussi s'élever, dépasser ses préjugés. Philippe Méxès a toujours eu du talent. À l'AS Roma, il est devenu un grand joueur [32].»

Une voix discordante dans un océan de consensus. En annonçant une première liste de trente joueurs, amputée de sept joueurs dans un deuxième temps, Raymond Domenech s'inspire de son mentor Aimé Jacquet. Mais Vincent Duluc, qui avait torpillé cette méthode, ne trouve rien à redire cette fois! «Le parallèle n'est pas absolu, parce que les délais sont différents, parce que la cohabitation sera plus courte, et parce que les six exclus vont manquer un

Euro en Suisse et en Autriche, pas la seule Coupe du monde de l'histoire en France, ratiocine le leader de la rubrique foot. [...] Cette décision et cette incertitude vont polluer le début de la préparation des Bleus. Le sélectionneur va gagner en marge de manœuvre ce qu'il va perdre en qualité d'atmosphère. Mais il faut reconnaître que d'autres ont fait le même choix, et que la cohabitation sera beaucoup plus courte qu'en 1998[33]. » Si l'on a bien suivi, Raymond a tout bon là où Mémé avait tout faux, en agissant de la même manière. Va comprendre Vincent !

Quant aux six malheureux exclus de dernière minute, on les plaint, Domenech verse sa petite larme mais ça n'a rien à voir avec 1998, est-on prié de croire. Cette fois-ci, les joueurs ont été prévenus de leur funeste sort après déjeuner et non le soir. Ce qui change tout... Pas de fuite nocturne non plus. Et un hélicoptère ramène les perdants à la maison. La grande classe. « Peu avant 14 heures, deux hélicoptères ont surgi des cimes, décrivant une dernière courbe avant de se poser sur un aplomb au-dessus de l'hôtel, à 14 heures 8 minutes », décrit *L'Équipe* du 29 mai 2008. Les faits, rien que les faits. « Que n'aurait-on dit si Jacquet avait fait le coup de l'hélico », grince un journaliste de la rubrique foot qui voit tout en noir. Et ce n'est surtout pas dans la bio, sobrement intitulée *Domenech*[34], de Joël Domenighetti, spécialiste du foot à *L'Équipe*, consensuelle au point d'en devenir risible, que l'on en apprendra plus !

La suite, jusqu'à l'élimination des Bleus au premier tour de l'Euro 2008, est du même tonneau d'eau tiède. Alors que les nuages s'accumulent à l'approche du premier match contre la Roumanie, *L'Équipe* se contente d'informer ses lecteurs heure par heure ou presque de l'état de la cuisse du capitaine Patrick Vieira. Plutôt que de poser « les questions qui fâchent », comme le fait par exemple *Le Parisien* dans son édition du 5 juin. « Faut-il remplacer Éric Abidal par Patrice Evra ? Oui. » Après le désastreux match nul, dans tous les sens du terme, face aux Roumains, le quotidien populaire se fait encore plus pressant. « Ce qu'il faut changer », intime-t-il. « Ribéry doit prendre le pouvoir[35]. » Moins injonctif, Vincent Duluc voit « l'ombre d'un doute » planer sur la forêt de Rambouillet, quelques jours avant le début du tournoi. « Le retour dans la maison de Clairefontaine s'est accompagné de nouvelles interrogations et ce n'est pas la visite de Nicolas Sarkozy, président supporter, qui a éteint le début d'incendie[36] », ajoute-t-il. Faut-il virer remiser les « vieux cadres » au placard, les Lilian Thuram, Willy Sagnol, évincer Florent Malouda au profit de Karim Benzema ? On n'en saura pas plus. Pas avant le 10 juin. Ce jour-là, *L'Équipe* annonce enfin la couleur. « On ne marche plus », s'exclame Patrick Leroux, qui lâche enfin le morceau. « Depuis le 2 décembre 2007 et le tirage de l'Euro à Lucerne, on s'était fait tous les plans possibles sur ce Roumanie-France du 9 juin au stade du Letzigrund, à Zurich. On avait même décidé d'être résolument positif, d'arrêter de râler, avoue le rédacteur en chef. [...] On n'a pas été déçu. Hier, les Bleus ont livré une des plus faibles entrées en matière de leur histoire en phase finale. Insipide. [...] Alors, la chaleur étouffante sur Zurich, le mauvais esprit des Roumains, nous, on ne marche plus.»

Trop tard. Le ver est dans le fruit. La France perd son dernier match contre l'Italie et termine bonne dernière de son groupe. «Inéluctable», titre *L'Équipe*, fataliste. Domenech doit-il quitter le navire après cette piètre performance? Oui ou non? Le quotidien sportif refuse de trancher. Vincent Duluc est pro-Domenech, Olivier Margot semble pencher pour Didier Deschamps. Mais aucun des deux n'affiche clairement sa préférence. «Lorsque le dépit amoureux qui entoure l'élimination des Bleus sera lesté d'un peu moins de dépit et d'un peu plus d'amour, l'évidence commencera à réapparaître: la tentation de la rupture, après une défaite, est une facilité et une illusion[37]», écrit le leader de la rubrique foot.

Margot a bien sa petite idée, mais... motus. Le super-leader de *L'Équipe* tend le micro aux champions du monde 1998, majoritairement favorables à la nomination de leur ex-capitaine Didier Deschamps à la place de Domenech. «Deschamp me paraît le sélectionneur idéal», explique Robert Pires. «Penser à la succession de Domenech est normal, estime Bixente Lizarazu, chroniqueur à *L'Équipe*. En cas d'échec, c'est la règle du jeu dans le sport de haut niveau.» Seul Fabien Barthez défend son ancien taulier. «Domenech et moi, ça s'est bien passé, dit-il. Mais, même si ça n'avait pas été le cas, tous ces donneurs de leçons, ça ne me plairait pas trop[38].» Cerise sur le gâteau, Zizou apporte un soutien de poids à son vieux pote la Dèche: «C'est lui qui peut remplacer l'actuel, murmure l'homme-sandwich le plus célèbre de France, en marge d'une opération de promotion pour son sponsor Adidas. Il a les capacités, il connaît le groupe, il connaît très bien le foot, il est légitime.» «Évidemment, avec cette intervention du héros du Stade de France, le débat est passé à un stade supérieur, loin de la société du spectacle et des plans com' de l'un, loin des mises aux poings des autres, pavoise Olivier Margot. Dans le même temps, Franck Ribéry, ce ch'ti qui était le protégé de Zizou pendant la campagne de 2006, confiait à *L'Équipe* qu'il aimerait que Domenech reste à son poste. Cette fois, la campagne est vraiment lancée. Quand même, les paroles de Zinédine Zidane pourraient, comme toujours, peser lourd[39].»

Courageusement, *L'Équipe* attend que Domenech soit à terre, critiqué de toutes parts, après l'humiliante défaite contre l'Autriche (3-1), pour sonner l'hallali. « Domenech, l'incroyable vérité », peut-on lire en une du quotidien le 9 septembre. Il n'est jamais trop tard pour bien faire…

## *FRANCE FOOT* SE PAIE RAYMOND

*France Football* ne s'embarrasse pas de tant de circonlocutions. Son directeur de la rédaction Denis Chaumier veut égayer la décoration austère de son bureau avec le scalp de Raymond Domenech. Il reste une petite place à côté de l'affiche du *France Foot* « Zidane, Ballon d'Or 1998 ». Le successeur de Jacques Santini est dans la ligne de mire de l'hebdomadaire depuis sa nomination à l'été 2004. Écarté sans ménagement à la mi-temps de Chypre-France, le 13 octobre 2004, Robert Pires règle ses comptes avec Domenech dans *FF* : « On aurait besoin que Domenech nous libère, or, il nous crispe par ses attitudes, ses paroles, ses commentaires. Ai-je répondu à la question ? [...] Je l'avais eu durant quatre ans avec les Espoirs et j'en conservais un bon souvenir. [...] Mais alors, depuis, je peux vous l'assurer, qu'est-ce qu'on déchante[40] ! » Encore un coup monté de ces journalistes de *France Foot*, tempête Raymond, qui ne rappellera jamais Robert Pires, pourtant revenu à son pic de forme. À la veille du match retour contre Chypre, Patrick Dessault, le chef d'orchestre de la campagne anti-Domenech, lâche les chevaux : « Parce que Raymond Domenech lit dans les tarots et fouille à ses heures dans les foies de volaille, l'avenir des Bleus était donc emballé, pesé, dès le départ. Autrement dit, le 4 septembre 2004, au soir de France-Israël (0-0), il aurait fallu se transporter illico au 12 octobre 2005, et on aurait gagné du temps ! Car le sélectionneur savait qu'on en arriverait là puisqu'il le répète depuis le début. Doit-il se féliciter pour autant d'avoir eu raison tout au long de cette campagne éliminatoire et d'avoir ainsi mis ses talents de visionnaire en exergue, alors que son savoir-faire de patron d'une équipe nationale aurait amplement suffi au bonheur du football français, heureux de ne pas en arriver là ?[41] » Le « foie de volaille » et le « visionnaire » sont des allusions sournoises à la passion de Raymond Domenech pour l'astrologie. « *France Football* a eu à l'égard de Raymond Domenech, en menant des attaques personnelles contre lui, une façon de faire proche de celle de *L'Équipe* avec Aimé Jacquet », déplore Laurent Wetzel, rédacteur en chef adjoint de *FF*. Outré, Raymond Domenech décide de boycotter l'hebdomadaire. « C'est la première fois que *France Football* se coupe totalement d'un sélectionneur », regrette de son côté le rédacteur en chef Jean-Marie Lorant[42]. Un état de fait « dommageable » quand on prétend être la référence en matière de football, souligne-t-il : « Je comprends que certains puissent être dérangés par l'esprit de provocation du personnage, mais ça ne justifie pas qu'on s'en prenne à l'homme. »

Apprenant le retour de Rémy Lacombe à la rédaction en chef de *FF*, en provenance de la rubrique foot de *L'Équipe*, Raymond Domenech fait un pas en direction de ses contempteurs. Le sélectionneur compte sur l'influence modératrice de Lacombe sur son mentor Denis Chaumier. Domenech remet donc le couvert, cette fois avec *France Football*. On prend les mêmes, ou presque, et l'on recommence. Outre Domenech et son attaché de presse Yann Le Guillard, Gérard Ernault et Denis Chaumier, accompagnés du casque bleu Lacombe, sont de la partie. « Tant que Patrick Dessault et Patrick Urbini suivront l'équipe de France, je ne reparlerai pas à *France Foot* », prévient-il ses interlocuteurs. Lesquels lui opposent une fin de non-recevoir. Mieux, ou pire, selon le côté où l'on se place : Denis Chaumier éjecte le troisième suiveur des Bleus, Patrick Sowden, jugé trop accommodant avec le sélectionneur. Et nomme à sa place François Verdenet, un anti-Domenech patenté ! « Domenech était dans une démarche de conciliation plutôt intelligente, et on lui jette dans les pattes un journaliste qui le déteste depuis l'époque où il était entraîneur des Espoirs », s'afflige un cadre du journal. Enterré, le projet de grande interview dépassant le cadre de l'équipe de France suggéré par Chaumier et Ernault à la fin du repas. « Dans sa dernière période, Aimé Jacquet refusait les interviews directes avec *L'Équipe*, mais il répondait aux questions en conférence de presse. Contrairement à Raymond Domenech, qui rejette tout échange même indirect avec les journalistes de *France Football* », réplique fermement Denis Chaumier. Un ostracisme dont il s'indigne haut et fort, prenant à témoin les lecteurs. « Pour avoir toujours voulu exprimer sa part de vérité, qui n'avait rien à voir avec l'"officielle", abondamment diffusée et servilement relayée, *France Football* était déclaré *persona non grata* par le sélectionneur qui refusait, depuis quatre ans, toute interview ou tout contact direct avec notre rédaction, jugée pas assez "supportrice" », écrit-il, dans un éditorial intitulé "Vite, un nouveau sélectionneur". « *FF*, paraît-il, jouait contre son camp. C'était l'avis autorisé de Raymond-qui-sait-tout-et-qui-l'avait-bien-dit, lequel s'offusquait que l'on s'offusque de son comportement, de ses agissements, de ses choix. [...] Mais nous n'avons jamais cru au monde merveilleux des Bleus à la mode Domenech. Jamais. Ni avant 2006, ni pendant 2006, ni après 2006[43]. » La une de ce numéro est barrée d'un rageur : « Domenech ça suffit ! Pourquoi il a échoué. Pourquoi il doit partir. Qui pour le remplacer ? »

La même semaine, *France Foot* apporte un soutien déterminé au capitaine des Bleus champions du monde, présenté comme le sauveur de l'équipe de France : « Oui à Deschamps. Les champions du monde 1998 s'invitent dans le débat[44]. » À lire Denis Chaumier, bouleversé par la tournure des événements, le maintien de Domenech fait figure de mai 1940 du football français. On pense à la débâcle et à son cortège de réfugiés, pâles sous la mitraille allemande. « Lecteurs, si vous saviez... », geint le directeur de la rédaction dans le numéro du 8 juillet. Appelés à la rescousse, les lecteurs, étrangement, pensent tous comme lui. Florilège de titres de courriers: « Un maintien qui fait scandale ! », « Morgue », « Honte ! », « Horrifié », « Récidiviste », « Immobilisme », « Mépris », « Boum ! », « Lacunes », « Amertume », « Illusionniste », « Désamour ». Un inventaire à la Chaumier qui fait froid dans le dos. Denis Chaumier ira jusqu'à exiger de la version Internet de *France Foot*, jugée aussi molle que *L'Équipe*, qu'elle se mette au diapason. Sans résultat.

Eh oui, le 3 juillet 2008, le Conseil fédéral de la Fédération française de football confirme le bail de Raymond Domenech. Pratiquement dix ans jour pour jour après la saillie de Jacquet sur les « malhonnêtes » et « incompétents » de *L'Équipe*. D'une décennie à l'autre, le quotidien sportif a retenu la rude leçon du Stade de France. Plus jamais ça… La vieille dame d'Issy-les-Moulineaux est mûre pour changer de devise et adopter ce proverbe empreint de sagesse populaire: « Prudence est mère de sûreté. »

## LE GRAND NETTOYAGE

« Le roi est mort, vive le roi ! » Ce 16 mars 2003, Denis Chaumier est tout sourire, et il le fait savoir, façon Ancien Régime. Son pire ennemi, Jérôme Bureau, vient de mordre la poussière. Encore quelques heures et il aura débarrassé le plancher. Bureau réunit une dernière fois ses plus proches collaborateurs, une quinzaine de journalistes. « Ça a duré dix minutes, c'était poignant », se souvient Étienne Bonamy, un soupçon d'émotion dans la voix.

Cinq mois plus tôt, le directeur général de *L'Équipe*, Paul Roussel, démissionnait avec fracas. Quelques semaines après l'éviction brutale de son beau-frère, Jean-Pierre Courcol, président du groupe Amaury. Dans un contexte de baisse des ventes du quotidien (-10 % en 2002), Jérôme Bureau brigue la succession de son ami avec un entrain non dissimulé. Il sait que la partie s'annonce difficile. Aucun journaliste n'a jamais dirigé une filiale du groupe Amaury, à l'exception de Jacques Goddet et Félix Lévitan, jadis patrons de *L'Équipe* et du Tour de France. Mais c'était il y a longtemps, à l'époque d'Émilien Amaury. Il se murmure que son fils Philippe tiendrait les journalistes pour de piètres gestionnaires, dépensiers plus que de raison. Pas de quoi décourager l'opiniâtre et ambitieux Bureau, qui entame une campagne de séduction tous azimuts. Le 15 octobre, surgit à l'improviste une occasion inespérée d'affirmer son autorité.

## L'HEURE DE LA SUCCESSION

C'est l'histoire d'un déjeuner trop arrosé qui tourne mal. Autour de la table d'un restaurant d'Issy, quatre inséparables, Patrick Lafayette, François de Montvalon, Joël Simon et Laurent Moisset, anciens de *France Football* passés à *L'Équipe* après le changement de régime en 1995. « La Moisse » a le moral dans les chaussettes. Il débarque de l'aéroport en provenance de Buenos Aires, où il était parti récupérer la dépouille mortelle de son ami Francis Huertas, correspondant de *L'Équipe* en Argentine, décédé brutalement quatre jours plus tôt. « Laurent était persuadé que la mort de Francis aurait pu être évitée, explique Patrick Lafayette. Il avait des soucis, c'est ça qui l'a tué. Si seulement la direction du journal, qui était au courant, en avait tenu compte, Francis serait peut-être encore là. » Les amis trinquent à la santé de leur cher disparu. « On arrose le déjeuner, et ça dégénère », résume sobrement Patrick Lafayette. Laurent

Moisset appelle Jérôme Bureau du restaurant. Le ton monte, Moisset déverse sa bile sans aucune retenue. Le portable de Lafayette sonne. Au bout du fil, Jérôme Bureau. « Tu peux calmer Laurent ? » Les quatre compères bien éméchés reviennent au bureau à une heure avancée de l'après-midi. En tant qu'adjoint de Sylvie Josse, responsable du groupe olympique, Patrick Lafayette est censé relire la copie. Ce qu'il oublie de faire. « Je suis bourré », se justifie-t-il auprès de ses supérieurs hiérarchiques. Son camarade de beuverie, François de Montvalon, est victime de la même panne. Jérôme Bureau goûte modérément la défaillance de son rédacteur en chef. D'autant que les bambocheurs n'en sont pas à leur coup d'essai. « Un festoiement au journal avec Henri Michel, l'ancien sélectionneur des Bleus, avait assez mal tourné, admet Patrick Lafayette. On était allé chauffer Jérôme dans son bureau. » Un « festoiement » très alcoolisé…

La sanction tombe comme la foudre. Trois des quatre lascars reçoivent une lettre de licenciement. Laurent Moisset sauve sa tête car il était de repos ce jour-là. Ses infortunés camarades paient une faute professionnelle impardonnable aux yeux du patron de la rédaction. Patrick Lafayette est mis à pied pour abandon de poste. « En fait, je n'avais pas relu deux papiers », dit-il. Quant à François de Montvalon, il a perdu la confiance de sa hiérarchie, qui lui reproche d'avoir raté une réunion. Joël Simon, enfin, « avait déjà des casseroles au cul », dixit Lafayette.

Le syndicat national des journalistes CGT convoque une assemblée générale et fait adopter une motion exigeant la réintégration des licenciés par 99 voix contre 24. Jérôme Bureau campe sur sa position. Une deuxième assemblée générale se tient, au cours de laquelle le directeur de la rédaction annonce qu'il renonce à licencier Lafayette. « Patrick Lafayette étant délégué du personnel, il bénéficie d'un statut protégé, dit en substance Bureau. À ce titre, l'inspection du travail s'opposera à son licenciement. Je n'irai donc pas plus loin. » Les salariés n'iront pas plus loin non plus dans la défense de leurs deux collègues restés sur le carreau. « L'AG a refusé de voter la grève pour protester contre les licenciements de François et Joël, déplore Lafayette. Ils n'ont pas été soutenus. Cette décision est foncièrement injuste. J'estime pour ma part qu'en soutenant un copain journaliste confronté à la mort d'un correspondant du journal j'étais dans mon rôle, même si j'ai sans doute bu un coup de trop. Ce que je n'accepte pas, c'est que j'ai été encouragé à organiser ce déjeuner par Jérôme Bureau lui-même. » Ces licenciements interviennent au moment où Paul Roussel s'apprête à rendre son tablier, ce que Lafayette et ses trois collègues ignoraient. « J'ai compris après coup que Jérôme Bureau avait à cœur de démontrer qu'il était un vrai patron, capable de poigne, raconte Laf'. Je n'avais pas perçu cet aspect tactique. » Toujours le coup d'après…

## LA CHUTE DE JÉRÔME BUREAU

«Assez vite, Jérôme Bureau a compris que quoi qu'il puisse faire, il ne serait pas pris, mais il a décidé de se battre jusqu'au bout», confie un de ses admirateurs à *L'Équipe*. Bien sûr, il n'est pas seul sur les rangs. En interne, le directeur général de L'Équipe TV, Jean Hornain, et Éric Herteloup, directeur général adjoint du groupe *L'Équipe*, lorgnent eux aussi le poste vacant de Paul Roussel. Autres candidats déclarés, venant de l'extérieur: Fabrice Jaluzot, ancien responsable marketing maison dans les années quatre-vingt, et le publicitaire Christophe Chenut. Jacques Guérin ne propose pas la candidature de Jérôme Bureau à Philippe Amaury, en raison d'une règle non écrite selon laquelle un journaliste ne peut diriger une entreprise. Louis Gillet, le patron de la régie publicitaire, « ne voulait pas non plus de journaliste à ce poste, estimant qu'un journaliste, ça dépense du fric mais ça n'en gagne pas», dixit un rédacteur en chef. Pour avoir une petite chance, «il aurait fallu que Bureau soit un candidat externe, affirme un ex-cadre dirigeant du groupe. Il se serait imposé malgré la jurisprudence. Bureau a du talent, c'est un leader, il sait compter, et il a horreur qu'un journal perde de l'argent».

Surtout, Jérôme Bureau paie à retardement le psychodrame Jacquet. « Il avait perdu de son autorité naturelle dans les conférences de rédaction[45] », observe Gilles Chappaz, ancien rédacteur en chef adjoint de *L'Équipe Magazine*. « Cinq ans après planait encore l'ombre de Jacquet, tel un abcès irréductible, témoigne Françoise Inizan, reporter à *L'Équipe Magazine* et ex-présidente de la Société des journalistes. Tout le monde était d'accord pour dire que Jérôme Bureau avait fait son temps. » À commencer par le directeur général du groupe Amaury. La chute des ventes de 10 % en 2002 scelle le sort de Bureau. « Sur 2002-2003, le déclin de la diffusion, consécutivement aux attentats du 11 Septembre 2001, constitue le facteur déterminant[46] », ajoute Jacques Guérin. « Tout à coup, le sport a perdu de son importance », expliquait Jérôme Bureau dans les colonnes de *Libération*[47]. Constat partagé par Paul Roussel. « La nouvelle formule n'est pas en cause. Simplement, l'intérêt pour le sport, que nous mesurons chaque mois grâce à un sondage, a baissé. Les ventes baissent de la même façon, mais pas plus vite[48]. » Habituée à voler de succès en succès, la rédaction accuse le coup. « Par nature, les journalistes sont des gens sensibles, ils réagissent vite, trop parfois », estime un ancien directeur général. Un peu comme l'actionnaire du groupe, un certain Philippe Amaury, paniqué à l'idée que son *Équipe* dégage moins de bénéfices.

« Jérôme Bureau avait largement la stature pour le poste, conclut Jacques Guérin, mais *L'Équipe* avait besoin d'ouvrir un nouveau cycle, et je pensais qu'il lui aurait été quasiment impossible d'incarner ce changement compte tenu de la place et du rôle qu'il avait tenu à la tête de la rédaction pendant toutes ces années.» Jérôme Bureau gardera une dent contre Guérin, «considérant qui l'a laissé faire la course pour rien», témoigne un confident.

Même jugement sans appel du côté de l'heureux élu, Christophe Chenut, désigné par Philippe Amaury. Le nouveau directeur général débarque Jérôme Bureau, pourtant prêt à demeurer à son poste malgré la déception. «J'ai passé une quinzaine de jours à écouter les gens pour confirmer ma décision, il était candidat, il fallait tourner une page, commente Chenut. On lui a demandé de partir, c'est la règle du jeu.» Au grand dam de l'intéressé. «Bureau a mal vécu son départ, il ne s'est pas senti suffisamment soutenu, affirme Gilles Chappaz. Le milieu de la presse ne brille pas par son sens de la solidarité.»

## L'ENVOL DE LA MOUETTE

Claude Droussent remplace Jérôme Bureau le 17 mars 2003. «Le numéro deux de la rédaction est apparu comme le successeur naturel, explique Jacques Guérin. Je pensais qu'il fallait un bon dosage entre un homme neuf et une certaine continuité.» Droussent, ou le changement dans la continuité en quelque sorte. «Pour Jérôme Bureau, il était évident que Claude Droussent lui succéderait un jour, et qu'il serait capable de devenir un responsable de la rédaction crédible, assure un des anciens lieutenants de Bureau. Jérôme l'a formé pour ça, en le nommant rédacteur en chef de *Vélo magazine* puis patron de *L'Équipe Magazine.* » Pan sur le bec des jaloux qui ont crié à la trahison sitôt sa nomination annoncée. « Je n'ai jamais intrigué contre Jérôme Bureau qui avait pleinement confiance en moi, jure le dauphin. Il pensait que j'étais le meilleur candidat. »

On l'appelle la « mouette ». La tête de mouette. Ou la mouette picarde. Une trouvaille originale signée Jérôme Bureau, surdoué du sobriquet plus ou moins flatteur. « Une mouette parle peu, elle regarde, d'où le surnom, dont Claude, qui ne manque pas d'humour, s'amuse beaucoup », décrypte Michel Dalloni, directeur de la rédaction du quotidien *L'Équipe* sous le règne de Droussent. Longtemps, une mouette articulée a élu domicile sur le bureau de Claude Ier. Preuve que le sens de l'autodérision sied aux chefs capables de prendre de la hauteur. En s'invitant dans le nid du palmipède, on ne peut s'empêcher de fredonner *in petto* un refrain entêtant de Serge Gainsbourg, légèrement remanié pour la circonstance : « Je suis l'homme à tête de mouette. Moitié volatile moitié mec. » De face comme de profil, la ressemblance est troublante. Les cheveux, blanchâtres comme l'écume de mer, évoquent le plumage. Quant au nez… Oui, c'est bien ça. Par moments, Claude Droussent donne l'impression d'être ailleurs, ou de s'ennuyer mortellement. Le débit est lent, la voix monocorde, le discours calibré au millimètre, dénué de verve et de spontanéité. Unanimes, ses anciens collaborateurs pointent son « énorme problème de communication », dixit un de ses rédacteurs en chef. Chaque lundi à 11 heures, il animait la conférence de rédaction balayant les principaux sujets de la semaine. « Par ses réponses cassantes et maladroites, il avait le don de jeter un froid et de mettre mal à l'aise ses interlocuteurs », ajoute ce responsable. « Impossible de nouer un dialogue contradictoire avec lui, quand il n'est pas d'accord il devient tout rouge et s'arrête de parler », se désole un ex-responsable de la rubrique foot. Ce n'est pas un hasard si ses subordonnés le surnommaient aussi, en privé bien sûr, « le blizzard de Sibérie », « connu pour son talent à réchauffer l'atmosphère », s'esclaffe un autre rédacteur en chef.

« Claude Droussent ne peut pas prendre la parole en public[49] », explique Xavier Meunier, secrétaire de rédaction à *L'Équipe Magazine* et membre actif du bureau de la société des journalistes. Les mauvaises langues soutiennent que Jérôme Bureau l'aurait mis sur orbite en raison de l'incapacité supposée de son dauphin à lui faire de l'ombre. « Sa personnalité docile rassurait Jérôme, qui comptait s'appuyer sur lui en cas d'accession à la direction générale », analyse un spécialiste maison des enjeux de pouvoir à *L'Équipe*. C'est bien le problème. En succédant à son mentor sans être nommé par lui, Claude Droussent en aurait éprouvé un remords plus ou moins conscient ! Ce qui expliquerait en partie son blocage communicationnel et sa prudence éditoriale confinant à la frilosité, voire à la couardise. « Sa plus grande tare est d'avoir été le successeur de Jérôme Bureau, peut-être ne se le pardonne-t-il pas », analyse un de ses proches. « Il se sent illégitime, donc il pense qu'il va être viré », ajoute un rédacteur en chef. La peur de perdre son boulot incite rarement à la témérité *– voir le chapitre « Zidane, l'intouchable »*. « Jérôme Bureau est plus extraverti que moi, mon souci est de déléguer, rétorque Claude Droussent. Je revendique le fait d'avoir une personnalité différente de celle de mes prédécesseurs. »

« Moins charismatique que Bureau, Claude Droussent est cependant un bon chef, nuance Arnaud Ramsay, ancien reporter à *France Football.* Il n'est ni bavard, ni expansif, mais il faisait très bien son travail d'adjoint. Après 2003, on le voyait comme un intérimaire alors qu'il s'est accroché au poste pendant cinq ans et l'a développé[50]. » Directeur des rédactions du quotidien, de *L'Équipe Magazine* et de *Vélo Magazine* en 2003, comme Bureau, il élargit le périmètre de ses responsabilités deux ans plus tard. Profitant du transfert de Vincent Regnier au *Parisien*, il ajoute la direction de la rédaction de L'Équipe TV à son escarcelle. Avant d'étendre son empire à *France Football*, à l'automne 2007. Deux manœuvres tentées en vain par son prédécesseur. Jamais, à l'exception de Jacques Goddet, un journaliste n'aura cumulé autant de pouvoirs à *L'Équipe*.

Ne pas se fier aux apparences. Claude Droussent a donc bien l'étoffe d'un chef. « Il délègue, il est rond, intuitif, c'est un casuiste, cisèle Michel Dalloni. Il n'aime pas l'expression publique du conflit. » Mais « il reste prisonnier de sa personnalité, il copine moins », ajoute Arnaud Ramsay. « Issu d'un milieu social plus défavorisé que la plupart des responsables de la rédaction, Claude Droussent refuse de s'entourer d'une cour », résume Michel Dalloni. Bien malgré lui, l'enfant de Creil la prolétaire pousse parfois la maladresse jusqu'à se couvrir de ridicule. Juillet 2006. Le joueur vedette de l'équipe de France de football, Thierry Henry, donne une conférence de presse pendant la Coupe du monde en Allemagne. L'attaquant des Gunners d'Arsenal aperçoit la mouette picarde, assoupie au fond de la salle. « Hé m'sieur ! si vous êtes fatigué, vous devriez rentrer à votre hôtel pour dormir ! », lance-t-il, hilare, au patron des rédactions de *L'Équipe*, qui se réveille en sursaut, tout penaud. Droussent clamera ensuite dans les couloirs de *L'Équipe* qu'il ne dormait pas, mais qu'il regardait sa montre !

## LA FIN DES GRANDES GUEULES

« Un goût incroyable pour le pouvoir et l'intrigue. » Marc Van Moere, ancien rédacteur en chef et très proche de Jérôme Bureau, ne tarit pas de reproches sur son rival Claude Droussent. Même s'il reconnaît des qualités professionnelles à celui qui lui a damé le pion de favori numéro un de Bureau. « Il connaît bien le vélo, c'est un bon journaliste dans son domaine. » « J'ai quitté *L'Équipe* fin 2002 en raison d'un conflit avec lui », explique Marc Van Moere en tapant du poing sur la table, au sens propre du terme. Ce quadragénaire énergique en impose par sa force de conviction, son brio intellectuel et la qualité de son expression orale. Sosie de Monsieur Propre, le chauve baraqué de la pub pour le produit ménager –en plus sophistiqué–, il parle comme il écrit, dans un style direct, imagé, percutant et pertinent. « Van Moere est doué mais un peu caractériel, il a quand même tordu le bras d'un gars pour une histoire de place de parking », nuance un ex-collègue. N'en pouvant plus de voir la face de mouette de Droussent, il l'empoigne par le colback, un jour de mauvaise humeur. Une tradition maison : fin août 2008, Joël Domenighetti décoche une droite à son collègue du foot Marc Chevrier, comme le relate goulûment le site Internet d'information satirique Bakchich.

« L'ambitieux et trop pressé Van Moere a eu un clash avec Droussent, confirme un autre ex-rédacteur en chef. Jérôme Bureau me demande : "Qu'est-ce que tu en penses ?" Je réponds : "Van Moere a 12 idées de génie quand Droussent en a 2, Van Moere a 3 idées réalisables quand Droussent en a 2, Van Moere provoque 100 fâcheries contre 2 pour Droussent." » « J'ai la réputation d'être un homme à poigne », admet l'intéressé. Jérôme Bureau tranche en faveur de la paix sociale et la paix tout court, au détriment de Van Moere et au profit de Droussent. « J'étais en désaccord profond avec la ligne éditoriale et le choix des managers qui l'incarnaient, avec le soutien de Bureau, poursuit Van Moere. Ce journal ne me correspondait plus, il était devenu consensuel et sans saveur. Bureau me l'a joué : "Marc, si t'es pas avec nous, tu pars ?" "Avec mes indems ?" "Oui, avec tes indemnités de licenciement." Et je suis parti. » « Je n'ai pas le sentiment que *L'Équipe* est plus consensuel », réfute Claude Droussent.

Oui et non. Vrai, dans la mesure où la réorientation a été décidée par Bureau après 1998, soit bien avant qu'il n'accède aux commandes. Même si Van Moere n'a pas tort d'affirmer que Droussent a été le cerveau de ce virage stratégique. « Aujourd'hui, le journal est plus prudent mais la frontière entre prudent et timoré tend à se réduire », conclut Marc Van Moere. « Van Moere était un bon journaliste, à défaut d'être psychologue. Il n'y a plus d'électron libre, déplore un ancien responsable de la rubrique football. À une époque on pouvait exprimer des avis différents dans n'importe quel papier. Les contradictions dans le débat sont désormais bien rangées sous la forme d'articles spécifiques, pour ou contre. »

Van Moere était un peu le dernier des Mohicans, la dernière grande gueule de *L'Équipe* capable d'aller à contre-courant, sans crainte de représailles. Tant qu'il appartenait au clan et diffusait la bonne parole, Bureau tolérait le franc-parler du rédacteur en chef aux méthodes musclées. Mais l'opposition systématique à son protégé Claude Droussent finit par convaincre Bureau de la dangerosité du personnage. « Jérôme Bureau est un garçon très froid, il conduisait sa rédaction avec poigne, assure l'ancien directeur de la rédaction de *France Football*, Jacques Ferran. Jacques Goddet était plus ouvert. Il laissait davantage carte blanche et acceptait les avis contraires, qu'ils soient portés ou non par de fortes personnalités. »

Sans idéaliser le magistère de Goddet sous l'angle « c'était mieux avant », les iconoclastes étaient infiniment plus nombreux à son époque. Une espèce rare au début des années quatre-vingt-dix, dont Jérôme Bureau accélère brutalement la disparition. Premier à faire les frais de cette politique de normalisation Thierry Bretagne, poussé insidieusement à la démission. Le rédacteur en chef adjoint de *L'Équipe Magazine* est l'une des figures les plus attachantes de l'histoire du journal. Lors de l'embauche en 1971 à la rubrique basket, Noël Couëdel scrute le jeune reporter à la mèche de jais et lui prédit : « Avec ton gauchisme contradictoire, tu resteras à *L'Équipe* vingt jours ou vingt ans. » Bretagne terrorise les chefs par son sens du happening permanent. Quand Couëdel tente de virer deux journalistes, Sylvie Josse et André-Arnaud Fourny, pour faire des économies, Bretagne prend la tête de la résistance. Lors d'une assemblée générale, il demande à Couëdel de sortir. Refus du rédacteur en chef qui sort sa carte de presse sur le thème : « Je suis journaliste comme vous tous, je peux donc rester. » Puis, tranquillement, Thierry Bretagne ouvre en grand les pages de *L'Équipe* et dit en substance : « Voyons voir, que reproche-t-on au juste à ces journalistes ? Leurs articles sont mauvais, mal écrits ? Non, bien sûr, nous le savons tous. Noël veut économiser de l'argent sur des moutons, ce n'est pas très courageux. Je demande que tous les gens qui exigent le licenciement de Fourny et Josse soient virés. » Bourrés de talent jusqu'à la gueule, les papiers de Thierry le frondeur influencent toute une génération de jeunes journalistes. « Bretagne, c'était une façon d'écrire et de concevoir le métier, ausculte Jean-Philippe Leclaire, rédacteur en chef de *L'Équipe Magazine* depuis 2005. Il était capable de décrire une salle d'attente pendant 15 lignes, jusque dans les moindres détails. Toujours avec brio. »

Intransigeant sur l'écriture, d'une exigence maniaque sur la précision de l'information, Bretagne, à peu près aussi adroit dans les relations humaines qu'un éléphant dans un magasin de porcelaine, s'aliène la sympathie d'une bonne partie de la rédaction. «Il exigeait l'impossible, grimace Michel Nait-Chalal, ancien grand reporter de *L'Équipe Magazine* qui ne garde pas le meilleur souvenir du bonhomme. Il voulait connaître la composition des moteurs de formule 1, ou ce qui se passe sous la coque des bateaux de l'America's Cup. C'est tout juste s'il ne transformait pas ses types en James Bond.» «Trop fantasque et indépendant d'esprit, Bretagne refusait de rentrer dans le moule[51]», observe Jean-Pierre Bidet, numéro deux de la rubrique cyclisme. Jérôme Bureau le savait mieux que quiconque, lui qui avait travaillé sous les ordres de Bretagne à *L'Équipe Magazine*. Dès son retour au bercail, l'ancien bras droit de Xavier Couture au *Sport* supprime le poste de rédacteur en chef adjoint. Tout en proposant à Bretagne un lot de consolation. «Tu ne fais plus le journal, mais on peut te nommer grand leader, lui dit Bureau avec un large sourire. Tu vas pouvoir faire le tour du monde et nous ramener de beaux reportages.» «Ça ne fait rien, accepte, lui conseille Noël Couëdel. De toute façon, tu es grillé auprès de Jean-Pierre Courcol [NDA: le directeur général], et Robert Parienté [NDA: directeur général adjoint] te déteste, tu es son os à ronger.» À son retour de Chine et d'Union soviétique, Jérôme Bureau attribue à son ami Olivier Margot, beaucoup plus docile et conciliant, le poste vacant de rédacteur en chef adjoint. Dindon de la farce, au bord de la dépression, Thierry Bretagne prend un avocat. À l'étage du magazine, l'air devient irrespirable. Jusqu'au dérapage final de Bretagne, qui s'enferme une nuit dans son bureau et menace de se suicider, après avoir tapissé les murs de ses articles, rageusement soulignés au feutre ! Le phénomène accepte enfin de tirer sa révérence en échange d'un chèque de 900 000 francs de l'époque – 137 200 euros. Thierry Bretagne aura accompli la prophétie « couëdélienne ». Il sera resté vingt ans.

Après les hommes, Jérôme Bureau s'attaque aux structures du journal qui échappent encore à son contrôle. Il a la page 2 dans le collimateur depuis un conflit terrible avec son responsable, Gérard Edelstein – *voir le chapitre « Le Tapie-boom »*. La page 2 voit le jour dans les années soixante, sous le nom d'« Au cœur du sport ». Billets, chroniques, dessins d'humeur ou d'humour, polémiques font l'ordinaire de cet espace de détente en début de journal. « Cette page était très lue et souvent citée en revue de presse [52] », rappelle fièrement Bernard Dolet, vingt-trois ans de page 2 au compteur, jusqu'à sa suppression par Bureau en 2001. Ce Dacquois d'origine assume sa nostalgie de la période Goddet. « J'entre à *L'Équipe* le 1er janvier 1978 à 23 ans, après avoir débuté cinq ans plus tôt à *La Dépêche du Midi*, raconte-t-il. Dès le 2 janvier, j'assiste à ma première conférence de rédaction : que des cheveux blancs ou presque, dont ceux de Jacques Goddet ! On est alors vraiment libre de parler, de critiquer, de n'être pas d'accord. Au quotidien on n'est que deux tout jeunes : François-Xavier Beaudet de Biarritz – il se tuera en avion dix ans plus tard –, et moi. On n'a peur de rien, on ne risque rien. » Gérard Edelstein règne en maître sur la page 2. « Un non-conformiste, et l'une des plus belles plumes de la presse qui, très tôt, prit conscience qu'un jour la presse serait dirigée par des publicitaires, par des non-journalistes. Il disait que du coup les rédacteurs en chef seraient d'abord des surveillants généraux, des adjudants au service de leurs généraux, et que cela conduirait d'une certaine façon la presse à sa perte », décrit Dolet. Un peu las, le quinquagénaire se lève et entraîne son interlocuteur vers une étagère où sont pieusement conservées les archives de sa chère page 2. L'œuvre de sa vie, son paradis perdu. Totalement placardisé depuis 2001, Bernard Dolet vit dans le souvenir perpétuel ce de qu'il a été et de ce qu'a été un journal qui n'existe plus. « Personnellement, la page 2 me permettait d'interviewer aussi bien tout le gratin du sport – jusqu'à Muhammad Ali venu à Paris inaugurer l'agence... Hertz à Montparnasse –, de rencontrer Pelé, que d'interviewer des premiers ministres, des Coluche, des Travolta, des Line Renaud, des Tino Rossi, de couvrir des concerts de Hallyday, Dalida, France Gall ou autres Vartan – car Goddet a… des billes dans le palais des Sports de Paris. Cela me permettait aussi de faire un papier très critique contre Adidas. Résultat: des contrats de pub perdus pour *L'Équipe* et une conf' de rédac' tendue avec un Goddet, fou de colère, mais qui eut ce mot magnifique pour le jeune journaliste que j'étais: "Le journaliste que je suis trouve cette interview remarquable, mais le patron que je suis ne saurait tolérer ce genre d'article. Vous relirez donc bien tous les écrits de Bernard Dolet", dit-il à un rédacteur en chef… qui n'en fit rien. On était libres, on pouvait dire des choses que les rubriques ne pouvaient pas toujours écrire pour ne pas se couper de leurs sources. Encore que… je me rappelle une interview de Platini pour la rubrique foot dans laquelle j'avais bêtement précisé en préambule que je n'aimais pas le personnage Platini. La rubrique foot ne m'avait pas censuré.» Au-delà de sa fonction de distraction, la page 2 jouait un rôle essentiel dans l'équilibre du journal. «C'était formidable pour les patrons de *L'Équipe*: si une institution se plaignait de voir qu'elle était critiquée en page 2, ils pouvaient répondre: "Oui, mais c'est en page 2, ce n'est pas sérieux." Si des lecteurs se plaignaient de voir que telle ou telle affaire n'était pas traitée en rubrique, les patrons pouvaient dire: "Mais ç'a été traité en page 2."

Alors qu'il était de bon ton de ne surtout pas critiquer Canal Plus, chaîne faussement anticonformiste, poursuit

Dolet, je fis un jour un “Deux mots” avec Artur Jorge, entraîneur du PSG, et qui m'expliqua pourquoi lui et ses joueurs étaient pliés de rire lorsqu'ils écoutaient Charles Biétry commenter un match de foot. Le papier passa sans problème. »

Le ciel se gâte vers la fin des années Bureau. « L'ambiance changea à *L'Équipe*, regrette-t-il. Séminaires, réunions, pertes de temps innombrables pour que nous communiquions mieux entre nous, ce qui aboutit à une… non-communication totale. Après avoir été de toutes ces réunions, après avoir entendu des journalistes arrivés de l'extérieur, de journaux qui marchaient nettement moins bien que le nôtre, dire qu'il y avait “trop d'opinions dans *L'Équipe*” *(sic)*, j'ai su que les choses allaient changer. Pour preuve, la page 2 disparut sans que quiconque ait eu l'honnêteté de me prévenir. Je le compris, en juin 2001, lors d'une conférence de rédaction où l'on ne me demanda pas mon programme du lendemain. Bureau avait habilement tourné son discours depuis quelque temps : “Plutôt que l'impertinence, la pertinence d'abord”. » Sa réaction ? « Je ne suis jamais allé lui demander pourquoi la page 2 avait disparu. La seule raison était SÛREMENT qu'il ne fallait plus déranger personne, et que la direction de la rédaction voulait tout contrôler, tout ! »

## LE VIRAGE ÉDITORIAL

Personne n'est jamais non plus aller demander à qui que ce soit pourquoi les interviews ou « questions-réponses », jadis utilisées avec parcimonie, se sont multipliées dans *L'Équipe* à partir des années quatre-vingt. Le fondateur du journal goûtait peu ce changement. « Le journalisme prôné par Jacques Goddet [...], écrit Gérard Ernault, le directeur de la rédaction de *France Football*, dans un hommage rendu quatre jours après la mort de la figure tutélaire du groupe *L'Équipe*, âgé de 95 ans, était un journalisme de proposition, parfois de débat pour le débat. Il faut l'avouer sans langue de bois, Jacques Goddet marquait quelque mouvement de retrait devant l'évolution de la presse sportive, qu'il appelait la presse Q-R – questions-réponses. "Mon vieux Gérard, on fait de plus en plus dans le Q-R", nous disait-il assez souvent ces dernières années, l'œil malin et désolé. "C'est en soi un excellent procédé journalistique. Mais sa pratique à dose massive, qui exonère tout pensée personnalisée, n'est plus supportable".[53] »

Jean-Michel Rouet, chef de la rubrique cyclisme de 1988 à 2001, a une explication : « Je pense qu'on veut davantage se protéger en donnant la parole aux acteurs du sport, dit-il. Dans *L'Équipe* d'il y a trente ans, vous trouviez un Q-R maximum à l'intérieur du journal. Tandis qu'aujourd'hui on peut lire cinq ou six Q-R dans une seule édition. Ça signifie qu'on relaie de plus en plus le discours des champions et des dirigeants du sport, et qu'on met de moins en moins en perspective les enjeux. Il faut dire que la télé occupe une place plus importante que la presse écrite, ce qui n'était pas le cas il y a vingt-cinq ans. Le monde du sport s'est habitué à parler en confiance devant le micro qu'on lui tend, alors qu'il se méfie des porteurs de blocs-notes. » Résultat, ces derniers se sentent un peu obligés de singer leurs confrères de la télévision. Au point de se muer en porte-voix passifs ? « Avec des éditos et espaces de réflexion réduits à la portion congrue et expurgés des prises de positions jugées trop dures, il fallait gommer ce qui faisait prendre des risques sur les opinions et devenir un journal conformiste, ne faisant plus de vagues, déplore Jacques Ferran. C'est une tendance générale de la presse qui évacue le débat d'idées, jugé peu vendeur. *L'Équipe* s'inscrit dans cette démarche plus commerciale, validée par l'augmentation régulière des ventes à partir du milieu des années quatre-vingt. » « À la polémique, je préfère l'enquête, les infos avérées, affirme Claude Droussent. Mais je n'empêche pas les autres d'exprimer leur opinion, même si je suis le premier à reconnaître que *L'Équipe* ne se nourrit pas assez de débats. »

Même l'instauration d'un éditorial quotidien signé *L'Équipe* laisse perplexe la rédaction. Claude Droussent voulait s'inspirer du journal *Le Monde*, où, sauf grandes occasions, les signatures des éditorialistes n'apparaissent pas. « On a fait remarquer que, dans le domaine du sport, il n'y avait pas matière à éditorialiser tous les jours et qu'à l'inverse, certains jours riches en actualité pouvaient justifier la publication de plusieurs éditos », explique Thierry Cerinato, de la rubrique foot. Surtout, « la direction de la rédaction veille à ce que les éditorialistes restent dans les clous, renchérit un ex-responsable du même service. Trois éditos sur quatre délivrent une opinion consensuelle et sans intérêt. » « Je veux que *L'Équipe* se mouille, nous sommes soi-disant les meilleurs en sport, le lecteur attend que nous nous engagions, que nous montrions la voie lorsqu'il le faut. Nous avons peur de nous tromper, peur d'oser », s'attriste Stefan L'Hermitte, reporter à *L'Équipe Magazine*.

Rappelé en catastrophe pour sauver une *Équipe* qui perd des lecteurs à gros bouillons, Noël Couëdel décide la suppression pure et simple de l'éditorial de la page 2. Auquel se substituent, depuis mai 2008, des billets d'humeur intitulés « parti pris » puis « opinion », placés à l'intérieur des rubriques. « Plutôt que de se forcer à livrer tous les jours un papier policé et conventionnel, on donne un avis, tranché ou pas, sur un aspect précis en fonction de l'actualité », salue Jean-Michel Rouet, un proche de Couëdel. Pour l'instant, ces billets d'humeur brillent surtout par leur consensus mou. On ne se refait pas !

## QUATRIÈME PARTIE

# LE FOOT, UN ÉTAT DANS L'ÉTAT

# LE TAPIE-BOOM

Un matin de l'année 1991 à *L'Équipe*. D'une humeur excellente, le patron des journalistes Gérard Ernault dirige la conférence de rédaction de la mi-journée. Les débats tournent essentiellement autour du refus de Bernard Tapie, le président de l'Olympique de Marseille, de «prêter» des joueurs à l'équipe de France pour des matchs amicaux, en raison du risque de blessure. En fin de réunion, Gilles Pernet, grand reporter à la rubrique automobile, passe la tête et demande «si vous n'avez besoin de rien». Pile au moment où Gérard Ernault dévoile la teneur de son éditorial du lendemain. «Il y en a marre, Tapie doit arrêter ses conneries, les intérêts de l'équipe de France passent avant ceux des clubs, aussi prestigieux soient-ils», dit-il en substance. «Merci Gilles, ça va aller», répond courtoisement Ernault.

Dans la foulée, Denis Chaumier, rédacteur en chef en charge du foot, appelle Bernard Tapie. «On peut se voir, je voudrais t'interroger sur le problème de l'utilisation des joueurs marseillais par l'équipe de France.» Rendez-vous est pris dans les bureaux parisiens de Tapie. « Vous faites chier, attaque bille en tête "Nanard", comme l'ont surnommé les "Guignols de l'info". Alors comme ça Ernault pense que j'emmerde l'équipe de France ? » Denis Chaumier blêmit. Il ne comprend pas comment Tapie peut connaître le contenu d'un éditorial pas encore imprimé ! De retour à Issy, Chaumier raconte la scène à Gérard Ernault et Jean-Jacques Vierne, un autre rédacteur en chef issu de la rubrique foot. Après une rapide concertation, les trois collègues privilégient la piste du « mouchard ».

## UN ESPION À *L'ÉQUIPE*

« J'ai rapidement soupçonné Pernet, qui était un intime de Tapie, témoigne Vierne. En regardant le système rédactionnel informatisé, je me suis aperçu que l'édito d'Ernault venait d'être consulté par une personne extérieure à la direction de la rédaction. Tapie avait des antennes un peu partout dans les rédactions parisiennes, c'était connu. » L'histoire est confirmée par plusieurs sources, et n'est démentie par personne, hormis l'intéressé. Cintré dans un blouson en cuir, la taille svelte et l'allure sportive malgré ses 65 ans, Gilles Pernet s'immobilise net. Comme submergé par une lame de fond, il interrompt le flot de son récit épique, surchargé d'exploits professionnels. Un comble pour ce marin aguerri, venu au journalisme par amour de la voile. « Ma position hiérarchique dans le journal ne me permettait pas d'accéder aux pages d'une autre rubrique, martèle l'ancien grand reporter du groupe auto-moto-bateau. Je n'ai jamais renseigné Bernard Tapie sur la vie interne de *L'Équipe*[1]. » Dans ce cas, comment le propriétaire de l'OM a-t-il su ce que tramait Ernault ? « Quelqu'un a dû donner une bribe d'info à Tapie, qui aura prêché le faux pour obtenir le vrai, ajoute-t-il. Je n'ai jamais écrit une ligne sur le foot, un sport qui ne m'a jamais intéressé, ni sur le vélo. Et je répète que je ne lui ai jamais transmis la moindre information sur les articles en préparation. » Pourtant, ses anciens collègues se souviennent de sa manie de brancher ostensiblement le haut-parleur de son téléphone, au bureau. « Allô Bernard ! à quelle heure on se retrouve ? » Pernet n'a d'ailleurs jamais fait mystère de ses liens avec l'ex-homme d'affaires le plus médiatique de France. « On a été très proches, surtout dans les années où il dirigeait l'équipe cycliste La Vie claire, concède-t-il. Ensuite, quand il a racheté l'OM, on s'est un peu moins vus. Mais j'ai toujours gardé ma liberté vis-à-vis de lui. » C'est Gilles Pernet qui apprend à Tapie les rudiments de la navigation : il conseille l'homme d'affaires lorsque celui-ci décide de racheter le célèbre *Phocéa*, le super-voilier de course de feu Alain Colas[2].

Piqué au vif par les accusations de Jean-Jacques Vierne, Gilles Pernet lève le voile sur les assauts de l'ancien chanteur de charme Bernard Tapy *(sic)* en direction des journalistes. « Des cons faciles à manipuler », se gargarisait le président de l'OM. Et Noël Couëdel était particulièrement fasciné par Tapie. Au moment de la privatisation de TF1 en 1987, Tapie donne un coup de main à Francis Bouygues et devient actionnaire. Nanard propose la direction des sports de la Une à Noël Couëdel, que lui présente l'ami Pernet.

20, villa Saïd, à l'angle de l'avenue Foch dans le XVIe arrondissement de Paris, au domicile de Tapie. Le maître des lieux déroule son numéro de charme réservé aux journalistes. Chemise en cachemire, pompes en croco… C'est le coup de foudre, Noël Couëdel rend les armes sans combattre. Pas au point toutefois d'accepter le job. Il n'empêche : vingt ans après, Pernet demeure persuadé que Couëdel est devenu directeur de la rédaction de *L'Équipe* grâce à lui ! Grâce à son entregent et à celui de son puissant ami. Sans apporter le début du commencement d'une preuve. Mais on ne prête qu'aux riches et en ce temps-là, Nanard reprend à tour de bras des négoces en faillite qu'il métamorphose en pompes à fric. Gilles Pernet terminera sa longue et brillante carrière sur TF1, où il atterrit peu après l'incident de l'édito éventé. « J'ai quitté *L'Équipe* de mon propre chef, en 1991. Rien à voir avec cette prétendue histoire de mouchard. Pour comprendre, il faut remonter quatre ans en arrière. Tapie m'offre alors un poste à la direction de la communication de son groupe à un salaire sans commune mesure avec celui de grand reporter à *L'Équipe*. Je refuse. Tout comme je refuse, à la même période, de rejoindre le service des sports de TF1. Quatre ans plus tard, le contexte avait changé. Alors que je faisais venir à la rédaction de *L'Équipe* des tas de champions de notoriété internationale comme Fangio, Senna, ou Agassi, le journal ne renvoyait pas trop l'ascenseur. Ce qui m'a conduit à accepter une proposition d'embauche du P-DG de TF1, Patrick Le Lay, que m'avait présenté Tapie. »

On ne saura jamais si le tandem Pernet-Couëdel aurait fait des étincelles dans la tour de TF1 à Boulogne-Billancourt, de l'autre côté du pont d'Issy. On peut dire en revanche avec certitude que le Breton monté à Paris au début des années soixante pour suivre des études de journalisme au CFJ[3] a bien mené sa barque. « Couëdel a fait une belle et grande carrière, même si au fond de lui, il est resté un petit parvenu de province émerveillé par les paillettes, tacle méchamment un de ses ex-proches collaborateurs à *L'Équipe*. Quoi qu'il fasse, il n'arrivera jamais à effacer ce besoin effréné de reconnaissance, typique des gens partis de rien. Ni certaines fautes de goût trahissant ses origines modestes. » À quoi pensez-vous monsieur X ? « À ses affreuses socquettes blanches qui sautent aux yeux quand il croise les jambes. » Sans parler de ses mocassins « qu'il achète chez Leclerc », renchérit un autre de ses anciens bons amis, aussi snob et envieux que le précédent.

## COUËDEL TOMBE SOUS LE CHARME

Lorsque les journalistes de *L'Équipe*, actuels et anciens, évoquent les années Tapie, fécondes tant sur le plan sportif que sur celui des affaires, surgissent une multitude d'anecdotes. Et deux figures omniprésentes : Noël Couëdel, rédacteur en chef puis directeur de la rédaction de 1988 à 1990, et Denis Chaumier, patron du foot avant d'accéder à son tour à la rédaction en chef sous les ordres de Gérard Ernault. Deux responsables considérés par beaucoup comme étant de connivence avec Tapie. « Noël Couëdel semblait hypnotisé par le personnage au point d'en perdre tout sens critique, sourit Jean-Yves Viollier, promu rédacteur en chef technique par Couëdel. "Tapie n'a rien sur son bureau, Tapie est un vrai manager", voilà ce qu'il répétait en permanence. Alors que tous les reporters envoyaient des signaux négatifs. » Des « signaux négatifs », Pierre-Marie Descamps en a reçu et répercuté un bon nombre. « Au début, quand il prend le contrôle de l'OM en 1986, la rédaction perçoit Bernard Tapie comme un bon client, doué pour les formules chocs, dit-il. Pour ce qui me concerne, ça a déraillé après un match de Coupe de France. Je me rends au stade Vélodrome pour *France Football*, et là je vois une foule énorme agglutinée devant le guichet. J'ai eu peur que ça dégénère, j'ai pensé au Heysel[4]. Je fais un papier le lendemain dans *L'Équipe* pour dénoncer ce bordel incroyable et les risques encourus par les supporters.» Le président de l'OM n'apprécie pas et le fait savoir à sa manière. «Tapie et Jean-Pierre Bernès, le directeur général du club, me chopent dans le vestiaire et commencent à m'insulter devant les confrères, notamment de *La Provence*. "Tu vas voir ce que c'est qu'un grand club! Elle doit être belle ta vie, t'es quoi ? t'es une merde. Maintenant, tu te casses!" » Ambiance. Dehors, quatre gorilles attendent Descamps. « T'es une merde, on te pisse à la raie. » À ce stade des opérations, le journaliste a parfaitement enregistré le signifié du message. Outré par le procédé, Patrick Fancello, de *La Provence*, lève le camp à son tour, par solidarité avec le confrère malmené. «Notre confrère étant viré *manu militari*, nous cessons immédiatement d'interviewer les joueurs», lance-t-il en direction de Tapie. Retour à Paris le lendemain, où Descamps constate avec soulagement l'absence de Couëdel. Il raconte sa mésaventure à Denis Chaumier, qui approuve l'idée d'un article rapportant les faits dans le détail. «Chaumier a prouvé à cette occasion qu'il n'était pas pro-Tapie, du moins à cette époque», précise Descamps. En découvrant le lendemain le papier sur la «méthode Tapie», Noël Couëdel fait les gros yeux. «T'es pas mort Pierre-Marie?», ironise-t-il, avant d'accorder un droit de réponse à Tapie qui bat sa coulpe, jurant ses grands dieux qu'on ne l'y reprendra plus. «Ce premier dérapage sera suivi de beaucoup d'autres», remarque Descamps.

« L'homme de Tapie, moi ? Personne n'a eu le courage de me le dire en face. J'ai été séduit par Bernard Tapie, qui exerçait des pressions sur moi, c'est vrai. Mais j'ai préservé l'indépendance de *L'Équipe*[5] », rétorque Noël Couëdel avec une pointe d'irritation. La preuve, cette anecdote qu'il sort de sa besace pour se dédouaner.

« Un jour, Tapie me dit : "Tes journalistes sont tous des bons à rien. Il n'y en a que deux sur vingt-cinq qui peuvent me joindre dans la minute. – Tu sais quoi, on va organiser un déjeuner au Napoléon, et tu vas leur dire en face." Il a été éblouissant, il discutait de l'apport de l'arrière-gauche du Bayer Leverkussen avec passion et brio. En partant, je lui dis : "Tu l'as dans le cul Bernard, maintenant que tu les as séduits, ils ne vont pas te rater." »

Séduction et lucidité font-elles bon ménage ? Affirmatif, répond l'éternel bon élève Couëdel. « Je ne suis jamais allé sur le yacht de Bernard Tapie, qui m'a dit un jour : "Si t'étais un homme, tu monterais sur le *Phocéa*." Je lui ai répondu : "Oui, j'en ai très envie mais je ne le ferai pas." Je m'honore de mon attitude, nous étions en première ligne, mais j'ai toujours défendu l'indépendance de *L'Équipe* », ressasse ce passionné de bateaux. À défaut de lézarder sur le pont du *Phocéa*, le romancier du dimanche Couëdel ne se prive pas du plaisir de contempler le grand large à travers les hublots de l'avion privé de Bernard Tapie. « Je monte dans le jet de Tapie, file-moi les négatifs, on gagnera du temps », proposera-t-il à plusieurs reprises à des photographes en reportage.

Septembre 1990. En annonçant le recrutement de Franz Beckenbauer au poste d'entraîneur, Bernard Tapie réussit l'un des plus jolis coups médiatiques de sa carrière. Mythe vivant outre-Rhin, le « Kaiser » est le seul avec le Brésilien Mario Zagallo à avoir remporté la Coupe du monde comme joueur puis comme sélectionneur. Euphorique, le patron de l'OM invite Franz à assister à un match de championnat au stade Vélodrome, contre l'AS Cannes. Tapie va même le chercher en Allemagne à bord de son avion. Le journaliste de *L'Équipe*, Rémy Lacombe, fait le voyage jusqu'à Marseille avec le double champion du monde et son nouvel employeur, tout sourire. « Comme je parle allemand et connais Beckenbauer, Couëdel pense à moi. Il négocie ensuite ma présence directement avec Tapie, en accord avec le technicien allemand », relate Lacombe. Mais la lune de miel tourne court. Beckenbauer se plaint de ne pas avoir été rémunéré pendant les quatre premiers mois de son séjour phocéen. Remy Lacombe s'en fait l'écho dans un article intitulé « Le Kaiser a-t-il été payé ? » « Une information recoupée aux meilleures sources et présentée au conditionnel », précise le journaliste, qui appelle Tapie le lendemain pour recueillir sa réaction. « J'ai appris à connaître à mes dépens un Tapie jouant alternativement sur les registres de la séduction et l'intimidation, dit-il. Avec des phrases récurrentes du style : “Je vais briser votre carrière, je vais vous chier dessus.” » L'ancien journaliste de l'Agence France-Presse et du *Nouvel Observateur*, Christophe Bouchet, qui présidera l'OM entre 2002 et 2004, détaille le dérapage dans un livre, *L'Aventure Tapie* : « Le président de l'Olympique de Marseille passe parfois des reproches aux menaces. Fin 1990, le quotidien sportif *L'Équipe*, excédé par les propos tenus à l'encontre du journaliste Rémy Lacombe, publie la bande enregistrée de la conversation : “Ce que vous avez fait là, vous allez le payer toute votre vie. Si vous avez envie de tailler des pipes à Beckenbauer ou de me chier dessus, ça vous regarde, c'est dans la ligne de votre journal [...]. Vous perso, vous allez avoir affaire à moi. Vous verrez et je vais vous dire, ça va durer jusqu'à tant que vous soyez plus opérationnel. Vous avez bien compris ça. C'est moi perso qui vais m'occuper de vous.” Il ne s'agit pas d'un cas isolé. La plupart des journalistes, dans quasiment toutes les rédactions, ont eu droit à leur bordée d'injures ou à leur lot de menaces[6] », conclut l'auteur. *L'Équipe* gagnera le procès en diffamation intenté par Bernard Tapie en raison de la publication de ses propos. Le départ de Noël Couëdel pour *Le Parisien* marquera le point de départ d'une prise de distance relative vis-à-vis du président de l'Olympique de Marseille. Relative, tant Denis Chaumier, le rédacteur en chef du foot, refusera jusqu'au bout, c'est-à-dire jusqu'à sa placardisation par Jérôme Bureau, de couper le cordon avec

Tapie. Tout comme Noël Couëdel, resté fidèle à l'homme aux « pompes en croco » après son départ de *L'Équipe* pour *Le Parisien.* « Quand Tapie faisait pipi, Couëdel tenait absolument à le faire savoir », ironise Mireille Paraillloux, déléguée du syndicat des journalistes CFDT au quotidien populaire pendant une trentaine d'années.

« Avec Tapie à la une, on bronzait au soleil, persifle un ancien de *L'Équipe Magazine.* Dans cette espèce de frénésie de faire augmenter les tirages de *L'Équipe*, Noël Couëdel et ses successeurs ont fait du Tapie à outrance. » Quitte à en faire trop parfois. Ainsi, *L'Équipe* du 3 juin 1989 annonce en une « Maradona à Marseille ». « Jeudi, le plus grand footballeur du monde sera à Marseille pour rencontrer Bernard Tapie. L'entrevue entre les deux hommes – préparée, hier à Naples, par Michel Hidalgo – pourrait déboucher sur le transfert du siècle. »

En pages intérieures, le journaliste de *France Football*, François de Montvalon, grand fan du champion du monde argentin, paraît sûr de son affaire. « L'OM attend Diego ! »

« Franchement, Maradona jouera à Marseille l'an prochain ? demande-t-il au manager général du club, Michel Hidalgo. – Oui. Il va jouer à l'Olympique de Marseille la saison prochaine. »

Détail important : Diego Armando Maradona ne foulera jamais la pelouse du stade Vélodrome ! Certes, la manchette du journal évoque au conditionnel la venue du « *Pibe de oro* ». Mais les autres papiers donnent pour acquis le transfert du meilleur joueur du monde, alors que ce dernier ne s'est même pas encore entretenu avec Bernard Tapie ! Pour comprendre les raisons de cet embrouillamini, il faut se replonger dans le contexte marseillais de l'époque. Tapie veut alors placardiser Michel Hidalgo, à qui il ne confie plus aucune mission d'importance sauf celle d'approcher Maradona. Toujours bien informé, François de Montvalon a vent de la manœuvre, et parvient à localiser Hidalgo à Naples, où joue le génie argentin. Il téléphone à Michel Basilevitch, un imprésario qui travaille pour l'OM. « Passe-moi Michel [Hidalgo] », lui demande-t-il, au culot. « Allô, Michel Hidalgo ! O.K. tu m'as répondu, je voulais vérifier que tu étais bien à Naples pour rencontrer Maradona. »

Un rien gêné, l'ancien sélectionneur des Bleus, champions d'Europe en 1984, lâche le morceau. Mis au courant, Noël Couëdel essaie de recouper l'information auprès de Bernard Tapie mais n'arrive pas à le joindre tout de suite. Peu avant le bouclage, Tapie rappelle Couëdel. « Ça m'emmerde, ça me fout mal avec *Le Provençal* », lâche-t-il. Conciliant, Couëdel ne pipe mot quand Tapie lui dit qu'il va donner l'info en priorité à Jean-Louis Levreau, rédacteur en chef du quotidien régional et membre du comité de gestion de l'OM. Impossible pour Nanard de se mettre à dos l'influent journal local à l'orée d'une carrière politique qui s'annonce glorieuse. « Couëdel a accepté de renoncer à l'exclusivité de l'info, persuadé de son côté qu'il ne pouvait pas se permettre de fâcher le patron emblématique du foot français », souligne un ex-grand reporter. Pourquoi chagriner un vieil ami ? Pourquoi se montrer désobligeant envers un « bon client » dont les déclarations à l'emporte-pièce et les petites phrases polémiques attirent les lecteurs comme le miel les abeilles ?

## TAPIE PLUTÔT QUE BEZ

C'est donc tout naturellement que *L'Équipe* prend parti pour le patron de l'OM dans le feuilleton à rallonge qui l'oppose à Claude Bez, président des Girondins de Bordeaux. « L'arrivée de Tapie dans le foot coïncide avec la fin de l'hégémonie bordelaise, note Étienne Bonamy. *L'Équipe* a misé sur l'OM. Ce qui faisait dire à Bez : "Les mouches ont changé d'âne." » Tant pis pour le potentat du Sud-Ouest, frustré d'évoluer en division inférieure, malgré un court intermède comme superintendant de l'équipe de France. « Bez était un petit dictateur régional, inscrit à la chambre de commerce de Bordeaux, tandis que Tapie avait ses entrées à l'Élysée », ajoute Bonamy. Le notable de province contre le Rastignac à gourmette, devenu ministre par la grâce du président Mitterrand.

Contrairement à l'ancien vendeur de téléviseurs, Bez ne fait pas semblant d'apprécier les journalistes. Le mépris qu'il leur porte suinte par tous ses pores. Cela se voit, s'entend et se sent. Patrick Blain en fera l'expérience, comme beaucoup d'autres, avant et après lui: « Au téléphone, ça démarre fort. "Bonjour, ici Patrick Blain de *L'Équipe Magazine*." Il intervient: "Je ne connais pas." Un petit clic, comme un grand choc. Sans équivoque: à l'autre bout du fil, fidèle au personnage d'"affreux Jojo", entretenu depuis son entrée en scène, Claude Bez a raccroché[7]. » Ce fils de bonne famille bordelaise, P-DG du cabinet d'expertise comptable familial, fait tout pour se rendre désagréable. Provocateur né, il adore passer pour un vieux cynique réactionnaire. Ce qu'il est, et assume avec une jubilation non feinte. Concurrents pour la place de parrain du football français, Tapie et Bez n'en partagent pas moins les mêmes méthodes. Musclées et expéditives. Qui se ressemble s'assemble… ou s'affronte. « Tapie voulait me casser la gueule, témoigne Michel Nait-Chalal, journaliste du groupe *L'Équipe*. J'ai été viré par les gardes du corps de Bez, et interdit de paddock, l'endroit où la presse reçoit les joueurs. » « En 1986, Bez voulait interdire d'accès à la tribune de presse l'ensemble de la rubrique foot du quotidien », se souvient Jean-Jacques Vierne. Au point que certains, tels que Rémy Lacombe, se cachent presque pour entrer au Haillan, le centre d'entraînement des Girondins. Plus fort, en janvier 1986, le mégalo moustachu appelle au « boycottage » des publications du groupe ! « S'estimant censuré par l'AFP, à l'occasion d'un différend l'opposant à Bernard Tapie, le président bordelais nous avait adressé un communiqué, écrit *L'Équipe* du 15 octobre 1987. Ce communiqué n'ayant pas été publié, une série d'incidents avait opposé le président des Girondins aux journalistes de *L'Équipe*, les 1er février et 30 septembre notamment. Le 25 octobre 1986, dans un numéro de *Marine et Blanc*, le journal de son club, M. Bez avait alors appelé au boycottage des trois publications de notre société. Le tribunal a jugé cet appel "gravement fautif". »

Dans un registre retors, à la limite de la perversité, il imagine même un stratagème fumeux pour piéger *France Football*. « La semaine dernière, nous avons publié dans ces colonnes une information selon laquelle Claude Bez, président des Girondins de Bordeaux, aurait eu l'intention de mettre Alain Giresse à pied après la participation de ce dernier à une émission d'Antenne 2, "Numéro 10", animée par Michel Platini, explique l'hebdomadaire. La réaction de Claude Bez fut immédiate : "J'ai fait passer un faux bruit pour savoir quelles allaient être les retombées [...]. L'information a été imprimée sans vérification parce que les personnes qui la donnaient étaient crédibles. C'est un exemple du travail journalistique." Claude Bez ajoute même qu'Alain Giresse lui-même était "complice" de la mascarade. Le président des Girondins nous devait bien quelques explications sur cette opération sans précédent[8].» En guise d'explication, le déroutant M. Bez dézingue le principe même du droit à l'information dans des termes que n'aurait pas désavoué Roger Lemerre, l'ancien sélectionneur des Bleus: «Dans les pays libres, on abuse du droit à l'information, et on en abuse tellement qu'on en arrive à museler la presse, s'énerve-t-il. Il y a trop de mensonges véhiculés, trop d'accumulations, d'erreurs. On rate une importante saisie de drogue parce qu'on a trop parlé... Ce n'est plus possible. Il n'y a pas suffisamment d'autocensure pour faire de la presse propre[9].» Tous des malpropres, ces journalistes de *L'Équipe*, du stagiaire de première année jusqu'au directeur de la rédaction. «Bez me considérait comme un ennemi, et c'était réciproque», torpille Noël Couëdel, qui n'a jamais été charmé par un personnage infiniment moins «bling bling» que l'ex-repreneur des piles Wonder.

Au printemps 1990, la lutte acharnée que se livrent Bez et Tapie par médias interposés atteint son paroxysme. Sans le citer mais de manière à peine voilée, le président de l'OM accuse son vieil ennemi de «frauder le fisc» et de «tricher avec [son] club». Le tout dans les colonnes de son quotidien sportif favori. «Je vais avoir des choses à dire à Charasse [ministre du Budget de l'époque] sur un dossier qui me paraît nettement plus important: l'enrichissement de certains dirigeants sur le dos de leur club[10].»

« C'est un bâton de dynamite ? » interroge *L'Équipe*. « Vous verrez. J'ai monté un dossier sur tous les transferts des dernières saisons. Et l'on s'aperçoit que certains fraudent le fisc et trichent avec les clubs dont ils ont la responsabilité. Ce qui me paraît bien plus grave que le reste, vu les sommes en jeu, qui se chiffrent à des millions de francs. La vraie cause de l'appauvrissement des clubs, elle est là. »

Touché mais pas coulé, Claude Bez réagit en bête blessée. Il se confie au correspondant de *L'Équipe* à Bordeaux, Christophe Hutteau. Les propos employés à l'égard de Bernard Tapie sont d'une violence rare, probablement inédite dans l'histoire du journal. L'interview se déroule en présence de M^e^ Jaïs, huissier de justice à Bordeaux :

« Il y a dix-sept jours, M. Bernard Tapie a envoyé son homme de main, M. Bernès, me rencontrer à Bordeaux. Celui-ci m'a demandé le plus grand secret et pour être sûr que cela le soit, je lui ai proposé que l'on se rencontre à mon domicile. Il est arrivé, en ami, je lui ai offert l'apéritif et, le verre à la main, il a commencé à me dire que M. Bernard Tapie avait un dossier sur moi et qu'il fallait donc que je me calme. J'ai pris l'air inquiet, interrogatif, lui demandant : Sur moi ? Un dossier ? Confirmation de M. Bernès. Alors j'ai dit bon ! J'ai appelé mon secrétaire général à son domicile, je lui ai dit très exactement : "Viens immédiatement, M. Bernès ne mange plus chez moi." Je lui ai indiqué que je ne le cassais pas en deux, parce qu'il se trouvait chez moi, et qu'en tout autre lieu, il ne serait déjà plus debout. [...] Il porte des accusations excessivement graves, sans citer de nom, sur l'ensemble des dirigeants du football français. [...]

L'attitude de Bernard Tapie est parfaitement compréhensible : il se croit ministrable, cela veut dire qu'il pense être appelé à de hautes fonctions ministérielles dans un avenir proche. Je ne l'invente pas, il l'a annoncé publiquement, avant même le tour des élections législatives dernières. Il lance une opération de bluff. Il attaque par les médias, non pas en justice, mais par médias interposés [...]. »

Cet entretien ne sera jamais publié. Le directeur adjoint de la rédaction de *L'Équipe*, Gérard Ernault, s'en explique dans un courrier adressé à Claude Bez le 23 mars 1990 : « L'entretien que vous avez accordé le mercredi 21 mars à Christophe Hutteau, notre correspondant à Bordeaux, comportait des accusations si graves et des propos tellement diffamatoires que, sur le conseil de nos avocats, nous avons été mis dans l'obligation de ne pas le faire paraître, argumente-t-il. Dans un tel cas de figure les affirmations prononcées doivent recevoir l'appui d'une preuve matérielle ou bien être étayées par les témoignages convergents des personnes visées par des tentatives de corruption [...]. Si, de votre côté, vous détenez des documents apportant la démonstration irréfutable de ce que vous avancez, nous sommes prêts, bien entendu, à en prendre connaissance. » Gérard Ernault ajoute à toutes fins utiles que « les contentieux qui nous ont opposés ne sont pas oubliés. Mais en aucune façon, je vous prie de le croire, nous ne chercherons à nous en servir pour vous empêcher de vous exprimer sur un sujet crucial, dès lors que ce serait dans une forme légale.»

Réponse trois jours plus tard dans le plus pur style Bez: «Le mardi 20 mars 1990, vous avez cru devoir passer une interview de M. Bernard Tapie, portant des accusations graves sur des présidents de club. À la demande de l'un de vos journalistes, j'ai accordé une réponse en présence d'un huissier. J'ai demandé à votre journaliste de contacter le journal avant l'entretien pour prévenir de cette présence. L'accord lui a été donné de prendre l'interview. J'ai constaté que vous n'avez pas publié mes prises de positions, votre justification semblant être la crainte d'une plainte de M. Tapie, suite à mes affirmations. En conséquence: j'ai transmis votre article du 20 mars à mon avocat, pour des poursuites éventuelles à votre encontre. Vous êtes à mes yeux disqualifiés, pendant un an, jusqu'au 20 mars 1991, c'est-à-dire que vous êtes suspendus de toutes relations avec les Girondins de Bordeaux FC, votre présence est interdite dans les lieux sous la responsabilité des Girondins de Bordeaux FC, et aucun salarié du club n'est autorisé à vous parler. Malheureusement, je ne peux pas encore empêcher votre présence gratuite au stade dans la tribune de presse. Je vais essayer par tous les moyens légaux d'y parvenir et, dans ce cas, vous aurez le droit bien entendu d'acheter le nombre de places qu'il vous plairait afin de réaliser les profits qui sont la justification de votre existence.

« Ces mesures ne sont que la réaction à votre conception du droit à l'information pour le moins surprenante. Vous avez estimé que le public avait le droit d'être informé des insultes portées à l'encontre des clubs par Bernard Tapie. Vous n'avez pas estimé nécessaire d'informer le public des réactions d'un des présidents concernés. Lorsque les insultes sont générales, tout le monde se sent visé. Il ne s'agit pas de dire "qui se sent morveux se mouche", mais plutôt "qui se sent attaqué réagit". [...] Vous comprendrez aisément que je ne vous adresse pas mes salutations.

« Signé Claude Bez », [président des Girondins de Bordeaux FC], un des présidents insultés par votre journal du 20 mars 1990. »

Nous n'avons pas tranché cette querelle dont nous ne pouvons vous livrer qu'une version allégée.

## *L'ÉQUIPE* VEUT LA PEAU DE BEZ

Les accusations portées par Bez ne seront jamais prouvées, ni par l'intéressé ni par *L'Équipe* ni par aucun autre média. Mais il est manifeste que le quotidien sportif a rallié le camp de Tapie. Lequel rêve de faire tomber son rival, sur la tête duquel commencent à s'amonceler de gros nuages noirs. « Couëdel a marché main dans la main avec Tapie pour faire chuter Bez », révèle un ancien grand reporter de *L'Équipe*. Une occasion en or se présente six mois après la bombe du 20 mars. Le lundi 11 septembre 1990, le quotidien sportif balance sur cinq colonnes à la une : « Bez : La fin ». « M. Jacques Chaban-Delmas doit annoncer ce midi que le président des Girondins de Bordeaux est remplacé par Jean-Pierre Derose. » La chute de la maison Bez s'étale en pleine page : « Il n'y a plus guère de doute à avoir, assure Christophe Hutteau : le passage de témoin entre Claude Bez et Jean-Pierre Derose aura lieu aujourd'hui. Et sera officialisé par Jacques Chaban-Delmas en personne qui, après avoir beaucoup "consulté" à Bordeaux, hier, présidera ce midi, à Paris, un déjeuner de presse où il sera beaucoup question de l'avenir des Girondins de Bordeaux. »

Il faut croire que le « doute » s'est insinué dans l'esprit du maire de Bordeaux, Jacques Chaban-Delmas, qui annonce le maintien de Claude Bez à son poste. Petite mine des journalistes de *L'Équipe*, le nez dans leur assiette gastronomique de Chez Edgard, le grand restaurant parisien où le baron du gaullisme a convoqué la presse. « Noël Couëdel et Gérard Ernault ont fait fausse route sur la base d'informations solides mais prématurées », se marre un expert des emballements « couëdéliens ». La manchette du lendemain est nettement moins péremptoire : « Du rififi à Bordeaux ».

En vieux crocodile de la politique, Chaban dédouane Bez, et reporte la responsabilité sur son principal opposant, le socialiste François-Xavier Bordeaux, qu'il traite de « naufrageur ». Noël Couëdel ne cache pas sa stupéfaction : « Nous sommes accablés par une telle analyse, tellement surréaliste qu'elle n'appelle plus de questions, écrit-il. Si, à la fin du mois, votre caisse est vide, le responsable n'est pas loin : c'est tout simplement votre voisin, pour peu qu'il ait proposé de vous renflouer. Même des enfants niveau cours élémentaire première année vous diraient que, peut-être, à bien réfléchir, le fautif est celui qui a dépensé plutôt que celui qui veut remplir la caisse. »

Pendant ce temps-là, Jérôme Bureau bout d'impatience. Le rédacteur en chef de *L'Équipe Magazine* rêve d'étriller le protecteur de Claude Bez. Encouragé par Noël Couëdel, il passe à l'acte mardi après-midi. Le directeur de la rédaction de *L'Équipe* relit l'éditorial au vitriol et félicite son auteur. « C'est un triste vieillard, surtout en politique. C'est triste un crocodile avec un dentier, attaque-t-il. C'est triste un homme d'État qui nous prend pour des cons. [...] Jacques Chaban-Delmas ne nous offre plus que l'image d'un animal politique aussi souple que le Marsupilami, mais aussi venimeux que le cobra. Tout ce qu'on a appris à détester au cours des années quatre-vingt. Tout ce dont nous ne voulons plus. [...] Non, mon message est plus clair, plus direct : dehors ! Allez écrire vos Mémoires, monsieur Chaban-Delmas. Faites-vous donc oublier si vous voulez que l'on se souvienne de vous. Et emmenez donc dans vos bagages ce président de club dont je me garderai bien de parler, mais qui ne fait plus rire personne. Dehors ! [...] [11].» Lorsqu'il prend connaissance de l'article, Jean-Pierre Courcol manque de s'étrangler. Son premier réflexe : arrêter la fabrication du journal et retirer l'éditorial. Trop tard. Le magazine est déjà chez l'imprimeur. Pendant le week-end qui suit la parution, des gaullistes de poids appellent Courcol : « Vous avez vu comment ce Jérôme Bureau traite le plus jeune général de la Résistance ? » Jean-Pierre Courcol convoque dare-dare le rédacteur en chef de *L'Équipe Magazine* pour l'incendier de reproches. De retour dans son bureau, le contempteur des vieux crocodiles à dentier analyse son erreur. « J'ai le sentiment d'avoir été joué par Noël Couëdel », confie-t-il à ses proches. Explication, via la même source : « Couëdel a poussé Bureau à la faute, dit-elle. À partir du samedi, on ne parlait plus que de l'édito de *L'Équipe Magazine*. Oubliée, l'erreur factuelle de lundi. Jérôme Bureau a servi de repoussoir et de bouc émissaire idéal pour Noël Couëdel et Gérard Ernault. » Quand Couëdel rime avec Machiavel...

La tête de Claude Bez finira par rouler sur le billot. L'ancien président des Girondins de Bordeaux sera finalement condamné pour abus de confiance, faux et usage de faux [12].

## BUREAU CHOISIT TAPIE

*L'Équipe* n'a jamais été une caserne. Les voix de la dissidence ont toujours pu y faire entendre leur musique. Du moins jusqu'à l'irrésistible ascension de Bernard Tapie. Si la liberté de la presse ne s'use que quand on ne s'en sert pas, comme le dit la devise du *Canard enchaîné*, alors Gérard Edelstein mérite bien les honneurs de la profession. Trois décennies durant, le patron de la page 2 décrit par le menu les vicissitudes des pouvoirs sportifs. D'une plume élégante, le chroniqueur en chef de *L'Équipe* fustige les mensonges et petites lâchetés des hommes politiques, dirigeants de fédération et autres patrons de club. Ce fin lettré exècre le vedettariat, l'argent roi et la société du spectacle. À ses yeux, Bernard Tapie n'est qu'un bateleur médiatique. Gérard Edelstein le pense et l'écrit, bien avant la déchéance du ministre de la Ville. Le 6 novembre 1991, l'Olympique de Marseille se fait sortir au deuxième tour de la Coupe des champions. « Qui sait ? Peut-être la défaite rendra-t-elle humble Bernard Tapie[13] », lance malicieusement Gérard Edelstein. « On croit que Tapie s'occupe de football, écrit-il dans un article joliment intitulé "L'étoile de Tapie". Mais ne serait-ce pas plutôt le football qui s'occuperait de lui présentement ? […] Rendons grâce au football d'avoir permis à ce fringant hussard – on l'imagine assez bien sous le grand uniforme d'un général napoléonien – de devenir peu à peu, sinon un gentleman, du moins un homme nettement plus civilisé qu'à ses débuts, de lui avoir appris la patience, une certaine humilité et des manières enfin meilleures que celles qui le conduisirent parfois à prendre, au physique comme au moral, les journalistes comme des punching-balls.»

L'étoile de Gérard Edelstein commence à pâlir au début de l'année 1993, avec l'intronisation de Jérôme Bureau. Avant de s'éteindre définitivement dans le sillage de «*Human Bomb*». Le 13 mai 1993 à 9 heures 27, un homme cagoulé pénètre dans une classe maternelle de Neuilly-sur-Seine. Erick Schmitt alias «*Human Bomb*» menace de faire sauter les vingt et un enfants et leur institutrice si une rançon de cent millions de francs ne lui est pas versée. Il sera abattu deux jours plus tard par les policiers du RAID. Tel un caricaturiste de la presse satirique, Gérard Edelstein superpose la prise d'otages tragique au bras de fer sans merci qui oppose l'hebdomadaire *France Football* à sa bête noire Bernard Tapie. Faisant d'une pierre deux coups, il règle au passage leur compte aux journalistes de TF1, Jean-Michel Larqué et surtout Thierry Roland, dont la complaisance envers Tapie était devenue proverbiale: «Mais que diable Thierry Roland et Jean-Michel Larqué étaient-ils allés faire dans cette galère? L'homme qui les détenait désormais en otages sur un quatre-mâts de milliardaire –drôle de galère– arborait un masque de carnaval, en l'occurrence celui d'une célébrité du moment, Bernard Tapie, le patron de l'OM, s'amuse Edelstein. Mais derrière cette souriante figure de carton-pâte se dissimulait, à l'évidence, un individu aux nerfs d'acier, un homme capable de pousser son délire de persécution jusqu'à la logique extrême, fût-elle suicidaire. Un aventurier, certes, mais en même temps un stratège assez machiavélique pour réussir en direct le rapt nautique d'un couple de commentateurs sportifs et, cela étant fait, de les assommer sadiquement de ses sarcasmes, de son ironie, pour ne pas dire de son mépris. [...]

« Thierry Roland essayait bien d'amadouer le preneur d'otages, de lui poser des questions propres à désarmer son évidente agressivité. Mais son interlocuteur le remettait alors prestement à sa place de faire-valoir, en faisant hypocritement mine de le confondre avec la société des gens de presse dans son ensemble. Et plus précisément, nous sembla-t-il, avec un hebdo spécialisé qu'il ne semble pas porter dans son cœur : hebdo que Thierry Roland jugea plus prudent de ne pas présenter dans son habituelle revue hebdomadaire, de crainte sans doute d'être jeté à la mer. [...]

« Aux dernières nouvelles, il exigerait qu'on lui livre pieds et poings liés, non pas le ministre de l'Information, mais le rédacteur en chef de l'hebdo spécialisé dont il conteste les jugements techniques, cela dans le but de le ravaler lui aussi au rang de serpillière. Le rédacteur en chef en question aurait été vu récemment dans un stand de tir avec un 357 Magnum. Nous en sommes là[14]. »

Ce dont l'auteur de cet article au vitriol ne se doutait pas, c'est que Bernard Tapie exigerait qu'on lui livre pieds et poings liés, non pas François de Montvalon, le rédacteur en chef de *France Football*, mais Gérard Edelstein. Tapie est fou de rage, Jérôme Bureau rouge de colère et Paul Roussel, le directeur général de *L'Équipe*, excédé au dernier degré. « Tapie a dit : "J'aurai la peau d'Edelstein" », assure Jacques Thibert, le directeur de *France Football* de l'époque. En fait, Jérôme Bureau n'a eu besoin de personne pour se débarrasser de Gérard Edelstein. « Il vire Edelstein pour délit d'opinion », déplore Patrick Lafayette, le numéro trois du *France Foot* anti-Tapie. Le patron de la page 2 paie au prix fort un double crime de lèse-Bureau. Primo, il commet l'effronterie de s'opposer au retour des anciens du *Sport*. Deusio, non seulement il refuse de faire allégeance au nouveau pouvoir, mais il persiste à exprimer des positions autonomes, indépendamment de la ligne fixée par la direction de la rédaction. Rédhibitoire. L'homme est anéanti. À la suite de son licenciement, Gérard Edelstein envoie une lettre à la direction demandant que son nom n'apparaisse jamais plus dans le journal.

Sans avoir jamais été proche de Bernard Tapie, Jérôme Bureau n'a pas particulièrement brillé par son esprit critique durant les folles années de l'OM. Quatre jours avant la première finale de Coupe des champions disputée – et perdue aux tirs au but – par les Phocéens contre les Yougoslaves de l'Étoile rouge de Belgrade, celui qui n'est encore « que » rédacteur en chef de *L'Équipe Magazine* enfile allègrement le maillot du supporter. « France, capitale Marseille », s'enthousiasme le supplément hebdomadaire de *L'Équipe* à la une. « À quatre matchs de la fin de saison, l'OM rêve d'un triplé historique. Et nous tous avec lui[15]. » Chaud bouillant, Bureau ose titrer son éditorial : « *In bed with* l'OM ». Fine allusion au film *In bed with Madonna* – littéralement « Au lit avec Madonna » – sorti la même année, en 1991. « Ah, cette finale de Bari, Dieu qu'elle est longue à arriver ! On en crève de la vivre, s'impatiente Jérôme Bureau. Tant, sans doute, s'est-on persuadé que l'OM peut la gagner. Que l'OM va la gagner. Ils sont forts, très forts. [...] Marseille, capitale d'une Provence-Côte d'Azur dont le probable affrontement Tapie-Le Pen lors des prochaines élections régionales va faire le centre de la France politique. Marseille, capitale de la France, par la grâce de l'OM. Marseille, ville agaçante, dérangeante, inhabituelle. Marseille, ville admirable. » En lisant *L'Équipe Magazine*, le sang de Jacques Thibert ne fait qu'un tour. « Quel culot d'écrire un tel papier à la gloire de l'OM, s'emporte-t-il avec la même véhémence qu'autrefois. Je l'ai descendu en flammes dans un édito intitulé "Les nouveaux philosophes de l'immoralité". Ce qui m'a valu une lettre de remontrance du directeur général Courcol. »

« C'était un édito de supporter, confirme Patrick Lafayette. Pour ma part, en tant que journaliste, je ne me sens pas l'âme d'un supporter. » On peut le croire sur parole. Le 29 mai 1991, la France retient son souffle. Le fond de l'air fleure bon l'unité nationale. Télés, radios, presse grand public, tous derrière l'OM et son charismatique président ! *Le Parisien* se déguise même en « *Bari-sien* ». Mais le scénario ne se déroule pas comme prévu. Dans la tribune de presse, les journalistes français accusent le coup. Tous, sauf Patrick Lafayette, encore plus guilleret qu'à l'ordinaire ce soir-là. Ses confrères stupéfaits le voient lever les bras après le tir au but victorieux des Yougoslaves. « Alain Constant, journaliste au *Figaro*, avait l'air peiné, s'amuse le malicieux "Laf'", petit nom de l'ancien rédacteur en chef adjoint de *France Football*. Et moi je lui gueule : "Fais pas cette tête, l'OM ne méritait pas de gagner !" » Denis Chaumier se retourne, furieux. « Arrête avec ta grande gueule, t'es toujours négatif. » Réponse du reporter « négatif » : « Tu me fais chier. » Quelques jours plus tard, le journaliste sportif Jean Ferrara évoque cet épisode lors d'un entretien avec Bernard Tapie paru dans *France-Soir*. « La preuve que Lafayette est anti-OM, ce journaliste dansait de joie après le but de Pancev », explique en substance le patron du club finaliste. Laf' a sa petite idée sur l'« informateur » de Nanard. « Chaumier l'a raconté à Tapie. Depuis, cette histoire me court après, dit-il. Alors que je n'ai jamais été anti-OM, au contraire. J'ai même manifesté ma joie une fois, quand Chris Waddle a marqué contre le Milan AC. Ce jour-là, j'ai oublié mon devoir de réserve.» Idem pour Chaumier. «À Bari, j'étais triste pour Basile Boli, dont les larmes ont ému la France entière», dit-il.

Entre Denis et Patrick, rien ne va plus depuis l'irruption fracassante du phénomène Tapie. «Une fois, j'ai vu Denis Chaumier descendre de la voiture de Tapie avec son fils Baptiste portant l'écharpe de l'OM autour du cou, ça résume bien les rapports qu'il entretenait avec le patron de l'OM», explique Laf'. Baptiste Chaumier est aujourd'hui journaliste à *France Foot,* en même temps que son père.

«Après un match au Parc des Princes, Tapie m'a offert un maillot de Sony Anderson que j'ai donné à mon fils, réplique Denis Chaumier, un tantinet agacé. De même que Dominique Rocheteau m'avait fait don de son maillot bleu de l'Euro 84. Ou Gérard Houllier du maillot de Liverpool, le Marseillais Samir Nasri et dernièrement Kaka, lors de la remise du Ballon d'Or 2007. Je ne vois pas ce qu'il y a de répréhensible à accepter ce genre de cadeau dont la valeur est surtout symbolique. Sauf à considérer que les journalistes se vendent pour un maillot, ce qui n'est pas cher payé.» Pour ce qui est de sa présumée «connivence», il concède que «*L'Équipe* a peut-être manqué de mordant». Tout en précisant: «Noël Couëdel avait un bon relationnel avec Tapie comme avec tout le monde d'ailleurs, il était dans son rôle. » Manière de souligner qu'il n'était qu'un simple exécutant de la volonté du boss.

La cinquantaine alerte, les cheveux grisonnants, d'un abord chaleureux et foncièrement sympathique, Patrick Lafayette enchaîne les anecdotes à la vitesse de la lumière. N'hésitant pas à toucher le bras de son interlocuteur pour créer une onde positive. Avec une rare liberté de ton, même pour un journaliste. Pas de *off the record*, il assume tout. De toute façon, il n'a plus grand-chose à perdre. Depuis qu'il a échappé in extremis au licenciement express –*voir le chapitre « Le grand nettoyage »*–, Patrick Lafayette ne se fait plus guère d'illusions sur la suite de sa carrière. Plutôt que de moisir dans un placard doré, l'ex-numéro deux de la rubrique foot de *L'Équipe* est redevenu reporter de base au groupe Sports olympiques. Désormais, il se contente d'aligner au kilomètre des comptes-rendus sages et bien léchés des épreuves de ski l'hiver, et de canoë-kayak l'été. À des années lumière de la période « rock and roll » de *France Football*, dont il fut l'un des piliers les plus brillants et indisciplinés. « *France Foot* s'est très nettement démarqué de *L'Équipe* qui cultivait des liaisons dangereuses avec Tapie, le journal y a gagné en indépendance éditoriale et en qualité », affirme Lafayette, fier de ses états de service et nostalgique d'une époque révolue.

## *FRANCE FOOTBALL* FAIT DE LA RÉSISTANCE

La photo a été prise dans le bureau de Bernard Tapie, au siège de son groupe, avenue de Friedland à Paris. Pas besoin d'être médiologue pour comprendre que dès sa première interview à *France Football*[16] en février 1986, le quadragénaire dynamique, nouveau venu dans le monde du ballon rond, a tapé dans l'œil des trois envoyés spéciaux. Souriant, Jacques Thibert est pendu aux lèvres de Nanard, Jean-Marie Lorant affiche un air studieux, tandis que le trentenaire Denis Chaumier, mains jointes sous le menton et regard perçant, semble hypnotisé par le personnage assis en face de lui. Le « Tapie-boom » ne laisse pas indifférent l'hebdomadaire de football.

« Au fil des questions et des réponses, le charme opère, et l'argumentation porte. Tapie possède vraiment l'art d'aller droit au but. C'est la devise de l'OM. » Dans le même numéro, un autre article remarque que, « en six ans, le groupe Tapie est devenu un petit empire industriel. Appliquée au football, sa stratégie n'est pas sans rappeler l'Ajax de la grande époque. C'est tout dire » ! Laissez le charme agir… « Tapie est un type qui pourrait faire fortune en vendant des confettis à la sortie d'un cimetière », résume Patrick Lafayette.

L'idylle sera de courte durée. Le temps de mettre au jour le système Tapie. Retiré en Corse, séjournant à Paris un mois par an, en novembre, Jacques Thibert est comme marqué au fer rouge par sa croisade anti-Tapie. Il lui en veut à mort et se répand en invectives, réfutées en bloc par Tapie: « Il a tout analysé très vite, Tapie ne connaissait rien dans le foot en arrivant à la tête de l'OM, six mois après il comprenait tout: la corruption, le dopage, la manière de faire fonctionner une équipe de compétiteurs », s'emballe l'ancien directeur de la rédaction de *France Football.* On n'arrête plus Jacques Thibert, transporté quinze ans en arrière dans son bureau d'où il rédigeait son éditorial chaque dimanche après-midi.

On n'arrête pas non plus Patrick Lafayette, avide de revivre, l'espace d'un instant, les temps forts de sa folle jeunesse. Lui aussi a rapidement appréhendé les ressorts intimes de la méthode Tapie. Sa prise de conscience peut être comparée à un dépucelage fugace et brutal. Dans les couloirs de l'hôtel Méridien, à Paris, « Tapie me dit: "1 000, 10 000, 100 000, un million, tu te laisses enculer pour combien ? Tu vois, c'est ça le foot, petit" », raconte le journaliste. Un autre jour, devant le même hôtel, Lafayette aperçoit Tapie en grande discussion avec le journaliste de sport Olivier Rey: « T'es toujours à Antenne 2, ça te dirait de présenter "Téléfoot", je m'en occupe. J'appelle Bourges[17]. » Sur ces entrefaites, Nanard redescend la vitre de sa voiture et démarre en trombe. « Olivier Rey reste bouche bée et répète avec un air d'abruti, la bouche pendante, "Tapie va me faire bosser à Téléfoot" [18] », se marre Lafayette, très en verve. La bagarre contre Tapie dépassait le cadre du sport. « Tapie proposait un modèle de société à l'opposé de celle dans laquelle je voulais que mes enfants grandissent. Et la gauche la promouvait », s'étrangle ce vieux militant CGT aux idées progressistes. Nanard ne répétait-il pas à l'envi qu'il est « plus facile d'acheter des journalistes qu'un journal » ? si l'on en croit Damien Ressiot, membre éminent de la bande à Lafayette.

Multipliant éditos saignants et révélations chocs, l'hebdomadaire devient l'organe officiel de l'opposition à Bernard Tapie. Avec dans le rôle du premier insurgé François de Montvalon, sorte de Che Guevara du journalisme de foot. L'hétérodoxe et talentueux rédacteur en chef de *France Foot* salue au bazooka l'arrivée en fanfare de Franz Beckenbauer, qui suit de près l'annonce du rachat par Tapie du géant germanique Adidas. Le titre de l'éditorial, « *Warum ?* » – « Pourquoi ? » –, est en soi tout un programme. « Si Bernard Tapie n'existait pas, il faudrait l'inventer, ironise-t-il. Parce que si Bernard Tapie n'existait pas, nous serions tous des refoulés. Vous, nous, eux. Enfin, vous les joueurs. Nous, les fêlés du dribble court et de la reprise de volée. [...] Si Bernard Tapie n'existait pas, nous en serions probablement restés à des rêves de cantinier, à regarder passer les plats en tournant la langue sans parvenir une seule fois à nous humecter le palais de la bonne sauce. Si BT n'existait pas, le Bonheur serait pour les autres et l'Ambition continuerait d'avoir les traits du voisin envié. [...] Si Tapie n'existait pas, on l'inventerait[19].»

Commentaire de Lafayette: «Montvalon m'a transmis le virus de l'intégrité.» Au passage, il a dû aussi lui inoculer celui de l'intransigeance et de la radicalité. Car le rédacteur en chef et son adjoint écrivent comme ils pensent, sans tabou. Ce qui n'est pas si fréquent, dans la presse sportive comme ailleurs. L'humour ravageur des manchettes, titres et légendes photos, fait mouche. À sa manière caustique, l'hebdo dit «au revoir» à Gérard Gili, le prédécesseur de Franz, dans la langue du Kaiser: «Gili *auf Wiedersehen*[20]». «Tapie brûle-t-il?», interpelle la manchette de *France Football*, le 4 décembre 1990. Le patron de l'OM y est décrit sans fard, par-delà l'image factice reflétée par une majorité de médias sous influence. Ses démêlés avec le fisc lui valent un traitement mi-satirique, mi-circonstancié: «En se dépensant pas mal et en se fendant, sans doute au final, d'un petit redressement, Bernard Tapie a véhiculé beaucoup de messages ces derniers jours, écrit Patrick Lafayette. Et les a fait évoluer. Terriblement. Et très vite. Les événements vont-ils continuer à se précipiter? La réponse est sous le parquet.» La profusion de calembours et le refus de se prendre au sérieux rapprochent le *France Foot* de ces années-là de l'esprit du *Canard enchaîné*. « Les affaires ne font pas celles du président Tapie, même s'il n'est pas encore éclaboussé, relève Lafayette dans la même édition. Elles n'arrangent pas son image publique. Chicot dans les dents blanches. »

Ces diables de *France Foot* boys arrivent même à semer la zizanie dans le staff dirigeant marseillais. Raymond Goethals, l'entraîneur de l'OM de 1991 à 1993, n'apprécie pas la manière dont son patron a remis en cause ses choix dans une interview au *Provençal*, quelques semaines avant la finale de Coupe des champions contre le Milan AC. Il le dit à Jean Issartel, jeune reporter à *France Football* : « C'est lui qui fait l'équipe, balance le "sorcier belge". Il n'a pas besoin de moi pour battre Milan [...] Demande-lui de t'expliquer ses options tactiques, les points faibles de Milan. Et demande-lui surtout comment, en 1991, il a fait pour les éliminer... [21] » Réponse de Tapie via un communiqué de l'Agence France-Presse : l'interview est « bidon », montée de toutes pièces. La riposte à Nanard est à la hauteur de l'affront. Aux manettes, l'inspiré François de Montvalon signe un chef d'œuvre de journalisme polémique, sous le titre baroque « *Il bidone !* [22] ». « *France Football* a un grand défaut : peu lui chaut l'air du temps, fût-il doux comme un suppositoire de Tranxène. Bernard Tapie – dit, lui, le Grand Communicateur – a, pour sa part, trois qualités essentielles. Il se sert du jeu de football comme s'il s'agissait d'une danseuse d'opérette, corvéable et taillable à merci. Depuis Tapy Bernard, il décline ses passions lucratives au gré de ses besoins, une plume dans une main et une matraque dans l'autre. [...] Le génial bienfaiteur des familles a compris qu'on pouvait vendre du rêve à crédit à un taux si bas que meurt la concurrence. [...] *France Football*, pôvre gland mal formé, a cru faire bon usage de son devoir d'informer en publiant un entretien réalisé dans les règles. [...] Une interview empreinte d'un humour belge légèrement décapant sur les bords. [...] Monsieur le président, souffleur de verres, le journalisme, ça vous gratouille ou ça vous chatouille ?[23] »

## L'AFFAIRE OM-VA

À J-5 de la grande finale OM-Milan, *L'Équipe* publie un petit encadré intitulé « Valenciennes accuse ! » Où l'on apprend que trois joueurs nordistes « auraient été approchés par un dirigeant de l'OM la veille du match et se seraient vu proposer de l'argent pour "être moins performants que d'habitude" ». Jacques Glassmann, le libero de Valenciennes, a déclaré à l'arbitre à l'issue de la rencontre : « Un dirigeant marseillais m'a appelé mercredi à notre hôtel. Maintenant, je sais qu'il n'y aura pas de preuve puisque c'était un coup de téléphone. C'est donc ma parole contre celle des gens de l'OM. Je suis un garçon honnête, j'ai conscience des accusations que je porte. Je vais à présent discuter avec mes dirigeants et attendre qu'on m'interroge… » « Info ou intox ? Car n'importe qui a très bien pu se faire passer pour un dirigeant marseillais, comme le laissait entendre d'ailleurs Jean-Louis Borloo, le député-maire de Valenciennes, commente Patrick Urbini. Voilà en tout cas une bien curieuse affaire dont on ne sait trop sur quoi elle peut déboucher maintenant. La balle est dans le camp de la Ligue qui détient le rapport de l'arbitre et du délégué[24]. » Elle débouchera sur la condamnation de Bernard Tapie à huit mois de prison ferme pour corruption. En attendant, « le doute » envahit Jérôme Bureau. « S'il y a eu tentative de corruption ou s'il y a eu manœuvre de déstabilisation, il faut, pour le bien du football, que tout soit mis en œuvre pour que la vérité éclate, éditorialise le nouveau directeur de la rédaction du quotidien. Et d'abord une véritable enquête. Corruption ou calomnie ? Dans les deux cas, c'est inadmissible[25]. » Le jour même de la finale, *L'Équipe* rend compte du témoignage du frère de Glassmann « sur le mystérieux appel téléphonique que le libero valenciennois a reçu, mercredi dernier, dans sa chambre à l'hôtel du Lac ». Mais la victoire balaie tous les doutes et, au surlendemain de la finale de Munich, voilà que l'on surprend de nouveau Jérôme Bureau « *in bed with* l'OM ». « C'est de ce journal, *L'Équipe*, qu'est partie, au milieu des années cinquante, l'idée de la création de la Coupe d'Europe de football. Et personne n'a plus fidèlement attendu que nous le jour où, enfin, ce fabuleux trophée reviendrait en France, dans son pays natal en quelque sorte. Cet événement historique, que nous devons à l'Olympique de Marseille, nous a permis hier de battre le record du tirage de notre journal, avec 983 078 exemplaires mis en vente, s'enflamme-t-il[26]. » Qu'importe si le président de la Ligue de football professionnel, Noël Le Graët, explique que « le succès de l'OM ne change rien[27] ». Juste avant de parader à l'Élysée, les champions d'Europe rendent une « visite d'amitié » à *L'Équipe*, où ils sont accueillis par Jérôme Bureau, flanqué du président d'honneur Jacques Goddet, l'inventeur de la Coupe d'Europe[28]. Mais le rêve éveillé ne passera pas l'été. Le 6 septembre 1993, l'UEFA, l'instance dirigeante du football européen, exclut le tenant du titre de la Coupe des champions. « Si Patrick Urbini n'avait pas évoqué les réserves de Glassmann à la mi-temps de VA-OM, la Ligue n'aurait pas déposé plainte contre X, c'est Le Graët lui-même qui le dira plus tard », assure Étienne Bonamy, coresponsable de la rubrique foot pendant l'affaire. Rendons grâce à l'intègre président d'En avant Guingamp de ne pas avoir suivi la ligne Pascal Praud. Cet affidé de Tapie doutait ouvertement des propos de Glassmann sur le plateau de « Téléfoot », sans prendre la peine de contre-enquêter. Richard Porret, le spécialiste des affaires judiciaires à *L'Équipe*, saura mettre à profit sa proximité avec le juge Beffy pour démêler avec pertinence les fils du dossier VA-OM. «Nous avons été très bons sur l'aspect juridique, au point que les articles de *L'Équipe* ont été versés au dossier de l'instruction», se félicite Étienne Bonamy. Tout en reconnaissant que *France Football* a été «meilleur sur les témoignages». C'est un euphémisme. Contrairement à *L'Équipe*, pourtant armé de la rédaction de foot la plus fournie de France, l'hebdomadaire réussit à faire parler l'ensemble des protagonistes, à l'exception de Tapie et du joueur marseillais, Jean-Jacques Eydelie. Premier scoop, l'interview de Jorge Burruchaga qui explique «pourquoi j'ai menti»:

«Donc, vous étiez bien dans cette chambre d'hôtel avec Glassmann et Robert lors du fameux coup de fil?

– Oui, j'y étais[29].»

Barrée d'un accusateur «Tricheurs!», la manchette du 29 juin met en scène un ballon de foot symboliquement emprisonné dans une cage.

«J'ai triché, mais je ne suis pas le seul», témoigne Christophe Robert, l'homme qui a enterré dans son jardin les 250 000 francs proposés au téléphone par Jean-Jacques Eydelie et Jean-Pierre Bernès, le directeur général de l'OM. «On leur a dit [Glassmann, Burruchaga et lui-même]: "Oui, O.K.! Envoyez-nous l'argent!"», dit-il à Damien Ressiot. L'instruction et le procès innocenteront Jacques Glassmann et confondront les corrupteurs, Tapie et Bernès, et les corrompus, Burruchaga et Robert. Après Jorge Burruchaga et Christophe Robert, Jacques Glassmann se confie à *France Foot*. « Il maltraite ses deux coéquipiers, révèle les dessous de la confrontation générale au tribunal de Valenciennes, maintient fermement ses accusations contre Jean-Pierre Bernès et parle de Jean-Jacques Eydelie : "Ce n'est qu'un lampiste." » Avant d'ajouter, sous la plume de Jean Issartel : « Trahir des pourris, c'est mal[30] ? »

Pas plus que de se payer la tête de celui que Jacques Thibert a affublé du doux sobriquet de « Grand Manipulateur ». Dans la surenchère permanente à laquelle se livre le trio infernal Thibert-Montvalon-Lafayette, le directeur de la rédaction mérite le prix d'excellence. Le titre de son éditorial du 6 juillet n'est pas près d'être copié : « Tout le monde y pue, y sent la charogne, y a que le grand Tapie qui sent l'eau de Cologne. » Quant au papier, il tient toutes ses promesses : « Nous aimerions bien aussi que le capitaine pleurnichard [Didier Deschamps, capitaine de l'OM en 1993], au nom de ses camarades douloureusement atteints dans leur ego, arrête de nous faire le coup du droit au respect – à sens unique – et celui de la vierge outragée. Ils ne savent pas, lui et ses copains, qu'ils ont probablement gagné des matchs, des titres et des coupes contre des adversaires trahis, qui n'avaient plus leurs jambes, dont quelques coéquipiers avaient été achetés, dans des rencontres qui étaient totalement sous contrôle ? Le doute ne les effleure pas ? [...] Pour cela et pour le reste, monsieur Tapie, nous n'irons pas nous faire photographier avec vos trophées.» On l'aurait deviné.

L'exclusion de l'OM par l'UEFA met un point final aux ambitions européennes de Bernard Tapie. L'occasion pour l'hebdomadaire satirique du foot de tester les connaissances de ses lecteurs. Le jeu s'appelle: «Êtes-vous les faux-culs?» Patrick Lafayette se charge d'en fixer les règles. «Dire le contraire de ce qu'on pense, calculer le propos et le geste, rester en retrait, toujours, puis hurler avec les loups ou ajouter ses larmes au fleuve des pleurs: voilà la nouvelle règle du foot pro, la règle qui écrase tout, la règle du non-dit d'un milieu crispé sur ses vices cachés. Sorte d'omerta des conjurés d'un honteux secret.»

« Pourriez-vous en être le chef, être plus faux-cul que les faux-culs? Testez vos aptitudes à entrer dans la famille, à être les potentats de demain.» Exemple de question: « Qui a dit? "Au niveau de la morale, j'ai le sentiment que la place de champion de Marseille n'est contestée par personne, en tout cas par aucun de ceux qui connaissent le football."

–Jean-Claude Tapie

–Bernard Tapie

–Rolland Courbis.

Réponse: Bernard Tapie, le 26 juin.[31] »

«On dira ce qu'on voudra, ce *France Foot* avait de la gueule, tranche un ex-ponte de *L'Équipe Magazine*. Leur campagne anti-Tapie était infiniment plus argumentée et courageuse que celle de *L'Équipe* contre Jacquet. » Dont acte. Mais ses promoteurs l'ont payé cher. Quelques mois après le crépuscule de l'OM, Jacques Thibert est « remercié ». Puis viendra le tour de François de Montvalon et Patrick Lafayette. Depuis lors, *France Football* a repris une activité plus conforme à son statut d'hebdomadaire officiel du ballon rond.

# LE FOOT ÉCRASE TOUT

Novembre 1998. Un hôtel de Louveciennes, petite ville cossue des Yvelines connue pour avoir été un lieu de villégiature des peintres impressionnistes au XIXe siècle, accueille la maison *Équipe*, réunie en séminaire d'entreprise. Directeurs, responsables de département, chefs de service ont répondu présents à l'invitation du patron, Paul Roussel, en dépit du froid glacial. Leur mission : définir les « axes stratégiques » de *L'Équipe* du XIXe siècle. Rien de moins. Parmi les questions ouvertes au débat : la place des différentes rubriques dans l'économie générale du journal. Deux tendances se dégagent : Gérard Ejnès, le directeur adjoint de la rédaction, plaide pour une prise de pouvoir radicale et définitive de la rubrique football. Son argument est simple : à l'instar des autres grands quotidiens sportifs européens, type *Marca* (Espagne) et *La Gazzetta dello sport* (Italie), le foot assure l'essentiel des recettes de *L'Équipe*. Objectivement, les dix meilleures ventes du quotidien entre le 1er janvier 1996 et le 30 novembre 2007 mettent à l'honneur les triomphes de la génération Zidane. Dans l'ordre : Coupe du monde 1998 (« Pour l'éternité »), Euro 2000 (« Monumental »), Mondial 1998 (« Héroïques »), Coupe du monde 2006 (« Magique »), Mondial 2006 (« Le but de leur vie »), Coupe du monde 2006 (« Regrets éternels »), Mondial 2006 (« Le bonheur »), Euro 2000 (« À portée de la main »), Euro 2004 (« C'est incroyable »), Coupe du monde 1998 (« Que d'émotions »). Le tout avec une diffusion payée allant de 1,6 million à 760 000 exemplaires. Les victoires du XV de France contre la Nouvelle-Zélande, lors des Coupes du monde de rugby 1999 et 2007, n'arrivent qu'en onzième et treizième position. Quant au Tour de France, il dépasse une seule fois les 700 000 exemplaires, le 18 juillet 1998 (« C'est énorme »), le jour d'après les aveux de Bruno Roussel, directeur sportif de Festina, qui reconnaît avoir mis en place un système de dopage organisé au sein de son équipe ! Le numéro célébrant la médaille d'or de la skieuse Carole Montillet, championne olympique de descente à Salt Lake City, en février 2002, ne provoque aucun frémissement commercial. Et ce malgré le souvenir encore vif de la mort accidentelle de Régine Cavagnoud sur la piste autrichienne du Pitztal, quatre mois plus tôt. « Avec le poids de l'émotion, on pouvait imaginer de bonnes ventes, mais elles furent équivalentes à un jour ordinaire », déplore avec amertume un rédacteur en chef de *L'Équipe*. Même l'exceptionnelle moisson tricolore aux JO d'Atlanta laisse de marbre les acheteurs potentiels, indifférents à l'historique double titre olympique de Marie-José Pérec sur 400 et 200 mètres. « Il n'y a que le foot et le Tour de France qui marchent, se lamente notre rédacteur en chef. Le rugby ne fait pas vendre. Les gens qui regardent le rugby à la télé sont des blaireaux qui n'y connaissent rien, ils n'ont pas besoin d'acheter *L'Équipe.* » Dès lors, pourquoi le foot n'occuperait-il pas 80 % de la surface du journal ?

## LE FOOT, UN ROI SANS COURONNE

Parce que Jérôme Bureau, le numéro un de la rédaction, s'y oppose fermement et défend la ligne omnisports en vigueur depuis la création du journal. Perpétuant une tradition qui remonte aux origines de *L'Équipe*. Gaston Meyer, rédacteur en chef de 1954 à 1970, tenait le football pour « un jeu de hasard ». « Jacques Goddet n'aimait pas et ne connaissait pas le foot, il le traitait de loin, conforté en cela par les hommes des sports olympiques, les Meyer, Marcel Hansenne et plus tard Michel Clare. J'étais traité avec un certain respect dû à mes études et à ma plume mais ils me considéraient un peu comme un étranger », rappelle Jacques Ferran.

Ce dédain aristocratique typique des *sportsmen* nés dans le premier quart du XXe siècle épouse l'air du temps, de la Libération jusqu'à la fin des années soixante. Pendant les deux premières décennies d'existence de *L'Équipe*, le football ne tire pas encore la diffusion vers le haut. On a tendance à l'oublier, le ballon rond n'a pas toujours archi-dominé les conversations de comptoir. Après-guerre, c'est le « noble art » qui maintient la France éveillée des nuits entières. Le lendemain du titre de champion du monde de Marcel Cerdan, décroché le 21 septembre 1948, *L'Équipe* s'arrache comme des petits pains. Le record du tirage tiendra quarante-cinq ans ! Le boxeur Marcel Cerdan sera détrôné par le footballeur marseillais Basile Boli, buteur décisif de l'OM en finale de la Coupe des champions *– voir le chapitre « Le Tapie-boom »*. Comme un symbole de l'évolution des centres d'intérêt des lecteurs de sport. Le cyclisme et l'athlétisme sont alors les deux autres disciplines reines. Premier coureur à remporter le Tour de France trois fois de suite, Louison Bobet déchaîne les passions. Le « divorce français[32] » entre les admirateurs de Jacques Anquetil et les inconditionnels de Raymond Poulidor fait les gorges chaudes et les bons comptes du quotidien. Sans oublier la ferveur autour de Michel Jazy, grande figure de l'athlétisme français, portée à bout de bras par *L'Équipe – voir le chapitre « La bible du sport »*.

Deux événements vont peser durablement sur la physionomie du quotidien sportif : le rachat de *France Football* par Jacques Goddet, le 25 septembre 1947, d'une part. « La différence majeure entre *La Gazzetta dello sport* et *L'Équipe*, c'est la présence de *France Foot*, analyse Denis Chaumier, le directeur de la rédaction de l'hebdomadaire. Le quotidien italien ne possède pas un magazine de référence aussi renommé que *France Football.* Si *France Foot* n'avait pas existé, *L'Équipe* aurait peut-être suivi une orientation différente, avec une pagination supérieure. »

La promotion d'Édouard Seidler, préféré à Jacques Ferran pour succéder à Gaston Meyer *– voir le chapitre « Secrets de famille »* – cristallise dans un deuxième temps le relatif isolement du foot. Blessé dans son amour propre, Ferran se retire sur son Aventin. « Après 1970, il fait deux pas en arrière, explique Jacques Thibert. Ferran garde l'oreille de la direction, reste influent mais en retrait, comme la statue du commandeur. » *Papabile* déçu, le cardinal Ferran règne sans partage sur la rubrique foot et *France Football*, dont il fait ses domaines réservés. Jalousé comme Richelieu en son temps, il est soupçonné de fomenter un État dans l'État. « Jacques Ferran était quasiment incontrôlable, car Marcel Hansenne, le bras droit de Seidler, s'en foutait et Jacques Goddet, qui se rendait compte du potentiel commercial du football, déléguait les yeux fermés, poursuit Thibert. » Le départ à la retraite de Ferran, en 1985, au lendemain du drame du Heysel, ne change pas fondamentalement la donne. « Robert Parienté [nommé directeur de la rédaction en 1980], incarne la continuité. Digne héritier de Gaston Meyer, le nouveau pape de l'athlétisme cultive un certain nombre d'obsessions, parmi lesquelles son refus obstiné d'ouvrir la porte au foot, pourtant devenu et de très loin le sport le plus populaire. Voilà un type qui nous a considérablement emmerdés », résume Thibert, successeur de Jaques Ferran à la direction de la rédaction de *France Football*.

Reste que l'immense majorité des unes et des pages trois, les plus lues du quotidien, sont aujourd'hui dédiées au sport roi. « Ce n'est pas assez, bougonne un émule de Gérard Ejnès, ancien responsable de la rubrique foot. On se bagarre pour avoir plus de place et des moyens humains supplémentaires. C'est une guéguerre au quotidien. La rubrique représente environ un tiers de la surface du journal mais pas le tiers des effectifs. » Grosso modo, au gré des variations saisonnières et de la conjoncture économique, 35 journalistes y travaillent, sur un effectif total de 290 titulaires de cartes de presse. Cernés par la masse de travail, les rubricards du foot « ne peuvent pas prendre leurs congés, maugrée le manager. C'est récurrent depuis une dizaine d'années et le passage aux 35 heures ». C'est que *L'Équipe* de 2008 n'a plus grand-chose à voir avec celle de papa

Goddet, en quête perpétuelle d'événements pour noircir du papier et le vendre. Jadis, le quotidien faisait ses gros scores le samedi et surtout le lundi, lendemain de week-end sportif propice à l'achat. Le reste de la semaine, les chefs de rubrique devaient se débrouiller pour meubler. Une gageure hors Tournoi des cinq nations, Coupes d'Europe, Euro, Coupe du monde, et bien sûr Tour de France. Plus besoin désormais de remplir artificiellement les colonnes. Ligue des champions, Coupe de l'UEFA, Ligues 1 et 2, Coupe de France, Coupe de la ligue, Euro ou Coupe du monde tous les deux ans, les rubricards du foot sont sur la brèche onze mois sur douze.

Paradoxalement, « le foot est la partie la plus importante du journal mais pas la plus prestigieuse, remarque un ancien rédacteur en chef du foot. Le prix Crédit lyonnais récompense rarement un journaliste de foot, et quand ça arrive, il ne travaille pas toujours à *L'Équipe*, loin s'en faut ». De manière encore plus significative, seuls deux des dix directeurs de la rédaction de l'histoire du journal, en incluant Jacques Goddet, sont issus de la rubrique foot. Gaston Meyer et Robert Parienté étaient les papes de l'athlétisme, Édouard Seidler venait de l'automobile, Noël Couëdel et Claude Droussent du vélo. Jérôme Bureau ayant le profil le plus généraliste. Le passage du footballeur Gérard Ernault, qui succède à Noël Couëdel fin 1990, n'a guère frappé les esprits. La régence Ernault, qui précède le règne du tout-puissant Jérôme Bureau, n'aura duré que deux faméliques années. Deux ans en soixante-deux ans d'existence ! C'est peu dire que, sur la durée, l'influence des rédacteurs en chef du foot sur la ligne de *L'Équipe* a été faible, voire quasi nulle. « Ernault n'a pas eu le temps d'en faire un journal uni-sport si tant est qu'il en ait eu envie, relève Pierre-Marie Descamps. Si la direction de la rédaction était restée plus longtemps entre les mains d'un mec du foot, on serait peut-être aujourd'hui une *Gazzetta dello sport* bis. »

Fabrice Jouhaud, chef de la rubrique de 2000 à 2004, a pris ses fonctions de directeur délégué de la rédaction, le 1er septembre 2008. Il pourrait bien être l'homme par qui la révolution footballistique arrive *– voir le chapitre « Un déclin inéluctable ? »*.

## LES PLACES SONT CHÈRES

Prestige ou pas, n'en déplaise aux mânes de Jacques Goddet et Robert Parienté, les candidats internes se bousculent chaque fois qu'un poste se libère au foot. Carrefour des ambitions, la rubrique phare aiguise les convoitises.

Le leader du foot est le plus grand leader du journal. Envié, détesté, admiré, Vincent Duluc fait le métier depuis 1995. « Engagé par *L'Équipe* à Paris, il est très vite nommé leader de la rubrique football, soit reporter n° 1 du sport n° 1 de l'un des plus prestigieux quotidiens sportifs au monde », selon la biographie express au dos de son opus *La Grande Histoire de l'OL*[33]. « Le leader se distingue par la qualité de ses analyses, sa capacité à connaître le milieu du football et le jeu, l'acuité de son regard et ses talents d'écriture », résume un ex-responsable de la rubrique. Privilège rare, lui seul peut signer le chapô, papier de tête de rubrique, qu'il doit être en mesure d'envoyer trois quarts d'heure après le coup de sifflet final. Un rituel délicat sans équivalent dans la presse. De quoi inspirer à Noël Couëdel cette maxime : « Si les journalistes de sport peuvent exercer dans n'importe quel domaine, on ne peut pas forcément en dire en autant des autres confrères. »

À *L'Équipe*, le leader du foot est un prince du sang, intouchable et traité comme tel. Sauf pendant la période Jouhaud, marquée par l'abolition des privilèges. Pour imposer son autorité, le jeune chef de 30 ans monte un comité de salut public à lui tout seul et prend des mesures énergiques voire brutales, selon ses nombreux détracteurs. Adjoint du rédacteur en chef, Damien Ressiot est sévèrement recadré et prié d'aller voir ailleurs. Verdict : « Nul en management. » Le « nul en management » commettra le plus grand scoop de l'histoire de la presse sportive française, le 23 août 2005 *– voir le chapitre « Histoire secrète d'un scoop mondial »*. Un proche de Fabrice Jouhaud assure que ce dernier regrette d'avoir été aussi expéditif. « J'ai fait une connerie en lui parlant comme ça, c'était injuste », aurait-il confessé. L'émir Duluc, principale victime de la méthode Jouhaud, ne bénéficie pas des mêmes prévenances. « Fabrice assume sa décision concernant Vincent », d'après la même source. Le talentueux Vincent fait de l'ombre à l'ambitieux Fabrice. Fidèle à sa ligne de conduite, Jouhaud écarte Duluc de l'équipe de France en 2002, sous prétexte qu'il aurait fait exprès de contredire ses collègues dans son chapô ! Quand l'année suivante, le leader déchu annonce « de source sûre » en une de *L'Équipe* la promotion de Patrick Vieira au capitanat des Bleus, l'info est sèchement démentie par le joueur et le sélectionneur Jacques Santini. Et le gaffeur échappe de peu à l'échafaud. Plus à l'aise dans le commentaire et l'analyse que dans la pêche aux « exclusivités », le styliste boulimique doit dorénavant se contenter de suivre l'Olympique lyonnais et la Ligue 1. « Duluc s'imaginait que son aura de leader suffisait à lui donner les clés de l'équipe de France, il se fiait trop à son instinct et avait tendance à échafauder les compositions d'équipes sur des déductions plus que sur des infos solides », explique un ancien pilier de la rubrique. Le licenciement de Jouhaud en 2004 met fin au purgatoire de Vincent, qui retrouve aussitôt l'équipe de France.

Lundi 29 octobre 2007, 14 heures. Vincent Duluc dispose d'une heure, pas une minute de plus. À 15 heures, il doit filer à L'Équipe TV, pour l'enregistrement de « Match retour », dont il est le consultant vedette. On ne fait pas la fine bouche, tant il est difficile de s'intercaler dans son agenda de leader. L'ancien reporter du *Progrès de Lyon* parle aussi vite qu'à la télé. Discret sur son cas personnel, il résume d'une pirouette les tensions qui secouent la rubrique foot : « L'État dans l'État est étroitement contrôlé par les chefs de l'État. » Manière de souligner l'interventionnisme récurrent de la direction de la rédaction. « Je rêverais d'un journal de 50 pages », confie-t-il, encore plus insatiable qu'à l'arrivée de Fabrice Jouhaud.

Inconnu du grand public, le chef de « groupe » est l'autre personnage clé du foot. Responsable de la plus grosse rubrique du journal, il possède le grade de rédacteur en chef. Sorte de *primus inter pares*, le patron du foot domine les chefs du rugby, tennis et cyclisme, cantonnés au rang de simples rédacteurs en chef adjoints. À ce titre, il a son mot à dire sur la marche générale du journal, aux côtés des rédacteurs en chef exécutifs et de la direction de la rédaction. Il est aussi éjectable que le Premier ministre sous la V^e^ République, sa fonction n'est pas de tout repos. Marchepied vers les sommets, elle n'offre aucune garantie pour l'avenir, comme a pu le vérifier à ses dépens Pierre-Marie Descamps –*voir le chapitre* « L'Équipe, *mauvais perdant* ». Le taux de rotation, indexé sur le niveau des ventes, dit la difficulté du job. Huit responsables se sont succédé en quinze ans, soit un tous les deux ans. « J'ai pris les devants en proposant mon départ en 2000, mais d'autres, avant et après moi, ont morflé », raconte Didier Braun.

La forteresse foot repose sur un troisième pilier : les reporters en charge de l'équipe de France. Corps d'élite, ils représentent le nec plus ultra du journalisme de sport. Ce sont les brahmanes de *L'Équipe* et les Bleus sont leur nirvana. « Tout le monde a envie de faire *(sic)* l'équipe de France », sourit l'atypique Didier Braun, aussi allergique aux manœuvres carriéristes qu'aux jugements à l'emporte-pièce. Le fils de Jacky Braun, ancien sélectionneur des Espoirs, se souvient avec délice de son premier papier sur les Bleus, en 1981. « À l'époque, Jacques Ferran, Jean-Philippe Rethacker, Jacques Thibert et Robert Vergne suivaient l'équipe de France, on aurait parlé de *dream team* si l'expression avait déjà été en vogue », ajoute-t-il.

## LES LIAISONS DANGEREUSES

Pierre Ménès aussi mourait d'envie d'intégrer le club France, comme « tout le monde ». Mais il devra attendre quatorze ans avant d'exaucer son vœu en bleu. Août 1998. Jérôme Bureau veut recoller les morceaux avec l'équipe de France, après le coup de gueule anti-*Équipe* d'Aimé Jacquet. Le directeur de la rédaction s'apprête à nommer Didier Braun, proche de l'ancien sélectionneur, numéro un de la rubrique football. Il songe presque aussi spontanément à promouvoir Pierre Ménès, réputé en interne pour être l'ami de plusieurs champions du monde, chez les *happy few*.

### PIERRE MÉNÈS, LES COPAINS D'ABORD

« Une glace avec de la crème s'il vous plaît, un truc qui fait grossir. » En cet après-midi ensoleillé de septembre, Pierre Ménès est d'humeur gourmande. L'animateur le plus joufflu du paysage audiovisuel français ne fait pas un plat de son obésité. Il s'en amuse et en (sur-) joue même, à l'occasion. Jean, baskets, polo rose griffé Eden Park, le chroniqueur vedette de « 100 % foot » sur M6 savoure sa glace, bien calé dans un fauteuil moelleux de L'Atelier Renault. Une adresse branchée sur les Champs-Élysées, mi-garage mi-café, entre voitures exposées au rez-de-chaussée et mobilier design au premier étage. « Depuis tout petit, je voulais être journaliste de foot. C'est pour ça que je suis entré à *L'Équipe* où j'ai passé vingt et un ans moins une semaine, relate Pierre Ménès. Ligue 2, Ligue 1, équipe de France, grand reporter, j'ai gravi tous les échelons dans une certaine continuité. Mais je n'ai jamais eu l'ambition d'appartenir au cercle des chefs, un truc hyper-chiant pour moi. » Sa marque de fabrique ? « Il taille trop et est trop ami avec les joueurs », dit-il de lui à la troisième personne. « Trop » ami avec les ténors de la génération 98, les Fabien Barthez, Laurent Blanc, Youri Djorkaeff, Christophe Dugarry. « Avant d'être nommé officiellement à la cellule France, j'avais déjà des mains *(sic)* dans l'équipe. J'ai eu Duga [Christophe Dugarry] au téléphone après sa blessure au deuxième match de la Coupe du monde [contre l'Arabie Saoudite] », commente-t-il. Dans les années post-Mondial 98, « Pierrot le foot[34] », comme il s'est surnommé, se rapproche des Bleus du club londonien d'Arsenal : Patrick Vieira, Robert Pires et Thierry Henry. Quand Pires débarque à Paris, il dort chez son pote Pierrot. Amitié et esprit critique font-ils bon ménage ? « Ménès était pote avec les mecs, il avait plein d'infos mais ne les sortait pas, répond Laurent Coädic, chef du secrétariat de rédaction à *L'Équipe Magazine* et membre du bureau de la Société des journalistes. Aux conférences de presse, il claquait la bise à Vieira, Pires, Henry, devant les confrères, ça faisait désordre. Les footballeurs aiment bien Ménès parce qu'il ne leur fait pas d'emmerdes[35]. » « Ses papiers n'étaient pas excellents, il vivait sur ses acquis, complète Patrick Lafayette. Il connaît bien le ballon, mais se laisse tordre le jugement par ses relations et ses amitiés. On ne prenait jamais pour argent comptant une info de Ménès. Question de crédibilité personnelle. Quand Richard Porret a une info sur Platini, on ne vérifie pas, on lui fait confiance, si c'était Ménès, on recoupait. » Bruno Godard, ancien rédacteur en chef de feu le mensuel de foot *Grand Stade*, est encore plus tranchant : « Ménès, plus personne ne le supportait à *L'Équipe*, il était habillé de la tête aux pieds par Thierry Henry, dit-il. Il fonctionne comme ça, il a beaucoup d'argent, son père tient un restaurant à La Baule[36]. » Godard ne s'est pas non plus fait prier pour tailler Pierre Ménès dans son livre *Les Bleus peuvent-ils vraiment gagner la Coupe du monde ?*[37], sorti peu avant le début du Mondial 2006 : « À l'été 2004, "Titi" [Thierry Henry] est un grand, écrit-il. Il a 27 ans, les supporters de l'équipe de France l'adorent. Tout comme les journalistes sportifs ne le critiquent jamais. Dans les colonnes de *L'Équipe*, il a toujours une bonne note même s'il passe à côté de son match. Malin, il a su nouer des relations privilégiées avec quelques incontournables du quotidien sportif qui lui garantissent en retour une image lisse et parfaite. Dans le milieu, il se dit même que l'attaquant d'Arsenal emmène parfois des journalistes chez son équipementier pour les habiller gratuitement de pied en cap. Du coup, on lit partout que, quand Henry ne marque pas, c'est parce qu'on ne lui donne pas de bons ballons. »

Pierre Ménès écoute attentivement la litanie de critiques, tout en terminant sa glace. « Ce Bruno Godard, je lui casserais volontiers la gueule si je l'avais en face de moi, s'énerve-t-il. Je n'ai pas besoin de mon ami Thierry Henry pour m'acheter des pompes Nike ou Reebok [ancien et actuel équipementier du footballeur] et des fringues. Aujourd'hui, j'ai une dotation Eden Park, qui habillait aussi Vincent Couëffé [ex-animateur de l'émission « Match retour » à L'Équipe TV et nouveau présentateur de 100 % foot sur M6]. Et je n'ai aucune leçon à recevoir des anciens collègues que tu cites, rétorque-t-il d'une voix ferme. Je connais très bien les joueurs et je connais infiniment mieux le foot que 90 % des journalistes qui travaillent à *L'Équipe*. C'est marrant, depuis que je passe à la télé, je suis moins sympa aux yeux de certains. C'est vrai, je viens d'une famille aisée, ce qui m'a permis de rester pigiste [journaliste indépendant payé à l'article] à *L'Équipe* pendant huit ans.

Déjà à l'époque, ça suscitait des jalousies, mais depuis qu'on voit ma tête à la télé, c'est pire. Quand je couvrais la Ligue 2, tout le monde me trouvait rigolo, à défaut de me prendre au sérieux. J'ai écrit dans *L'Équipe* avant tout le monde qu'Abedi Pelé était un génie, à l'époque où il jouait en deuxième division. On m'a dit : "Mon pauvre vieux". Mais Abedi Pelé était bel et bien un génie. Les choses se sont gâtées après 1999, quand j'ai commencé à participer à "Enfin du foot" sur L'Équipe TV, avec Didier Roustan.» Il n'a pas oublié les sous-entendus et les ricanements sur son passage, dans les bureaux du foot. «Quand Marc Keller[38], mon meilleur ami, qui est comme un frère pour moi, a quitté Karslruhe pour West Ham, Vincent Duluc m'a demandé: "Combien tu as touché sur le transfert ?", sur un ton "dulucien": on sourit et on n'en pense pas moins.» Pierre Ménès fait allusion à la rumeur tenace selon laquelle il servirait d'intermédiaire lors de transferts de joueurs, moyennant finances. «Il posséderait une société d'agents dans le milieu du foot», s'aventure Laurent Coädic, reporter à *L'Équipe Magazine* et membre du bureau de la Société des journalistes. Une assertion démentie par l'intéressé dans un haussement d'épaules.

«Avec son sens relationnel hors du commun et son humour, il est devenu un personnage du football, une figure du milieu, il fait partie de la caravane, observe Arnaud Ramsay, ancien de *France Football*, qui avait migré à M6 dans le sillage de Fabrice Jouhaud. Après l'élimination de l'équipe de France à l'Euro 2004, pendant qu'on attendait les bagages à Roissy, j'ai vu Ménès signer des autographes en plus grand nombre qu'Olivier Dacourt [international français]. Il tacle beaucoup, il a le sens de la formule, mais il est plus connu pour ses relations avec les joueurs que pour ses qualités d'écriture, contrairement à un Vincent Duluc. Il préfère garder l'amitié d'un joueur quitte à ne pas l'exploiter, mais je n'ai pas le sentiment qu'il a franchi la ligne jaune. » Pierre Ménès a tissé des relations étroites avec des jeunes joueurs, futurs grands, tels que Laurent Blanc, mais aussi des joueurs moyens. « Il a toujours conservé ces liens car il aime profondément les joueurs, témoigne un ancien chef de la rubrique foot qui le connaît intimement. Mènès a un contact tellement phénoménal qu'il réussit à leur faire oublier qu'il est journaliste. Les joueurs le considèrent comme un des leurs. »

## LES LIMITES DE L'AMITIÉ

« Mais les sentiments de certains d'entre eux à l'égard de Ménès ne relèvent pas de la charte du journalisme », concède-t-il. Sous-entendu : au-delà de l'amitié, ces joueurs utilisent Ménès pour transmettre des messages ou faire monter les enchères lors des transferts, à grands coups de bluff ou d'effets d'annonce par *Équipe* interposée. Pierre Ménès n'est pas le seul à se laisser instrumentaliser plus ou moins volontairement. Le 10 juin 2007, David Trezeguet, le buteur en or de l'Euro 2000, déclare solennellement: «Il n'existe plus de possibilité que je reste encore à la Juve.» Une «information» reprise par *L'Équipe*, qui explique l'inverse à ses lecteurs deux semaines plus tard. «Je ne voulais pas partir», jure-t-il dans une interview accordée à Jérôme Le Fauconnier[39]. « Trezegol» a enfumé ses relais journalistiques, partis tête baissée sur la piste de grands clubs prétendument intéressés par l'avant-centre d'origine argentine. En réalité, ni Manchester, ni Liverpool, ni Barcelone n'étaient prêts à débourser les 10 millions d'euros proposés par la Juventus de Turin. «Assez étrangement, aucun écho n'a jamais confirmé ces intérêts supposés», reconnaît Jérôme Touboul[40]. En revanche, David Trezeguet est parvenu à ses fins: prolonger son contrat avec la Juve.

Surnommé «il dit», Olivier Margot, le leader multi-rubrique de *L'Équipe*, « laisse dire au champion ce qu'il a envie de dire », dixit Stefan L'Hermitte, reporter à *L'Équipe Magazine*. Ainsi de Fabien Barthez : « Un des plus beaux personnages que j'ai rencontrés », s'extasie Margot, également ami de son père, l'ex-rugbyman Alain Barthez. D'une plume élégante, le « cordonnier », comme l'appelle perfidement un rédacteur en chef sans doute un peu jaloux, magnifie les plus grandes vedettes du sport français. Margot aime tellement le divin chauve qu'il compare sa femme à une madone ! « Sa compagne, Aurélie, avec au creux de son bras un enfant de trois semaines, ouvre la porte. Elle a la beauté lumineuse d'une Vierge à l'enfant d'un tableau flamand », savoure-il dans *L'Équipe* du 25 janvier 2008. Comme le résume le journaliste d'investigation Éric Maitrot, ancien de *L'Équipe* et du *Sport*, « Olivier Margot est un romancier du sport beaucoup plus à l'aise pour suivre la saga de 1998 que la débâcle de 2002 ». Beau joueur, l'ex-rédacteur en chef de *L'Équipe Magazine* réplique : « J'accepte toutes les critiques sur la connivence. »

C'est la raison pour laquelle la charte de déontologie de la profession prévoit une stricte indépendance du journaliste vis-à-vis de ses sources. « Chaque fois que Ménès écrivait un papier sur un copain, certains le suspectaient de faire de la lèche, ajoute un ancien cadre du foot. Je lui disais "n'oublie pas de passer ça ou ça", en référence à un aspect plus critique. »

À quel moment franchit-on la ligne jaune, Pierrot ? « Je ne vois pas pourquoi un journaliste devrait s'interdire par principe de se faire des amis dans son milieu professionnel, affirme Ménès, le plus sérieusement du monde. Ce qui compte avec un footballeur, c'est la confiance. Il faut qu'il soit sûr de pouvoir te raconter des trucs sans que tu le répètes à tous les coups. Les séminaristes de mes deux qui prétendent me faire la leçon auraient une grosse érection si Henry ou Vieira les embrassait. » Mais alors, à quoi bon avoir des amis célèbres ? « Non seulement il sort des infos, mais quand il ne peut pas les exploiter lui-même en raison de ses relations personnelles, il les file aux petits copains. Pendant la Coupe du monde 2002 en Corée, il a énormément alimenté la rubrique sans forcément signer », vole à sa rescousse un ex-chef du foot. « On me reprochait de garder des infos, mais c'est faux, rétorque Ménès. J'ai annoncé je ne sais combien de transferts en exclusivité, notamment ceux de Xavier Gravelaine, Laurent Blanc, David Ginola. Je me suis fait passer pour Dominique Rocheteau, alors agent de Ginola, auprès de sa secrétaire. Elle m'a confirmé la réservation d'un billet pour l'Angleterre, ce qui prouvait l'hypothèse de son transfert du Paris Saint-Germain vers Newcastle. Je suis allé le rejoindre à l'aéroport. Il n'était pas très content de me voir, il m'a traité de casse-bonbons mais il a accepté de me parler. Je n'ai pas pris de notes pour ne pas le tétaniser mais j'ai pu faire mon papier. »

De la belle ouvrage. Mais à quel prix ? Quels avantages et inconvénients comparatifs un quotidien sportif peut-il tirer d'un Ménès ? L'ex-chroniqueur dans le talk-show de Marc Olivier Fogiel, feu « T'empêches tout le monde de dormir », toujours sur M6, n'a jamais été un baron et encore moins une figure de *L'Équipe*. L'ex-soutier de la Ligue 2 jette son dévolu sur la sous-rubrique « Le jeu et les joueurs », où il note et commente les performances des Bleus et des *frenchies* d'Arsenal. Pierre Ménès n'est pas l'homme des grands portraits ou des analyses sophistiquées à la Duluc. Il donne le meilleur de lui-même sur les formats courts et surtout les entretiens de stars. « On peut lui reprocher ce qu'on veut, c'est le seul capable d'interviewer Vieira et Henry quand il veut, un plus indispensable pour *L'Équipe* », avait l'habitude de dire Rémy Lacombe, chef du foot de 2004 à 2006. Pas si indispensable que ça, contredit un autre ancien manager de la rubrique. « Ménès fait partie de ces gens qui aiment plus leur sport que leur métier de journaliste, regrette-il. Après 1998, *L'Équipe* a renoncé à critiquer les champions du monde, et pas seulement à cause du syndrome Jacquet. Comment voulez-vous faire un journal crédible avec des infos puisées auprès de sources amies ? C'est un non-sens journalistique. Je préfère me passer de certains scoops pour ne pas en payer les conséquences. »

Comme le remarque Bruno Godard, « dans notre pays, la valeur d'un journaliste sportif se reconnaît à une chose : l'épaisseur de son répertoire téléphonique. S'il est capable d'avoir dans les deux heures un joueur de haut niveau, on dira qu'il est un bon professionnel[41] ». Ce qui implique une stricte division du travail entre les reporters de la rubrique foot. À chacun sa star en quelque sorte. Et interdiction d'empiéter sur le champ du voisin. Pierre Ménès copinait avec les Bleus d'Arsenal ; Fabrice Jouhaud entretenait des rapports complices avec les « Allemands » du Bayern de

Munich, Willy Sagnol et Bixente Lizarazu, qui le consultera au moment de rejoindre l'OM... ; naguère, Frédérique Galametz s'entendait bien avec Christophe Dugarry; Arnaud Ramsay est le biographe et portraitiste attitré de Nicolas Anelka ; Jérôme Le Fauconnier a gagné la confiance de Lilian Thuram et Guillaume Dufy celle de Johann Micoud ; Vincent Duluc est « proche des Lyonnais » comme il le dit lui-même ; Olivier Margot enfin, leader tout-terrain, est un intime de Fabien Barthez et Zinédine Zidane. Rançon de la gloire, les vedettes françaises du ballon rond, de plus en plus sollicitées par les médias depuis 1998, ciblent un petit nombre de journalistes triés sur le volet à qui ils réservent la primeur de leurs déclarations. Qu'importe si elles n'ont rien ou pas grand-chose à dire. Ce qui compte, c'est de décrocher une interview de la star dans le journal. « C'est important pour *L'Équipe* d'avoir Thierry Henry, même quand il dit des choses moyennement intéressantes », euphémise Vincent Duluc. « Important » pour le niveau des ventes, on l'aura compris.

Printemps 2005. Pierre Ménès sirote un rafraîchissement chez son ami Robert Pires, à Londres. Une plaquette vantant l'arrivée du TGV à Reims traîne sur la table basse du salon. Natif de la métropole champenoise, l'international français d'Arsenal a le mal du pays, où vit toute sa famille. « Bob » se fait du mouron pour le Stade de Reims, plongé dans les limbes du classement de Ligue 2. Quelques jours plus tard, de l'autre côté de la Manche, le pique-assiette Pierre Ménès partage un brunch avec Cyril Capliez, directeur de cabinet de Renaud Dutreil, ancien espoir de la droite et nouveau boss de LVMH aux États-Unis. Alors ministre des Petites et Moyennes Entreprises du gouvernement Villepin, il s'inquiète pour le Stade de Reims, dont il guigne la mairie. Quarante-huit heures plus tard, le dircab' de Dutreil rappelle Ménès. « Voudriez-vous rencontrer le ministre ? » Rendez-vous est pris. « Qu'en pensez-vous, monsieur Ménès ? » lui glisse le ministre. « Si vous ne montez pas une opération commando, vous êtes morts », lance Pierrot à l'attention de Jean-Pierre Caillot, le président du club, également convié par Dutreil. Ménès répercute la conversation à Robert Pires. Ce dernier appelle le préparateur physique du PSG, Tiburce Daru. « Tu accepterais de donner un coup de main au Stade de Reims ? » Le médiatique professeur de sport des candidats de la « Star Academy », le télé-crochet de TF1, dit oui sans hésitation. Pierrot devient le conseiller officieux du président Caillot. « J'assiste aux derniers matchs de la saison, le Stade bat Niort 2-0 et Clermont 3-0 et sauve sa place en Ligue 2 », raconte-t-il. À la fin du dernier match, un journaliste de *L'Équipe* avise son collègue dans le vestiaire du Stade de Reims. « Qu'est-ce que tu fous là, Pierre ? » Avec son « physique de libellule », dixit l'intéressé, le collègue avait peu de chances de le rater. Dès le lendemain, la nouvelle se répand à la rédaction à la vitesse du TGV Est. Furibarde, la Société des journalistes se réunit en urgence et réclame des explications. Le 29 mai 2005, la SDJ affiche cette déclaration : « Pierre Ménès nous a apporté les précisions suivantes : il confirme avoir mis en contact Tiburce Daru et le Stade de Reims pour une mission ponctuelle. Il reconnaît avoir assisté aux derniers matchs du club, mais dit n'y exercer aucune activité. Il affirme que Christophe Chenut, directeur de la publication et ancien président du Stade de Reims, n'a rien à voir dans ses contacts avec le club. Concernant l'offre qui lui a été faite de devenir directeur sportif du club, il assure n'en n'être qu'au stade des discussions. Si elles aboutissaient, il quitterait immédiatement le journal. »

Et d'ajouter : « La SDJ prend acte mais s'inquiète des relations ambiguës entretenues avec les sportifs que la direction encourage parfois, ainsi que des dérives que cela peut entraîner en matière de déontologie et de distance nécessaire à notre métier. Elle reste d'autant plus vigilante que Christophe Chenut demandait récemment aux journalistes de *France Football* des renseignements sur les joueurs de Ligue 2. Bien qu'il nous avait assuré après son arrivée dans la société qu'il n'aurait à brève échéance plus aucun lien avec ce club, Christophe Chenut reste aujourd'hui administrateur et décideur du Stade de Reims. »

Raide dans ses bottes de directeur des rédactions, Claude Droussent jure qu'« il encourage des "relations normales" de travail entre journalistes et sportifs. J'interdis les relations ambiguës[42] ». Il précise que « la ligne jaune a été franchie » et que, la situation n'étant « pas tenable », Pierre Ménès « devra donner une réponse sur son avenir dans les prochains jours ».

Robert Guénégan, secrétaire général des rédactions, enfonce le clou. « C'est dans la plus grande transparence que Pierre Ménès a reçu une offre d'emploi du Stade de Reims : après en avoir averti sa hiérarchie [...], il a été convenu entre lui-même, Rémy Lacombe – rédacteur en chef responsable du football –, et la direction des rédactions qu'il mettait entre parenthèses son travail à *L'Équipe* à compter du mardi 31 mai afin de prendre une décision très rapide et d'éviter le mélange des genres. » Le bras droit de Droussent minore l'influence présente de l'ancien président du club. « Christophe Chenut, directeur général de la SNC *L'Équipe*, qui reste certes toujours administrateur du Stade de Reims – son rôle consiste à vérifier les comptes trois fois par an lors des conseils d'administration –, n'est plus décideur au sein du même club. » En réalité, Pierre Ménès n'a pas eu le choix. « Droussent me passe un coup de fil alors que je suis en congés à La Baule, chez moi, rapporte Pierrot l'acculé. Il me dit, "tu vas à Reims". Je pouvais comprendre que *L'Équipe* trouve gênant qu'un de ses journalistes aide un club, malgré son faible niveau. En fait, Chenut craignait d'être accusé d'instrumentaliser *L'Équipe* pour sauver Reims. »

Christophe Chenut, dont les murs du bureau sont ornés de deux unes de *L'Équipe* sur le Stade de Reims, se défend de tout conflit d'intérêt. « Quand on a une activité salariée, on peut démissionner tout de suite, mais quand on est bénévole il faut du temps. Il a donc fallu quelques mois pour me trouver un successeur au poste d'administrateur », justifie-t-il. S'agissant de Ménès, le patron de *L'Équipe* assure qu'« il n'a pas eu le temps de mélanger les genres. Il n'écrivait pas sur le Stade de Reims. De toute façon, je lui ai laissé une semaine pour partir », lâche-t-il d'une voix assurée qui contraste avec les accusations de laxisme de la Société des journalistes. Claude Droussent rapporte enfin que Pierre Ménès a tenté de le convaincre de signer un permis de retour en cas d'échec à Reims. En vain. La douillette jurisprudence Ernault, autorisé à revenir après son passage infructueux au comité français d'organisation de la Coupe du monde 1998 *–voir la partie « L'affaire Jacquet »* –, a fait long feu. Cédant à l'ultimatum de sa direction, Pierre Ménès annonce son départ pour se consacrer « à 100 % » à ses nouvelles fonctions de « responsable du développement » du Stade de Reims, à compter du 1er juillet 2005. La lune de miel avec l'entraîneur et le président du club durera le temps d'une saison. Licencié l'année suivante, il rebondit grâce à Jérôme Bureau. Son ancien boss de *L'Équipe* et nouveau directeur de l'information de M6 lui offre une place de consultant sur le plateau de « 100 % foot », présenté par Estelle

Denis, la compagne du sélectionneur des Bleus, Raymond Domenech. « Je ne suis plus journaliste », reconnaît Pierre Ménès. Post-scriptum amical de Xavier Meunier, un de ses ex-censeurs de la Société des journalistes : « Ménès a changé de métier, il a bien fait. » Pas rancunier, Pierrot affirme que ses copains de *L'Équipe* continuent de l'appeler pour lui demander des infos. « Je file un coup de main de temps en temps, dit-il. Mais je ne lis plus ce journal, tombé à un niveau d'incompétence footballistique crasse. » Exemple : en décembre 2006, *L'Équipe* annonce en une le recrutement de Laurent Blanc au poste d'entraîneur par le FC Nantes. À tort. Le « président » ne mettra jamais les pieds à La Beaujoire.

Le départ de Ménès marque la fin symbolique d'un âge d'or où les journalistes pouvaient encore nouer des relations directes avec les sportifs. « La nouvelle génération des Tarrago, Touboul, Dufy, et Degorre n'utilise pas les mêmes méthodes de travail que Ménès, ils passent plus par l'entourage des joueurs, précise Thierry Cerinato, numéro trois de la rubrique. Moyennant quoi, ils ne peuvent plus obtenir d'interview au pied levé, ou alors très difficilement. »

De plus en plus nombreux et influents, les agents de joueurs filtrent les demandes des journalistes et coachent leurs clients sur ce qu'ils doivent dire ou pas à la presse.

À l'automne 2007, Karim Benzema, l'étoile montante de l'OL, confie à Sébastien Tarrago sa réticence à jouer sur le côté gauche de l'attaque lyonnaise. Quelques instants plus tard, l'agent du jeune prodige appelle Tarrago et le supplie une heure durant de ne pas se faire l'écho de cette conversation dans le journal. « L'agent ne voulait pas que Benzema apparaisse comme un fouteur de merde. Hésitant, Sébastien Tarrago a fini par céder, sur la recommandation de Régis Testelin, adjoint au rédacteur en chef du foot », ajoute Cerinato. Pas question de contrarier celui que *L'Équipe* et *France Football* présentent déjà comme le Zidane de demain. Une aubaine dans un marché de la presse sportive plutôt morose.

## LES NOTES DES JOUEURS

S'il « s'éclate » dans sa nouvelle profession de chroniqueur multicarte –Yahoo, M6–, Pierre Ménès doit sans doute regretter de ne plus noter ses chers footballeurs dans ce qui fut « Le jeu et les joueurs », la sous-rubrique d'après-match. Le nom a disparu mais la séquence fétiche des amateurs de foot demeure. Sous un papier d'analyse, les 22 joueurs de la rencontre sont notés de 1 à 10 avec un bref commentaire, du style : Thuram, 2,5[43]. « A-t-il fui les duels ? Ne se sentait-il pas capable de lutter avec les attaquants bataves ? C'est une drôle d'impression qu'il donna avant de se laisser enrhumer par Van Nistelrooy pour le 2-0 et de laisser Robben frapper pour le 3-1. Affreux[44]. »

L'évaluation des footballeurs fait son apparition dans les années vingt, sous la plume de Lucien Gamblin, journaliste à *L'Auto*, l'ancêtre de *L'Équipe*, puis à *France Football* après-guerre. L'ancien international, triple vainqueur de la Coupe de France avec le Red Star, était réputé pour sa sévérité. On ne surnommait pas pour rien ce défenseur rugueux « Lulu la matraque ». « Quand Gamblin notait les joueurs en 1925, il y avait les 10 000 spectateurs du stade Pershing [situé dans le bois de Vincennes, à Paris, près de l'hippodrome] et lui qui avait assisté au match, le lecteur prenait donc pour argent comptant ce qu'il lisait dans *L'Auto*, explique Didier Braun, l'historien de *L'Équipe*. Alors qu'aujourd'hui tous les lecteurs font leur "jeu et joueurs" dans leur coin et les confrontent à ceux de *L'Équipe*. » Le principe très scolaire de notation des joueurs n'a pas toujours fait l'unanimité au sein du journal. Le leader de la rubrique foot dans les années soixante-dix et quatre-vingt, Jean-Philippe Rethacker, refuse de se prêter à l'exercice. « Le côté individuel et radical de la note lui semblait incompatible avec un sport collectif comme le football », ajoute Braun. Une vingtaine d'années plus tard, Fabrice Jouhaud instaure un système de notation collégial, pour éviter tout favoritisme ou acharnement vis-à-vis d'un joueur. Aujourd'hui, les rubricards du foot endossent l'habit du prof à tour de rôle. Leurs confrères de *France Football* attribuent des étoiles, comme le *Guide Michelin*. « Il existe peu de professions dont les travailleurs se voient ainsi constamment jaugés, et cette pratique rapproche le football du patinage artistique ou de la natation synchronisée – même si les journalistes ne décident pas encore du score du match, ironisent *Les Cahiers du football*. L'exercice est très inéquitable, puisque les joueurs ne sont pas en mesure de noter les articles des journalistes, alors qu'ils auraient parfois des raisons d'être sévères à leur tour. [...] Les critères d'appréciation semblent bien nébuleux, à en croire l'incompréhension qui nous saisit souvent à la lecture du bulletin de notes. Mais grâce à une étude statistique menée sur près de 2 500 rencontres, nous sommes en mesure de révéler le barème appliqué par le journal[45]. » Un barème fantaisiste bien sûr.

« Critères généraux : Le joueur est surcoté, mais ses interviews sont toujours percutantes et il a une certaine science pour être toujours sur la photo : 7 (jurisprudence Youri Djorkaeff). [...] Bonus : Le joueur évolue à Arsenal, est pote avec le journaliste et s'appelle Robert Pires : +3. [...] Malus : Le journaliste devait couvrir Monaco à Louis-II, mais est envoyé en catastrophe à Sochaux : -1 pour tout le monde. [...] Les alternatives à la notation existent. Pour sortir de l'enfer du bulletin de notes, il y a des solutions : supprimer le contrôle continu ; rendre les notes anonymes ;

exempter les élèves en difficultés ; [...] classer les joueurs selon leur salaire ; toujours demander l'avis de Platini.»

## ON NE CRITIQUE PAS HENRY

Encore raté ! Malgré une superbe saison 2005-2006 couronnée par une double finale – Coupe du monde et Ligue des champions –, Thierry Henry passe à côté du Ballon d'Or et du trophée de meilleur joueur FIFA. Arnaud Ramsay ne manque pas l'occasion d'allumer le Gunner. « Les reproches formulés à l'égard de l'attaquant ne concernent pas son talent, que personne ne conteste, écrit-il. Sont davantage stigmatisés sa prétendue arrogance, un ego boursouflé, une absence de joie ponctuant ses buts, son manque de spontanéité, sa façon de ne jamais se remettre en cause, voire la difficulté d'exister à ses côtés. Dans nos colonnes, Yannick Noah avait souligné avant la finale du Mondial : "Henry n'est pas l'esprit de l'équipe de France. Sur 100 mecs qui marquent un but, 99 ont envie de le partager avec les tribunes. Lui non." [...] Les arguments de Noah [...] sont souvent entendus parmi des joueurs actuels ou passés de l'équipe de France. Leurs reproches, sous couvert d'anonymat pour s'éviter les foudres de leur coéquipier, sont d'une incroyable dureté : "Il a un melon énorme, on ne peut rien lui dire car il ne supporte pas la critique".[46] » Ces propos ont bien été publiés... dans

*Le Journal du dimanche*, et non dans *L'Équipe* ou *France Football*, dont Arnaud Ramsay a démissionné en 2005. Thierry Henry le prend très mal et orchestre une violente contre-offensive médiatique, relayée en pleine page dans *L'Équipe* du lendemain. « Il se réconcilie même avec *Le Parisien*, avec qui pourtant il était fâché depuis la une du journal après l'Euro 2004 évoquant un complot anti-Zidane [prétendument ourdi par l'ex-canonnier d'Arsenal], ironise Arnaud Ramsay. Henry incite également les joueurs à monter au créneau pour le soutenir. Domenech aussi, puisque l'attachée de presse des Bleus demande à Duluc d'appeler Vieira, le capitaine, pour témoigner en faveur d'Henry. » Le leader du foot s'exécute, le doigt sur la couture du pantalon. Dans *L'Équipe* du 7 décembre 2006, Patrick Vieira se dit « extrêmement choqué et déçu par ces propos anonymes qui sont, par définition, difficiles à avérer. Je ne m'attendais pas à ça, parce qu'encore une fois ce n'est pas vrai. Franchement, si cela avait été le cas, je ne parlerais pas, je resterais dans mon coin en sachant, au fond de moi, que tout cela est vrai. Mais tout cela est faux ». Pierre Ménès non plus n'a pas apprécié l'article de son ex-collègue. On ne touche pas impunément à son Titi : « Ce papier est une honte. Arnaud Ramsay s'y est pris de manière scandaleuse, il présente presque Titi comme un psychopathe, ça ne veut rien dire, s'emporte-t-il. Je me suis efforcé de prendre la défense de ce mec-là. Henry a pulvérisé le record de buts, il est de loin le meilleur buteur français en Coupe d'Europe. Que veut-on de plus ? »

Sur le procédé, Ramsay explique avoir sollicité « pas mal d'anciens Bleus et ceux d'aujourd'hui, et pas des moindres. Par peur de représailles, tous préfèrent ne pas être cités. Vexé que ça vienne de moi, il a essayé de me décrédibiliser en laissant entendre que j'avais "commis" ça, car il avait refusé mes demandes d'interview. Mes motivations étaient évidemment plus pertinentes – même s'il avait effectivement dit non à mes demandes d'interview quand je passais par Arsenal, alors que, de visu, il me disait, "pas de problème", et même si, pour la première fois, j'ai dû me résoudre à du *off*, compte tenu du pouvoir d'Henry ».

Un pouvoir d'influence considérable qui lui permet de passer entre les gouttes de la critique depuis son titre de champion du monde en 1998. Même quand il joue mal, ce qui lui arrive, tout grand joueur qu'il est. Le lendemain de France-Uruguay, la deuxième rencontre des Bleus lors de la Coupe du monde 2002, « Thierry Henry sera, comme toujours, miraculeusement épargné par la presse, note Bruno Godard. Ses "amis" journalistes veillent au grain. Dans le vestiaire après le match, l'attaquant des Gunners ne recevra pas beaucoup de soutien. Car les joueurs savent. Il n'est peut-être pas le seul responsable du résultat décevant de l'équipe de France. Mais on peut dire qu'il y a largement contribué[47]. »

Le commentaire de Pierre Ménès sur la prestation de Titi est particulièrement indulgent. Son expulsion a pourtant fait basculer le match au détriment des Bleus. « Après un début de match peu emballant, le Gunner fut donc expulsé à la 25e minute. Si cette décision arbitrale peut paraître sévère, elle est en tout état de cause incohérente, vu ce que les Uruguayens se permirent par la suite, note l'ami Ménès. Il n'empêche que Henry traverse cette Coupe du monde de manière bien décevante. Si on le revoit, c'est que tout sera arrangé[48]... » On ne le reverra plus. La France perdra le match suivant contre le Danemark (0-2), et sera éliminée sans gloire, dès le premier tour de la compétition.

Pas de quoi dramatiser à outrance, estime Vincent Duluc. « On trouve le même degré de connivence dans le journalisme politique, nuance-t-il. Mais ici les conséquences sont moins graves, ce n'est que du foot. Bien sûr qu'il faudrait idéalement éviter une trop grande proximité avec les joueurs. Personnellement, je suis ami avec certains d'entre eux, ce qui rend les choses plus difficiles. »

## SA MAJESTÉ PLATINI

« Infect. » C'est le qualificatif qui vient à l'esprit de Jacques Thibert quand il évoque le comportement de Michel Platini, lors de la remise de son premier Ballon d'Or en décembre 1983. Accompagné du reporter Victor Sinet, le rédacteur en chef de *France Football* attend le coup d'envoi d'un match de championnat italien disputé à domicile par la Juventus de Turin, le club de « Platoche ». En sortant du vestiaire, Platini ignore ostensiblement les deux journalistes et se dirige comme si de rien était vers la pelouse du *stadio Comunale*. Jacques Thibert piste le français et prend place dans le rond central, où il lui tend le trophée du meilleur joueur européen de l'année, sous les applaudissements nourris des *tifosi*. Le Lorrain dit merci du bout des lèvres. « Il faisait quasiment la gueule », rigole Thibert. Pourquoi tant d'impolitesse, Michel ? « Il nous faisait payer le fait de ne pas l'avoir déjà primé en 1980 [où il avait été classé en troisième position, derrière les Allemands Karl-Heinz Rumenigge et Bernd Schuster, tous deux vainqueurs de l'Euro en Italie] », poursuit-il. « Platini m'en a voulu à mort, sourit Jacques Ferran. Il m'a dit : "En tant que Français, vous deviez me placer en tête, j'ai tout imaginé, je me suis même demandé si vous étiez raciste." Moi, raciste ? *(Soupir)*. Le pire, c'est que Platini continue de m'en vouloir encore aujourd'hui. » Peu lui chaut d'être le seul footballeur à avoir remporté le Ballon d'Or trois fois de suite ! Le plus grand footballeur français de tous les temps – avec Zinédine Zidane, disent les spécialistes – est du genre rancunier. « Je me suis fâché avec lui pour lui avoir reproché de démissionner le jour même où le président de la FIFA, João Havelange, devait annoncer l'attribution de la Coupe du monde en France. Et il m'en tient toujours rigueur », insiste Denis Chaumier.

Humain, trop humain, Platini en pince pour les plumitifs doués pour la génuflexion. « Il avait investi de l'argent dans un centre de vacances à Montpellier, témoigne de nouveau Jacques Thibert. Platini a fait savoir à ma direction qu'il n'appréciait guère que je m'interroge sur le bien-fondé d'une telle activité pour un Ballon d'Or. »

Par chance pour le champion d'Europe 84, rares sont les journalistes de *L'Équipe* et de *France Football* à se fourvoyer sur des chemins de traverse. Gérard Ernault n'est pas de ceux-là. Ami de trente ans de l'idole des années quatre-vingt, l'ancien directeur de la rédaction de *France Football* pousse la sollicitude jusqu'à le conseiller bénévolement. Quand

Michel se lance dans la course à la présidence de l'UEFA, il demande tout naturellement à son vieux pote Gérard de lui rédiger une lettre de candidature, de sa plus belle écriture. Simple retour d'ascenseur. Ernault n'a pas oublié le dévouement de l'ex-Turinois, qui l'a recruté au Comité français d'organisation de la Coupe du monde 1998, en attendant que la place de directeur de la rédaction de *France Foot* se libère – *voir le chapitre «Le règne de la pensée unique»*. Platini s'inspire de la bafouille d'Ernault, et en adresse une version manuscrite au président de la Fédération française, Jean-Pierre Escalettes, conformément au règlement. Hélas, une faute d'orthographe s'est insidieusement glissée dans le texte. Fâcheux, sans toutefois porter à conséquence. Michel Platini est élu président de la plus puissante confédération continentale de football, le 26 janvier 2007. Depuis lors, Super-Platoche marche sur l'eau, multiplie les pains et guérit les lépreux. S'il n'y avait pas écrit *France Football* sur la couverture, on pourrait parfois penser que l'hebdomadaire du groupe Amaury est l'agence de relations publiques de l'Union européenne des associations de football (UEFA) dont Platini vient de prendre les rênes.

Dépitée par la non-attribution des Jeux olympiques de 2012 à Paris, *L'Équipe* se console dans les bras du nouveau sauveur du football européen. Richard Porret, le monsieur UEFA du quotidien sportif, peine à dissimuler son trouble chaque fois que Platini ouvre la bouche. Ainsi, un article de

*L'Équipe* du 1er février 2008 nous informe que « Platini prône le respect ». Renversant. « C'est autour de ce mot, prononcé trente et une fois dans son discours, que le président de l'UEFA a articulé son message », écrit-il dans un style très *Pravda*[49]. Michel devrait faire connaître sa position sur la guerre ou la faim dans le monde. Est-il pour ou contre ? On brûle de le savoir.

Le 21 décembre 2007, *France Foot* désigne Platini comme le « dirigeant de l'année ». *France Football* et *L'Équipe* ont soutenu comme un seul homme la candidature Platini. Par réflexe cocardier ? Pas seulement, répondent les experts ès UEFA. « C'est vrai qu'il est très proche d'Ernault et que sa nationalité nous le rend sympathique, reconnaît Jean-Marie Lorant. Mais tel que le candidat se positionnait, il n'y avait pas de raison de ne pas le soutenir. Si on partage ses idées, on doit pouvoir le dire. » « On ne le critique pas beaucoup, mais il était normal de faire campagne en sa faveur car il défend certaines valeurs du sport », approuve Laurent Wetzel. Candidat des petits pays et des nations de l'est européen, ferraillant contre l'argent roi et la toute-puissance des grands clubs, Michel Platini tenait un discours susceptible de plaire aux médias, friands de ces personnages de Zorro qui promettent de taper dans la fourmilière, tout en faisant allégeance au système.

Le propre du journalisme, en principe, est de mettre en perspective les faits bruts afin de les rendre intelligibles. Dans le cas Platini, tout se passe comme si le scénario de la campagne pour l'UEFA avait été mis en scène par George Lucas, le réalisateur de la saga *La Guerre des étoiles*. Avec Platoche dans le rôle du vertueux Jedi et son concurrent, le sortant Lennart Johansson, dans celui du maléfique Dark Vador. Les médias, *L'Équipe* et *France Football* en tête, parent le vieux Lennart –77 ans– du vice suprême: il est conservateur, et pour tout dire un rien *has been*. Sans être complètement biaisé, ce générique a l'inconvénient majeur de laisser de côté un détail qui a son importance.

En 1998, la succession de João Havelange à la présidence de la Fédération internationale de football, la tentaculaire FIFA, est ouverte. En lice, deux poids lourds de taille à peu près équivalente. Sepp Blatter, le secrétaire général de l'organisation et, à ce titre, bras droit du président, affronte Lennart Johansson, le mastodonte de l'UEFA. «Durant la campagne, Johansson a dit que s'il était élu sa première décision serait de commander un audit de gestion, explique Jacques Ferran, grand spécialiste des institutions internationales du football. João Havelange, qui a organisé tout un tas de trafics avec la complicité de la société ISL, détentrice des droits marketing de la Coupe du monde, redoute alors un grand nettoyage. Il prend son ennemi juré Sepp Blatter par la manche, et en fait son dauphin.»

Âme damnée d'Havelange, Horst Dassler, patron d'Adidas et de sa filiale ISL, achète les votes et arrose généreusement la famille FIFA, ainsi que le révèle le journaliste britannique Andrew Jennings dans son remarquable livre d'enquête, *Carton rouge*[50] *!*.

Et Platoche dans tout ça ? Proche de Blatter, il s'engage à ses côtés et fait basculer l'issue du scrutin. « Compte tenu de la puissance de la France en Afrique et de l'aura de Michel Platini, Blatter a récolté des voix décisives », ajoute Jacques Ferran. Lennart Johansson et son allié Issa Hayatou, le président de la Confédération africaine de football, constatent l'ampleur des dégâts. Battu de trente et une voix au premier tour, le Suédois jette l'éponge. Le Camerounais Issa Hayatou jouera son va-tout contre le nouveau président en 2002. « Le rival de Blatter avait promis de restaurer l'intégrité et la responsabilité financière » de l'organisation et avait cosigné une lettre au procureur de Zurich, accusant Blatter de « corruption et exigeant l'ouverture d'une enquête », souligne Andrew Jennings[51]. Hayatou est battu à son tour par le maître de la planète foot. Le procureur classe l'enquête, faute de preuves. Entre autres joyeusetés imputables à Blatter, *Carton rouge !* met au jour l'attribution frauduleuse de la Coupe du monde 2006 à l'Allemagne, aux dépens de l'Afrique du Sud. Devenu conseiller de l'ami Sepp, Michel Platini n'en a cure. Le Français poursuit tranquillement son apprentissage des arcanes du pouvoir auprès de son mentor. Reconnaissant, le président de la FIFA apportera un soutien appuyé à Platini dans son combat contre l'odieux M. Johansson.

Pas un mot de tout ceci dans le quotidien ni dans le « 100 % Platini » de *L'Équipe Magazine*, le 10 mai 2008. Le rédacteur en chef, Jean-Philippe Leclaire, disposait pourtant de tous les éléments pour éclairer le lecteur. « En 1998, j'ai même écrit une biographie, non officielle, de Michel Platini, *Le Roman d'un joueur*[52], qui m'a permis de mieux cerner l'homme derrière la vignette autocollante. "Je ne souhaite pas collaborer, mais je ne vous mettrai pas non plus des bâtons dans les roues", m'avait prévenu d'entrée le biographié. Celui qui était alors coprésident de la Coupe du monde 1998 m'avait finalement accordé deux heures et demie d'interview devant un plat de tagliatelles fraîches à la truffe blanche, dans un restaurant turinois qui avait été autrefois sa cantine », confie-t-il dans l'éditorial du jour.

Une biographie peut-être pas officielle, mais dûment autorisée par Platoche, à qui Leclaire a fait relire le manuscrit avant publication. Ulcéré par certaines allusions, Platini le menace alors de procès. Résultat : le récit de la supposée liaison du joueur de Saint-Étienne, Jean-François Larios, avec l'épouse de Platini passe à la trappe. Expurgé de ses détails les plus croustillants, le texte conserve une allusion absconse à cette pénible affaire : « À l'entraînement, seuls les observateurs les plus attentifs remarquent un étrange ballet. À la fin de chaque séance, Jean-François Larios quitte toujours le terrain avant les autres joueurs. Le temps que ses coéquipiers regagnent à leur tour le vestiaire et le grand Jeff est déjà parti. Même chose les jours de match : Jean-François Larios ne traîne jamais longtemps sous la douche. Il est le premier habillé et le premier à quitter le stade, évitant au maximum le risque de conflit. » Dans le « 100 % Platini », Jean-Philippe Leclaire tente une nouvelle incursion, encore plus vague et filandreuse que la première : « Après ces divergences tactiques, un conflit privé beaucoup plus grave opposera Larios à Platini. »

Vingt-cinq ans après les faits, il n'est toujours pas question de froisser l'idole.

## ZIDANE, L'INTOUCHABLE

«Et s'il revenait?» Le 1er avril 2005, la une de *L'Équipe* rêve à voix haute d'un retour de Zinédine Zidane en équipe de France. Depuis l'annonce spectaculaire de sa retraite internationale en août 2004, rien ne va plus chez les Bleus. Une série inédite de six matchs à domicile sans victoire compromet les chances de qualification pour la Coupe du monde. «Que faudrait-il faire pour l'obtenir? De grands matchs bien sûr. Et de grands résultats. Alors, il faut un homme. [...] Un homme qui fasse peur à l'adversaire, un homme raisonnable dont le jeu serait, de temps en temps, déraisonnable, c'est-à-dire qui échappe à toute raison. [...] Un homme pareil, à *L'Équipe*, nous en connaissons un. Pas vous[5]?», implore le quotidien, en quête éperdue d'un homme providentiel nommé Zizou.

Retour en arrière, le 25 janvier 2005, à la Cité du football, le Clairefontaine espagnol, où s'entraîne le Real Madrid. Zinédine Zidane accueille ses convives français au restaurant très design du club madrilène, où ils dégustent des tapas, une daurade grillée et un merlu. Olivier Margot, Claude Droussent et Frédéric Hermel, le correspondant de *L'Équipe* dans la capitale espagnole, entourent le *maestro*. « C'est beaucoup plus qu'un déjeuner, pourtant délicieux, décrit Olivier Margot. C'est un de ses moments rares où l'un des plus grands champions de l'histoire du football, l'un de ses hommes les plus remarquables aussi, se confie et se révèle, parle du plaisir de jouer et du désir de vivre, de l'angoisse également d'une fin de carrière qui approche[54]. » Après le hors-d'œuvre des confidences émouvantes sur l'enfance d'un génie, Olivier Margot attaque le plat de résistance. « Zinédine, vous devez revenir », lance-t-il respectueusement à l'icône. « Ma conviction est qu'il ne voulait pas quitter l'équipe de France », décrypte Margot. En guise de réponse, Zizou murmure les mots attendus. « Il est détendu comme rarement. Pour la première fois pourtant, il nous apparaît confusément que le soulagement d'avoir quitté les Bleus s'accompagne d'une mélancolie, d'une nostalgie, d'un vide. Alors, il dit : “Le match à Dublin, en septembre, c'est celui où on risque gros”, relate Olivier Margot. Le silence s'installe, on attend. “Vous savez bien que cela ne se fera pas, mais revenir à Dublin, jouer à Lansdowne Road devant 50 000 Irlandais, gagner et repartir, ça m'irait bien. Oui, j'aimerais bien[55]”. » Claude Droussent se frotte les mains. « Au départ, nous détenions des infos *off the record* selon lesquelles sa tentation de revenir en équipe de France était très forte.

Mais dans mon esprit, il s'agissait d'une prise de contact visant à lui demander une interview pour un numéro spécial Zidane de *L'Équipe Magazine*, détaille l'ancien directeur des rédactions. On sort de là en se disant que la situation n'est plus tout à fait la même. Avec l'impression qu'il ne fallait pas grand-chose pour qu'il revienne sur sa décision.» Les 20 et 21 mars, retour à Madrid. *L'Équipe Magazine* organise une rencontre entre Zidane et Hicham El Guerrouj, double champion olympique à Athènes, sur 1500 m et 5000 m. «Les deux hommes s'admirent et souhaitent se connaître. À El Guerrouj, qui professe de se fixer un objectif élevé en fin de carrière et qui lui affirme, en amoureux des Bleus, "tu vas faire une troisième Coupe du monde. Tu vas revenir, j'ai confiance", Zidane répond: "J'ai déjà dit que l'équipe de France est la plus belle chose qui me soit arrivée. Ca serait bien que je revienne en équipe de France… Mais je ne veux pas parler de ça."[56] »

## DIEU DOIT REVENIR

Le «pas grand-chose» se produit le 30 mars à Tel-Aviv, où les Israéliens tiennent en échec l'équipe de France (1-1), au bord de l'élimination. Claude Droussent profite de l'occasion pour monter en épingle les propos de Zidane. Destinés à paraître exclusivement dans *L'Équipe Magazine* du samedi 2 avril, les doutes du Ballon d'Or 1998 se retrouvent étalés en une du quotidien dès la veille. Poisson d'avril ? Que nenni. « C'est moi qui ai eu l'idée de faire ce coup, je voulais secouer l'opinion et lui faire prendre conscience que, sans Zizou, la France allait droit dans le mur », revendique Droussent. « Et puis, les lecteurs avaient envie de le voir revenir », ajoute-t-il. La direction des ventes aussi, semble-t-il. À quelques heures du bouclage, Christophe Chenut prévient Franck Riboud, P-DG de Danone et principal sponsor de Zidane : « Qu'est-ce que t'en penses ?

–Ah oui, bonne idée, faites-le », dit-il en rassurant son vieux copain, patron de *L'Équipe.*

Mais Zizou, qui se trouve au même moment chez son autre sponsor Adidas, n'accepte pas d'être mis devant le fait accompli. Furibard, il appelle l'ami Margot le lendemain et l'insulte copieusement au téléphone, avant d'apporter un démenti formel aux conjectures de *L'Équipe.* « Je ne veux pas revenir sur ce que j'avais annoncé[57] », déclare-t-il, sous l'œil amusé de la presse généraliste, qui ne manque pas de se gausser du coup d'épée dans l'eau de Claude Droussent. Zidane n'est pas le seul à faire la gueule. Les envoyés spéciaux d'Israël-France, rentrés de Tel-Aviv le 31 mars, ne comprennent pas pourquoi la direction de la rédaction n'a pas pris la peine de les consulter. Après tout, ce sont eux les spécialistes ! « Les circuits de communication interne n'ont pas été irréprochables, confesse le directeur des rédactions, un brin penaud. Les reporters de terrain se sont sentis court-circuités. Ils sont rentrés vers 17-18 heures mais la décision de mettre Zidane en une avait été prise vers midi. Seul Vincent Duluc était présent, il a dit O.K.. » Prudent, le leader refuse de commenter l'affaire du faux retour de Zizou. Tout en prenant soin de préciser que les verbatim du Madrilène ont été recueillis en janvier, soit deux mois avant le match contre Israël. Duluc n'a donc pas, ou plus, l'air si « O.K. » que ça.

Ses collègues encore moins. Dans une « lettre ouverte à la direction de la rédaction », les journalistes de la rubrique football « s'étonnent de la mise en scène de l'éventuel retour de Zinédine Zidane en équipe de France (journaux des 1er et 2 avril) et de la présentation favorable du résultat d'un sondage (3 avril) réalisé auprès de 832 personnes dont 62 % s'intéressaient peu (21 %) ou pas du tout (41 %) à l'actualité du football. Notre souci de relayer au plus juste l'information et notre choix de faire naître le débat, y compris à propos de Zidane, ne saurait s'accommoder d'un procédé très discutable basé sur des extraits de vieilles déclarations sorties du contexte dans lequel elles avaient été prononcées, et attachées à un événement postérieur (le match contre Israël). Nous en voulons pour preuves, au-delà même de la portée de ce "coup" médiatique qui a pu satisfaire des esprits mercantiles, la désapprobation véhémente de Zidane au téléphone, vendredi, puis les réserves sur la valeur de cette "information" et les critiques extérieures sur la méthode employée. Nous ne pouvons pas accepter le discrédit qui en résulte. Nous ne pouvons pas céder à une logique destinée à faire vendre coûte que coûte au détriment du contenu des articles, au mépris du sérieux de notre travail. Nous attirons l'attention de la direction de la rédaction sur le danger de telles dérives qui entament la crédibilité de notre journal. [...] Pour que *L'Équipe* demeure une référence, pour que les intérêts commerciaux ne mettent jamais en péril un long et délicat travail de fond, réalisé chaque jour, sur l'information[58] » Signé : la rubrique football, les délégués de la rédaction et le SNJ-CGT et la Société des journalistes.

Les « esprits mercantiles » se disent « blessés par une telle attaque ». Et invitent les censeurs à ne pas « oublier que la bonne santé des ventes du journal est un élément essentiel à la garantie de notre indépendance ». Quant au « danger de telles dérives », la direction de la rédaction « s'en défend », arguant que « ne pas ouvrir le débats sur la nécessité –ou pas– du retour de Zinédine Zidane au sein de la sélection de Raymond Domenech relèverait, selon nous, de la faute, sachant, rappelons-le, que *L'Équipe* ne saurait, en aucun cas, se substituer aux sélectionneurs des équipes de France, aux présidents des fédérations sportives, à leurs directeurs techniques nationaux, aux présidents des ligues professionnelles. Nous pouvons néanmoins agiter des idées, proposer des solutions, au risque –assumé– de créer la polémique. C'est notre devoir[59] », concluent-ils sur un ton solennel.

Avec le recul, le directeur de la rédaction du quotidien, Michel Dalloni, admet que « l'intention était bonne mais s'est traduite par une mauvaise utilisation du matériau journalistique » *(sic)*. Avec le recul, Olivier Margot en veut aux rédacteurs en chef de l'avoir laissé « seul face à un tribunal de 100 journalistes qui m'a sommé de me justifier. Ils sont courageusement sortis au début de l'assemblée générale », grince-t-il. Allusion à l'AG convoquée par la CGT, la Société des journalistes et la rédaction. « Le seul truc qui peut nous être reproché est de ne pas avoir prévenu Zidane », assume l'ex-rédacteur en chef de *L'Équipe Magazine*. « Sur le fond, je ne regrette rien, nous avons eu raison sur ce coup-là », renchérit Claude Droussent. Effectivement, le 3 août 2005, Zinédine Zidane annonce son retour sur son site Internet : « J'ai décidé de revenir chez les Bleus. L'équipe de France m'a tellement aidé. J'ai envie de l'aider. »

## ZIDANE, L'ICÔNE

10 juillet 2006. Après l'avoir porté aux nues comme tant d'autres, Claude Droussent descend en flammes l'ange déchu dans un éditorial retentissant. Le coup de boule vient de passer par là.

« Zinédine, savez-vous que le plus difficile ce matin n'est pas d'essayer de comprendre pourquoi les Bleus, vos Bleus, ont perdu, hier soir, une finale de Coupe du monde à leur portée, commente le directeur de la rédaction de *L'Équipe*. Mais d'expliquer à des dizaines de millions d'enfants à travers le monde comment vous avez pu vous laisser aller à asséner ce coup de tête à Marco Materazzi, à dix minutes de la fin de la prolongation. [...] Mais, ce matin, Zinédine, que confier à nos enfants, à tous ceux pour qui vous étiez redevenu l'exemple vivant, pour toujours ? [...] Je vous imagine très malheureux ce matin. Je suis certain que vous avez pensé qu'il va falloir aussi expliquer ce coup de tête à vos quatre garçons pour qui vous êtes tant. C'était votre dernière image de footballeur, Zinédine. Comment cela a-t-il pu arriver à l'homme que vous êtes[60] ? »

Coup de théâtre, le lendemain, le même Claude Droussent signe un nouvel édito, intitulé « Un homme », rigoureusement contraire au premier ! « Zinédine, faut-il que cette folle Coupe du monde nous ait tous entraînés au-delà de nos passions, pour que je permette de m'adresser à vous pour la deuxième fois en deux jours, se déjuge Droussent. La dernière, rassurez-vous. Hier, en cette même une de *L'Équipe*, quelques mots étaient de trop, au cœur de notre éditorial. [...] Ils évoquaient vos enfants, votre rôle de père. Ces mots n'avaient rien à faire là : ce qu'un père doit ou non expliquer à ses enfants ne regarde que lui. S'ils vous ont blessé, je m'en excuse. J'avais peut-être imaginé, dans l'euphorie de votre merveilleuse et inattendue Coupe du monde, dans le cadre grandiose du stade olympique de Berlin où ils ont été écrits, dans la fascination que vous exercez sur nous tous également, que vous puissiez devenir un surhomme, plus seulement le plus extraordinaire des joueurs de football, et que rien de la sorte ne pouvait plus vous arriver dans ces instants-là. Mais non, vous êtes un homme[61]. »

En vingt-quatre heures, le donneur de leçon de la veille se couche devant les puissances combinées du vedettariat, de l'argent et de l'opinion dominante. Provoquant au mieux l'étonnement, au pire l'exaspération de la rédaction. « Lundi matin, j'étais fier d'appartenir à ce journal et mardi on s'excuse pour ce qu'on a écrit la veille. C'est terrible. Je l'aurais jeté de rage », s'indigne Thierry Cerinato, journaliste à la rubrique foot et délégué du personnel encarté à la CGT. « On a cru avoir un AVC [NDA : accident vasculaire cérébral] », lâche Laurent Coädic, reporter à *L'Équipe Magazine*. Mercredi 12 juillet, la Société des journalistes de *L'Équipe* « s'étonne », dans un communiqué diffusé en interne, « de la teneur de cet article et des excuses qui y sont faites à Zidane. L'éditorial de la veille, à la une de *L'Équipe* du 10 juillet, questionnait avec justesse et sans aucune agressivité, les raisons de son acte, irresponsable et difficilement pardonnable, fût-il le fait du meilleur footballeur au monde. Des pressions directoriales et/ou publicitaires ont-elles été exercées pour que ces excuses soient ainsi données ? La direction de la publication, très tôt désolidarisée de cet édito, a-t-elle obtenu que ce nouveau texte soit écrit ? Et des annonceurs, parrains de Zidane, ont-ils fait connaître leur désaccord au téléphone, comme on le dit, et pesé sur la décision de revenir sur nos propos ? A-t-on plié en quelque sorte sous la dictature de l'opinion publique ? [...] Au final, qu'a-t-on gagné de cet étonnant revirement ? Largement relayé de façon caustique par les revues de presse radio du jour, il s'est révélé calamiteux en termes d'image pour *L'Équipe* ». Claude Droussent réagit promptement à l'interpellation de ses collègues, dont il reçoit les représentants sur le champ. Sa justification est reprise par un second communiqué de la Société des journalistes, porté à la connaissance de la rédaction le jour même. « C'est gravissime que vous ayez pu penser que j'ai pu être l'objet de pressions, se défend-il. Dans l'édito du lundi, j'ai fait l'erreur d'interpeller Zidane sur son rôle de père. J'assume ces trois lignes, je les regrette. J'ai pensé en ma conscience et ma conscience seule que ces trois lignes étaient de trop. Ce que Zidane dit à ses enfants ne regarde que lui. Quant aux pressions de la direction que vous évoquez, je ne peux les accepter. Personne ne m'a rien demandé. Oui, nous en avons discuté avec Christophe Chenut, une discussion personnelle, mais, croyez-moi, il a fait bouclier entre ce que je pouvais faire et l'extérieur. J'avais mon libre-arbitre pour ne pas écrire ce deuxième édito.»

Les deux communiqués tombent «mystérieusement» dans la boîte aux lettres électronique d'un journaliste du *Canard enchaîné*. «La rédaction de *L'Équipe*, tuyautée par l'un de ses rédacteurs en chef, établissait aussitôt le rapport entre cette repentance et la pub, relate l'hebdomadaire satirique. Selon plusieurs journalistes, Claude Droussent a en effet rédigé son autocritique après s'être fait sermonner par son patron Christophe Chenut. Ami de Franck Riboud, le P-DG de Danone, Chenut, avant de débarquer à la direction de *L'Équipe*, n'était-il pas le directeur général pour la France de l'agence DDB ? Laquelle a obtenu la pub d'une partie des produits Danone[62].»

Le magazine *Le Point* accable à son tour le géant du yaourt: «Le sang du P-DG de Danone, Franck Riboud, ne fait qu'un tour. L'ami de "Ziz", qui est aussi un de ses principaux sponsors, ne supporte pas qu'on critique son protégé, qu'il envisage de faire entrer au conseil d'administration de son groupe. Le lendemain, Claude

Droussent, directeur de la rédaction de *L'Équipe*, présente ses excuses[63]. »

Son revirement semble d'autant moins spontané qu'il ne correspond ni à l'intérêt économique de l'entreprise *Équipe*, dont la diffusion n'aurait pas manqué d'exploser en cas de victoire des Bleus en Allemagne – 862 000 exemplaires ont été vendus au lendemain de la finale berlinoise, soit moitié moins que l'édition historique du 13 juillet 1998. Ni à la teneur des autres articles publiés mardi 11 juillet. On pouvait s'attendre par exemple à ce qu'un Olivier Margot, proche d'entre les proches de Zizou et enclin à magnifier les grands champions, fasse preuve d'une certaine indulgence. Mais non. S'il n'enfonce pas Zidane, son papier, intitulé « Sa part d'ombre », impute clairement la responsabilité de la défaite à l'enfant de la Castellane, à Marseille : « En laissant ses camarades terminer à dix une prolongation que, même en nombre réduit, ils ont continué à dominer, en se rayant lui-même de la liste des tireurs au moment du penalty, Zinédine Zidane a compromis les chances des Bleus de devenir champions du monde une seconde fois », constate Margot.

## LE RÉCIT D'UN REVIREMENT

Que s'est-il réellement passé le 10 juillet ? Reconstitution heure par heure ou presque des principaux épisodes de la journée, à partir du récit des deux protagonistes de l'affaire, Christophe Chenut et Claude Droussent. Aéroports saturés, ciel embouteillé, du dimanche soir au lundi matin, l'afflux de supporters, VIP et journalistes en provenance de Berlin provoque une belle pagaille. Après une interminable nuit d'attente, Christophe Chenut atterrit à Roissy à 6 heures du matin. À peine le temps de piquer un somme d'une heure qu'un journaliste de France Info l'appelle chez lui, à son domicile du XVI^e^ arrondissement, pour une interview sur les ventes de *L'Équipe* pendant le Mondial. Le rendez-vous téléphonique avait été convenu avant la finale. « Christophe Lagarde m'apprend que l'édito de Claude Droussent fait des vagues. Je suis incapable de lui donner mon avis sur le coup de boule, dont tout le monde parle, mais que je n'ai pas vu ! », assure Christophe Chenut.

En revanche, le patron du groupe *L'Équipe* a bien lu et relu le désormais célèbre article de Claude Droussent. Plusieurs témoins l'entendront dire tout le mal qu'il en pense lors d'un coup à boire offert par la direction, dans la cour du journal. « Il a expliqué que ce papier lui déplaisait », rapporte Xavier Meunier, chef du secrétariat de rédaction à *L'Équipe Magazine*. Le tout en l'absence de l'éditorialiste déplaisant, victime lui aussi des aléas aériens, et dont l'emploi du temps de ce lundi pas comme les autres sera passé au crible dans les moindres détails, après le déclenchement de l'affaire.

« Je rédige le premier édito très tardivement et je l'envoie à la dernière minute, peu avant minuit, raconte Claude Droussent. Tellement tard que Michel Dalloni, le directeur de la rédaction du quotidien, n'a pas le temps de me relire. J'étais tarabusté par la phrase où j'apostrophe Zidane sur ses enfants. J'ai pensé qu'en tant que père de famille je n'aimerais pas qu'on me donne des leçons. Je crois que j'enverrais chier l'auteur d'un papier pareil. Vers 2 heures du matin, je rappelle Dalloni, je lui demande s'il a lu le papier, ce qu'il n'a toujours pas fait. » Il le découvrira le lendemain, en même temps que les centaines de milliers de lecteurs de *L'Équipe*.

Lundi 7 heures. Alors que Droussent monte dans un taxi, son téléphone mobile glisse de sa poche sur la banquette arrière, avant de rebondir à l'extérieur de la voiture. Trop tard, le véhicule a déjà démarré en trombe. Direction l'aéroport de la capitale allemande où il prend le premier avion pour Stuttgart, en raison des encombrements. Sitôt arrivé dans la ville natale du philosophe Hegel, le directeur des rédactions de *L'Équipe* laisse un message à l'assistante de Christophe Chenut : « Je vous rappelle de Nice vers midi. » Nice, où il participe à un séminaire à l'IFRA, l'Institut de recherche sur les médias. « J'avais pris cet engagement avant la Coupe du monde, persuadé que l'équipe de France ferait un parcours moyen », explique-t-il. Jérôme Bureau et Claude Droussent, même combat. Les tauliers de *L'Équipe* ont décidément tendance à parier sur une élimination précoce des Bleus en Coupe du monde ! « Dans l'avion, je relis l'édito plusieurs fois, à tête reposée, poursuit Droussent. À Nice, je ne parviens à joindre personne. Je n'arrive à Issy-les-Moulineaux qu'à 16 heures 30 minutes. Je file directement dans le bureau de Michel Dalloni, je lui demande si ça va, il me répond, l'air gêné : "Ouais, le problème, c'est ton édito, la phrase…" Je le coupe, et lui dis qu'il faut que j'écrive quelque chose pour le lendemain. "À moins que tu préfères le faire, Michel ?" "Non, non, c'est à toi de le faire, insiste-t-il. Patrick Leroux [NDA : rédacteur en chef] aussi est d'accord." Je vais voir Christophe Chenut, je lui explique que je regrette cette phrase et l'informe de mon intention de présenter mes excuses. "Écoute, ça m'arrange, car plein de gens sont gênés", me dit-il, soulagé. Cette décision, je l'ai prise seul en mon âme et conscience », jure-t-il.

## LA PRESSION DES FRÈRES DE ZIDANE

Vraiment tout seul ? Calmement, Claude Droussent martèle que personne ne lui a forcé la main. « Je ne me suis jamais soumis à un diktat de la pub ou du marketing, répète-t-il. À mon niveau de responsabilité, on ne peut céder sur l'éditorial, ce serait trop grave. Est-ce que je resterais une minute de plus si j'acceptais un tel renoncement ? » Fallait-il présenter des excuses ? Le directeur des rédactions de *L'Équipe* répond par l'affirmative, sans l'ombre d'une hésitation : « C'est une question de personnalité, beaucoup de confrères pensent qu'un journaliste n'a pas à s'excuser. Je considère au contraire qu'un journaliste gagne à reconnaître ses erreurs. Il en sort grandi. »

« Suspicions », « fantasmes », « rumeurs ». Christophe Chenut rejette catégoriquement les accusations de collusion avec Franck Riboud. « C'est un copain, mais il n'a interféré en aucune façon dans cette histoire, dit-il. L'article du *Point* est construit sur une logique fausse, le journaliste ne m'a même pas appelé pour vérifier l'information. Et je ne me suis jamais occupé des budgets Danone chez DDB. » Pas plus qu'il n'aurait cédé à un chantage à la pub dans le cas présent. Mardi 11 juillet, Danone se paie la page 5, où l'on voit Zidane tout sourire agenouillé devant un enfant. Avec ce titre : « Mon plus beau but », et cette légende : « Il n'y a pas de plus beau but que de donner du bonheur aux enfants. Désormais, Zinédine Zidane est l'ambassadeur des programmes de l'enfance de Danone dans le monde. »

Le dimanche de la finale, la régie publicitaire de *L'Équipe* est assaillie de demandes. Les marques et leurs intermédiaires se bousculent en prévision d'une victoire française. Mais la loi interdisant aux journaux de vendre plus de 30 % de leur surface aux annonceurs, Manchette, la régie du groupe Amaury, est obligée de dire non à une petite dizaine de clients. « On en a repassé 2 ou 3 au *Parisien* mais on a dû renoncer à 5 ou 6 pages de pub », explique Chenut. Danone aurait donc accepté de prendre la file d'attente jusqu'à mardi, AVANT le coup de boule commenté à l'échelle de la planète.

En réalité, le coup de fil de Franck Riboud à son « copain » n'a pas été le déclencheur de l'affaire. Les « coupables » ont été identifiés et révélés à l'auteur par trois sources concordantes. Tous trois rédacteurs en chef opérationnels ou ayant conservé la fonction. « Les frères de Zidane ont appelé Droussent », affirme Étienne Bonamy. Sachant que *L'Équipe* boucle à minuit passé, la famille Zidane avait largement le temps de le joindre sur son téléphone fixe à Issy-les-Moulineaux... « De toute façon, pression ou pas, Claude Droussent a bien fait de rectifier le tir, il n'avait pas à faire la leçon au père d'Enzo », nuance Bonamy.

*Off the record*, les deux autres sources lâchent le morceau plus franchement. « Zidane a fait savoir qu'il était furieux de l'édito de Droussent », ajoute un ancien rédacteur en chef. Djamel, Farid et Nordine surveillent de très près les intérêts de leur illustre frangin. Dès qu'un journaliste commet l'outrecuidance de chercher des noises au discret Zinédine, la fratrie dégaine plus vite que son ombre. « Ton article est lamentable, balance l'un d'entre eux au placide Claude

Droussent. C'est fini, tu peux oublier le livre. » Le frère faisait référence à un projet d'ouvrage à la gloire de Zizou, qui devait être coordonné par Olivier Margot, pour une publication en grande pompe aux éditions *L'Équipe*. « Effectivement on a voulu un livre unique sur Zidane, comparable au Muhammad Ali édité chez Taschen[64], confirme Olivier Margot, le journaliste préféré de la star. Philippe Bordas[65] a pris les photos en catastrophe. Quand il a annoncé sa retraite, au printemps 2006[66], on s'est précipité à Madrid. Il était O.K. pour faire le livre. Sur le volet financier, il s'est mis oralement d'accord avec Claude Droussent, mais sans signer de contrat. Et puis l'édito de Claude a tout refroidi. Ensuite, Claude et moi-même sommes tombés gravement malades, et Zinédine s'est plongé dans un état de liberté mélancolique, voire dépressive. » Bref, ce n'est pas gagné. Le livre est-il définitivement enterré ? « On ne peut pas dire ça, tergiverse Margot. Le manuscrit est bien avancé, les illustrations sont prêtes à l'emploi et Zidane nous apprécie beaucoup. Mais il aurait fallu avancer de part et d'autre. Or je n'ai pas eu l'impression que la direction de *L'Équipe* faisait grand-chose pour que le projet avance. Attention, Zinédine n'a jamais été contre. L'un des grands soucis de cette histoire, c'est que ça n'ait jamais été complètement abandonné. Quel que soit le dénouement, on aura au moins pu rêver ce livre. » À défaut de super-coup éditorial et commercial pour le groupe *L'Équipe* – 10 000 exemplaires vendus 3000 euros pièce rapporteraient 30 millions d'euros, il suffit de faire le calcul–, Olivier Margot « rêve » d'une exposition des clichés inédits de Zizou. On se console comme on peut. Claude Droussent aura pourtant tout fait pour se faire pardonner.

Tenir tête à la plus grande figure de l'histoire du sport français, dont le dérapage est minimisé jusqu'au sommet élyséen de l'État ? Le directeur des rédactions de *L'Équipe* ne semble pas l'avoir envisagé une seule seconde. Pas plus royaliste que le roi Chirac, qui consolera Zizou devant les caméras de télévision, il se résigne à capituler en rase campagne. « Zidane est intouchable à *L'Équipe*, enrage un ancien responsable de la rubrique foot. La direction du journal n'a pas eu le courage de s'élever contre la *vox populi* et tous les intérêts économiques qui se cachent derrière, sans parler de la démagogie des politiques. Nous voici revenus des années en arrière, même si notre journal est plutôt moins chauvin que d'autres médias. »

Deux jours plus tard, mercredi 12 juillet, Zinédine Zidane explique son geste à l'animateur Michel Denisot, sur le plateau de Canal Plus. Après l'enregistrement, le jeune retraité du football croise Olivier Margot en coulisses, auprès de qui il exprime de vive voix son vif mécontentement. Les propos de Marco Materazzi sur sa « putain de sœur » ne passent pas. Le péché originel de Claude Droussent non plus.

# COMMENT *L'ÉQUIPE* A TUÉ *FRANCE FOOTBALL*

« Qu'est-ce qui va encore nous péter à la gueule ? » Tous les lundis après-midi, vers 15 heures, la même angoisse étreint Jérôme Bureau en ouvrant *France Football*, déjà imprimé et prêt pour la distribution en kiosque le lendemain. Nous sommes dans les années 1993-1995. Bien qu'appartenant au même groupe, *L'Équipe* et l'hebdo du foot font le match chaque semaine. « Jérôme Bureau ne supportait pas que *France Foot* sorte chaque mardi avec 90 % d'infos qu'on ne trouvait pas dans son journal. C'est pour ça que Bureau a fait pression sur Paul Roussel pour qu'il fasse exploser la rédaction. » Ces propos empreints d'amertume sont ceux d'un ancien reporter de l'hebdomadaire. Un de ses ex-collègues, parti lui aussi et recasé au quotidien, confirme que le directeur de la rédaction de *L'Équipe* « voulait ajouter *FF* dans sa corbeille », laquelle comportait déjà, outre le quotidien, le magazine et le mensuel *Vélo*. Volontiers modernisateur, du moins en paroles, Jérôme Bureau rêvait de restaurer l'antique tutelle sur l'hebdomadaire.

Comme au bon vieux temps où Jacques Ferran, le suzerain du foot à *L'Équipe*, régentait son vassal *France Football*. À ses débuts, en 1947, le journal végète, les ventes stagnent. Les reporters du quotidien ne se bousculent pas pour prêter main-forte à la jeune pousse fragile. Marcel Oger, rédacteur en chef de *L'Équipe* de 1946 à 1954, confie les rênes de l'hebdomadaire à Jacques Ferran, dont l'éditorial du mardi s'impose rapidement comme le rendez-vous incontournable des footeux. L'influence et la diffusion de *France Football* s'accroissent parallèlement, l'une alimentant l'autre. Ferran s'appuie sur une petite bande de jeunes journalistes talentueux. Max Urbini, Jean-Philippe Rethacker et Jacques Thibert travaillent à la fois pour *L'Équipe* et *France Football*. « Je laissais toute ma moelle sur *FF* et n'étais pas très enthousiaste de remettre ça pour *L'Équipe* mais je faisais les papiers », confesse Jacques Thibert. Certains articles de *France Foot* sont une simple resucée des infos parues précédemment dans le quotidien. Un jour, Thibert, nommé rédacteur en chef, débarque dans le bureau du pape Ferran Ier. « Regardez ce papier, c'est de la crotte », lâche-t-il, désabusé. « On ne va pas changer le monde », répond le directeur de la rédaction, pragmatique. « Et puis, c'est grâce à des papiers comme celui-ci qu'on apprécie les nôtres. »

Preuve que l'hebdomadaire arrivait en second dans l'ordre des priorités de Jacques Ferran. La mise en place d'un intéressement aux bénéfices finira de convaincre les plus récalcitrants de leur intérêt sonnant et trébuchant à collaborer pleinement à *France Foot*. Ce fonctionnement perdurera jusqu'à la retraite du patriarche, au milieu des années quatre-vint. Son successeur à la tête de l'hebdo du mardi, Jacques Thibert, coupe le cordon avec la maison mère après quarante ans de vie commune. Désormais, les deux rédactions sont séparées, même si juridiquement, *FF* continue d'appartenir à l'entité économique *Équipe*. La scission éditoriale entre les deux titres intervient quelques années plus tard, à l'apogée du Tapie-boom *–voir le chapitre éponyme. France Football* combat sans relâche le président de l'OM, dont il stigmatise le comportement affairiste. L'affaire VA-OM marquera un point de non-retour dans la croisade anti-Tapie.

## *FRANCE FOOT,* FIN DE RÈGNE

En décembre 1993, Paul Roussel, le directeur général de la SNC *L'Équipe*, convoque Jacques Thibert dans son bureau.

« Jacques, j'ai quelque chose à te dire. Je n'ai plus confiance en toi comme directeur de la rédaction.

– Je n'ai jamais eu confiance en toi ! »

Roussel est saisi par la réponse. C'est le début d'un feuilleton judiciaire qui trouvera son épilogue douze ans plus tard. Viré, malgré la hausse continue de la diffusion depuis cinq ans – 144 000 exemplaires vendus en 1988, jusqu'à 220 000 en 1993 –, Jacques Thibert se retrouve au cœur d'un imbroglio juridique. « Tapie a lancé cinq procès en diffamation contre *France Football*. Après mon licenciement, les avocats des deux parties se sont entendus sur mon dos, assure Thibert. Je me suis retrouvé le seul accusé par Tapie. Mais mon avocat a réussi à faire revenir *L'Équipe* dans le jeu, avant que Tapie n'abandonne la procédure. »

Aussi courageux et brillant qu'il ait été, à une époque où *L'Équipe* rampait aux pieds du parrain de l'OM, Jacques Thibert omet certains détails qu'il juge peut-être embarrassants. Les véritables raisons de son limogeage semblent bien mystérieuses : pourquoi Thibert a-t-il été sacrifié sur l'autel de la résistance à Tapie, et pas le rédacteur en chef, François de Montvalon, dont l'extrême virulence des éditoriaux n'a pu échapper à Paul Roussel ? « La direction a d'abord soutenu que je n'étais jamais là le dimanche alors que c'était le jour du bouclage de *France Football*. Dans un deuxième temps, elle a expliqué que je n'étais jamais là en semaine. Tout ça pour ne pas me payer les indemnités auxquelles j'avais droit après trente-sept ans de bons et loyaux services », argumente Thibert. « Il ne foutait rien », pouffe son vieil ennemi Jean-Pierre Courcol, directeur général du groupe Amaury de 1990 à 1994. Indépendant d'esprit et individualiste forcené, Jacques Thibert arrive au bureau le dimanche en fin d'après-midi, écrit son édito en quatre coups de cuillère à pot et repart vaquer à d'autres occupations. Il délègue totalement la conduite des opérations au tandem Montvalon-Lafayette, qui n'en demande pas tant. À quoi bon être directif si le journal est bon ? Allergique au fonctionnement classique d'une entreprise, fondé sur des rapports hiérarchiques stricts, Thibert agace prodigieusement Courcol et son beau-frère Paul Roussel. Les dirigeants du groupe lui reprochent d'être incontrôlable et de ne pas tenir ses troupes. Des « troupes » qui, en son absence, trinquent à sa santé, en se payant gentiment sa fiole.

« Thibert, je ne dirai pas de mal de lui, je n'ai pas eu à m'en plaindre, mais c'est vrai qu'il ne branlait plus rien à la fin », estime un pilier de la génération Tapie. Il fait une pause. Le sujet est sensible et douloureux. Par définition, on ne balance pas un secret de famille au premier venu. Il reprend le fil de son récit. « Il n'a pas été viré à cause de Tapie, même si nos papiers gonflaient Roussel, poursuit la même source. Son fils, lui aussi journaliste à *FF*, a prétendu dans un papier que le Loto sportif était truqué, une grosse connerie qui lui a coûté sa place. Aux prud'hommes, le père a témoigné en faveur du fils, contre la direction. »Par la suite, le père sera renvoyé à son tour.

## LA PARENTHÈSE ENCHANTÉE

Décapitée, la rédaction de *France Football* passe au mode autogestion. Affranchis de tout ersatz d'autorité, François de Montvalon et son alter ego Patrick Lafayette impriment un ton et un style franchement libertaires au journal. C'est tous les jours 14 Juillet, avec flonflons et feu d'artifice. « Je n'ai jamais connu une telle liberté d'expression au cours de ma carrière, on peut dire que le *France Foot* de cette époque était absolument indépendant, on écrivait ce qu'on voulait, ce qui n'arrive jamais, dans n'importe quelle rédaction », s'exalte un reporter chevronné, la larme à l'œil.

Le troisième larron du soviet d'Issy-les-Moulineaux, Stéphane Saint-Raymond, lâche la bride à son tropisme anti-*catenaccio* [« verrou », en français], un système de jeu assis sur une défense béton adopté par le Milan AC, rival du FC Barcelone en finale de Ligue des champions, le 18 mai 1994. La veille du choc au stade olympique d'Athènes, Saint-Raymond célèbre l'inventivité et l'allant offensif des Catalans du Barça. « Chronique d'un sacre espéré » est un manifeste pour un football débarrassé de l'esprit de calcul et du « réalisme » mortifère. Un football incarné par l'ex-Hollandais volant Johann Cruyff, apôtre du beau jeu et maître à penser de Barcelone. À l'arrivée, les Milanais « tapent » les Catalans 4 buts à 0 !

Un mois plus tard, le camarade Saint-Raymond flingue les citoyens des États-Unis, coupables de snober la Coupe du monde organisée chez eux, en juin 1994. « Même si tout, ici, est fait pour entretenir l'illusion, personne n'est dupe. Les Américains se moquent du foot comme de leur premier hamburger, dézingue-t-il gaiement. […] Ils craignent simplement ce qu'ils ne connaissent pas. Et ils ne connaissent rien au football. Et ils ne veulent pas connaître[67]. » Un récit cousu de fil blanc, selon un journaliste de *L'Équipe* qui a pris l'avion avec Saint-Raymond, en direction du Nouveau Monde. « Avant même de poser le pied sur le sol américain, il avait décrété que la Coupe du monde serait un échec, se rappelle-t-il. Or le Mondial aux États-Unis a été un grand succès populaire. Saint-Raymond était l'idéologue de la bande. » « Prendre position, c'est très bien, à condition de ne pas verser dans le manichéisme, opine Rémy Lacombe. Le Barça, c'était le bien, et Milan, le mal. Sauf que le foot s'accommode mal de ces schémas simplistes. » Patrick Lafayette reconnaît que son pote Saint-Raymond a péché par « maladresse ».

Les détracteurs du trio ne manquent jamais de citer, en guise d'élément à charge, l'épisode du Ballon d'Or exceptionnel attribué à l'Argentin Diego Maradona pour l'ensemble de sa carrière, fin 1994. Six mois après qu'il eut été exclu de la Coupe du monde américaine pour dopage!

« Cela partait d'une bonne intention mais à un mauvais moment », remarque Rémy Lacombe. « S'engager, ça veut dire dénoncer le dopage, or là on a fait l'inverse. François de Montvalon, un garçon talentueux, mais peu doué pour le management et très influençable, a laissé se constituer autour de lui un petit groupe de gens bourrés d'idées arrêtées. Des jeunes mecs qui écrivaient pour se faire plaisir et taillaient en permanence, sans se préoccuper des conséquences », juge sévèrement Jean-Marie Lorant, le vétéran de la maison, trente ans de *France Foot* dans les pattes.

Patrick Lafayette, le gardien de la mémoire de cette époque troublée, enrage « qu'on puisse nous faire un mauvais procès à cause de Maradona. Ce trophée spécial lançait le Ballon d'Or mondial – avant 1994, seuls les footballeurs européens pouvaient recevoir le trophée estampillé *France Football*, c'est pourquoi le Sud-Américain n'a jamais été primé. » François de Montvalon, qui est un fou de Maradona, voulait réparer une injustice, fait-il valoir. « D'accord, faire venir Maradona et sa suite a coûté 700 000 francs à la boîte, mais Paul Roussel, le directeur général et Francis Gabet, le directeur marketing, étaient emballés. On a fait l'ouverture du journal télévisé de TF1 avec Patrick Poivre d'Arvor, ça a été un carton en terme d'image. »

## TOUT DOIT DISPARAÎTRE

Il n'empêche que la direction prétextera l'affaire du Ballon d'Or pour dégager les histrions de *France Foot*. Un dimanche après-midi de février 1995, Gérard Ejnès monte au cinquième étage du 2, rue Rouget-de-Lisle. Le tout nouveau directeur adjoint de la rédaction de *L'Équipe* est porteur d'une mauvaise nouvelle. « Ejnès me fait signe, raconte Patrick Lafayette. Les gars, ça va chauffer pour vous, préparez-vous à être dans la merde. Vous êtes virés, déchargés de *France Football.* »

Le directeur de la rédaction de *L'Équipe* tient sa revanche. Après le départ forcé de Jacques Thibert, les journalistes de l'hebdomadaire avaient refusé de passer sous la coupe de Jérôme Bureau. « Il a en voulu à la plupart », note un de ceux qui étaient dans le collimateur.

Montvalon et Lafayette paient l'érosion de la diffusion, passée de 220 000 à 213 000 exemplaires en un an. « Vous sciez la branche sur laquelle vous êtes assis », tance le patron du groupe *L'Équipe*, qui impute ce mauvais résultat à la surenchère de unes et de dossiers assassins sur les affaires politico-financières. Faute de trouver les sujets « ballon » pour lesquels ils achètent *France Foot*, les lecteurs auraient déserté les points presse encombrés de Tapie et consorts. « *FF* en faisait trop, estime Gilbert Chaleil, secrétaire général de *L'Équipe*, après avoir occupé la fonction de rédacteur en chef au *Parisien* dans les années quatre-vingt-dix. J'ai invité à déjeuner Montvalon et Lafayette juste avant le clash. Je leur ai dit : "Tous les matins au *Parisien*, on regarde les ventes. On ne peut pas démolir un type à longueur de journal pendant des mois, ça ne marche pas, les lecteurs ne suivent pas." Ils étaient devenus des croisés. »

« Personne n'a sans doute oublié que, sous la houlette de Jacques Thibert, successeur de Jacques Ferran, *France Football* fut le journal le plus courageux et le plus en pointe dans l'affaire VA-OM, et qu'il s'épuisa probablement à vouloir jouer les chevaliers blancs[68] », écrira, bien des années plus tard, Gérard Ernault, le directeur de la rédaction de l'hebdo de 1995 à 2007. « Cette aventure ne pouvait pas durer, voilà pourquoi elle est belle », conclut joliment un autre ex qui a refusé de poursuivre avec les nouveaux patrons.

Le changement de régime est brutal. Sous la houlette de Gérard Ernault et de son adjoint Denis Chaumier, *France Football* referme la parenthèse houleuse des années Nanard. Les survivants de l'ère Thibert-Montvalon ne tardent pas à s'en apercevoir.

Au printemps 1995, le défenseur Lyonnais Bruno N'Gotty quitte l'OL pour le Paris Saint-Germain. En pleine transaction, le club de la capitale court-circuite l'agent du joueur, Frédéric Dobraje, et impose un autre intermédiaire dévoué à sa cause, l'influent Alain Migliaccio, qui défendra notamment les intérêts de Zinédine Zidane. Un mini-scoop qui risque de faire tanguer le petit monde des agents. « Stéphane Saint-Raymond a dû attendre le départ d'Ernault et Chaumier en week-end pour passer son papier, de peur qu'il soit caviardé », confie un ancien de *France Football*, en poste à l'époque.

Incapable de dominer ses pulsions de renifleur d'info, l'anti-Américain de *FF* piétine sans vergogne le nouveau commandement sacré : de vagues tu ne feras plus. À leur retour au bureau en début de semaine, les chefs découvrent avec stupéfaction le coup fourré de « l'idéologue ». « Ils ont hurlé », poursuit notre taupe. Trop tard, le papier est déjà parti chez l'imprimeur. La sanction tombe instantanément. Placé sous résidence surveillée, Stéphane Saint-Raymond, qui n'a pas digéré l'éviction de son grand ami François de Montvalon, fait jouer sa clause de conscience. Les autres, notamment Laurent Moisset et Damien Ressiot, suivront assez rapidement son exemple.

Jean Issartel, l'un des mousquetaires de la période Tapie, tiendra un an dans cette nouvelle ambiance peu propice à l'investigation. Choyé par l'équipe dirigeante, il est expédié en reportage en Colombie et au Brésil, puis couvre le procès VA-OM, avec Damien Ressiot. Il arrive à faire dire à des acteurs crédibles du football que cette affaire n'est que le maillon d'une chaîne de corruption beaucoup plus étendue. L'ancien entraîneur de l'AS Monaco, Arsène Wenger, révèle à Issartel que certains joueurs de la Principauté ont également été soudoyés. Aveux bien tardifs aux yeux de Gérard Ernault, qui reprochera au technicien alsacien de ne pas s'être exprimé au moment des faits. Ce qui n'est pas le meilleur moyen d'inciter les témoins d'actes délictueux à passer à table. De toute façon, Gérard Ernault ne goûte guère le journalisme d'enquête. Ça tombe bien, Paul Roussel lui a confié la mission de refaire de *France Football* le magazine des licenciés – sans jeu de mot. Les footballeurs du dimanche veulent qu'on leur murmure à l'oreille « ballon, mon beau ballon ». Amateurs de vitrines clinquantes, débordantes de champions bien sous tout rapport et de *success stories*, ils n'ont que faire des remugles d'arrière-boutique. Le jeu et les joueurs, point à la ligne, comme autrefois. Telle est l'intime conviction de l'ex-réformiste des années Couëdel, devenu conservateur à son compte.

## LA LIGNE DU PARTI

Depuis 1995, *France Football* se donne des faux airs de reconstitution de ligue dissoute. Gérard Ernault débarque avec ses grognards de la rubrique foot de *L'Équipe*, Denis Chaumier, Jean-Jacques Vierne, Rémy Lacombe, puis, au bout de quelques années, Patrick Urbini. Marginalisés par Jérôme Bureau, ils opèrent un repli stratégique au 4, rue

Rouget de Lisle, nouvelle adresse de l'hebdomadaire – qui a quitté les locaux de *L'Équipe* pour rejoindre l'immeuble contigu d'Amaury sport organisation(ASO) –, redevenu grâce à eux la référence en matière de foot. « Chaumier a joué la carte refuge dans les années de dérive sensationnaliste de *L'Équipe – voir la partie « L'affaire Jacquet »*. Si je recherche aujourd'hui des articles pertinents sur le football, je lis *France Foot*, dont l'appréciation purement sportive est assez fiable par rapport à *L'Équipe*. En revanche, aucun des deux titres ne critique l'envers du décor[69] », pointe Jean Gersin, ancien chef correcteur de *L'Équipe* et délégué du syndicat CGT des ouvriers du livre. Comme on l'a vu précédemment à propos de l'affaire Jacquet et de Raymond Domenech, l'hebdomadaire prend le contre-pied systématique de *L'Équipe* dans les grandes controverses qui agitent le monde du ballon rond. À chaque fois, les faits donnent raison à Gérard Ernault et son adjoint Denis Chaumier, qui lui a succédé en janvier 2008. Aimé Jacquet était loin d'être un brave type qui émet des soupirs, on n'y revient pas. Et les choix de Domenech lors de l'Euro 2008 se sont révélés catastrophiques. Moins sensible à la com' – Aimé Jacquet était considéré comme un piètre communicant, tout l'inverse du séducteur Domenech – que *L'Équipe*, l'hebdo trace son sillon loin des modes et des paillettes.

Dommage que ces choix pertinents occultent des pratiques moins reluisantes. « On est mollasson pour tout sauf contre Domenech, on est complètement *embedded* [embarqué, au sens de complice], on couche avec Platini, Houllier, Blatter», lâche d'une voix lasse un journaliste expérimenté de *France Foot.* «Vous êtes sûr qu'on peut poursuivre la conversation ici?», lui demande l'auteur. À *France Foot,* la machine à café est située juste en face des bureaux de la direction de la rédaction. Pratique pour débusquer les comploteurs. La mine sombre, le reporter embusqué nous raccompagne vers l'ascenseur. «Ça va aller?» «Oui, oui…», marmonne-t-il avec la conviction du candidat au suicide arpentant les quais de Seine l'œil mauvais.

Le 25 septembre 2007, *France Football* sort un numéro spécial pour ses soixante ans, avec Gérard Houllier, le nouveau directeur technique national (DTN) en invité spécial. «La révolution Houllier», n'hésite pas à titrer Denis Chaumier en une, qui conduit lui-même l'entretien sur pas moins de sept pages. «Le nouveau DTN en appelle à un profond changement des mentalités et à l'avènement d'un jeu plus créatif, sans lesquels la France s'engagerait dangereusement sur la voie du déclin […]. Créativité, inventivité, innovation sont des mots qui reviennent souvent dans sa bouche et qui qualifient son ambition pour le football français», s'enthousiasme-t-il. En interne, les mauvaises langues trouvent que Chaumier force un peu trop sur la brosse à reluire. «Il est anormal qu'on parle autant d'un DTN, une fonction technique qui n'intéresse pas les lecteurs, s'indigne un membre de l'encadrement. Patrick Urbini –leader de *FF*, chef de la rubrique foot de *L'Équipe* en 1992, à l'époque où Gérard Houllier était sélectionneur des Bleus– et Denis Chaumier ont offert sur un plateau une campagne super-complaisante à leur ami Gérard Houllier. Ces trois-là vouent une haine de quinze ans à Raymond Domenech.» «Même si c'est Gérard Houllier qui a embauché Domenech en 1993 à la Direction technique nationale, les deux hommes ont rapidement dit tout le mal qu'ils pensaient l'un de l'autre, Houllier regrettant souvent l'attitude et la faible capacité de travail du futur sélectionneur, "un homme qui n'a jamais rien gagné", pouvait-on entendre dans les allées de Clairefontaine[70]», écrira *France Foot* après l'Euro 2008.

De quoi expliquer la violence de la campagne contre le sélectionneur, qui contraste singulièrement avec le ton mesuré et consensuel du journal. «Chaumier a fait ce numéro de A à Z sans consulter personne, râle un subordonné récalcitrant. C'est le plus mauvais résultat de l'année. OM-PSG fait vendre, pas les trucs institutionnels.» Au printemps 2008, *France Foot* s'amuse à évaluer les entraîneurs lyonnais les plus «méritants» de ces dernières années. Et le vainqueur est… Gérard Houllier[71].

## *FRANCE FOOT* DANS LE COMA

Créativité, inventivité, innovation… Voilà des mots que les journalistes de *France Football* n'emploient pas spontanément pour qualifier leur grand chef Denis Chaumier. «C'est un autocrate.» «Il n'accepte pas la contestation.» «Il a toujours raison, lui, car il détient le savoir, contrairement aux autres.» «Il possède de grosses qualités de travailleur, est très bien organisé mais ne sait pas communiquer.» On n'est jamais mieux trahi que par les siens, comme aime à répéter Gérard Ernault. Quoique. «Chaumier est le seul mec de *Rouge* qu'Edwy Plenel n'a pas fait venir au *Monde*, exécute un rédacteur en chef de *L'Équipe*. À *France Football*, il fait *L'Équipe* d'il y a quinze ans. Denis Chaumier est l'anti-manager, il ne supporte pas qu'il y ait de la vie autour de lui. C'est un politique qui considère qu'il faut être l'ami des puissants»!

Jeune militant trotskiste, Denis Chaumier fait ses premières armes journalistiques à *Rouge*, l'organe officiel de la Ligue communiste révolutionnaire, où il entre en 1978. Il travaille notamment avec Edwy Plenel, le futur directeur de la rédaction du *Monde*, lui aussi rangé des camions révolutionnaires. Le pigiste débutant s'intéresse aux sujets de société appliqués au sport. Faut-il boycotter l'Argentine, pays hôte de la Coupe du monde, pour protester contre les exactions de la junte militaire au pouvoir à Buenos Aires?

Denis Chaumier pose la question à Dominique Rocheteau. L'attaquant vedette de l'AS Saint-Étienne et des Bleus, aux idées de gauche assumées, y est favorable. C'est le début d'une forte complicité de trente ans entre les deux hommes. Ils passent régulièrement leurs vacances ensemble. Fidèle en amitié, Denis Chaumier n'oublie pas que sa carrière a décollé grâce à un coup de main providentiel de « l'ange vert ». En 1980, Rocheteau réserve à *Rouge* l'exclusivité de l'annonce de son transfert au PSG. Chaumier quitte la Ligue peu de temps après, puis fait la connaissance de Jacques Thibert sur un terrain de football de l'Institut national des sports de Vincennes. Son tempérament accrocheur plaît au rédacteur en chef de *France Foot*, qui le recrute comme pigiste. Denis Chaumier intègre officiellement *FF* en novembre 1982. Dès lors, l'ex-liguard militera ardemment pour sa carrière dans un duel à distance avec un autre retraité du trotskisme et ambitieux notoire, Jérôme Bureau.

Un quart de siècle plus tard, le capitaine Chaumier, seul au gouvernail du navire, doit affronter la plus grave crise économique de l'histoire de *France Football*, dont le dixième du lectorat s'est évaporé en 2007 – *voir aussi le chapitre « Un déclin inéluctable ? »*. « L'équipe en place depuis douze ans fait crever le magazine », dramatise un rédacteur en chef de *L'Équipe*. « Quand on n'encourage plus les gens à aller chercher de l'info, ils n'y vont plus, observe un ancien de la bande de Montvalon. *France Foot* ne fait plus d'ombre à *L'Équipe.* Depuis trois ans c'est encore pire, ce journal est devenu totalement aseptisé. On dirait une succession de communiqués de presse agrémentés de quelques reportages. » La faute au « manque de plumes de talent », considère un autre ex. « Il n'y a même plus de conférence de rédaction digne de ce nom, plus personne ne voulait bosser avec Ernault, pas plus qu'avec son successeur. Ils ont "bunkérisé" le journal », se désespère un reporter en poste.

Rongé par l'ennui et un sentiment d'inutilité grandissant, Arnaud Ramsay, dont les qualités professionnelles sont unanimement reconnues par ses confrères, pousse la porte de Gérard Ernault, en 2005. Le biographe de Youri Djorkaeff[72] exprime sa crainte de se transformer en « bureaucrate de la presse » s'il reste à *France Football.* « Méfiez-vous Arnaud, ici, la soupe est bonne… », lui répond Ernault. Estomaqué, Ramsay remercie le monsieur qui l'a courtoisement reçu. Il donnera son congé quelques mois plus tard, après de vaines tentatives de transfert à *L'Équipe.*

Que reste-t-il de *France Foot*? « Euh, les transferts plus quelques interviews phares, on arrive encore à griller *L'Équipe* de temps à temps », s'excuse presque un reporter aux tempes grisonnantes. Deux –rares– exemples de scoops estampillés *FF:* le 12 juin 2007, l'hebdomadaire annonce en une le transfert de Thierry Henry d'Arsenal au FC Barcelone. « La nouvelle fait l'effet d'une bombe », se gargarise *France Football* dans son numéro anniversaire[73].

Quelques mois plus tard, Didier Drogba, l'attaquant ivoirien de Chelsea, confie à Pascal Ferré sa décision de voler vers d'autres horizons à la fin de la saison[74] –pas de bol, finalement il reste à Chelsea. « Pascal Ferré a connu Drogba quand il jouait à l'OM, il a su entretenir ce relationnel au fil des années en lui téléphonant régulièrement et en allant souvent lui rendre visite à Londres », explique Rémy Lacombe. Bonne pioche pour le groupe *L'Équipe*, qui vendra 42 000 exemplaires d'un DVD sur Drogba, commercialisé avec *L'Équipe Magazine*. Pas en reste, les éditions Prolongations publient une autobiographie du produit dérivé, pardon du joueur, *C'était pas gagné* en 2008. Magazine de l'actualité heureuse du football – « Le roi Lyon », « Inouï », « Zidane le Real est à ses pieds », « Ronaldinho, une marque en or »–, *FF* rechigne à déprimer ses lecteurs avec des dossiers trop noirs. Surtout s'ils concernent des présidents de club, qu'il convient de soigner et non de martyriser. Bernard Caïazzo, le coprésident de l'AS Saint-Étienne, est un intime de Denis Chaumier. Interdiction par conséquent de critiquer sa gestion du club. Le 14 mars 2008, Jean-Michel Aulas, le président de Lyon, « dévoile son plan » de développement à l'horizon 2010 dans *FF*. Pas besoin de sur-jouer les vierges effarouchées par la méchante presse comme il le fait avec *L'Équipe*, Aulas sait qu'il peut compter sur la bienséance et l'esprit de modération de *France Football*. Sauf quand il s'agit de jouer à la course aux scoops au risque de faire une fausse-interview !

Le 25 août 2006, *France Foot* annonce en une un entretien exclusif avec Franck Ribéry. Le milieu de l'OM est alors en plein tourment, tourneboulé par l'offre alléchante de Jean-Michel Aulas, patron de l'OL. Problème : Marc Benoît, le correspondant de *FF* à Marseille, s'est en réalité entretenu avec l'agent du joueur, Bruno Heiderscheid, qui cherche à mettre la pression sur le président de l'OM, Pape Diouf, pour une sombre histoire de prime non-réglée.

Immédiatement, Ribéry confirme lors d'une conférence de presse qu'il n'a jamais parlé à Marc Benoît : « Je ne comprends pas comment [...] un journal aussi sérieux et respectable que *France Football* a pu en arriver là. » Après de longues tergiversations, Gérard Ernault, alors patron de *France Foot* tente dans son éditorial du 28 août de s'exonérer de toute responsabilité, non sans glisser une petite peau de banane sous les pieds olympiens : « Notre journal regrette auprès de ses lecteurs le doute qu'elle se montre, pour l'heure, incapable de dissiper et s'en excuse auprès d'eux. [...] Elle déplore, enfin, le communiqué diffusé sur le site Internet de l'OM à cette occasion, vendredi, dénonçant un manquement grave de *France Football* à la "déontologie professionnelle en journalisme". L'Olympique de Marseille ne semble pas le club le plus indiqué pour venir donner des leçons de déontologie à quiconque l'année même où il se trouve sanctionné par le Conseil national de l'éthique, et par le tribunal correctionnel de Marseille (procès des transferts suspects, treize condamnations). Il est vrai qu'il en a connu de plus sombres encore.»

Après enquête, et devant l'évidence, *France Foot* bat sa coulpe le 1er septembre: «Retourne à l'école, *FF* ! » « Aucun fait, aucune preuve n'établissent la faute du journaliste et, donc, du journal. [...] Cette solution de facilité, cette échappatoire si souvent utilisée dans l'espace public, *France Football* s'y refuse par fidélité à l'esprit et à l'histoire de ce journal, par devoir professionnel et par conviction personnelle, écrit Gérard Ernault. Il préfère être un journal plein de scrupules qu'un journal plein de remords. »

Décidément, Jacquet ou pas, le groupe *L'Équipe* a toujours du mal avec les excuses. Quant à Marc Benoît, il s'est recasé à la rubrique foot du *Parisien*. Ouf ! L'honneur du journalisme sportif est sauf...

«À l'évidence, *France Foot* n'est pas un journal poil à gratter, concède Jean-Marie Lorant. Ici, aucun journaliste n'a le profil ni la motivation d'un monsieur investigation. Pendant des années, *FF* n'a parlé que foot, jeu et joueurs. Mais depuis environ une décennie, la télé, le business, et le marketing ont obtenu droit de cité dans le journal, même si ça reste à la marge.»

Jean-Philippe Bouchard a eu du mal à s'habituer au rythme et au degré d'exigence maison. Arrivé au journal avec la foi du charbonnier, le rédacteur en chef adjoint de *France Football* se voit déjà en chevalier blanc de l'info. En 1998, il démonte les ressorts de la brouille entre Michel Denisot et Charles Biétry, respectivement ancien et actuel président du PSG, propriété de Canal Plus. Ces rapports tendus entre deux fortes personnalités pèsent sur la cohésion du club. C'est ce que raconte Bouchard dans un article soigné. Mais Ernault cache mal sa réticence. « Mauvais sujet et donc mauvais papier, tranche le patron. Ce n'est pas à nous de faire ça. » Plus ouvert d'esprit, Rémy Lacombe, le rédacteur en chef de *France Foot vendredi*, publiera l'article tel quel. Sollicité par des radios pour évoquer l'enquête, Ernault ne tarit pas d'éloges sur le travail de Bouchard. Comme disait l'ancien président du Conseil Edgar Faure : « Ce n'est pas la girouette qui tourne, c'est le vent. »

CINQUIÈME PARTIE

# *L'ÉQUIPE*, L'ORGANE OFFICIEL D'ASO ?

# LE TOUR DE FRANCE, LA VACHE À LAIT

La vache à lait du groupe Amaury « doit » aller à Paris, quand bien même, chaque année, il lui faut emprunter des chemins de traverse. Question de survie économique. Car le Tour de France génère pas moins de 80 % du chiffre d'affaires d'ASO (Amaury sport organisation). Filiale la plus rentable, le pôle organisation dégage environ les deux tiers, soit 63 % du résultat total du groupe. Des bénéfices en constante augmentation : 22 millions en 2004, 27,6 en 2005 et enfin près de 32 en 2006. Autre symptôme de la santé éclatante du Tour, le chiffre d'affaires d'ASO augmente de 10 millions chaque année depuis 2004. Pendant ce temps, *L'Équipe*, l'autre poumon économique du groupe, se débat dans une crise d'identité insoluble, dont les effets sur le tiroir caisse se font cruellement sentir *– voir le chapitre « Un déclin inéluctable ? »*. Raison de plus pour choyer l'usine à cash des Amaury et la préserver des mauvais coups portés par la concurrence, UCI (Union cycliste internationale) en tête.

« Poli mais bien trempé[1]. » Après un Tour de France 2007 orageux, Patrice Clerc, le P-DG d'ASO, aura au moins eu le réconfort de lire des articles fort aimables à son endroit. Surtout dans *L'Équipe*. Frédérique Galametz lui a concocté un petit portrait aux oignons, à consommer sans modération : « Face à la rafale de crises, il est devenu le chef de file à suivre, l'homme d'un nouveau cyclisme, ronronne-t-elle, onctueuse à souhait. Calme et posé, au côté de Christian Prudhomme, le directeur du Tour de France, plus émotif, il n'a refusé aucun contact avec la presse ces jours derniers, acceptant même de faire l'ouverture du "20 heures" de France 2, l'autre jeudi. » Courir au journal télévisé en plein mois de juillet, quel sacrifice ! « À chaque gros pépin, il est venu s'expliquer, poursuit la chef de la rubrique cyclisme. Toujours avec ce sourire qu'il réserve au monde extérieur, comme s'il voulait assurer à tous sa maîtrise parfaite de la situation. Même si sa garde rapprochée avoue volontiers que rien ne va jamais assez vite pour lui. » Bras croisés, sourire aux lèvres, dos à un portrait de Stephen Roche, vainqueur du Tour 1987, le patron pose pour la photo, dont la légende mérite d'être citée : « Patrice Clerc a prouvé à la tête d'ASO que l'élégance et les manières souriantes n'étaient pas un handicap dans la poursuite d'un combat vigoureux pour les valeurs du Tour de France. » Après ça, allez expliquer aux ennemis de l'UCI que non, *L'Équipe* n'est pas

« l'organe officiel d'ASO ». Que c'est plus compliqué que ça. « *Sure?*[2] » (« En êtes-vous sûr ? »). On n'a pas su quoi répondre à Pat McQuaid, le président irlandais de l'Union cycliste internationale, qui nous prenait au téléphone de son nid d'aigle en Suisse, entre deux rendez-vous bien plus urgents. Frédérique en convient d'elle-même. Elle a fait une grosse bêtise : « On me commande ce portrait vendredi midi pour le lendemain soir, raconte-t-elle. On me dit : "Frédérique, c'est l'homme de la semaine, mais qui le fait ? Qui le connaît le mieux ?" Moi. Je m'y colle parce que personne d'autre ne voulait le faire. En cherchant bien, je n'ai trouvé personne qui m'en dise du mal. D'où l'impression de complaisance. Le lendemain – jour d'arrivée du Tour de France –, à la salle de presse de l'hôtel Concorde La Fayette, Patrice Clerc me dit, "vachement bien ce papier", devant les confrères étrangers. Ça m'a mise mal à l'aise. »

On peut reprocher ce que l'on veut à Frédérique Galametz, sauf d'être hypocrite. Elle dit ce qu'elle a sur le cœur, avec une franchise désarmante. Claude Droussent en convient lui aussi : « Ce portrait est complètement raté, mais aucun contradicteur n'a accepté de s'exprimer. Vous savez, Frédérique occupe un poste difficile », insiste-t-il. On sait. Compte tenu du poids historique du Tour de France dans le calendrier sportif français, compte tenu du fait que, jusqu'en 1973, l'organisation de la Grande Boucle constituait un service intégré à *L'Équipe*, la fonction de patron du cyclisme est aussi stratégique que celle de chef du foot. Les directeurs de la rédaction successifs ont tous placé à sa tête un homme ou une femme dévoué à leur cause et à celle du Tour. Même s'il ne se privait pas de lui dire ses quatre vérités à l'occasion, Jacques Marchand admirait Jacques Goddet. Fondateur et premier directeur du Tour de l'avenir, l'antichambre de la Grande Boucle réservée aux jeunes coureurs prometteurs, Marchand était l'alter ego de Goddet, qui avait une complète confiance en lui. Plus frondeur, Noël Couëdel prendra soin de ne pas heurter de front la statue du commandeur, qu'il servira loyalement. Jean-Marie Leblanc fut le plus légitimiste d'entre eux. Son successeur, Jean-Michel Rouet, et son adjoint, Philippe Bouvet – auteur d'un « Qui veut la peau du Tour ? » en juillet 1998 – nommés, par Leblanc, incarnent la continuité. Ils sauront s'en souvenir pendant l'affaire Festina. Frédérique Galametz, enfin, est très proche de Claude Droussent. Une des rares, au sein du journal. « Nous sommes amis depuis vingtans », confirme-t-elle. Depuis l'aventure fracassée du *Sport*, incubateur d'ambitions. À travers elle, Claude Droussent, amoureux fou de vélo – première mention spéciale du jury Chany 1992 – tirait les ficelles de la rubrique cyclisme. Sur le modèle de Gérard Ejnès au foot dans les années quatre-vingt-dix. Droussent, qui n'aurait pas « dédaigné » diriger le Tour de France, c'est Jean-Marie Leblanc qui le dit. « Le cyclisme reste mon sport préféré, j'aime être tenu au courant des dossiers », concède-t-il. Autant de raisons de disposer d'une courroie de transmission infaillible ? « Frédérique Galametz se met à pleurer quand on la qualifie de cette manière, mais pas mal de gens le pensent », relève la madame badminton de *L'Équipe*, Dominique Candille, par ailleurs déléguée CGT. Le directeur des rédactions réfute toute manipulation. Si *L'Équipe* soutient ASO, c'est, argue-t-il, parce qu'elle partage ses idées.

## LA GUERRE AMAURY-UCI

« Nous avons les mêmes valeurs sur l'antidopage, souligne Claude Droussent. Là où l'UCI fait parfois preuve de laxisme, ASO développe un discours clair et ferme. Le conflit du Pro Tour a dévoilé d'autres aspects. Là encore, nous avons le sentiment qu'ASO défend l'éthique fondamentale du sport. »

Le Pro Tour est un système de ligue fermée accessible à vingt équipes au maximum. En échange du paiement d'une licence à l'UCI, elles peuvent automatiquement participer aux courses labellisées Pro Tour. Ce que refuse catégoriquement ASO, qui entend rester maître chez lui et choisir les participants à ses épreuves, notamment sur le Tour de France. Le groupe Amaury soupçonne Hein Verbruggen, le promoteur du Pro Tour, de vouloir mettre la main sur les droits télévisuels qui constituent l'essentiel des ressources d'ASO. Tandis que l'ancien président de l'UCI accuse les Français de saboter l'autorité de sa fédération, gouvernement légitime du cyclisme mondial. L'un et l'autre ont raison. Derrière le rideau de fumée médiatique du dopage, des ombres chinoises dessinent une bataille autrement plus stratégique. Une histoire de politique et de gros sous où tous les coups sont permis.

Cerné de supporters *all-black* cuvant la défaite de leur équipe contre les Bleus, « Dark Vador » s'est avancé. En ce début d'après-midi du 13 octobre 2007, Hein Verbruggen, le président de la Commission d'évaluation des Jeux olympiques de Pékin est en visite éclair. Le temps d'assister au match France-Angleterre, comme hôte de la Fédération française de rugby.

Dans l'Hexagone, le Néerlandais a mauvaise presse, le mot est faible. Un portrait à charge de Philippe Brunel en résume l'esprit: « Dans son antre, des voix s'élèvent pour dénoncer son goût du secret, ses méthodes autoritaires, révèle le leader de *L'Équipe*. [...] Certains le soupçonnent de faire du lobbying par le biais des sociétés qu'on lui prête. De vouloir capter l'héritage des grands tours, à travers le Pro Tour. [...] Sur le dopage, il n'est pas moins ambigu.

À ses débuts, il prône la fermeté. “La moindre tolérance, prévient-il, conduirait droit au sport spectacle.” Mais ce n'est qu'en 1997, huit ans après l'apparition de l'EPO dans les pelotons, qu'il met en place sa première réforme : des contrôles sanguins qui limitent l'hématocrite à 50 %. [...] C'est un pragmatique à la Samaranch – ancien président du Comité olympique international –, à rebours d'un Jacques Rogge – son successeur –, qui prône la tolérance zéro vis-à-vis du dopage[3]. » Le jugement du procès Festina est impitoyable avec Verbruggen, lui reprochant de combattre les excès du dopage et non le dopage lui-même. Pourtant, le tribunal de grande instance de Lille n'a pas épargné non plus la politique de Jean-Marie Leblanc, le déboutant de sa demande de dommages et intérêts au motif qu'il s'est fait un principe de ne jamais remettre en cause le déroulement de l'épreuve. « Tel a été le cas, par exemple en 1997 et 1998, alors que, dans les courriers d'octobre 1996, il admettait la très grande extension du dopage ; qu'ayant ainsi accepté que ces épreuves se déroulent, nonobstant cette extension, il ne peut à bon droit invoquer la réparation d'un préjudice qu'il a laissé se produire puisque, sans changement véritable de la donne après 1996, il ne pouvait supposer, sauf exceptionnelle naïveté qui ne saurait lui être prêtée, que le dopage allait s'arrêter de lui-même », conclut le juge Daniel Delegrove[4] !

Encore plus compromettant pour le vice-président de l'UCI, *L'Équipe* publie le témoignage de l'ancien président de la Confédération africaine de cyclisme, le Burkinabé Amadou Diallo, qui accuse Verbruggen d'avoir acheté des voix de représentants du continent noir pour faire élire son successeur désigné, Pat McQuaid. L'UCI dément en faisant remarquer qu'Amadou Diallo est lié à ASO, propriétaire du Tour du Faso, principale course à étapes africaine qui se déroule, comme son nom l'indique, au Burkina Faso. Claude Droussent se drape dans sa dignité outragée. « L'amalgame effectué par l'UCI, qui fait référence à ASO, organisateur entre autres du Tour de France et du Tour du Faso, propriété, tout comme notre journal, du groupe Amaury, nous donne l'occasion de réaffirmer que *L'Équipe*, conformément à sa charte éditoriale, assure et continuera d'assurer sa mission d'information en toute indépendance vis-à-vis de quelque pouvoir que ce soit, politique, économique ou sportif », écrit-il le 20 septembre 2005.

Hein Verbruggen nous invite à le rejoindre dans un coin à peu près calme du bar. Il sort une feuille de papier et un stylo. Le cours magistral peut commencer. Dans un français impeccable, le Néerlandais polyglotte retrace sa fulgurante ascension. « Quand Félix Lévitan a quitté la Société du Tour de France, en 1987, on en a profité[5] », assume-t-il sans complexes. Le « on » désigne sa personne.

Jouissant d'une autorité incontestée, Lévitan, en tant que codirecteur de la Grande Boucle, dirigeait de fait le cyclisme mondial. Inféodés à la toute-puissance du Tour, les patrons de l'UCI s'accommodaient tant bien que mal de leur second rôle de bureaucrates serviles. René Chesal, secrétaire général de la Fédération française de cyclisme et de l'Union cycliste internationale, fut même salarié du journal *L'Équipe*[6] ! Tout un symbole. « Tout le monde était à la botte de Félix Lévitan », confirme Jean-Pierre de Mondenard, témoin d'un abus de la Société du Tour de France. Le 2 juillet 1974, Gerben Karstens, arrivé deuxième de l'étape Caen-Dieppe, se soustrait au contrôle antidopage à l'arrivée. Le commissaire de l'UCI, l'Italien Dominicio Menilio, dresse un constat de carence en présence de Mondenard. Bon prince, Lévitan lève unilatéralement la sanction, bafouant l'autorité de l'UCI, seule compétente sur les contrôles. D'abord réticent, Dominicio Menilio s'exécute. « Il a eu un contact avec l'UCI qui lui a ordonné de refaire le contrôle », assure « JPDM ».

Le regard acéré, concentré sur son sujet, Hein Verbruggen poursuit le récit de sa longue marche vers le pouvoir. Élu président de l'UCI en 1991, il noue une relation amicale avec Jean-Marie Leblanc, d'un tempérament autrement plus conciliant que Lévitan, et pose les bases de la reconquête de l'UCI sur le monde du cyclisme. Voilà une information que les lecteurs de *L'Équipe* ne liront pas de sitôt. « On n'a pas le droit d'écrire que Leblanc et Verbruggen sont amis, ça ne cadre pas avec la ligne du journal », affirme sérieusement un journaliste de la rubrique cyclisme. Et il leur est même arrivé de passer leurs vacances ensemble, dans la résidence d'été irlandaise d'Hein le maléfique. Quelle horreur !

Le 21 septembre 2004, Verbruggen pense avoir réalisé l'impossible. Patrice Clerc vient de lui annoncer par écrit son intention de signer la convention Pro Tour âprement négociée depuis plusieurs années. Quarante-huit heures plus tard, le P-DG d'ASO tourne casaque dans une lettre incendiaire également signée par les patrons des Tours d'Espagne et d'Italie. « On m'a dit que Philippe Amaury avait bloqué l'accord, suppose Verbruggen. Ça, c'est possible. » C'est même certain à 100 %. Amaury s'est subitement réveillé d'un cauchemar où il voyait l'hydre UCI piquer sans vergogne dans la caisse du Tour de France. Pas touche à la cagnotte familiale. Comme souvent, le sage et impartial Jacques Marchand trouve le mot juste : « Quelle fédération accepterait de ne toucher aucun sou dans le sport ? [...] Il est sympathique et sans doute touchant que le jeune et fringant directeur du Tour soit resté sur la même ligne que son ancêtre Henri Desgrange : seul maître à bord pour diriger la course à sa convenance, il ne veut pas laisser les envahisseurs de l'UCI franchir la "ligne bleue des Vosges"[7]. » Il est affligeant qu'un vieux monsieur de 87 ans soit le seul journaliste à oser énoncer pareilles évidences.

Entre eux et lui, c'est: « Je te déteste, moi aussi. » Verbruggen est la tête de Turc de la rubrique cyclisme, et réciproquement : « Ils sont habitués à ce que les gens aient peur de ce que *L'Équipe* écrit, s'énerve Hein le colérique. Mais je les fous à la porte parce que je n'ai pas besoin d'eux *(il mime la scène)*. Je préfère parler avec d'autres journalistes français, en dehors de *L'Équipe*. »

Le plus paradoxal dans cette affaire, c'est que, de l'avis général, ASO n'influe pas directement sur le traitement éditorial du journal. « On ne peut pas dire que le groupe exerce une quelconque forme de pression, il s'agit plutôt d'autocensure », explique Gilles Chappaz, ancien rédacteur en chef adjoint de *L'Équipe Magazine*. En cause : le tandem Droussent-Galametz qui impose la ligne sans en référer aux sous-fifres. « La rubrique cyclisme est sous la coupe de Frédérique Galametz, elle-même sous la coupe d'ASO, tranche Jacques Marchand. Visiblement, la rubrique cyclisme ne dispose pas de la liberté de parole que nous avions, à une époque où le Tour et *L'Équipe* formaient une seule entreprise. » Un comble ! Plus mesuré, Jean-Marie Leblanc juge que Frédérique Galametz se transforme « parfois en porte-parole d'ASO ». Un historique de la rubrique avait pourtant mis en garde Claude Droussent et son ombre portée : « Il ne faut pas être trop lié avec la direction du Tour de France. Elle parle aux dirigeants et monopolise les articles sur le bras de fer UCI/ASO. Autrefois, chacun écrivait sur tout. »

Le directeur du Tour de France peut aussi compter sur le renfort du pôle édition du groupe *L'Équipe*. C'est l'histoire d'un «mec» *(sic)* venu voir Gérard Ejnès, le patron des éditions *L'Équipe*. «Il nous a proposé un livre sur le Tour de France, mais ce sont ses idées, se dédouane-t-il. ASO n'a pas besoin de Xavier Louy.» Xavier Louy a été directeur adjoint du Tour de France puis directeur de course durant sa dernière année, en 1988. C'est lui qui a précipité la chute de Félix Lévitan, en dénonçant les approximations comptables de l'ancien bras droit d'Émilien Amaury. «Avec ce livre, il a cherché à plaire à Mme Amaury», affirme Hein Verbruggen avec un geste de dédain. Un réquisitoire d'une violence inouïe et sans nuances contre l'UCI, présentée sous les atours flatteurs d'une mafia tentaculaire avide de pouvoir et d'argent. «Aujourd'hui, le Tour est menacé dans sa crédibilité et dans sa réputation, stigmatise-t-il. Et j'ai de bonnes raisons de penser que ceux qui veulent mettre la main sur lui, ou l'abattre parce qu'il dérange, ont voulu qu'il en soit ainsi. Face au complot qui s'est organisé contre le Tour de France, il est urgent de réagir [...] [8].»

Difficile dans ces conditions d'exercer son métier de journaliste en toute indépendance. Voire impossible? «Les grandes critiques du Tour de France se sont toujours exprimées dans *L'Équipe*, assure un permanent de la rubrique. Mais il faut être clair, je n'écris pas tout ce que je pourrais écrire, on ne peut pas à l'intérieur du même groupe. Vous restez à *L'Équipe* en vertu d'un *gentleman's agreement.*» Un autre pilier explique les modalités de cette entente préalable: «Quand je suis entré dans le staff, on m'a dit que je ne devais pas oublier le groupe.» Comme un serment murmuré entre membres d'une confrérie secrète. «Dans ce contexte», la Société des journalistes demande régulièrement à la direction que soit «précisé systématiquement qu'ASO et *L'Équipe* font partie du même groupe –comme le *JDD* le fait pour Lagardère». «Sans problème», a répondu la direction. Mais à ce jour, rien n'est systématisé. Le lecteur mal informé n'est donc toujours pas au courant que son journal préféré fait partie de la même maison que le Tour de France, Paris-Roubaix et le Paris-Dakar !

## CYCLISME, *L'ÉQUIPE*, DOPAGE : LE TRIO INFERNAL

À l'été 1976, Jean Lesieur fait ses premières armes de journaliste à *L'Équipe*. Noël Couëdel l'envoie couvrir un critérium cycliste à Concarneau. Problème, le futur rédacteur en chef du *Point* fait son boulot : dans *L'Équipe* du 15 août, il raconte avec un luxe de détails les arrangements entre pseudo-concurrents... Quelques jours plus tard, le jeune reporter est convoqué dans l'immense bureau Art déco de Jacques Goddet, long comme une piscine olympique. Noël Couëdel est assis à côté du maître. « Monsieur Lesieur, je ne vous connais pas, vous avez publié un excellent papier sur le plan journalistique, mais vous n'en ferez pas deux comme ça dans mon journal », assène le directeur du Tour et de *L'Équipe* sur un ton cassant. Furieux qu'on marche sur les pieds de ses amis organisateurs, Goddet n'était pas mécontent de la leçon infligée au blanc-bec qui lui avait gâché son retour de vacances. Fin politique, Couëdel restera silencieux du début à la fin.

## LE LYRISME DE PIERRE CHANY

« Avec sa puissance d'écriture, la richesse de son vocabulaire, son sens de l'image, sa prescience de la course, Pierre Chany, dans l'histoire du reportage écrit, occupe une place hors norme, qui fait songer à celle de Merckx ou d'Hinault en cyclisme : vraiment, une supériorité manifeste, écrasante, qu'on n'a jamais retrouvée ! », s'enflamme Christophe Penot, encore tout frissonnant au souvenir du jeune homme qu'il fut, enchanté par la première *Année du cyclisme* du maître, reçue en cadeau en 1974. Défenseur infatigable de la mémoire et de l'œuvre de Pierre Chany – 1922-1996 –, cet amateur éclectique de peinture contemporaine et de littérature classique ne se lasse pas d'évoquer l'âge d'or de la presse sportive française, dont le leader de la rubrique cyclisme de *L'Équipe* fut un acteur monumental. Entre cent, une anecdote résume à merveille le personnage. Au début des années cinquante, Pierre Chany couvre Bordeaux-Paris, une course qui avait la particularité de démarrer à minuit. Il avait promis d'envoyer un papier intitulé « Ma nuit parmi les coureurs » à *Ce soir*, le quotidien d'obédience communiste auquel il collaborait. Discrètement, le reporter se glisse dans le peloton et roule avec les cyclistes jusqu'à la capitale. Découvrant le pot aux roses à l'arrivée, Jacques Goddet interpelle Chany en ces termes : « Le directeur de course vous adresse un blâme, le journaliste vous félicite[9]. »

À la suite de quoi, Goddet embauche Chany à *L'Équipe*, où il passera trente-huit ans. Considéré unanimement comme le meilleur spécialiste mondial du cyclisme, l'auteur de *La Fabuleuse Histoire du Tour de France* a côtoyé les plus grands champions de la deuxième moitié du XXe siècle. Avec une préférence marquée pour Jacques Anquetil, dont il fut le barde attitré, célébrant à l'envi les exploits du Normand. Au point que le quintuple vainqueur du Tour de France avait l'habitude de répondre aux journalistes qui le sollicitaient : « Ne me demandez pas de vous raconter ma course. Demandez-le à Pierre Chany. [...] Comme il fait autorité, qu'il est compétent, qu'il me connaît et me comprend, sa version sera meilleure que la mienne et deviendra la mienne[10]. » Chany est tellement proche de son sujet qu'il s'offusque d'un article de Marchand se faisant l'écho de l'influence négative du clan Anquetil sur le peloton, ainsi que de rumeurs de dopage. « J'avais été l'objet d'une discrète pression que certains proches, parmi lesquels mon collègue Pierre Chany, n'étaient pas les derniers à m'imposer », témoigne l'ancien patron du cyclisme à *L'Équipe*[11].

Le « Saint-Simon du règne du roi Jacques », dixit Jacques Marchand, saluera à sa juste démesure l'exploit du 30 mai 1965. Ce jour-là, Anquetil gagne Bordeaux-Paris, quelques heures seulement après avoir franchi en vainqueur la ligne d'arrivée du Critérium du *Dauphiné libéré*. Du jamais vu. Les superlatifs pleuvent à la une des journaux. « Anquetil entre dans la légende », titre *L'Équipe* du lendemain. Pierre Chany n'est pas en reste. « Après vingt-quatre heures d'un vol spatial très agité, le cosmonaute Jacques Anquetil s'est posé sur la piste du Parc des Princes, déborde-t-il de joie. Les médecins chargés de l'examiner l'ont déclaré en excellente santé. Il participera aujourd'hui à une épreuve cycliste du côté de Maubeuge. »

Deux ans plus tard, Jacques Anquetil reconnaîtra à demi-mot s'être dopé pour réaliser l'impossible. Indifférent au qu'en-dira-t-on, le meilleur coureur français des années soixante veut en finir avec l'hypocrisie qui entoure les pratiques dopantes. Le sachant, Pierre Chany présente Anquetil à son ami Jean Marvier, journaliste à *France Dimanche*. Nous sommes en 1967. « Attention ! Jacques va beaucoup t'en dire avec sa franchise habituelle. Il faudra que tu tries… » Chany prévient ensuite Anquetil : « Attention ! il ne connaît pas le vélo comme moi. Il n'est pas du milieu. Alors, méfie-toi [12] ! » Comme si toutes les vérités n'étaient pas bonnes à imprimer. Mais Anquetil le rebelle n'en fait qu'à sa tête et balance ce qu'il a sur le cœur : « Je me dope parce que tout le monde se dope, balance-t-il à Marvier, tout content de relayer mot à mot cette sulfureuse confession. Bien souvent je me suis fait des piqûres et si, maintenant, on veut m'accuser de me doper, ce n'est pas bien difficile, il suffit de regarder mes fesses et mes cuisses, ce sont de véritables écumoires. » Pourtant, plus de quarante ans après son fait d'armes de contrebande, le quotidien sportif continue de dérouler imperturbablement les pages en couleurs de son imagier. En novembre 2007, *L'Équipe légendes* rend hommage au champion, vingt ans après sa disparition. 98 pages d'hagiographie sans nuance, et à peine quelques lignes sur le dopage. Sous la plume de Philippe Brunel, l'héritier de Pierre Chany – deux fois lauréat du prix éponyme –, le Bordeaux-Paris de 1965 reste « l'un des exploits les plus audacieux de l'histoire du cyclisme ». Pourquoi pas ? Naturellement, le dopage n'explique pas tout. Anquetil possédait indéniablement un talent hors norme. Mais le journaliste aurait pu simplement mettre un léger bémol à sa description par trop flatteuse. Et signaler l'écrasante responsabilité d'un Jacques Goddet « pousse-au-crime », metteur en scène d'un défi aux limites de la résistance humaine. « Le dopage n'est pas le seul fait des coureurs. Historiquement, les organisateurs ont leur part d'ombre, je le dis d'autant plus facilement que j'étais l'assistant de Jacques Goddet sur le célèbre Bordeaux-Paris de 1965, assène Jacques Marchand sans détour. J'ai même pris le relais de Goddet pendant la nuit. » Jacques Goddet dont l'intérêt était double dans l'affaire, comme directeur de l'épreuve et comme patron du journal *L'Équipe*. Quant à Philippe Bouvet, il ressort, dans le même numéro, l'alibi mille fois remâché par Raphaël Geminiani, le directeur sportif d'Anquetil. Voyant faiblir son champion au petit matin, il apostrophe rudement son pur-sang, réduit à l'état de carne en phase terminale : « Gonzesse... », « danseur de tango... », « je te croyais un homme ». « Manifestement, “Gem” a su trouver les mots », relate le journaliste, Prix Pierre-Chany lui aussi. Une bordée d'injures et le moteur grippé d'Anquetil redémarre en trombe. Évidemment, c'est plus rigolo et folklo que d'écrire : « Une pastille dans le gosier et ça repart ! » Encore que.

## JPDM, LA MAUVAISE CONSCIENCE

Empêcheur de mystifier en rond, Jean-Pierre de Mondenard conserve un dossier épais comme l'annuaire téléphonique de Paris sur ses relations tumultueuses avec *L'Équipe*. Qu'il approvisionne régulièrement. Ce médecin du sport en impose. Grand sec de 1,90 m, sans un pet de graisse, le docteur respire la bonne hygiène de vie. « Je fais 15 000 km de vélo par an[13] », dit-il fièrement. Mondenard traque sans répit les impostures du dopage depuis plus de trente ans. D'abord comme médecin fédéral dans les Pyrénées, puis comme médecin du contrôle sur les épreuves de la Société du Tour de France. C'est là que, pour la première fois, il se coltine la réalité du *doping*. Le coup est rude. À Nice, pendant une journée de repos du Tour 1975, Félix Lévitan, codirecteur du Tour de France, lui lance cet avertissement: «Il y a des vérités qui ne sont pas bonnes à dire.» Comme celles que Mondenard lâche à l'antenne de *France Inter*: «Le dopage est hyper répandu, et les équipiers se chargent à fond.» Félix Lévitan se méfie de ce jeune médecin zélé, peu enclin aux compromis et encore moins aux compromissions. Le 29 septembre de l'année précédente, Mondenard dressait un constat de carence fatal à Gerben Karstens, vainqueur de Tours-Versailles. L'indiscipliné néerlandais refusait de faire pipi dans le flacon, après que le médecin eut découvert une poire d'urine propre dissimulée sous son dossard. Le contrôle positif de Karstens fait scandale. Le dimanche suivant, le médecin est chargé du contrôle et de la course pendant le Grand Prix des nations. Mais quand il arrive à Angers, Albert Bouvet, le père du journaliste de *L'Équipe* Philippe Bouvet, et l'un des adjoints de Lévitan, lui dit: «Tu ne fais pas la course, tu t'occupes juste du contrôle.» «À partir de là, le fil est cassé, relate JPDM. Il va s'effilocher progressivement jusqu'à ce que je plie boutique en mars 1976. Le discours à l'intérieur était laxiste, le milieu tout entier n'était pas contre et beaucoup étaient même favorables au dopage.»

Rejeté par le milieu du cyclisme, Mondenard se spécialise dans la dénonciation du dopage et lance un cri d'alarme très partiellement entendu. «Oui, le dopage tue!» (*L'Aurore*, 2 janvier 1978) et «En trois ans, 17 coureurs cyclistes sont morts de crise cardiaque» (*Le Quotidien du médecin*, 31 juillet 1979), écrit-il notamment dans ces années-là. Plus de 600 articles suivront, dans 326 journaux et revues différents, dont *Le Figaro*, *Le Point*, *L'Express*, sans oublier deux ouvrages majeurs, *Dopage, l'imposture des performances*[14] et surtout son roboratif *Dictionnaire du dopage*[15], la bible des professionnels du sport. Parallèlement, il collecte toutes les données disponibles sur la question. Transformé en bibliothèque du sous-sol aux combles, son pavillon de Chennevières, en banlieue parisienne, où il vit et consulte, croule sous des milliers de dossiers méthodiquement classés.

Mondenard collabore aussi à *L'Équipe* et au mensuel *Vélo*, dont il est viré par le rédacteur en chef, Noël Couëdel, en janvier 1979, sous la pression d'un laboratoire pharmaceutique français. Cet annonceur du journal accuse sans preuve Mondenard d'avoir touché de l'argent d'un autre labo pour parler d'un produit concurrent, au détriment du sien. Le médecin affirme « qu'il y avait des raisons liées à sa composition – sels minéraux... – qui faisaient que je n'étais pas favorable à cette boisson énergétique ». Si Mondenard n'appose plus sa signature sur les publications du groupe, il est régulièrement contacté pour des interviews par des journalistes de *L'Équipe*, auquel il répond « sans problème ». Jusqu'au procès de Laon, en octobre 1987, où sont jugés des coureurs impliqués dans un trafic de produits dopants. Un ancien coureur amateur accuse Mondenard de prescrire du Tonédron –une amphétamine– aux cyclistes de 1re catégorie. Des propos retranscrits sans vérification préalable par Claude Droussent, dans *Le Sport* et Guy Roger dans *L'Équipe. Le Sport* publie ce droit de réponse du docteur de Mondenard le 21 octobre 1987 : « Je n'ai jamais prescrit à qui que ce soit du Tonédron ou du Tonédron-aspirine. Le Tonédron-aspirine a été retiré de la vente en pharmacie à la date du 25 juillet 1974. Je suis connu dans tous les milieux sportifs comme étant un défenseur intransigeant de la lutte contre le dopage. Ceci explique peut-être cela ! » JPDM intente dans la foulée un procès en diffamation aux deux journaux. Xavier Couture, directeur du *Sport* et Daniel Pautrat, journaliste à TF1, actionnaire du journal, interviennent pour lui faire retirer sa plainte. En vain. Claude Droussent et René Tézé, le P-DG du titre, qui entre-temps a cessé de paraître –*voir le chapitre « Pas de pitié pour la concurrence »*– sont condamnés solidairement à payer une amende de 25 000 francs –3 750 euros d'aujourd'hui, une somme rondelette à l'époque–, plus les coûts d'insertion de la publication du jugement dans trois journaux. Un souvenir cuisant pour le futur directeur des rédactions de *L'Équipe*. « Mondenard m'a fait condamner à titre personnel, tenant à ce que le procès ait lieu, alors qu'il avait en face de lui un journaliste au chômage », commente Droussent avec amertume.

« Tricard » à *L'Équipe* depuis cette période, selon sa formule, JPDM est victime de représailles sémantiques assez originales. Déjà, le 17 février 1977, dans un article intitulé « Débat autour de la préparation biologique », le Dr de Mondenard était évincé par un mystérieux Dr Mardenard. En décembre 1981, son nom est estropié à trois reprises dans une page de pub de *Vélo* pour des ouvrages prétendument signés : Dr de Houdouard, Dr de Moulenard et Dr de Moudenard. Par chance, Moulinsart avait déjà servi, sinon… ! Bouquet final, le 7 septembre 1998 : le programme télé de *L'Équipe* mentionne l'émission de Canal Plus, « Nulle part ailleurs » sur le dopage et l'affaire Festina, à laquelle participent Jean-Marie Leblanc et Jean-Pierre de Mondenard. Cette fois, et contrairement aux autres journaux, le texte de présentation « oublie » le docteur. « Invités : Jean-Marie Leblanc, directeur du Tour de France. » De l'art de réinventer le pluriel de majesté. Conclusion de l'intéressé : « Je vous laisse le soin de juger le niveau mental de ces gens-là ! » Car rien n'échappe au regard affûté et à l'instinct d'écureuil de JPDM, qui garde absolument TOUT. Y compris les télégrammes de journalistes de *L'Équipe* qui le sollicitaient « jusqu'en 1978 » : Thierry Bretagne, le 25 juillet 1978, avis d'appel téléphonique. « Peux-tu m'appeler d'urgence à *L'Équipe* ou chez moi. Amitié. Patrick Chapuis. » « Ai essayé de te joindre pour affaire Pollentier peux-tu m'appeler en PCV lundi ou mardi matin. Merci. Amitiés. Guy Sitruk. »

Les jugements de « ces gens-là » sur JPDM oscillent entre dédain et franche hostilité. « Jean-Pierre de Mondenard est un remarquable archiviste des affaires de dopage, c'est son fonds de commerce », selon Claude Droussent. « Ce médecin prétendument spécialiste du dopage qui aligne les ouvrages et les chroniques sur le sujet me paraît plutôt n'être qu'un statisticien professionnel des cas de dopage », renchérit Jean-Marie Leblanc dans *Le Tour de ma vie*[16]. Habillé pour les quatre saisons, le docteur « figure pourtant sur le carnet d'adresses des journalistes et accourt dispenser [son] nihilisme à la première sollicitation sur les ondes et les écrans », toujours selon « JML ». « À ses débuts, les militants antidopage étaient présentés comme des "tue l'amour". Je ne l'appelle jamais, *L'Équipe* a un consultant. Michel Audran est meilleur que lui sur le dopage sanguin », conclut Damien Ressiot.

Reste que lors des audiences du procès Festina, le juge Daniel Delegrove brandit devant le président de l'UCI, l'article du *Figaro* de JPDM sur l'EPO[17]. Et non le papier de Brunel, journaliste au seul quotidien national sportif français. Contrairement à leurs assertions à la barre du TGI de Lille, Hein Verbruggen et la Société du Tour de France ne pouvaient donc pas ignorer que le dopage sanguin gangrénait les pelotons depuis le tout début des années quatre-vingt-dix. Bien avant l'arrestation de Willy Voet à la frontière belge.

## DES HABITUDES QUI ONT LA VIE DURE

Avant la prise de conscience de Pierre Ballester, défricheur de terrain miné, *L'Équipe* subit les événements, et court derrière comme un canard sans tête. Le 12 juillet 1967, Tom Simpson s'effondre sur les pentes du mont Ventoux, foudroyé par un cocktail explosif d'efforts surhumains, de chaleur et d'amphétamines. Il ne s'en relèvera pas. En octobre, Jacques Marchand lance une enquête poussée « pour analyser les causes du mal et rechercher des remèdes ». Le chef de la rubrique cyclisme émet un certain nombre de propositions, parmi lesquelles la réduction du Tour de France de trois à deux semaines. Cette « suggestion tellement insupportable pour l'économie du Tour et jugée perfide, sans doute à raison, n'a pas servi ma propre carrière, au contraire : elle m'a valu quelques ennuis avec les plus hautes autorités du groupe, c'est-à-dire avec Émilien Amaury en personne », explique-t-il dans *Vélodrame*[18]. Propositions, suggestions, on débat sur le problème en général. Mais pas question de cibler des cas individuels. Les journalistes sont encore trop proches des coureurs. On l'a vu, Pierre Chany aiguille Anquetil vers *France Dimanche*, plutôt que de faire lui-même le sale boulot. À *L'Équipe* la légende, à la presse de caniveau le dopage. Les méthodes de ce que l'on appellera plus tard l'investigation journalistique n'ont pas encore droit de cité dans la presse, et *L'Équipe* ne fait pas exception.

À partir de la décennie suivante, le journalisme de témoignage prend timidement le relais de l'analyse de bureau. En octobre 1976, Noël Couëdel révèle l'affaire du courrier de Dax. Un médecin du contrôle antidopage, le docteur Bourreau, avoue avoir jeté dans les égouts les flacons d'urine de deux coureurs, sous leur aimable pression. Félix Lévitan réclame toutes affaires cessantes la tenue d'une « table ronde » sur la question. Durant l'hiver 1978, Bernard Thévenet, double vainqueur du Tour de France, cloué sur un lit d'hôpital, avoue à Pierre Chany : « J'ai été dopé à la cortisone pendant trois ans, c'est pour cela que je ne suis plus en état de remonter sur une bicyclette. » Deux scoops en vingt ans. C'est mieux que rien ! « Peut-être que *L'Équipe* n'a pas fait assez sur le dopage dans les années quatre-vingt », admet un rédacteur en chef sous le couvert de l'anonymat. Certes, *L'Équipe* absout moins les coureurs, fussent-ils champions, que par le passé. La défense de Laurent Fignon, contrôlé positif le 28 mai 1987, après son triomphe sur le Grand Prix de Wallonie, laisse perplexe Jean-Marie Leblanc. Le directeur sportif du vainqueur des Grandes Boucles 1983 et 1984, Cyrille Guimard, soutient qu'une tierce personne a introduit des amphétamines dans les échantillons contrôlés ou dans un bidon de Fignon. « Ça n'arrive même pas une fois toutes les années bissextiles[19]… », ironise Leblanc.

En juillet 1988, Jacques Goddet inspire son premier et dernier scoop sur le dopage. Le retraité de *L'Équipe* et du

Tour de France glisse à l'oreille de son compère Jacques Chancel, animateur de l'émission « Face au Tour » sur Antenne 2, que le maillot jaune Pedro Delgado a été contrôlé positif. Chancel refile la patate chaude à Patrick Chêne, ancien journaliste à *L'Équipe*, qui la balance à l'antenne. L'Espagnol sera tout de même couronné sur les Champs-Élysées. Au motif douteux que le produit pour lequel il a été contrôlé n'était pas sur la liste noire de l'Union cycliste internationale. « J'ai honte », clame Jean-Pierre Courcol, le successeur de Goddet à la direction du Tour, auteur de son seul et unique papier dans *L'Équipe*. Une fois retiré des affaires, Goddet, qui n'avait pas digéré sa mise sur la touche, prenait le temps de donner des tuyaux à des amis journalistes. Du temps de sa splendeur, le pape du sport français n'avait pas toujours le même réflexe.

Le 10 avril 1989 à 22 heures 10, Antenne 2 diffuse une enquête fouillée sur le dopage. L'audience est bonne, la réaction de la famille du vélo mitigée. Le lendemain, *L'Équipe* tire à boulets rouges sur les auteurs du brûlot, Dominique Le Glou et Alain Vernon : « Tous les coureurs étaient contre moi, des confrères de *L'Équipe* m'ont pris pour un naze, un photographe hollandais m'a filé une baffe, témoigne Alain Vernon, qui ne se lasse pas de raconter cette vieille et bonne histoire d'ancien combattant. Un coureur danois m'a traité de casse-couilles et un spectateur m'a filé une baffe sur le casque de moto [20]. » Une vraie tête à claques, ce Vernon.

## L'EPO, NOUVELLE POTION MAGIQUE

Après la publication des premiers papiers de Mondenard et Brunel sur l'EPO en 1990, la rédaction de *L'Équipe* ouvre un œil, qu'elle referme presque aussitôt. Avant de le rouvrir brusquement quatre ans plus tard. Moreno Argentin, Giorgio Furlan et Evgeni Berzin réveillent en sursaut la rubrique cyclisme. Un, deux, trois. Les équipiers de Gewiss viennent de rafler les trois premières places de la prestigieuse Flèche wallonne. « Ce fut une apparition surréaliste, note Jean-Michel Rouet. [...] Mais on mentirait en affirmant que la démonstration déclencha un grand mouvement d'enthousiasme, accentuant plutôt le trouble ou l'abattement que provoque selon les sensibilités la supériorité du cyclisme italien qui, invaincu depuis 1990 dans la Flèche wallonne, classa finalement huit coureurs parmi les dix premiers et onze parmi les quatorze premiers. [...] Vraiment irréel[21]. » Invaincu depuis l'identification du phénomène EPO. Histoire d'en avoir le cœur net, Rouet rend visite au médecin de l'équipe, Michele Ferrari.

« Parlons de l'EPO. Vos coureurs en utilisent-ils ?

–Je ne prescris pas cette chose-là. Mais l'EPO est en vente libre en Suisse par exemple sans ordonnance, et si un coureur s'en sert, cela ne me scandalise pas. L'EPO ne modifie pas fondamentalement le rendement du coureur.

– En tous les cas, c'est dangereux ! Une dizaine de coureurs néerlandais en seraient morts il y a quelques années.

– L'EPO n'est pas dangereux, c'est son abus qui l'est. Il est aussi dangereux de boire 10 litres de jus d'orange. »

Ferrari dit aussi : « Si j'étais coureur et que je savais qu'il existait un produit non décelable capable d'augmenter la performance, je l'utiliserais[22]. » Et pour cause : l'EPO peut accroître le rendement d'un coureur de 10 à 30 % !

Pas de quoi démoraliser Gilles Comte. Le journaliste de *Vélo Magazine* a bien observé l'outrageuse domination des Italiens, dont il donne une interprétation toute personnelle : « Réussir, c'est donc d'abord former un état d'esprit. Ensuite, on se "contente" souvent d'appliquer des théories développées par le professeur Conconi à l'époque du record de l'heure de Moser, affinées au fil des années et des expériences sur la route. [...] Selon le directeur sportif de Mapei, Patrick Lefévère, "les traditions entrent aussi en ligne de compte : les athlètes italiens présentent un... taux de graisse de trois à cinq fois inférieur à celui des Belges, uniquement parce qu'ils ont une cuisine à base de pâtes et d'huile d'olive, faite pour le sport !..." Si après tout ça on considère encore la supériorité du cyclisme transalpin comme une fatalité[23]... » Ah ! la pasta... Francesco Conconi, auquel Comte fait allusion, était le professeur de Ferrari. C'est à lui et à son ancien élève que l'on doit le développement de l'EPO en Italie. Moser avouera du reste avoir eu recours au dopage sanguin durant sa carrière. De forts soupçons pesaient sur Conconi dès le milieu des années quatre-vingt-dix. Moyennant quoi, l'UCI lui demandera d'élaborer un test de dépistage de l'EPO ! Un protocole sans cesse différé, qu'il ne mènera jamais à son terme. Cette odeur de souffre n'empêche pas Philippe Brunel, le plus italien des journalistes de *L'Équipe*, de converser paisiblement avec le vénérable *professore*.

« Certains médecins font-il commerce de l'EPO ? interroge le journaliste.

– J'en doute. Ça ne se trouve qu'en pharmacie. » Brunel n'importune pas davantage le *dottore*. « Le Pr Conconi a toujours privilégié ses recherches plutôt que le commerce de son savoir », dixit la légende photo. Cet article est paru dans *L'Équipe Magazine* du 12 octobre 1996, soit plus de deux ans après le hold-up des Gewiss. « Brunel est un complice du mythe », accuse le docteur de Mondernard.

Souvent déformée, la phrase culte sur le jus d'orange est devenue le symbole du cynisme des années quatre-vingt-dix. Le dopage n'est plus seulement une béquille qui permet d'enchaîner les efforts. Désormais, l'EPO change la physionomie des courses. Pourtant, *L'Équipe* n'enchaîne pas, elle. Pas de grande enquête sur le niveau d'imprégnation du peloton par la nouvelle molécule. Indurain va bientôt gagner son quatrième, puis cinquième Tour de France. Un parfait inconnu, Bjarne Riis, lui succèdera l'année suivante.

La routine. « Un champion c'est ça ! », exulte la une de *L'Équipe* du 17 juillet 1996. Surgi de nulle part, l'homme venu du froid enfonce Indurain, qui semblait déjà venir d'une autre planète. *L'Équipe* avait les moyens de savoir que ces performances étaient sujettes à caution. Elle sait aussi que le Tour de France est la poule aux œufs d'or du groupe Amaury. Entre le cœur et la raison, le choix est vite fait. Bjarne Riis avouera, en mai 2007, s'être dopé à l'EPO pendant sa carrière.

## JOURNAL CHERCHE CRÉDIBILITÉ

Le journal attend que le ciel lui tombe sur la tête pour réagir. Ou que les autorités donnent leur feu vert. Alors, les journalistes de *L'Équipe* se lèvent et pourchassent, tête baissée, le chiffon rouge que l'on agite sous leur nez. Le 23 octobre 1996, la Ligue du cyclisme professionnel, la Fédération française de cyclisme et Jean-Marie Leblanc, au nom d'Amaury sport organisation, rendent public un courrier adressé au ministre français des Sports, Guy Drut, et au président de l'UCI. Les dirigeants du cyclisme français estiment nécessaire de rendre toute leur crédibilité aux contrôles antidopage afin, disent-ils, « d'arrêter le développement des pratiques interdites qui représentent des risques pour la santé des athlètes et d'éviter la suspicion sur toute performance sportive et sur tout athlète». Mieux vaut tard que jamais, la rubrique cyclisme sort enfin de sa torpeur et publie, du 14 au 17 janvier 1997, «le terrible dossier», une excellente enquête en quatre volets sur les ravages de l'EPO. *L'Équipe* révèle «jusqu'où a pu aller cette course à l'armement, au travers des confessions de médecins, de coureurs, comme d'un rapport d'un haut dirigeant italien, Sandro Donati, qui a recueilli un grand nombre de témoignages pour conclure à l'utilisation systématisée dans le peloton, et pour ainsi dire scientifique, de substances interdites et redoutables, de l'EPO aux hormones de croissance, en passant entre autres… par les anabolisants[24]».

Jérôme Bureau se vantera d'avoir impulsé ce dossier, qu'il brandira comme un étendard chaque fois que quelqu'un osera mettre doute son entrain à dénoncer le dopage: «Nous avons été parmi les premiers à évoquer l'apparition de l'EPO, en 1997, explique-t-il à *Libération* en novembre 2002, alors qu'il fait campagne pour succéder à Paul Roussel à la tête du quotidien. Mais attention à ne pas salir le sport. *L'Équipe* doit continuer à exalter le champion[25].»

Le chef a été entendu. De ce point de vue, le Tour de France 1997 est une caricature des travers consubstantiels à *L'Équipe*. La domination des Festina rappelle furieusement celle des Gewiss. La réaction indignée en moins, comme le souligne Jean-Marie Leblanc, à l'heure de faire les comptes du grand déballage de l'affaire Festina : « La presse française qui était tombée à bras raccourcis –des sous-entendus, mais quand même– sur l'équipe Gewiss au lendemain de son tiercé gagnant dans la Flèche wallonne 1994, était alors restée curieusement discrète[26]… » La palme du délire revient à Gérard Ejnès, que l'on avait quitté fâché avec Aimé Jacquet. Son portrait de « Virenque, le demi-dieu », aurait mérité le prix Pierre-Chany avec félicitations du jury. « Guerrier de toutes les bonnes causes, surtout celles qui semblent perdues, Richard Virenque est heureusement un exemple, la valeur refuge de tous ceux qui pensent que l'utopie n'est pas un fantasme mais l'unique manière de faire avancer le monde, de bouleverser les évidences et à l'occasion de renverser les dictatures qu'elles soient naissantes ou bien établie[27] », s'exalte-t-il, touché par la Virenquemania. Richard « Cœur de Lion », « moderne chevalier Bayard » comme il dit, ça a quand même une autre gueule que Mémé le prolo qui sait pas causer dans le poste ! Gérard Ejnès ou les affres du journalisme de sport à *L'Équipe*. Mourir d'aimer Virenque…

Dans le genre hypocrite, le Tour de France 2007 vaut au moins un deuxième prix avec accessit. Une semaine avant le départ du Tour, Philippe Le Gars décroche un scoop magnifique. Alexandre Vinokourov, prétendant numéro un au défilé victorieux sur les Champs-Élysées, avoue recourir aux services du docteur Michele Ferrari, condamné en octobre 2004 à un an de prison avec sursis et à 900 euros d'amende pour fraude sportive et exercice abusif de la profession de pharmacien. On le sait, Ferrari est le médecin des grands dopés, Lance Armstrong a été son client. Voilà pourquoi le président de l'Union cycliste internationale, Pat McQuaid, décrète dans *Le Journal du dimanche*: « Si Vinokourov venait à remporter le Tour, sa victoire serait moins crédible[28]. » Moribond après une chute sévère, le Kazakh gagne tout de même deux étapes. De quoi susciter une certaine circonspection ? Même pas. Comme par un réflexe pavlovien, *L'Équipe* magnifie « Vino courage[29] », en une bien sûr. « J'inspire le respect », explique-t-il sans rire à Philippe Le Gars, son suiveur attitré. Les questions sont à la hauteur de la manchette : « Votre patriotisme a-t-il joué un rôle dans votre entêtement ? » « Votre chute semble vous avoir métamorphosé ? » Le lendemain, « Vino tricheur » est déclaré positif aux transfusions homologues – sang d'un donneur compatible. « *In vino veritas* », titre finement *L'Équipe*. « L'erreur était d'autant plus grossière que depuis l'affaire Landis, le message était passé de ne plus s'enflammer, confie un rubricard de la rubrique cyclisme. Vino était survendu par Le Gars depuis des années, l'aveuglement a été général. »

Vingt-quatre heures après une grosse défaillance qui lui a fait perdre 8 minutes au classement général, Floyd Landis remporte haut la main l'étape de Morzine. « Landis est grand», titre *L'Équipe* le 21 juillet 2006. «Le cri de Floyd Landis, quand il franchit la ligne d'arrivée, est un cri de rage, écrit Dominique Issartel. Il vient de parcourir 130 kilomètres seul. [...] Il a fait tout ça comme s'il s'agissait d'un monstrueux contre-la-montre, sans l'aide des quelques échappés qu'il doublait en route.» Coulé dans le marbre de la Constitution française, le principe de précaution entre à reculons à *L'Équipe*. «On a béatifié Landis, c'était le retour du cyclisme à l'ancienne, comme au temps où on s'agenouillait devant Merckx», remarque Christian Montaignac.

Si la rédaction de *L'Équipe* était moins obnubilée par les champions à l'ancienne, elle prendrait plus souvent conseil auprès des spécialistes de la performance en cyclisme. Un métier en devenir. Consultant pour *Vélo magazine*, Frédéric Grappe utilise un modèle de mesure indirecte de la performance –autrement dit la puissance développée exprimée en watts–, validé scientifiquement il y a une dizaine d'années. Il dégage cinq niveaux de performance: médiocre, moyen, élevé, très élevé, et exceptionnel/hors limite. À l'instigation du reporter de la rubrique cyclisme Jérémy Arbona, Grappe a analysé scientifiquement les exploits des champions du Tour 2007 dans les colonnes de *L'Équipe*. Une première dans l'histoire du journal. Ses conclusions sont très instructives. À l'issue de la

Grande Boucle, il juge les performances en montagne du vainqueur Alberto Contador, « exceptionnelles, c'est-à-dire équivalentes à celles réalisées il y a quelques années par des coureurs convaincus de dopage par la suite[30] ». Grappe a fait un petit tour et puis s'en est allé. Pas de mesure objective des prouesses des coureurs sur le Tour 2008.

Antoine Vayer, l'autre grand spécialiste de la performance, doit jubiler. Son confrère et concurrent n'est pas près de lui chiper sa place d'expert anti-Tour le plus médiatique de France. Après *L'Humanité* et *Le Monde*, il chronique depuis quelques années dans *Libération*, où il conchie à tour de bras l'hypocrisie de la « *Pravda* du sport », qui, grince-t-il, « se met soudain à s'approprier les calculs de puissance que nous vous proposons depuis des années dans *Libération* pour dénoncer en watts ce qu'il vend en potins sur six pages journalières[31] ». « Balayez devant votre porte », lui répondent les journalistes de *L'Équipe*, qui lui reprochent d'avoir gardé le silence lorsqu'il était entraîneur de l'équipe Festina. Précisons que Vayer n'était en rien impliqué dans le trafic de dopage en vigueur dans la formation andorrane.

## ARRÊTER LE TOUR, N'Y PENSEZ PAS !

« Il faut arrêter ce Tour. » L'éditorial du 25 juillet 1998 ressemble à une oraison funèbre, sans fleurs ni couronnes. L'affaire Festina a inoculé son poison destructeur. Michel Dalloni, l'ex-directeur de la rédaction de *L'Équipe*, a bien réfléchi. C'est le moment. Il a écrit et réécrit son texte. Il fallait le publier. Maintenant ou jamais. « Le Tour de France 1998 est fini, constate-t-il sobrement. À vrai dire, il n'a jamais commencé. [...] Pour avoir nommé un ancien coureur cycliste à la tête de l'organisation de la course, Jean-Marie Leblanc, pour posséder le seul quotidien sportif français, *L'Équipe*, pour compter au rang de ses administrateurs un membre éminent du Comité international olympique, Jean-Claude Killy, le groupe propriétaire du Tour de France n'ignore rien des mœurs étranges du peloton et des terribles effets du dopage. À lui d'empêcher le naufrage de cette épreuve dont il a fait l'exemple du cyclisme, de sauver et de relancer sur de bonnes bases cette compétition prestigieuse entre toutes. [...] Alors, pour une fois, le spectacle ne doit pas continuer. Le peloton doit mettre pied à terre et procéder à un examen de conscience. La police et la justice doivent travailler à l'abri de toutes les pressions. Les organisateurs, les responsables fédéraux, les autorités médicales et les pouvoirs publics doivent ouvrir le débat qu'ils ont refusé pendant des années par peur ou par intérêt. » Michel Dalloni aurait-il été frappé d'insolation ?

Non, simplement, en 1998, il ne travaillait pas encore à *L'Équipe.* Il était chef de la rubrique sports du journal *Le Monde.* Ceci expliquerait-il cela ? Lors de son passage au quotidien sportif de 2003 à 2008, Dalloni a toujours veillé à sortir tête couverte. Ayant miraculeusement recouvré la raison, le Bossuet du cyclisme ne se fendra plus d'aucun édito insolent. Le spectacle doit continuer. Tel est le nouveau credo de Dalloni 2, identique en tous points au sermon de Jérôme Bureau, choqué par la mauvaise foi du mécréant Dalloni 1 : « Non, il ne faut surtout pas arrêter le Tour, répliquait Jérôme le pieux. Cela serait la pire des solutions. Qui ne ferait qu'aggraver le mal au lieu de l'affronter et d'essayer, dans les mois qui viennent, de le guérir. [...] Et si, il y a dix-huit mois, nous avons ouvert dans *L'Équipe* ce "terrible dossier" et porté à la connaissance du public les ravages de cette vacherie d'EPO, c'était pour qu'on sorte de l'hypocrisie générale dans laquelle le sport s'enfonçait. [...] Arrêter le Tour ? Et pourquoi pas arrêter les Jeux ? Et la Coupe du monde de foot ? Et les meetings d'athlé ? Et tout le reste [32] ? » L'esprit de groupe chevillé au corps, Jérôme Bureau a su donner de sa personne au moment opportun. Seule voix discordante au sein de la rédaction, Christian Montaignac, qui se prononce en faveur de l'arrêt du Tour, au micro de France Inter. « Quelques jours avant l'édito du *Monde*», précise le Montpelliérain. Ayant eu vent de cette prise de position hétérodoxe, Jérôme Bureau essaie de raisonner le chroniqueur le plus en vue du journal. « Dans son esprit, attaquer le Tour de France revenait à attaquer le cyclisme et *L'Équipe*, une opinion légitimiste que je ne partageais pas, explique Montaignac. Pour ma part, je n'aimais pas qu'on s'acharne sur Festina, comme s'ils étaient seuls coupables. »

À l'unisson de son ancien disciple, Noël Couëdel, passé de la direction de la rédaction de *L'Équipe* au *Parisien* –et inversement–, autre glorieux rejeton d'Amaury: « Il faut naturellement que le Tour de France aille au bout de sa route et gagne Paris, serine-t-il. Comme d'habitude, comme prévu. [...] On n'abandonne comme cela le Tour, et le Tour, lui, n'abandonne pas. [...] Rien ne doit s'arrêter : ni le Tour, ni la justice. Cela s'appelle tout simplement de l'honnêteté et, peut-être, du courage[33]. » Un avis partagé à 100 % par Jean-Marie Leblanc : « Le Tour doit aller à Paris[34]. »

## LE PARADIS PERDU

Que reste-t-il des amours contrariées de la presse et du cycle ? Le souvenir d'un bonheur enfui. Un paradis perdu. « Je suis vraiment convaincu que le vélo n'a pas besoin de dopage, le vélo est romantique », déclame Christian

Prudhomme dans un élan de lyrisme contrôlé. Le directeur du Tour de France fait son beau métier de marchand de rêves. Il en écrit les paroles, mises en musique par *L'Équipe*.

Philippe Brunel n'aime pas son époque. Trop de dopage, trop de commerce, pas assez d'épopée. Nimbés d'un halo mélancolique, les articles du Chany du XXIe siècle sont reconnaissables entre tous. « Il a fait de la nostalgie son commerce », juge sévèrement un ancien collègue, peu versé dans le romantisme. Eddy Merckx est son idole. Héros d'un temps béni où l'on ne glosait pas sur la « traçabilité » des performances. Le 12 mars 2007, le leader de *L'Équipe*, qui conserve religieusement un maillot rose et un maillot jaune offerts par le « cannibale », interviewe une nouvelle fois le plus beau palmarès du cyclisme :

« Depuis l'affaire Festina, certains journaux aiment à revisiter l'histoire de votre sport, à proclamer la fin du mythe…

– C'est dans cet esprit, je crois, que le *Het Laatstste Nieuws* s'en est pris à ma personne. Sur les conseils de mes enfants, je les ai donc assignés en justice, sans bien comprendre leur démarche. S'ils voulaient s'en prendre au coureur que j'étais, ils n'avaient pas besoin d'aller jusque-là puisque je me suis retrouvé impliqué, lors de ma carrière, dans trois affaires de dopage. »

Quand on revisite l'histoire des géants de la route, on s'aperçoit que tous se sont peu ou prou adonnés au doping. À commencer par Fausto Coppi, le plus romantique des *campionissimo*, cher au cœur de Brunel « l'Italien ». « Celui qui a fait pénétrer le dopage de façon quasi généralisée, c'est Fausto Coppi, analyse Jean-Pierre de Mondenard. Le 7 novembre 1942, il bat le record de l'heure de Maurice Archambault de 31 mètres sur la piste de Milan. Il avait pris 7 comprimés d'amphétamines. Un journaliste de *La Gazzetta* l'a raconté dans un livre. Coppi va l'avouer en 1952 à la RAI, cette confession a été diffusée plusieurs fois. Dans cette interview, Coppi affirme que ceux qui nient prendre la *bomba*[35] sont des hypocrites. « Et vous, lui demande le journaliste, vous la prenez ? » Réponse : « Chaque fois que nécessaire, chaque fois que je cours. » Lui vivait avec une infirmière, Anquetil avec l'ex-femme de son médecin. Ils auraient été tout de même de bons coureurs mais pour récidiver aussi fréquemment, ils avaient besoin de la *bomba*. Coppi a révolutionné le dopage. »

Le cyclisme, c'était vraiment mieux avant ?

## LES SECRETS DE JALABERT

« Parle-nous Jaja, parle-nous ! » Le 7 juillet 2007, jour de départ du Tour de France de Londres, l'éditorial de *L'Équipe Magazine* jette un joli pavé dans la mare. Jean-Philippe Leclaire invite ironiquement le Français, quadruple numéro un mondial UCI (1995, 1996, 1997, 1999), à passer aux aveux: « Laurent Jalabert s'est imposé en quelques années comme l'un des meilleurs consultants de la télé française tous sports confondus, écrit le rédacteur en chef du magazine. Reste que son expertise ne répond pas à toutes les questions. Évoquez le dopage, et la moto de Jaja semble avoir des ratés. Panne de micro, interruption de l'image. » Sans agressivité, avec une dose subtile d'humour et d'irrévérence, Leclaire brise un tabou. « Alors parle-nous Jaja, parle-nous enfin de ces années Once, comme nous te l'avons si souvent demandé lorsque tu étais consultant pour *L'Équipe*, poursuit-il. Parle-nous de Manolo Saiz, ton ancien directeur sportif, mouillé jusqu'au cou dans ta dernière équipe, la CSC, dirigée par Bjarne Riis, qui a récemment avoué s'être dopé pour remporter le Tour de France 1996.» Attention, cela n'implique «pas forcément» que l'actuel motard de France 2 «ait consommé ce maudit produit». Mais «on ne peut en tout cas pas exiger la transparence des Espagnols, Italiens, Allemands, Kazakhs et autres Américains, sans nous-mêmes consulter notre consultant vélo favori sur ce mal qui menace d'abattre définitivement un sport magnifique luttant pour sa survie», conclut «Jean-Filou» fort à propos. Habitué à la flagornerie des médias télévisuels, «Jaja» goûte modérément l'esprit potache du magazine. Dans un droit de réponse publié trois semaines plus tard, il juge l'interpellation «insidieuse». Arguant que les confessions de Bjarne Riis et la participation de Manolo Saiz au scandale Puerto, un trafic de poches de sang mis au jour en mai 2006, sont postérieures à son retrait des pelotons, fin 2002, Jaja «refuse de répondre aux provocations et de rentrer dans des débats pernicieux et sans fin».

Un an après, jour pour jour, on retrouve Laurent Jalabert en une de *L'Équipe Magazine,* maillot jaune sur le dos et franc sourire, prenant la pose avec Richard Virenque, l'autre gloire du cyclisme hexagonal des années quatre-vingt-dix. Cette réconciliation spectaculaire et, pour tout dire, un tantinet insolite est en contradiction flagrante avec l'esprit et la lettre de l'édito de juillet 2007. Leclaire cacherait-il des «biscuits» –comme disent les journalistes quand ils ont des infos croustillantes– à ses lecteurs? Parle-nous Jean-

Philippe, parle-nous ! « Voilà le même Jaja en couverture de ce magazine d'avant-Tour 2008. Il nous parle de ses jours en jaune, mais pas de Manolo Saiz, observe-t-il, fine mouche. Nous avons vibré aux exploits de Jalabert, et malgré nos interrogations sans réponse, nous n'avons aucun problème à le considérer comme un très grand champion. Nous n'avons en tout cas jamais réclamé sa tête. Coincés entre nos émerveillements d'enfants et nos soupçons d'adultes, notre amour pour le cyclisme et notre mépris pour les tricheurs, nous sommes, c'est vrai, devenus totalement schizophrènes. » Au point de faire cet aveu poignant : « C'est notre tête que nous voudrions parfois couper tant elle nous fait mal, plombée de doutes et agitée de contradictions. »

Le « nous » désigne les journalistes de *L'Équipe*, écartelés depuis toujours entre leur irrésistible attrait pour les exploits des champions et leur devoir de dénonciation du dopage. La tentation du doping et la légende du vélo étant indissolublement liées.

## LES CONFESSIONS DE JAJA

Vainqueur notamment du Tour d'Espagne, de Paris-Nice, du Tour de Lombardie et de la Flèche wallonne, Laurent Jalabert est le plus « capé » des coureurs français de la fin du siècle dernier. Jaja « le bienheureux » à qui

*L'Équipe* rendit « un juste hommage » lorsqu'il prit sa retraite, en le conviant à faire le tour du propriétaire à Issy-les-Moulineaux. « "Notre journal n'existe que parce qu'il existe des champions comme Laurent Jalabert...", lui a assuré Jérôme Bureau, le directeur de notre rédaction », relate Manuel Martinez. « Franchement, ça m'a fait quelque chose d'entendre ça, lâchait le désormais ex-coureur, un peu plus tard. Depuis peu, je découvre des tas de choses. » Il s'est alors promis de « revenir très bientôt[36] ». Promesse tenue. Laurent Jalabert assurera une chronique régulière au cours des années 2003-2005. Jaja « fait le métier », le lecteur en a pour son argent. Ainsi, au lendemain du Tour du centenaire, en 2003, remporté comme d'habitude par Lance Armstrong, l'ancien coureur de la Once réclame du « respect » pour « un coureur énorme *(sic)*, une personne hors norme, qui a vaincu une maladie terrible ». Passant du stylo au deux-roues pour France Télévisions, Laurent Jalabert nage dans le bonheur. Jusqu'à ce funeste mardi 23 mai 2006, où la *guardia civil* enserre dans ses filets le directeur sportif de Liberty Seguros, Manolo Saiz, et le médecin Eufemio Fuentes, faisant remonter à la surface doutes et interrogations sur une période sombre du cyclisme européen. Qu'en pense Laurent Jalabert, coureur vedette de l'équipe espagnole Once, de 1992 à 2000, sous la direction de Saiz? Dominique Issartel, journaliste à la rubrique cyclisme de *L'Équipe*, lui a posé la question.

« Êtes-vous surpris par la mise en cause de Manolo Saiz dans cette affaire ?

– Manolo, je l'ai très bien connu. Mais ces magouilles, là, non. [...] Quant à lui, j'ai envie de dire qu'aujourd'hui les règles du jeu sont claires : dommage que certains ne l'aient pas compris.

– Que voulez-vous dire par "aujourd'hui les règles sont claires" ?

– Qu'à un moment donné, il y a eu un changement et que certains n'ont pas changé. Moi, là-dedans, j'étais comme tout le monde. Je faisais du vélo, j'en ai fait pendant quinze ans et j'ai connu sa transformation. En 1998, tout a éclaté au grand jour et les gens intelligents ont compris qu'il fallait changer. D'autres – et, apparemment, ils sont nombreux – ne l'ont pas fait. Aujourd'hui, quand je découvre une affaire comme celle-là, ça me décoiffe[37]. »

Cette interview décoiffante a failli ne jamais voir le jour. En apprenant la nouvelle de l'arrestation de Saiz, Dominique Issartel pense immédiatement à faire réagir Jaja. « Il faut appeler Jalabert », lance-t-elle à un reporter qui connaît bien le chroniqueur. Réponse : « Désolé, je ne le fais pas. » Courage, fuyons ! Du coup, Issartel se charge elle-même de contacter Jaja. « C'était un peu tendu, témoigne-t-elle. La rédaction en chef a félicité Jalabert pour ses déclarations[38]. » Pour s'être présenté sous les traits d'un coureur « intelligent » ayant « compris qu'il fallait changer » ? Si l'on s'en tient au sens des mots imprimés dans le journal, on pourrait penser qu'il admet à demi-mots avoir fait amende honorable après l'affaire Festina.

Selon Fabrice Lhomme, rédacteur en chef adjoint de *L'Équipe Magazine* d'avril 2006 à fin 2007, l'ancien champion est allé beaucoup plus loin, à une occasion au moins : « Jalabert a dit à des journalistes de la rubrique cyclisme : “Je ne reconnaîtrai jamais que je me suis dopé à cause de mes enfants.” » Si l'on suit bien le raisonnement, le cycliste Laurent Jalabert pourrait avoir consommé des produits dopants mais n'envisagerait pas d'en faire état afin de ne pas nuire à sa progéniture. De son côté, un journaliste de la rubrique cyclisme assure que Jaja « s'est confié à Claude Droussent, alors directeur de la rédaction ». La formulation est volontairement ambiguë, faute de preuves formelles dans un sens ou dans un autre. Claude Droussent, pour sa part, ne tourne pas autour du pot : « Jalabert n'a jamais avoué, il ne l'a jamais fait, insiste-t-il. La seule formule qu'il a utilisée auprès de moi comme en public c'est : “J'ai été coureur dans les années quatre-vingt-dix.” On lui a demandé de faire son coming out dans nos colonnes, mais il ne n'a jamais voulu. » *Coming out* – en français : « révéler sa véritable identité » ? Comment le directeur des rédactions de *L'Équipe* peut-il supposer que Jalabert serait susceptible de faire des révélations ? On voit mal *L'Équipe* faire ses choux gras avec une interview du genre : « Je ne me suis jamais dopé. » Recélerait-il au fond de ses poches quelques « billes » inconnues du grand public ? Parle-nous, Claude, parle-nous ! « Euh non, balbutie-t-il, comme gêné aux entournures, j'aime beaucoup Laurent Jalabert humainement, mais l'affaire Puerto a fait peser de forts soupçons. »

S'agissant de Jaja, l'ère du soupçon, des non-dits et des formulations à double entrée ne date pas d'aujourd'hui, ni même de 2006. En septembre 1996, lors du Tour d'Espagne, tous les coureurs de l'équipe Once, à l'exception du Suisse Alex Zülle, sont victimes d'une épidémie de gastro-entérite. Le scénario ressemble étrangement à la mésaventure des PDM, décimés par un étrange virus pendant le Tour de France 1991. D'autant que, dans les deux cas, les autres équipes hébergées dans le même hôtel ne tombèrent pas malades. D'où l'expression d'« épidémie sélective » employée par le médecin du Tour de France, Gérard Porte. Autre symptôme, ou plutôt non-symptôme troublant : les coureurs n'ont pas pris d'assaut les toilettes de l'hôtel malgré les effets bien connus de la gastro-entérite. Sans faire le lien avec l'EPO, Jean-Michel Rouet exprime clairement son trouble. « On suggérait les choses plus qu'on ne les démontrait », explique le chef de la rubrique cyclisme à l'époque. Irrités par les insinuations de *L'Équipe*, Jaja et son directeur sportif évitent Rouet le restant de la course.

Surtout, en 1998, en pleine affaire Festina, Laurent Jalabert prend la tête de la révolte des coureurs contre le climat de suspicion ambiant. Après la garde à vue du médecin des Once, Nicolas Terrados, motivée par la découverte de produits dopants dans le camion de l'équipe, Manolo Saiz décide de quitter la course. « Nous avons mis le doigt au cul du Tour de France », déclare le fier Ibère, tout en finesse. Commentaire du président de la Fédération française de cyclisme au moment des faits, Daniel Baal : « Les équipes espagnoles s'en vont et donc, bien sûr, Laurent Jalabert. Je désapprouve le départ du meilleur coureur français car, pour moi, c'est une fuite déguisée en coup de colère... Je ne peux d'ailleurs m'empêcher de penser que toutes les équipes parties ce jour-là avaient sans doute des choses sérieuses à se reprocher », estime-t-il dans un livre au titre évocateur : *Droit dans le mur*[39].

S'ensuit une bouderie de plusieurs mois entre Laurent Jalabert et la presse de son pays, qu'il accuse de souffler sur les braises pour vendre du papier. Mais Jaja n'a pas l'âme d'un Jacquet. Il n'aime pas le conflit et n'est pas rancunier. Un matin de juin 1999, Jean-Michel Rouet reçoit un courrier du protégé de Manolo Saiz. Adressée au quotidien sportif et à d'autres grands médias, cette lettre dactylographiée de trois pages est censée répondre aux interrogations des journalistes sur son compte : « Je ne conteste bien évidemment pas qu'il y a un problème de préparation biologique qui, malheureusement, débouche sur le dopage, et ce, que ce soit dans le sport en général [...] ou dans le cyclisme en particulier», constate-t-il. Mais, «sur le plan personnel au titre du dopage [...], je n'ai jamais été impliqué et concerné, de près ou de loin, dans une quelconque affaire, et j'entends bien qu'il en soit toujours ainsi», poursuit-il, «adoptant en l'occurrence un discours récurrent dans son sport», remarque Jean-Michel Rouet.

Quelques mois avant de mourir, Pierre Chany, grand reporter à la rubrique cyclisme de 1953 à 1991, avouait, dans *L'Homme aux 50 Tours de France*[40] qu'il se sentait pris de court devant la progression de Laurent Jalabert. En un demi-siècle de cyclisme, pour la première fois, il était perdu: «Je n'y comprends plus rien, disait-il à son confesseur, le journaliste-éditeur Christophe Penot. Ou plutôt, je ne comprends que trop bien...» À la décharge de Jaja, d'autres experts presque aussi éminents ne trouvent rien à redire à ses performances. «Ce qu'il a fait dans les années quatre-vingt-dix me paraît crédible[41]», juge Philippe Bouvet, ex-adjoint de Jean-Michel Rouet, destitué dans la foulée du licenciement de Pierre Ballester *– voir le chapitre «Le symbole Ballester»*.

«Jalabert était capable de gagner de belles étapes, d'exécuter un brillant numéro en montagne ou de se lancer dans des grands raids, mais il s'éteignait progressivement dans les grands tours [épreuves de trois semaines], hormis en 1995, sur la Vuelta[42] », confirme Gilles Comte, rédacteur en chef de *Vélo magazine*, le mensuel spécialisé du groupe *L'Équipe*.

## *L'ÉQUIPE* PROTÈGE JAJA

Le 18 juin 2006 s'ouvrait à Bordeaux le procès du pot belge. Vingt-trois personnes, dont l'ancien professionnel Laurent Roux, étaient jugées pour un trafic d'une valeur de près de 190 000 euros. Au deuxième jour d'audience, le frère du coureur, Fabien Roux, accuse Laurent Jalabert de l'avoir initié à l'usage du pot belge au cours d'une soirée en 2001 : « Je l'ai vu se piquer lui-même ce soir-là dans le garage de sa maison, avec d'autres professionnels, balance-t-il devant les journalistes médusés. C'était une soirée organisée par le fan-club. Dans le milieu, c'est fréquent. » Le lendemain, toute la presse parle de l'affaire – y compris *Le Parisien*… sauf *L'Équipe*, également propriété du groupe Amaury.

Barbara Rumpus, l'envoyée spéciale du quotidien sportif, a pourtant consciencieusement rapporté le témoignage de Fabien Roux dans son article. Mais les ciseaux de la censure sont passés par là. « Je n'ai pas fait confiance à notre envoyée spéciale, j'ai enlevé la phrase du papier, c'était une énorme erreur, concède Frédérique Galametz. Mon jugement a peut-être été altéré par mes rapports amicaux avec Laurent Jalabert.» Pour rattraper le coup, elle interviewe le chroniqueur maison pour l'édition du lendemain. «Je vis un cauchemar», pleurniche Jaja. Galametz précise que Laurent Roux a démenti les propos de son frère: «Ces propos ont été mal interprétés. Fabien a été initié au pot belge dans une soirée organisée en l'honneur des Jalabert, mais pas par Laurent Jalabert lui-même[43].» Nuance.

Mais pour Damien Ressiot, c'est le dérapage de trop. D'un naturel calme et posé, le monsieur dopage de *L'Équipe* sort de ses gonds. Il reproche vertement à Galametz de ne pas avoir demandé à Jaja s'il s'était déjà dopé. «Barbara Rumpus se trouvait décrédibilisée par le caviardage de son article. Ça m'a énervé, ça a chauffé avec Droussent et Galametz, dit-il. C'est la plus grosse crise que j'ai connue à *L'Équipe*, j'aurais pu quitter le journal.» L'interview de Jaja est affichée sur les murs de la rédaction, avec les commentaires venimeux de la Société des journalistes: «Pourquoi le sous-titre de l'interview de Laurent Jalabert publiée le lendemain parle-t-il "des accusations, démenties depuis, du frère de Laurent Roux"? interroge-t-elle dans une lettre ouverte à la direction de la rédaction. [...] Laurent Roux n'a rien démenti, et surtout pas à la barre. [...] Laurent Roux n'a fait que replacer en perspective, devant les médias uniquement, et sans les démentir, les propos tenus le jour même à la barre par son frère Fabien. Mieux, dans le "12/13" de France 3 Aquitaine, le 20 juin, Fabien Roux confirmait "avoir vu Laurent Jalabert se piquer". Pourquoi avoir donné ainsi l'impression qu'on blanchit Jalabert ? Pourquoi l'interview de Laurent Jalabert du 21 juin était-elle si complaisante, le titre –"Je vis un cauchemar"– et la légende –"Climat de suspicion"– si compatissants, les questions essentielles soulevées au procès n'ayant pas été posées ? [...] » Et enfin, cette ultime remontrance en forme d'appel à l'éviction de Jaja : « *L'Équipe* qui se veut intransigeante face au dopage peut-elle dès lors continuer à collaborer avec un chroniqueur dont le nom est revenu souvent ces derniers temps, à travers l'interpellation de Manolo Saiz dans les affaires de dopage. »

Claude Droussent et Michel Dalloni, patron de la rédaction du quotidien, jouent profil bas et regrettent officiellement « que les accusations de Fabien Roux et la position de Laurent Roux n'aient pas figuré dans nos colonnes en compte-rendu immédiat ». Désignée comme seule responsable de ces dysfonctionnements, Frédérique Galametz est sommée de « reconnaître publiquement ses torts ». « Je n'aurais peut-être pas dû faire cette interview, répète-t-elle. La chose qui m'a profondément déplu est que l'interview a été relue par la rédaction en chef, et le lendemain je me suis fait pourrir. Je n'ai pas commis seule cette erreur. » Loin de partager la responsabilité de cette pantalonnade, Droussent et Dalloni plaident « non coupable ». Promis juré, le chauvinisme et la connivence n'ont rien à voir. « Ni la nationalité, ni la renommée, ni même les liens divers qui peuvent nous attacher à certains champions ou anciens champions impliqués dans des affaires de dopage ne sauraient freiner notre détermination à traiter comme il se doit ce type de dossier ou d'enquête », préviennent-ils. Qu'il soit permis d'en douter.

Comme nul ne l'ignore, Laurent Jalabert est français et a la réputation d'être un vrai gentil. Le public, les spectateurs et les journalistes l'adorent. Et, bien qu'il ne travaille plus pour *L'Équipe* depuis l'affaire Rumpus, Jaja y jouit toujours d'un solide capital sympathie. Au point qu'en novembre 2007 *Vélo Magazine* a consacré sa couverture à « L'homme de fer ». Allusion à l'Ironman de Hawaii, mythique course de triathlon courue par Jaja. Même l'incorruptible Damien Ressiot s'est laissé piéger par la bonhomie du Mazamétain. « Je connais bien Damien Ressiot, en toute honnêteté, il a plus de mal à taper sur Jaja que sur Armstrong, assure Patrick Lafayette. Appelons ça de l'autocensure. Il ne faut pas oublier que Jalabert est le dernier vrai champion français avec Virenque. » Deux poids, deux mesures ? Ressiot l'admet du bout des lèvres. « Sur Jalabert je n'ai pas de preuves, un jour je les aurai et les publierai, affirme-t-il crânement. Les difficultés sont totalement différentes par rapport à Armstrong. Primo c'est un professionnel français.

Deusio, il est très gentil. Tertio, Armstrong est américain. Infect, détesté par tout le monde, il exerçait des pressions sur les coureurs, menaçait des journalistes, était jalousé, et il a gagné plusieurs fois le Tour de France. » Et Jaja ? « Le temps joue pour lui, mais j'ai envie d'y arriver. »

# HISTOIRE SECRÈTE D'UN SCOOP MONDIAL

C'est le plus grand scoop de l'histoire de la presse sportive française. L'un des plus retentissants de l'histoire des médias. Le 23 août 2005, *L'Équipe* révèle à la face du monde « le mensonge Armstrong ». « Afin de gagner, en 1999, le premier de ses sept Tours de France, Lance Armstrong a consommé de l'EPO, commente Michel Dalloni en une. Après un long, minutieux et rigoureux travail d'enquête, *L'Équipe* en publie, aujourd'hui, les preuves. Elles sont confondantes. Elles nous affligent. Le champion extraordinaire, le rescapé du cancer, est entré dans la légende par le biais d'un mensonge. »

D'habitude, les journaux, friands de scandales et de révélations fracassantes, décernent, au garde-à-vous et en fanfare, des lauriers au confrère méritant. Mais cette fois-ci, le convoi s'ébranle avec difficulté. Un détail tarabuste les mauvais coucheurs. Trente jours plus tôt, le 24 juillet, Lance Armstrong accomplissait un ultime tour d'honneur sur les Champs-Élysées avant de prendre sa retraite, une septième Grande Boucle en poche. *L'Équipe* et la société organisatrice du Tour de France appartenant au même groupe, des esprits chagrins soupçonnent le quotidien sportif d'avoir sciemment retardé la publication du dossier Armstrong, pour ne pas gâcher la fête. *Le Canard enchaîné* n'est pas le dernier à ironiser sur le timing du scoop: « L'investigation journalistique est plus qu'un art: c'est une ascèse, une discipline qui demande une patience de moine copiste. Parfois les enquêtes mettent des années à aboutir: voyez celle de notre confrère *L'Équipe* à propos de Lance Armstrong. Il aura fallu attendre ce mois d'août 2005 pour s'apercevoir, échantillons à l'appui, que le champion cycliste se serait dopé à l'EPO… en 1999. […] Saluons donc sans réserve et sportivement le travail du confrère. Ces fières révélations ne risquent plus de tuer la poule aux œufs d'or. S'agirait-il d'un scoop soigneusement planifié? Loin de nous cette idée. […] Ouf! À un mois près, c'était la catastrophe industrielle pour la pub, les sponsors, la presse écrite, la télé, le tourisme, les villes-étapes… [44] »

Pour la énième fois, Damien Ressiot répète qu'il a « tout fait pour sortir l'affaire pendant le Tour. J'aurais voulu que ça pète », dit-il, excédé par les sourires en coin de ses pairs. « Le mensonge Armstrong est gênant pour d'autres journaux, argumente Ressiot. Il bat en brèche l'image de *L'Équipe*, prétendument un journal sportif qui ne sort jamais d'info, et encore moins en cyclisme à cause de ses liens avec ASO (Amaury sport organisation). Au début j'étais fou, tellement ça m'exaspérait. »

*Le Canard* a tort de considérer que « parfois les enquêtes mettent des années à aboutir ». Dans le cas présent, il faudrait plutôt parler de mois. En janvier 2005, Damien Ressiot apprend par hasard que le laboratoire de Châtenay-Malabry expérimente une nouvelle méthode de détection de l'EPO, à partir des échantillons d'urine prélevés pendant les Tours de France 1998 et 1999. Utilisés pour la première fois lors des Jeux olympiques de Sidney en 2000, les premiers tests urinaires de détection de l'EPO font leur apparition sur le Tour l'année suivante. Les coureurs qui se chargeaient à l'érythropoïétine à la fin de la décennie quatre-vingt-dix ne pouvaient donc être confondus. Et pouvaient encore moins se douter qu'un laboratoire français serait en mesure de les démasquer après coup. Et si l'un d'entre eux s'appelait Lance Armstrong ? L'idée de coincer le Texan germe à ce moment-là dans l'esprit du journaliste de *L'Équipe*. « Je me suis focalisé sur Armstrong », dit-il. Menée dans le plus grand secret, cette étude expérimentale n'est pas destinée à être rendue publique. Un nombre réduit de personnes en a connaissance. Les institutions du vélo – Union cycliste internationale, Fédération française de cyclisme –, les organisateurs de courses et les coureurs ignorent tout des travaux du laboratoire de Châtenay-Malabry. Ressiot réussit cependant à se procurer les numéros d'échantillons positifs à l'EPO du Tour 1999 détectés par les chercheurs français. Douze au total, dont six appartiennent au même coureur. Il laisse délibérément de côté l'année 1998, durant laquelle Lance Armstrong, qui vient de reprendre la compétition après s'être sorti des griffes du cancer, n'a pas disputé la Grande Boucle.

Damien Ressiot n'a alors parcouru que la moitié du chemin. Le plus dur reste à faire : découvrir l'identité des fraudeurs correspondant aux numéros d'échantillons, strictement anonymes – les scientifiques n'ayant pas à savoir qui se cache derrière les flacons d'urine en leur possession. Ces noms sont inscrits sur les procès-verbaux des contrôles antidopage en face d'un numéro identique à celui des échantillons, puis transmis au ministère de la Jeunesse et des Sports, à la Fédération française de cyclisme, à l'Union cycliste internationale et au Conseil de prévention et de lutte contre le dopage.

Un atout caché dans la manche, Damien Ressiot dispute une mémorable partie de poker menteur avec Lance Armstrong et l'UCI. Il a besoin d'un alibi. Le journaliste contacte le président de la commission médicale de l'UCI, Léon Schattenberg, et lui demande l'autorisation de consulter les procès verbaux des contrôles antidopage de Lance Armstrong. La motivation – fallacieuse – de Ressiot est la suivante : en 1999, Armstrong était soupçonné de continuer à prendre des médicaments anticancer augmentant ses performances. Ce qu'il a toujours nié. Il existe un moyen de vérifier s'il dit vrai. Les coureurs ont l'obligation de mentionner leurs traitements en cours sur les procès-verbaux. « Laissez-moi les consulter. Armstrong étant présumé innocent, je pourrai ainsi apporter la preuve qu'il ne se dopait pas. » Machiavel n'aurait pas mieux parlé. Méfiant, Schattenberg oppose l'obstacle du secret médical. « Ou alors, il faut l'accord d'Armstrong », ajoute-t-il. Damien Ressiot appelle le président de l'UCI sur son téléphone mobile. Hein Verbruggen est en Asie.

« Qu'est-ce que j'ai à y gagner ? s'enquiert-il.

– La garantie d'une transparence à votre crédit.

– Laissez-moi deux ou trois minutes. »

La réponse tombe, elle est positive.

« Ça coince au niveau de Johan Bruyneel [le directeur sportif de Lance Armstrong] et d'Armstrong, relance Ressiot.

– J'en fais mon affaire. »

Hein Verbruggen est l'un des rares dirigeants du cyclisme en qui Lance Armstrong a confiance. Le Néerlandais fait passer le message à Johan Bruyneel, à sa manière : « Je n'ai pas confiance en ce Damien Ressiot, mais il prétend vouloir écrire un bel article sur Armstrong. » Qu'on se le dise, ce n'est pas de la faute de Verbruggen si Armstrong s'est « laissé séduire » ! Sous-entendu : par la perspective d'un blanchiment en bonne et due forme dans *L'Équipe*.

Le champion américain accepte donc le marché, sans s'imaginer une seule seconde que le journaliste français est en train de lui tendre un piège mortel. Ressiot est autorisé à consulter les fameux PV, sous l'étroite surveillance de Mario Zorzoli, le responsable médical de l'UCI. Ce dernier sera par la suite mis à pied par Verbruggen pour s'être montré trop coopératif avec le journaliste…

La mise en relation des numéros d'échantillons et des procès-verbaux établit que l'homme aux six contrôles positifs et Lance Armstrong sont une seule et même personne ! Mais cela ne répond pas à la question : pourquoi *L'Équipe* a-t-elle attendu la troisième semaine d'août pour publier le scoop ? « Il a fallu pousser longtemps Armstrong, avance Ressiot. C'est ça qui a pris le plus de temps. Je n'ai parlé de mon enquête qu'à une ou deux personnes, mais j'avais peur qu'il y ait une fuite sur l'expérimentation du labo. Personne ne m'a emmerdé, j'ai pu travailler en totale liberté. J'avais envie que ça sorte chez moi et pas ailleurs. »

Officiellement, Damien Ressiot reçoit la « dernière confirmation » le 22 août à 17 heures 30[45]. Il doit même annuler en catastrophe ses vacances sur l'île d'Oléron. « Il aurait pu sortir le dossier plus tôt, l'article était déjà écrit, admet un des ses proches. Mais il craignait de griller sa source dont il pouvait avoir besoin pour la suite de ses enquêtes. Il a donc cherché à confirmer ses infos auprès d'une deuxième source, qui lui a répondu très tardivement, le 22 août. » L'ami de Ressiot fait ici référence aux sources qui ont fourni les numéros des échantillons positifs. Lesquelles proviennent forcément du Conseil de prévention et de lutte contre le dopage – ancêtre de l'actuelle Agence française de lutte contre le dopage – ou du ministère français de la Jeunesse et des Sports. Et non du laboratoire de Châtenay-Malabry, dont les chercheurs sont assermentés et tenus au secret professionnel. En résumé, Damien Ressiot était bien en mesure de publier l'info AVANT le Tour. Ce qui aurait vraisemblablement privé Lance Armstrong d'une septième couronne et plongé le Tour de France dans une crise sans précédent. En privilégiant la protection de ses sources, Damien Ressiot ne s'est pas déshonoré, bien au contraire. Tout en ménageant de fait les intérêts du groupe Amaury, même si telle n'était sans doute pas son intention.

Les réactions au scandale Armstrong sont mitigées : « Nous avons tous été abusés[46] », selon Jean-Marie Leblanc, directeur du Tour de France. « Je suis légaliste, le test du laboratoire de Châtenay-Malabry n'est pas un contrôle antidopage en bonne et due forme, il n'y a pas eu de contre-expertise. On ne peut donc pas affirmer juridiquement qu'Armstrong était dopé. Damien Ressiot est un menteur, il nous a abusés », d'après Hein Verbruggen.

Restent les échantillons positifs de 1998. « Une quarantaine de cas, selon Damien Ressiot, qui les a comptabilisés, même s'il s'est uniquement intéressé à Armstrong. On ne saura probablement jamais qui. » Dommage. Ce serait l'occasion unique de connaître l'ampleur du dopage dans le peloton à un moment charnière. On pourrait enfin savoir si les Festina étaient des moutons noirs ou faisaient simplement comme les autres. On pourrait éventuellement être fixé sur les raisons du départ spectaculaire des formations espagnoles, dont celle de Laurent Jalabert, pendant le Tour de France. Interrogée à ce sujet, l'UCI est formelle : « Pour examiner les PV, Il faut l'accord préalable des coureurs, cela vaut pour Laurent Jalabert comme pour les autres », nous a répondu le directeur général de l'UCI, Dieter Schellenberg. Pas sûr qu'ils seraient assez fous pour tenter le diable. On n'a même pas essayé de leur demander.

## L'INVESTIGATION, UNE ANOMALIE

Avec ses faux airs d'étudiant attardé, sa voix fluette et sa dégaine d'ancien de *France Football*, version « Qui veut taper sur Tapie ? », le jeune quadra Damien Ressiot détonne dans ce milieu de fondus de sport. « J'ai été élevé dans cette histoire, Tapie représentait le mal, et nous le bien. Ça m'a donné envie de faire de l'enquête, confesse-t-il. Je n'ai pas de culture *Équipe*, je ne me sens pas affectivement lié à ce journal. Je ne connais pas le sport sur le bout des doigts comme la plupart des gens d'ici. » Après des études d'ethnologie, il entre à *FF* en 1990, d'où il s'enfuit sept ans plus tard. Il rejoint la rubrique foot du quotidien, comme membre de l'encadrement. Tricardisé par Fabrice Jouhaud, il accepte vite la proposition du directeur de la rédaction : « Bureau me demande de m'occuper de dopage en 2000. Et à cette époque *Le Monde* était bien meilleur que nous », explique Damien Ressiot avec honnêteté. Un comble, une humiliation. Il était temps que le journal de référence du sport découvre les vertus de l'investigation.

Plus de vingt ans après ses confrères généralistes ! À titre d'exemples, *Le Canard enchaîné* révèle en 1979 l'affaire des diamants de Bokassa, désastreuse pour l'image du président Giscard d'Estaing ; dans la première moitié des années quatre-vingt, le journaliste du *Monde* Edwy Plenel dévoile les dessous de l'affaire du *Rainbow warrior*. À la fin des années soixante-dix, la rubrique foot se déleste de l'affaire de la double billetterie du PSG sur Bernard Dolet, chroniqueur tout-terrain de la page 2. « Étais-je le mieux placé, le plus compétent pour couvrir cette affaire ? Pas sûr du tout », s'interroge-t-il aujourd'hui. « Il y vingt-cinq ans, les journalistes de *L'Équipe* n'avaient pas la fibre pour traiter les affaires, confirme l'ancien patron du foot Jacques Ferran. Quand a éclaté l'affaire de la caisse noire de Saint-Étienne, j'ai dû m'en occuper moi-même. »

À sa demande, Damien Ressiot suit les cours de Michel Audran – professeur de biophysique à la faculté de pharmacie de Montpellier et spécialiste du dopage sanguin –, qui lui permettent d'acquérir un bagage scientifique de base et de tisser un réseau d'experts. Détaché à temps plein sur les questions de dopage, Damien Ressiot intègre la toute nouvelle « cellule investigation ». Créée par le journaliste de choc Marc Van Moere, elle associe, outre Ressiot, le spécialiste d'économie du sport Étienne Moatti, le juriste Patrick Issert et l'expert du mouvement olympique Alain Luzenfichter L'idée d'usine à scoops contenue dans l'appellation pompeuse d'investigation cadre mal avec le profil institutionnel d'Issert et Luzenfichter. Contrairement à Moatti et Ressiot, qui sont de véritables journalistes d'enquête.

S'il est le seul journaliste de *L'Équipe* à travailler exclusivement sur le dopage, Damien Ressiot s'appuie sur un ou deux « correspondants » dans chaque service, en fonction de l'actualité. « Quand il y a un gros coup, j'avertis le responsable de la rubrique concernée, mais aussi les grands chefs », détaille Ressiot. « Dans la foulée de l'affaire Festina, il s'agissait d'en finir avec l'amateurisme qui prévalait à *L'Équipe* », souligne Marc Van Moere. Une base de données répertoriant les produits interdits et les procédures disciplinaires afférentes à leur consommation est constituée ; les papiers sur les affaires de dopage sont désormais systématiquement stockés, ce qui n'était pas le cas !

À titre d'exemple, le « professionnalisme » de Damien Ressiot et de sa correspondante de la rubrique cyclisme, Dominique Issartel, produira des résultats assez probants en terme de mise au jour du dopage. Le 9 avril 2004, à la veille de la célébrissime course d'un jour Paris-Roubaix – également propriété d'Amaury sport organisation –, *L'Équipe* publie des extraits de procès-verbaux, issus de l'instruction du juge Pallain, dans une affaire de trafic de produits dopants au sein de l'équipe française Cofidis. Ces révélations vaudront à leurs auteurs une perquisition de leurs bureaux suivie d'une mise en examen pour « recel de violation du secret de l'instruction», à l'instar de trois journalistes du *Point*. Preuve que *L'Équipe* joue dans le cour des grands médias, et que la qualité de ses enquêtes n'a plus rien à envier à celle des gazettes généralistes.

Au risque d'en faire trop ?

## LA QUERELLE DES ANCIENS ET DES MODERNES

C'est bien ce qui chiffonne Jean-Marie Leblanc. l'ex-directeur du Tour, qui ne pardonne pas à *L'Équipe* d'avoir accusé à tort un coureur de Cofidis, fils d'un de ses anciens coéquipiers. Car Leblanc a d'abord exercé le métier de coureur cycliste. «Je n'ai jamais cru qu'il avait consommé de la cocaïne, comme l'affirma *L'Équipe* dans ses colonnes, juste avant le départ de Paris-Nice 2004, sur la foi d'informations policières, écrit-il dans son autobiographie. [...] Cédric Vasseur ne participa pas au Tour de France 2004. Il allait être innocenté pour de bon en février 2006, car les prélèvements de cheveux analysés par le laboratoire n'étaient pas les siens; et les procès-verbaux de son audition avaient été falsifiés. Les policiers impliqués ont été sanctionnés. *L'Équipe*, à ma connaissance, ne s'est jamais excusée[47].» Pas plus qu'il n'a digéré les manières de l'auteur du «mensonge Armstrong». «L'affaire était tellement énorme que ma première réaction fut de penser qu'il avait été cavalier de ne point m'en informer, ne fût-ce que dans les grandes lignes, et même à 22 ou 23 heures la veille. Craignait-on de ma part une indiscrétion ? J'étais quand même le directeur du Tour de France et de surcroît l'ancien chef de la rubrique cyclisme de *L'Équipe*. J'aurais apprécié de pouvoir réfléchir aux commentaires que je serais immanquablement amené à faire. Pareil manque de confiance m'a blessé. Mais passons… [48] » Manifestement, ça ne passe pas. C'est bien simple : Jean-Marie Leblanc déteste Damien Ressiot et ses auxiliaires, qui le lui rendent bien.

Non, l'ex-directeur du Tour n'a pas changé. Toujours aussi chaleureux, il sirote tranquillement un demi de bière dans le petit salon de l'Irish corner, le pub à côté de *L'Équipe*. « Que pensez-vous des journalistes de la rubrique cyclisme ? [49] » Bref silence. Il se redresse. Sourire. « À l'époque de Festina, j'ai senti un désir d'émancipation de la rédaction de *L'Équipe*, une volonté de prouver qu'ils n'étaient pas de mèche avec les organisateurs, pour faire comme *Libé* et *Le Monde*. Avant 1998, mes relations avec la rubrique cyclisme étaient confraternelles et détendues, et puis de nouvelles têtes sont arrivées. » Voilà pour le constat. Arrive la critique, sans langue de bois : « Même si Armstrong n'a pas tout fait pour se rendre sympathique, l'anti-américanisme sous-jacent me déplaît. Virenque n'a jamais été traité de cette façon. » Vrai. Au-delà du cas Armstrong, « le journalisme d'investigation est en décalage dans un journal comme *L'Équipe*, estime-t-il. Je n'étais pas un forcené de l'investigation : le journaliste de *L'Équipe* est là pour rendre compte, faire aimer des événements de sport. Quand j'étais jeune journaliste à *L'Équipe*, je n'avais pas envie de lever des lièvres. On ne vient pas pour ça à *L'Équipe*. » Tout juste concède-il avec dépit que « l'investigation est nécessaire. La télévision montre tellement de choses, je me mets à la place des journalistes de presse écrite : tout le monde a vu la course. Par conséquent, le journaliste de presse écrite est obligé de déplacer sa curiosité vers le people, le scoop. »

Jacques Marchand va encore plus loin, lui qui dénonce les dérives de la lutte antidopage dans un livre subtilement intitulé *Vélodrame*[50]. « Lance Armstrong, superbe champion, sa gloire n'a pas été respectée. [...] Tout cela est quand même une chasse à l'homme organisée et orchestrée et, à mon sens, mais je suis peut-être dépassé, ce n'est pas notre métier de la mener, et c'est sans doute le plus inquiétant pour l'avenir, on peut s'interroger : où nous mène donc cette croisade qui commence à lasser son monde ? » Et d'ajouter à l'attention de *L'Équipe* : « Le journal organisateur est devenu le journal exécuteur. [...] Nous, journalistes du passé, étions peut-être excessifs dans notre position de loyauté vis-à-vis du peloton, ce qui n'excluait pas la critique et les semonces, mais les journalistes aujourd'hui semblent sinon renoncer à cette solidarité, du moins prendre leurs distances.» L'ancien chef de la rubrique cyclisme de *L'Équipe* de 1955 à 1976 se place du côté des coureurs, traités selon lui «en parias, obligés, pour pouvoir exercer leur métier, de renoncer volontairement à leurs droits essentiels de citoyens. Le citoyen, comme vous et moi, n'est pas obligé de livrer son urine à la sortie de l'usine ou du bureau, de communiquer son ADN pour être autorisé à travailler, et de signaler tous ses déplacements à une police fédérale ».

L'antidopage fait vendre, et c'est tout le problème pour Jacques Marchand. Le mensonge Armstrong s'est écoulé à 500 000 exemplaires, un résultat excellent bien que très en deçà des diffusions record de *L'Équipe* –le 13 juillet 1998, trois fois plus d'acheteurs avaient pris d'assaut les kiosques. Même si les affaires de dopage attirent moins de lecteurs que l'actualité heureuse, Marchand range, sans le dire ouvertement, les scoops de Damien Ressiot dans la rubrique «faits divers». Ce qui n'est pas à prendre comme un compliment, venant de lui. «Le quotidien *L'Équipe* n'est plus un journal de sport, comme l'était *L'Auto*, avant-guerre, ou comme il l'a été lui-même au cours des quelques années qui ont suivi la Libération. Il est devenu, à travers la grande mutation sociale du sport lui-même, le quotidien du spectacle sportif. Ce qui n'est pas infamant, car ainsi va la société qui se complaît à faire spectacle de tout: politique, économie et toutes ses activités qui font la mode et l'actualité. Pourquoi le sport serait-il épargné? Puisque c'est ainsi et pas autrement, autant l'avouer franchement, sans avoir à en rougir[51]. »

« L'accusation porte, car elle ne provient pas, cette fois-ci, d'un avocat américain ou d'un médecin italien, mais d'un "historique" de la maison, fait valoir Jean-Philippe Leclaire. Jacques Marchand a en effet été rédacteur en chef de *L'Équipe*, il a assisté à une cinquantaine de Tours de France, partageant même, avec Jacques Goddet, la mythique voiture rouge du directeur de course. À titre personnel, il représente plus qu'un ancien. Nous sommes fiers de le considérer comme une conscience et un maître[52]. »

Damien Ressiot avoue aussi son trouble : « Plus le temps passe et moins je suis dans l'affectif, dit-il. Ce qui m'intéresse c'est ce qui se passe, pourquoi ça se passe, comment ça se passe. De temps en temps il faut jeter en pâture des noms. Mais lyncher pour lyncher est une maladie professionnelle, cela devient dérangeant. À force de parler d'antidopage, d'en faire un spectacle comme un autre, on place un curseur imaginaire sur ceux qui sont l'objet de suspicions. »

Cette opposition de principe entre deux manières de concevoir le journalisme de sport atteindra son paroxysme dans le cadre feutré du prix Pierre-Chany qui, en hommage à l'une des plus grandes plumes de *L'Équipe*, récompense chaque année le meilleur article rédigé en langue française sur le sport cycliste. Son créateur, Christophe Penot, a dû rendre les armes devant les anti-Ressiot, « au terme d'un affrontement tranché, sans égal dans l'histoire du jury », comme il l'expliquait dans la plaquette de remise du prix. Le principal argument du seul « ressiophile » de la bande ? « L'idée qu'il existerait, et qu'il existe déjà, en matière d'aperception sportive, un avant et un après-Ressiot. » L'avis de Jean-Marie Leblanc diffère : « Penot a dépassé son rôle, il a dit : "Je ne vois qu'un article qui émerge, celui de Damien Ressiot." Mais pour les autres membres du jury, Damien Ressiot a commis un article d'investigation à forte consonance médicale. Le prix Chany distingue un journaliste qui connaît son sport et nous fait partager une situation qu'il a connue. Avec Damien Ressiot, on ne s'inscrivait pas dans cette définition. » Un autre membre du jury, Thierry Cazeneuve, organisateur du Critérium du *Dauphiné libéré*, la grande course à étapes d'avant-Tour de France, s'écriera : « On ne va quand même pas donner le prix Chany à un rapport de police ! » Le président du jury, Jacques Marchand –le monde des journalistes de sport est petit– porte le coup de grâce à l'inspecteur Ressiot. « Présenter ce papier était une maladresse, Pierre Chany ne l'aurait jamais toléré, s'emporte-t-il. Il n'aurait pas admis la façon dont on parle du dopage aujourd'hui. Dans ce jeu de gendarmes et de voleurs, notre génération était un peu trop du côté des voleurs, et l'actuelle du côté des gendarmes. »

Déçu, le docteur Ressiot ? Soulagé, plutôt, de ne pas avoir reçu une distinction sponsorisée par Cofidis. Cela lui aurait probablement rappelé de mauvais souvenirs.

## UNE CAUTION MORALE

La réussite individuelle de Damien Ressiot, reconnu comme une référence journalistique dans le petit monde des scientifiques et des institutions du dopage, devenus ses interlocuteurs privilégiés, ne doit pas faire oublier les réticences soulevées par le projet de Marc Van Moere. « Jérôme Bureau ne voulait pas d'un journaliste dédié au dopage, il était réticent au départ », remarque l'ancien rédacteur en chef. Un journaliste sur 289, en juin 2008, c'était encore trop ? Pierre Ballester, le monsieur dopage de la rubrique cyclisme viré en 2001, a beau jeu de persifler sur le Damien « ratio » de *L'Équipe*, dans son livre *Tempêtes sur le Tour*[53]. « Oui, je suis la caution morale du journal, reconnaît Damien Ressiot. Je savais dès le début que ça risquait d'être ça. » Et même avant. Il lui suffisait de lire *L'Équipe* pour s'en convaincre. Ainsi, avant de tresser des lauriers à son spécialiste du dopage, Claude Droussent jetait des regards de braise à Lance le conquérant. En atteste cet éditorial d'anthologie, paru au lendemain du triomphe de l'Américain sur le Tour du centenaire : « Le moment n'est pas à reprocher à Lance Armstrong d'avoir remporté cinq Tours de France qui ont suivi celui, si désastreux, de 1998, adjure-t-il les insolents. Il n'est pas à s'étonner qu'un rescapé du cancer ait pu accomplir ce quintuple exploit. L'heure est à l'admiration, et au respect. Comme à chaque fois qu'un grand homme en rejoint d'autres dans la légende[54]. »

Au lendemain de Festina, le discours rabâché sur le Tour de France du renouveau trouve un écho favorable à la rubrique cyclisme. « On s'est laissé endormir, admet Dominique Issartel. Après le départ de Pierre Ballester, il n'existait plus de réelle volonté de coincer Armstrong, jusqu'à ce que Damien Ressiot s'en mêle. »

« Marc Madiot [directeur sportif de la Française des jeux] et Roger Legeay [directeur sportif du Crédit agricole] ont changé d'avis sur le dopage, mais seulement en 2006, poursuit Issartel. *L'Équipe* a changé de positionnement en même temps que le peloton. Auparavant, seuls des mecs isolés comme Ballester tenaient un discours tranché. Même si la direction n'étouffait rien, le mensonge Armstrong a provoqué une prise de conscience, comme si ceux qui se complaisaient encore dans la politique de l'autruche se rendaient à l'évidence. Comme s'il n'était plus possible de faire autrement. »

Impassible, Claude Droussent, qui n'est pas homme à se laisser déstabiliser, répond qu'« aucun journal français n'a autant parlé du dopage, bien avant 1998. Des cachets de Palfium retrouvés dans les poches de Roger Rivière après sa terrible chute sur le Tour de France 1960, aux affaires liées à l'EPO trente ans plus tard, en passant par les athlètes survitaminés de l'ex-RDA, *L'Équipe* a toujours fait son travail », argumente l'ancien directeur des rédactions. Le discours est rôdé. À de très rares exceptions près – dont Pierre Ballester, bien sûr –, tous les journalistes de *L'Équipe*, anciens ou modernes, rencontrés pour les besoins de cette enquête, tiennent la même ligne de défense. « *L'Équipe* n'a jamais minimisé les affaires de dopage. Les mecs qui nous donnent des leçons, les gens du *Monde* et de *Libé*, reprochant au journal sa complicité, feraient bien de bûcher leurs dossiers, renchérit Marc Van Moere, au présent de l'indicatif et à la première personne du pluriel, comme s'il appartenait toujours à la famille. Le premier papier écrit sur l'EPO a été publié dans *L'Équipe*, sous la signature de Philippe Brunel. » « C'est *L'Équipe* qui a parlé en premier de l'EPO », opine Jean-Michel Rouet, chef de la rubrique cyclisme à l'époque. Brunel, précurseur des enquêtes sur le dopage sanguin ? Une vérité intangible pour les journalistes de *L'Équipe*. Sauf qu'elle est fausse !

« J'ai dénoncé l'EPO dans un article intitulé "Sept morts sur ordonnance". Les autres mettent en avant un article de Brunel publié deux mois plus tard. Mais je suis bien le premier à en avoir parlé, dans *Le Figaro* du 24 mars 1990, corrige le docteur Jean-Pierre de Mondenard. J'ai aussi beaucoup écrit sur la question des dangers de l'EPO dans des revues spécialisées d'athlétisme et de cyclisme dès 1990. » Philippe Brunel n'est donc pas prophète en son pays. « Plusieurs cyclistes de haut niveau, en pleine activité, sont morts de crise cardiaque, au cours des deux dernières années, écrivait Mondenard. [...] La plupart de ces décès, dont le plus récent concerne l'équipier de Sean Kelly chez PDM, Johannes Draaijer, 27 ans, mort dans son lit d'un arrêt cardiaque le 27 février dernier, de même que ceux de Bert Oosterbosch, 32 ans, vainqueur de trois étapes du Tour de France, ou de Connie Mejier, 25 ans, médaille de bronze des championnats du monde sur route 1987, pourraient être liés à la prise d'erythropoïetine (EPO). »

## *L'ÉQUIPE MAG* S'Y MET AUSSI

Autre leader de l'investigation : le supplément du samedi, qui se veut à la pointe de la pub, du people et de l'enquête. C'est ainsi que Fabrice Lhomme, ancien du *Monde* et spécialiste des affaires politico-financières, débarque en 2006 à *L'Équipe Mag*. Ses méthodes éprouvées, basées sur la ligne Plenel, autrement dit la pêche aux procès-verbaux, doivent permettre de sortir des scoops, notamment dans le domaine de la corruption dans le sport. Un domaine largement inexploré par *L'Équipe*, alors que les « affaires » ont explosé ces dernières années. Bien qu'annoncé triomphalement par un communiqué du quotidien sportif, le recrutement de Fabrice Lhomme ne fait pas l'unanimité dans la rédaction. « La schizophrénie du groupe faisait qu'il y avait une fracture entre les plus jeunes, intéressés par les sujets d'enquête, et les plus anciens, plutôt contre », souligne le journaliste qui avait révélé les premiers PV de l'affaire Festina, dans *France-Soir*.

Lhomme et son disciple Laurent Telò sortent quelques infos retentissantes, notamment sur les zones d'ombre dans la gestion de l'OM, les acrobaties fiscales du PSG, ou les cachotteries de l'homme d'affaires Bernard Laporte. Les lecteurs semblent suivre. Le dossier de couverture sur l'affaire Landis, le 7 juillet 2007, fait un carton. Avec 451 000 exemplaires écoulés, c'est la meilleure vente de l'année. « En plus de présenter un intérêt journalistique évident, l'investigation plaît aux lecteurs et aux annonceurs, se réjouit l'un des deux rédacteurs en chef, Jean-Philippe Leclaire. Une douzaine de fois par an, on teste les sujets et les couvertures investigation arrivent quasi systématiquement en tête. »

Mais cela reste bien faible au regard des colossaux enjeux financiers du sport. Hormis le dossier annuel sur les salaires des sportifs français les mieux payés, pas d'enquête consistante sur le foot business. Jean-Michel Aulas, le tout-puissant président de l'Olympique lyonnais, peut dormir sur ses deux oreilles… « Les papiers, par ailleurs excellents, sur Laporte, servent de caution, témoigne un reporter sous couvert d'anonymat. Dès qu'on propose des sujets et qu'ils sont recalés, Leclaire répond invariablement: Laporte. Mais à part Laporte et quelques sujets de police et de justice comme l'affaire Kachkar – l'homme d'affaires canadien au pedigree douteux qui a failli mettre la main sur l'OM en 2007 –, on ne publie pas des masses d'enquêtes. » Et quand on lui parle d'Andrew Jennings, le journaliste britannique qui traque sans relâche les turpitudes politico-financières de la FIFA, Leclaire sort son lance-flammes et carbonise l'impudent *rosbif* d'un définitif : « Ce type est un gauchiste. » *Shocking* ! Lors d'un entretien avec l'auteur, le rédacteur en chef aura ce cri du cœur : « Nous ne sommes pas *Le Canard enchaîné* du sport. »

On peut d'autant moins en douter qu'à *L'Équipe Mag*, l'ombre de l'autocensure peut planer sur une enquête béton sous – presque – tous rapports. Dans son très fouillé dossier sur Robert Louis-Dreyfus, le richissime propriétaire de l'OM – publié le 11 mars 2006, soit deux jours avant l'ouverture du procès des comptes du club phocéen –, Laurent Telò doit étrangement passer sous silence une info des plus croustillantes. De source sûre, le reporter de *L'Équipe Magazine* sait que le gendre du procureur de Marseille, Jacques Beaume, en charge du procès, est un employé de la branche maritime du groupe de Dreyfus !

D'autres auraient hurlé au conflit d'intérêt pour moins que ça. Mais la bombinette reste sagement dissimulée dans l'arsenal d'Issy-les-Moulineaux. C'est bien connu, l'abus de pastis engendre de méchants troubles de la mémoire…

## UN DÉCLIN INÉLUCTABLE ?

« *L'Équipe* connaît une baisse des ventes préoccupante. » Ce 20 mars 2008, Martin Desprez, vice-président du groupe Amaury et directeur général de *L'Équipe* par intérim, fait pour la première fois officiellement état de l'inquiétude de l'actionnaire, dans un message électronique adressé aux salariés. Il y a de quoi. En 2007, la diffusion du quotidien sportif a dégringolé de 7,80 %, à 323 184 exemplaires.

Humiliation suprême, *Le Figaro* lui chipe la place de premier quotidien national en terme de vente. Sur les quatre premiers mois de 2008, la diffusion de *L'Équipe* a encore reculé de 2,81 % par rapport à la même période de 2007. Les compteurs virent au rouge. Le bénéfice a fondu de moitié par rapport à l'année précédente, passant de 9 à 4,3 millions d'euros. Conjoncturellement, ces pertes s'expliquent par l'échec de *Rugby hebdo*, dont l'entreprise a dû solder les dettes. À quoi s'ajoute l'annulation de l'édition 2008 du Paris-Dakar, qui provoque une perte de rentrées publicitaires de l'ordre de 400 000 à 500 000 euros. Mais le mal est plus profond.

## MARIE-ODILE AUX AFFAIRES

Marie-Odile Amaury, présidente du groupe, actionne la guillotine. Première tête à rouler sur le billot, celle du directeur général, Christophe Chenut, le 28 février. Suivie trois semaines plus tard de celle de Claude Droussent, le directeur des rédactions et enfin de celle de Michel Dalloni, directeur de la rédaction du quotidien, fin mai. La patronne, qui ne venait jamais à *L'Équipe*, est désormais de toutes les réunions avec les managers du groupe. À leur grande surprise, et leur grande peur ! D'autant qu'elle ne mâche pas ces mots : elle leur confie qu'« elle n'aime pas le journal, et qu'il faut en changer et vite ! ».

Dans ce climat délétère, Martin Desprez annonce le maintien du lancement de *L'Équipe* en format tabloïd – celui de *Libération* et du *Parisien* –, par opposition à l'actuel grand format du quotidien sportif. Oui, le tabloïd verra bien le jour en juin, à l'occasion de l'Euro 2008. Un mois plus tard, le même Martin Desprez annonce le report du tabloïd à l'automne 2008. Plus vraisemblablement, il devrait voir le jour début 2009. «Ou jamais», persifle un spécialiste des arcanes « amauriennes ». Dans l'intervalle, Noël Couëdel a été nommé, fin avril, directeur éditorial chargé de veiller à la qualité et à l'évolution nécessaire des produits de la maison. « À ce titre, il a autorité sur les directeurs de rédaction avec lesquels il se réjouit de collaborer. Les deux priorités de son action sont le quotidien et *France Football*», explique un communiqué du groupe. Martin Desprez, 69 ans et Noël Couëdel, 65 ans, les papys du groupe Amaury font de la résistance. Couëdel est une vieille connaissance de la famille. En 1990, Jean-Pierre Courcol, fraîchement nommé directeur général du groupe, l'avait transféré de la direction de la rédaction de *L'Équipe* à celle du *Parisien*, devenu sous l'impulsion de Couëdel un quotidien populaire de qualité, truffé d'informations de première main et de conseils pratiques.

Le 29 avril, Couëdel envoie son guide éditorial aux salariés de *L'Équipe*: «Un constat, ou un sentiment, au choix, écrit-il: alors que nous sommes omniprésents sur le terrain, ce qu'aucun autre titre ne peut se permettre, comment se fait-il que nous donnions si souvent l'impression d'un journal froid, désincarné, au ton clinique, cruellement dépourvu d'âme, de chair, d'émotion et de plaisir ? La lecture de *L'Équipe* ne doit pas être une source d'accablement supplémentaire mais plutôt un court moment de bonheur (enfin pas trop court quand même…). Comment faire? Lâchons un peu la bride à notre sensibilité, à la générosité de notre regard, à notre faculté d'aimer ou de ne pas aimer.»

Pour Couëdel et Desprez, les hommes de la situation s'appellent Rémy Dessart et Fabrice Jouhaud. Deux anciens piliers du *Bild* français, un projet de tabloïd trash qui devait chasser sur les terres du *Parisien*… et de *L'Équipe*.

Mort-né, le projet est arrêté par le groupe Bertelsmann en juillet 2007. Mais fidèle à son habitude, le groupe Amaury débauche les ennemis d'hier. Bureau, le traître du *Sport*, avait été rappelé par Courcol à la fin des années quatre-vingt. Jouhaud avait été viré en 2004. Le choix de ces profils prouve que le groupe veut tourner la page Droussent et placer des managers à la tête de *L'Équipe*. Des patrons de choc « efficaces » et « pragmatiques » qui sauront secouer le cocotier des « conservatismes » et autres « acquis sociaux ». Du pain bénit pour les gazettes économiques autorisées, fanas des opérations–restructuration musclées. Auréolé du lancement réussi du magazine *Capital*, Rémy Dessart est attendu comme le messie. Par l'actionnaire en tout cas, qui veut renflouer sa cagnotte. Aux dernières nouvelles, les syndicats étaient un poil moins emballés. Fin août, François Morinière est nommé directeur général. L'ancien président du groupe d'affichage publicitaire CBS Outdoor ne connaît pas plus la presse que Christophe Chenut à son arrivée en 2003. Aucune importance. On lui demande juste de remplir les caisses. Dans *Le Figaro* du 28 août, ce spécialiste du marketing affirme miser sur « la force d'un titre leader dans son domaine, et unanimement respecté ». Pour ceux qui en doutaient encore, Antoine Blondin et Jacques Goddet sont bien morts.

Chargé de remettre à flots le quotidien, navire amiral et principale source de revenus du groupe *L'Équipe*, Fabrice

Jouhaud, lui, n'arrive pas en terrain conquis. L'impétueux chef du foot de 2000 à 2004 n'a pas laissé que des bons souvenirs dans la maison : « Il a le talent mais pas la maturité. C'est un sale gosse, à la tête de la rubrique foot, il manquait de fond, il s'est grillé tout seul. Jouhaud a nettoyé l'encadrement intermédiaire au Karcher, il a manqué de savoir-faire, il avait la grosse tête », flingue Marc Van Moere. Un autre rédacteur en chef complète le tableau : « En 2003, il n'était pas mûr, il avait des défauts de gestion, de réflexion, il n'était pas encore fait. Il avait encore besoin de patine, de passer sous la brosse, comme dans les caves d'affinage. » À l'inverse, Pierre Ballester ne tarit pas d'éloges sur l'ancien directeur du Centre de formation des journalistes: « Fabrice Jouhaud n'a pas d'états d'âme, si un mec fait mal son boulot, il ne met pas de gants. Comme il est bon il a le droit d'être dur. Il a mené la rubrique football avec poigne et autorité mais lui a donné un sens », fayote-t-il. Un sens plus people ? Dès son premier jour aux manettes, Fabrice Jouhaud publie une grande photo de la star brésilienne Ronaldo, en vacances, toute bedaine dehors, dans *L'Équipe* du 2 septembre 2008. Du jamais vu à *L'Équipe*, traditionnellement rétive à la peopolisation, en dehors du magazine. Il y a de la rupture dans l'air…

À moins que le pas de deux de Marie-Odile Amaury montre dans quel marasme stratégique se trouve le groupe. « Ils enchaînent une phase d'immobilisme avec une phase de suractivité, remarque un ancien reporter maison. On laisse Chenut et Droussent manœuvrer, et tout d'un coup on leur coupe la tête après un mauvais résultat, où est la cohérence ?» Le tandem paie l'échec de la politique de diversification de la marque *L'Équipe*. Créations récentes, *L'Équipe féminine*, arrêtée en 2007, *L'Équipe junior* et la radio RTL-*L'Équipe* ne rapportent pas un kopeck. Simple comme un compte d'exploitation à la dérive.

Plus relationnelle que son défunt mari, Marie-Odile Amaury n'est pas pour autant people. Aussi près du bonnet que Philippe, elle gère le groupe, dont elle a hérité, à l'économie. «Elle est près de ses sous, ironise Mireille Paraillous, ex-déléguée CFDT du *Parisien*. À la cantine, elle compte tout jusqu'au dernier centime.» Bien obligée, en ces temps de disette. À la tête d'un patrimoine de 228 millions d'euros, la famille Amaury a rétrogradé en 2008 de la 95e à la 166e place du palmarès des 500 plus grosses fortunes de France, publié chaque année par le magazine *Challenges*. La honte ! Soutien indéfectible de son mari, «Marie-Odile a régulièrement coaché Philippe, témoigne Courcol. C'est une femme alsacienne courageuse et obstinée. Mais elle n'a jamais été un manager de sa vie et maintenant qu'elle est présidente d'un groupe, elle le gère pour ses enfants.» Bon sang ne saurait mentir, les petits derniers ne sont pas du genre à se faire remarquer. Aurore Amaury, la trentaine un peu mûre, a travaillé dans un cabinet d'avocats d'affaires aux États-Unis. Elle a été nommée

« directrice du développement» après avoir conduit un audit des filiales du groupe. Relativement sociable, comme sa mère, l'aînée de la fratrie n'aime pas qu'on lui dicte sa conduite. Jean-Étienne, lui est le digne héritier de Philippe Amaury. On ne sait à peu près rien de lui. Si ce n'est qu'il a obtenu un master of business administration (MBA) dans une université américaine. Timide et réservé, le cadet se tenait à l'écart de l'agitation mondaine et des activités du groupe. Jusqu'à sa nomination surprise à la tête d'Amaury sport organisation, début octobre.

Moins langue de bois en *off*, d'anciens dirigeants n'épargnent par Marie-Odile Amaury : « Il vaudrait mieux qu'elle ne soit pas plus directive. "MOA" n'a pas le niveau », taille dans le vif un ancien cadre dirigeant du groupe. Un autre estime qu'elle « n'a pas l'envergure. Si elle garde les commandes, le groupe ira à la cata ». Cette dernière a refusé de répondre à nos questions.

Au-delà des insuffisances supposées de sa présidente, le groupe Amaury souffre cruellement de l'absence d'un vrai capitaine. Depuis la mort de Philippe Amaury, la flotte navigue à vue, faute de stratégie clairement déterminée. C'est flagrant pour *L'Équipe*.

Crise de la presse quotidienne, concurrence des sites Internet, moindre appétence des lecteurs pour le sport... Le quotidien sportif ne sait plus à quel saint se vouer pour sortir la tête de l'eau. À son époque au moins, Jean-Pierre Courcol fixait le cap. « Fondamentalement il avait un projet, dit Jean Gersin, ancien délégué CGT du livre à *L'Équipe*. Si vous prenez la carte des groupes de presse, Amaury dispose de gros moyens pour se développer et agrandir son périmètre. Mais Philippe Amaury, c'était Monsieur Homais[1], un apothicaire de province obsédé par la préservation de son patrimoine. Jean-Pierre Courcol avait un état-major derrière lui, qui a appliqué des choses simples mises en place dans d'autres groupes. » Un cégétiste qui fait l'éloge d'un patron à la réputation d'homme brutal, on aura tout vu !

L'entrepreneur du groupe de 1982 à 2002, c'est donc lui. Il gagne la bataille contre *Le Sport*, introduit les études marketing, inexistantes à *L'Équipe*. Il modernise *Le Parisien* avec Noël Couëdel, et c'est encore lui qui a l'idée magistrale de lancer *Aujourd'hui en France*, qui devient un énorme succès commercial. Quand Courcol réussit, il réussit vraiment. Mais quand il se plante…

## LA SPIRALE DE L'ÉCHEC

On cite souvent en exemple le Futuroscope, que l'on devrait rebaptiser « Fiascoroscope ». En 2000, Jean-Pierre Courcol convainc Philippe Amaury d'acheter ce parc d'attraction. Pour résumer, Courcol se fait rouler dans la farine par René Monory, créateur du parc en tant que président du Conseil général de la Vienne. La mariée est trop belle, les coûts de structure s'avèrent plus lourds que prévu. Et le groupe Amaury n'a pas les coudées franches pour investir. Là-dessus se greffent les attentats du 11 Septembre. Plus de voyages scolaires, la fréquentation baisse vertigineusement, obligeant Amaury à revendre en catastrophe. « Le Futuroscope n'était pas une idée absurde. Ce qu'on ne savait pas c'était que la gestion était impossible compte tenu du contrôle exercé par le département, nuance Gérald de Roquemaurel[2], représentant du groupe Lagardère au conseil d'administration du groupe Amaury de 1983 à fin 2006. Cela a été présenté comme une bonne opportunité. Jean-Pierre Courcol a mis fin lui-même à l'histoire. » Plus direct, un autre Lagardère boy relève que si Courcol « a échoué, il s'est comporté en entrepreneur. Il a dû passer en force, compte tenu des réticences de Philippe Amaury à prendre des risques. Le groupe Amaury a perdu 240 millions de francs dans l'affaire du Futuroscope. Pour un groupe qui avait 600 millions de francs en caisse, ce n'était pas un problème. Le Futuroscope a été utilisé par Philippe Amaury contre Jean-Pierre Courcol », prié de rendre son tablier de président du directoire en 2002. Conséquence pour les salariés : l'immeuble construit sur un terrain d'Issy-les-Moulineaux est revendu en urgence à Canal Plus pour réapprovisionner la cagnotte du groupe.

Six ans plus tard, ils se préparent à déménager, cette fois pour de bon. Sans savoir si une partie d'entre eux restera sur le carreau. *France Football* est l'homme malade du groupe. Bien plus gravement atteint que le quotidien, *FF* a perdu 10 % de son lectorat en 2007 et plafonne à 300 000 exemplaires, contre 350 000 quatre ans auparavant. L'édition du vendredi est menacée de passer à l'as. Guère mieux lotie, la direction de L'Équipe TV, qui a fêté ses dix ans le 31 août 2008, s'attend au pire, résignée. « En 2004, Canal Plus, qui nous distribue sur son bouquet satellite, a diminué d'un tiers sa redevance. Il a fallu digérer cette perte de revenus et le plan social qui allait avec. On peut craindre que Canal, fort de sa position de monopole après la fusion de son concurrent TPS, soit tenté de ne plus rien nous verser du tout », s'inquiète Claude Sarre, directeur adjoint de la rédaction. La chaîne devait renouveler son contrat avec Canal Plus fin 2008. Le début de la fin ? Que le carré de fans se rassure : L'Équipe TV peut compter sur le renfort de poids du petit dernier, le site internet L'Équipe.fr, lancé en 2000. Le vilain petit canard du groupe, chroniquement déficitaire jusqu'en 2003, s'est mué en poule aux œufs d'or. Au point que depuis la fusion des deux, en 2004, L'Équipe 24/24 est portée par les bonnes performances économiques du site, dont la fréquentation et les recettes publicitaires ont explosé en cinq ans. « Avant même sa création, lequipe.fr était citée en troisième position parmi les sites d'information sportive les plus consultés. C'est aujourd'hui le premier site sportif en langue française et même le premier site média tout court en période de Coupe du monde de foot », plastronne Stéphane Bitton[3], alias Louis XVI – à cause de ses favoris. Le bénéfice net de L'Équipe 24/24 est passé de 210 000 euros – autant dire rien du tout – en 2004 à 2,3 millions deux ans plus tard, soit près du quart de celui du quotidien. Pas mal pour une rédaction de soutiers sous-payés et bénéficiant d'avantages sociaux inférieurs à ceux de leurs confrères du quotidien. « On ramène de l'argent au groupe mais on continue à être moins bien traités que les journalistes de *France Foot*, qui en perd, ça finira par péter à la gueule de la direction », grogne une petite main de L'Équipe.fr.

## LAGARDÈRE EN EMBUSCADE

Les caisses sont pleines, on le sait, mais il est sacrément difficile de connaître leur contenu, tant les Amaury cultivent un goût du secret remontant au patriarche Émilien. Une amende de 1 500 euros est prévue en cas d'infraction à l'obligation de publier les bénéfices de l'entreprise, et 3 000 euros pour les récidives. Pas très dissuasif. En principe, les financeurs publics de la Grande Boucle – en particulier les municipalités – devraient demander des comptes au partenaire prive qu'est ASO. Ils s'en gardent bien. Le Tour de France est bien trop populaire.

Peu avant les fêtes de fin d'année 2007, les rumeurs de rachat du groupe, qui a enregistré un bénéfice de 36,5 millions d'euros en 2006, vont bon train. Arnaud Lagardère a fait une offre globale auprès de Marie-Odile Amaury, vers le 20 décembre. Information confirmée par Michel Dalloni à la Société des journalistes en janvier 2008. « Arnaud a encore dit lors d'un séminaire que, si *L'Équipe* et ASO étaient à vendre, il achèterait, confirme Christian de Villeneuve[4], ex-directeur de la rédaction du *Parisien*, passé chez Lagardère dont il dirige le pôle magazine. Mais pour l'instant Marie-Odile Amaury ne veut rien entendre. » Cet intérêt du groupe Lagardère ne date pas d'aujourd'hui. « Quand Jean-Luc Lagardère est entré au capital, on a senti qu'il venait pour le sport et *L'Équipe*. Là, il s'est conduit comme s'il était le patron. Philippe Amaury a senti ça. Il s'est dit : "Il va me piquer *L'Équipe*", raconte Courcol. Je suis arrivé avec la mission d'empêcher Lagardère de prendre *L'Équipe*. Jean-Luc Lagardère était lui-même présent au conseil d'administration. Lagardère a dit : "Je veux visiter *L'Équipe*, je veux m'adresser à la rédaction, je veux faire ci", ce que Philippe Amaury ne supportait pas. »

Diplomatiquement, Gérald de Roquemaurel, l'homme à l'éternel nœud papillon – sa griffe – fait entendre la voix du groupe Lagardère : « Tout le monde s'est toujours comporté comme de bons partenaires, nous comme actionnaire, le groupe Amaury comme associé, toujours avec la plus parfaite correction», glisse l'ancien président d'Hachette Filipacchi médias.

Jean-Luc Lagardère faisait le raisonnement suivant: «Ou les choses marchent bien et ce sera une bonne affaire, ou cela ne marche pas et je récupère le groupe.» Il pensait qu'il n'y avait pas de risque, compte tenu du prix d'entrée très bas: 20 millions de francs de l'époque, pour un groupe qui vaut aujourd'hui un milliard d'euros. Grosso modo, la valeur de la participation est de 10 millions d'euros d'aujourd'hui rapportés aux francs de l'époque, pour une capitalisation actuelle aux alentours de 200 à 250 millions d'euros.

«Quand il a fallu sortir de la bagarre entre Francine et Philippe Amaury, Jean-Marie Burguburu [l'avocat et administrateur du groupe] est venu voir l'avocat de Lagardère avec l'accord de Philippe Amaury, précise un ex-haut dirigeant du groupe Lagardère. Et à partir de là, un protocole a été trouvé entre les deux parties. Se posait le problème du paiement des droits de succession, Philippe Amaury n'ayant pas d'argent. Jean-Luc Lagardère les a réglés moyennant 35 % des actions. Les conditions étaient non-négociables côté Philippe Amaury. J'ai vécu la négociation aux côtés de Théo Klein [grand avocat, ancien président du Conseil représentatif des institutions juives de France]. Il nous fallait dans les faits un droit absolu de préemption, l'affaire n'était pas chère, c'était une façon de compenser le côté minoritaire. Ce droit de préemption absolu signifiait aussi qu'aucun autre actionnaire ne pouvait entrer dans le capital, sauf accord de Lagardère. »

Sûr de lui, Jean-Luc Lagardère sous-estime l'esprit d'indépendance de Philippe, hérité d'Émilien. « Il y a eu un petit moment de crispation lorsque Amaury a racheté 10 % des parts, comme prévu par l'accord, assez tôt, en 1985, selon cette même source. Ces 10 % ont été évalués selon une clé dépendant des résultats du groupe. Amaury a choisi une mauvaise année pour racheter les actions. Cela nous a énervés, nous avons manifesté cette mauvaise humeur. Ce n'était pas très élégant, "n'oubliez pas qu'on vous a aidé", voilà ce qu'on leur a dit. » Amaury les rachète pour 5 millions de francs. Une aumône. « Mais on a quand même fait des bénéfices sur l'affaire, dans les cinq ans. Très vite le groupe s'est redressé, il est devenu une machine à fric. » Ouf, on respire…

Pour l'heure, le groupe Amaury n'est pas à vendre. Christian de Villeneuve juge sans concession la stratégie du groupe : « Martin Desprez gère le patrimoine des Amaury comme un notaire. Ça manque de folie tout ça. Compte tenu du train de vie modeste des Amaury, leur seul objectif est l'enrichissement. Philippe Amaury est mort avec sa vieille Safrane, animé d'une idéologie anti-luxe. Chez les Amaury il y a un idéal ascétique d'une part, la volonté de faire fructifier d'autre part : j'ai reçu tant, je dois rendre plus, c'est la parabole des talents. Le tout doublé d'une stratégie plus défensive qu'offensive. »

Les occasions d'agrandir le périmètre n'ont pourtant pas manqué. Mais la stratégie familiale est restée la même. « Philippe Amaury refusait de descendre en dessous de 75 % du capital du groupe et en dessous de 100 % dans les filiales, regrette Jean-Pierre Courcol. Et il refusait tout endettement. Le groupe avait zéro franc de dettes à court et long terme et une trésorerie abondante. J'ai voulu prendre le contrôle du palais des Sports, mais Philippe Amaury ne voulait pas dépendre de la Ville de Paris. J'ai essayé à de nombreuses reprises de le convaincre de racheter le groupe Hersant. Philippe Amaury a finalement dit non, ce qui a conduit aux conneries du Futuroscope. »

Le groupe acquiert 10 % du capital de M6. Mais Philippe Amaury refuse de mettre au pot et revend trop tôt sa participation. Aujourd'hui, ces actions valent une fortune ! « Il y a eu aussi une opportunité de prendre 10 à 20 % du capital de Canal Plus, relate encore Courcol. Je les avais approchés. Les débuts de Canal étaient catastrophiques, ça ne valait pas grand-chose. J'en ai parlé à l'époque à Martin Desprez et Philippe Amaury. Leur réponse : pas de fric, pas de trésorerie, alors que pour 25 millions de francs, on pouvait avoir 10 % de Canal Plus. On a raté ce coup-là. »

Pour l'éternité.

# NOTES

**Le symbole Ballester**

1. Entretien avec l'auteur du 23 novembre 2006. Toutes les citations de Pierre Ballester sont issues de cet entretien, sauf mention contraire.
2. *Le Quotidien* du 15 juillet 1993, cité dans *Le Canard enchaîné* du 21 juillet 1993.
3. Bruno Roussel, *Tour de vices*, Hachette Littératures, 2001.
4. *L'Équipe* du 14 juillet 2003.
5. Triple vainqueur de Paris-Roubaix, cet ancien coureur belge a été suspendu deux ans pour une affaire de dopage.
6. Jérôme Bureau, numéro un et Claude Droussent, numéro deux.
7. En accroissant la teneur sanguine en oxygène, l'érythropoïétine (EPO) synthétique améliore l'endurance et la vitesse.
8. « À deux vitesses », *L'Équipe* du 14 juillet 1999.
9. Pierre Ballester et David Walsh, *L.A. Confidential*, La Martinière, 2004.
10. « Croyez-moi ! », *L'Équipe* du 20 juillet 1999.
11. « Le come-back du siècle », *L'Équipe* du 26 juillet 1999.
12. Entretien avec l'auteur du 11 octobre 2007. Toutes les citations de Jean-Michel Rouet sont issues de cet entretien, sauf mention contraire.
13. Willy Voet, *Massacre à la chaine*, J'ai lu, 1999 ; Jérôme Chiotti, *De mon plein gré*, Calmann-Lévy, 2001.
14. Entretien avec l'auteur du 27 mars 2007. Toutes les citations de Marc Van Moere sont issues de cet entretien, sauf mention contraire.
15. Entretiens avec l'auteur 26 juillet et 27 novembre 2007. Toutes les citations de Damien Ressiot sont issues de ces entretiens, sauf mention contraire.
16. *Libération* du 7 juillet 2001.
17. Entretien avec l'auteur du 19 octobre 2007. Toutes les citations de Frédérique Galametz sont issues de cet entretien, sauf mention contraire.
18. *L'Équipe* du 10 juillet 2007.

19. Entretien avec l'auteur du 19 novembre 2007. Toutes les citations de Philippe Le Gars sont issues de cet entretien, sauf mention contraire.
20. Entretien avec l'auteur du 30 novembre 2007. Toutes les citations de Manuel Martinez sont issues de cet entretien, sauf mention contraire.

**Première partie : *L'Équipe*, un monopole**

1. Entretien avec l'auteur du 6 février 2008. Toutes les citations de Françoise Inizan sont issues de cet entretien, sauf mention contraire.
2. Entretien avec l'auteur du 6 octobre 2007. Toutes les citations de Laurent Wetzel sont issues de cet entretien, sauf mention contraire.
3. Antoine Blondin, *Sur le Tour de France*, Table ronde, 1977.
4. René Laure, *Le Grand Écart d'Émilien Amaury*, éditions de Sauvebonne, 1998. Publié à compte d'auteur, ce livre n'a pas été distribué en librairie.
5. Jacques Goddet, *L'Équipée belle*, Robert Laffont/Stock, 1991.
6. Entretien avec l'auteur du 23 juin 2007. Toutes les citations de Pierre Skawinski sont issues de cet entretien, sauf mention contraire.
7. Entretiens téléphoniques avec l'auteur du 1er mai 2007, du 29 février et du 5 mai 2008. Toutes les citations d'Henri Garcia sont issues de ces entretiens, sauf mention contraire.
8. Cité dans Christophe Penot, *J'écris ton nom Tour de France*, Cristel, 2002.
9. Courriel à l'auteur du 23 octobre 2007. Toutes les citations de Christophe Penot sont issues de ce courriel, sauf mention contraire.
10. Jacques Marchand, *Jacques Goddet*, Atlantica, 2002.
11. *L'Auto* du 26 juillet 1940. Cité dans *Le journal* L'Auto *sous l'Occupation*, un mémoire de maîtrise d'histoire contemporaine soutenu en 2000 par Frédéric Pierre, étudiant à l'université de Bourgogne, et dans la biographie de Jacques Marchand.
12. Le secrétaire général de *L'Auto*, Jacques May, était juif. Il échappera aux rafles et reprendra son poste à la Libération. C'est lui qui a soufflé à Jacques Goddet le nom du nouveau journal, *L'Équipe*.
13. Jean Diwo, *L'Empereur*, Flammarion, 1994.
14. Jean-Michel Cadiot, *Francisque Gay et les démocrates d'inspiration chrétienne*, Salvator, 2006.
15. Courriel de Jean Sangnier à l'auteur du 15 septembre 2007.
16. Résistant de la toute première heure, Gilbert Renault alias le

célèbre colonel Rémy a créé et dirigé l'un des plus importants réseaux d'espionnage de la France libre.
17. Claude Hisard, *Histoire de la spoliation de la presse française*, Librairie française, 1955.
18. Entretiens téléphoniques avec l'auteur du 30 juin, 1er juillet et 16 juillet 2007. Toutes les citations de Jacques Thibert sont issues de ces entretiens, sauf mention contraire.
19. Entretien avec l'auteur du 4 juin 2007. Toutes les citations de Jacques Ferran sont issues de cet entretien, sauf mention contraire.
20. Entretien avec l'auteur du 13 juillet 2007. Toutes les citations d'André Lafargue sont issues de cet entretien, sauf mention contraire.
21. Candidat d'extrême-droite aux élections présidentielles de 1965, l'avocat Jean-Louis Tixier-Vignancour avait milité pour l'Algérie française.
22. Entretien avec l'auteur du 25 janvier 2007. Toutes les citations d'Alain Griotteray sont issues de cet entretien, sauf mention contraire.
23. Entretien avec l'auteur du 7 juin 2007. Toutes les citations de Jean-François Renault sont issues de cet entretien, sauf mention contraire.
24. Entretiens avec l'auteur du 16 avril et du 30 juin 2007. Toutes les citations de Jacques Marchand sont issues de ces entretiens, sauf mention contraire.
25. Entretien avec l'auteur du 23 novembre 2007. Toutes les citations de Guy Bechtel sont issues de cet entretien, sauf mention contraire.
26. Entretiens avec l'auteur du 4 avril et du 12 septembre 2007. Toutes les citations de Jean-Pierre Courcol sont issues de ces entretiens, sauf mention contraire.
27. Entretien avec l'auteur du 11 septembre 2007. Toutes les citations de Mireille Parailloux sont issues de cet entretien, sauf mention contraire.
28. Entretien avec l'auteur du 29 janvier 2008. Toutes les citations de Xavier Couture sont issues de cet entretien, sauf mention contraire.
29. Entretien avec l'auteur du 25 septembre 2007. Toutes les citations d'Éric Brame sont issues de cet entretien, sauf mention contraire.
30. Entretien avec l'auteur du 16 octobre 2007. Toutes les citations de Patrick Blain sont issues de cet entretien, sauf mention contraire.
31. Allusion aux affaires de dopage sur le Tour de France et à l'annulation

de l'édition 2008 du rallye Paris-Dakar, autant de coups durs pour le groupe Amaury, également propriétaire de *L'Équipe*.

32. Communiqué de l'Olympique lyonnais, 6 février 2008.

33. « Aulas aime ses classiques », *L'Équipe* du 11 mars 2008.

34. *L'Équipe* du 5 février 2008.

35. Le 6 avril 1987, la Commission nationale des communications et libertés (CNCL), ancêtre du Conseil supérieur de l'audiovisuel, entérine, avec l'accord du gouvernement, la privatisation de TF1 au profit d'un consortium conduit par le groupe Bouygues.

36. Entretien avec l'auteur du 25 janvier 2008. Toutes les citations de Daniel Druon sont issues de cet entretien, sauf mention contraire.

37. *Stratégies* du 26 avril 2002.

38. Entretiens avec l'auteur du 10 janvier et 18 janvier 2008. Toutes les citations d'Éric Maitrot sont issues de ces entretiens, sauf mention contraire.

39. *Stratégies* du 30 mai 1988.

40. Dans le jargon de la presse, le bouillon désigne les exemplaires invendus.

41. Organe non exécutif qui nomme les membres du directoire, ainsi que son président et supervise leur action dans les sociétés anonymes « à l'allemande », constituées sous forme de directoire et conseil de surveillance.

42. Organe de décision chargé de la gestion de l'entreprise.

43. *Stratégies* du 28 août 1998.

44. Entretien avec l'auteur du 25 juin 2007. Toutes les citations de Jean-Yves Viollier sont issues de cet entretien, sauf mention contraire.

45. Entretien avec l'auteur du 14 février 2008. Toutes les citations de Christian Bîmes sont issues de cet entretien, sauf mention contraire.

46. Entretien avec l'auteur du 12 décembre 2007. Toutes les citations de Claude Droussent sont issues de cet entretien, sauf mention contraire.

47. Entretien avec l'auteur du 28 septembre 2007. Toutes les citations de Dominique Candille sont issues de cet entretien, sauf mention contraire.

48. Entretien avec l'auteur du 23 juillet 2007. Toutes les citations de Fabrice Lhomme sont issues de cet entretien, sauf mention contraire.

49. Entretien téléphonique avec l'auteur du 23 janvier 2008. Toutes les citations de Dominique Bonnot sont issues de cet entretien, sauf mention contraire.

50. Entretien avec l'auteur du 1er février 2008. Toutes les citations de Marie Gérard sont issues de cet entretien, sauf mention contraire.
51. Entretien avec l'auteur du 17 septembre 2007. Toutes les citations de Francis Monsenergue sont issues de cet entretien, sauf mention contraire.
52. *Sport à la une*, Calmann-Lévy, 1986.
53. Entretien avec l'auteur du 24 janvier 2008. Toutes les citations de Bernard Lapasset sont issues de cet entretien, sauf mention contraire.
54. *Sport et télé : les liaisons secrètes*, Flammarion, 1995.
55. Courriel à l'auteur du 7 mars 2008. Toutes les citations d'Henri Sérandour sont issues de ce courriel, sauf mention contraire.

**Deuxième partie : L'affaire Jacquet**

1. *Libération* du 30 mai 1998.
2. *Le Monde* du 18 juillet 1998.
3. Entretien avec l'auteur du 3 septembre 2007. Toutes les citations de Christian Montaignac sont issues de cet entretien, sauf mention contraire.
4. Signature du *Canard enchaîné* pendant la Première Guerre mondiale, l'auteur des *Croix de bois* inventa la formule « drôle de guerre » lors d'un reportage publié dans *Gringoire.*
5. *L'Équipe, 60 ans, 1946-2006, soixante ans de la vie d'un journal*, éditions *L'Équipe*, 2006.
6. Entretien avec l'auteur du 4 décembre 2007. Toutes les citations de Pierre-Marie Descamps sont issues de cet entretien, sauf mention contraire.
7. *Libération* du 14 juillet 1998.
8. *Le Monde* du 21 juillet 1998.
9. *L'Équipe* du 13 juillet 1998.
10. *L'Équipe* du 14 juillet 1998.
11. *Ibid.*
12. *Le Monde* du 21 juillet 1998.
13. Jean-Jacques Bozonnet, *La Revanche d'Aimé Jacquet*, Seuil, 1999.
14. *L'Équipe* du 15 juillet 1998.
15. Entretien avec l'auteur du 2 novembre 2007. Toutes les citations de Patrick Lafayette sont issues de cet entretien, sauf mention contraire.

16. *France Football* du 16 décembre 2005.
17. *Ibid.*
18. Claude Simonet, président de la Fédération française de football de 1994 à 2005.
19. *France Football* du 21 mars 1995.
20. Entretien avec l'auteur du 14 janvier 2008. Toutes les citations de Denis Chaumier sont issues de cet entretien, sauf mention contraire.
21. *L'Équipe* du 15 février 1994.
22. *Le Parisien* du 16 février 1994.
23. *L'Équipe* du 17 novembre 1994.
24. *L'Équipe* du 14 décembre 1994.
25. *L'Équipe* du 30 mars 1995.
26. *L'Équipe* du 31 mars 1995.
27. *L'Équipe* du 27 avril 1995.
28. *Ibid.*
29. Jean-Jacques Bozonnet, *La Revanche d'Aimé Jacquet*, Seuil, 1999.
30. Entretien téléphonique avec l'auteur du 4 novembre 2007. Toutes les citations de Jean-Jacques Vierne sont issues de cet entretien, sauf mention contraire.
31. Entretien avec l'auteur du 10 décembre 2007. Toutes les citations de Gérard Ejnès sont issues de cet entretien, sauf mention contraire.
32. *L'Équipe magazine* du 9 mars 1996.
33. *L'Équipe* du 27 juin 1996.
34. Entretien avec l'auteur du 7 janvier 2008. Toutes les citations de Michel Nait- Chalal sont issues de cet entretien, sauf mention contraire.
35. Entretien avec l'auteur du 29 octobre 2007. Toutes les citations de Vincent Duluc sont issues de cet entretien, sauf mention contraire.
36. Entretien avec l'auteur du 31 octobre 2007. Toutes les citations d'Alain Beyer sont issues de cet entretien, sauf mention contraire.
37. Entretiens avec l'auteur du 12 octobre 2007 et 7 mai 2008. Toutes les citations de Didier Braun sont issues de ces entretiens, sauf mention contraire.
38. Entretien avec l'auteur du 26 octobre 2007. Toutes les citations d'Olivier Margot sont issues de cet entretien, sauf mention contraire.
39. *L'Équipe* du 2 septembre 1966.
40. *L'Équipe* du 28 mai 1973
41. *L'Équipe* du 21 novembre 1996.

42. *L'Équipe Magazine* du 7 septembre 1996.
43. Aimé Jacquet, *Ma vie pour une étoile*, Robert Laffont-Plon, 1999.
44. *Libération* du 17 juillet 1987.
45. *L'Équipe* du 21 janvier 1997.
46. *Ibid.*
47. Entretien avec l'auteur du 14 décembre 2007. Toutes les citations d'Étienne Bonamy sont issues de cet entretien, sauf mention contraire.
48. *L'Équipe* du 6 mai 1998.
49. *Les Cahiers du football* du 27 avril 1998.
50. *L'Équipe* du 22 février 1997.
51. *La Revanche d'Aimé Jacquet, ibid.*
52. *France Football* du 10 juin 1997.
53. *L'Équipe* du 18 juin 1997.
54. *L'Équipe* du 26 mars 1998.
55. *Ibid.*
56. Le grand reporter Albert Londres (1884-1932), figure tutélaire de la profession en France, pensait que tout journaliste digne de ce nom a le devoir de « porter le fer dans la plaie et de juger la chose jugée ».
57. *Ma vie pour une étoile, ibid.*
58. Entretien avec l'auteur du 4 janvier 2008. Toutes les citations de Benoît Cambillard sont issues de cet entretien, sauf mention contraire.
59. *Ma vie pour une étoile, ibid.*
60. *L'Équipe* du 6 mai 1998.
61. *Ma vie pour une étoile, ibid.*
62. *Ma vie pour une étoile, ibid.*
63. *Le Canard enchaîné* du 15 juillet 1998.
64. Entretien avec l'auteur du 25 octobre 2007. Toutes les citations de Francis Gabet sont issues de cet entretien, sauf mention contraire.
65. *Info matin* du 24 octobre 1995
66. Cette distinction est attribuée chaque année par l'Union syndicale des journalistes sportifs français et LCL (ex-Crédit lyonnais).
67. *Le Figaro* du 13 mars 1993.
68. *L'Événement du jeudi* du 26 octobre 1995.
69. Entretien avec l'auteur du 5 décembre 2007. Toutes les citations d'Olivier Hellard sont issues de cet entretien, sauf mention contraire.
70. *Capital* d'août 1996.
71. *Le Monde* du 24 février 1996.

72. *Ibid.*
73. *Ma vie pour une étoile, ibid.*
74. *Ibid.*
75. Propriétaire de *Libération.*
76. *Stratégies* du 31 août 1998.
77. *L'Équipée belle, ibid.*
78. *Tout à fait Thierry*, Albin Michel, 1995.
79. Entretien avec l'auteur du 24 septembre 2007. Toutes les citations de Jean-Philippe Leclaire sont issues de cet entretien, sauf mention contraire.
80. Entretien avec l'auteur du 3 octobre 2007. Toutes les citations de Virginie Sainte-Rose sont issues de cet entretien, sauf mention contraire.
81. Journal français d'extrême droite, fondé en 1930, qui s'engagera dans une collaboration active avec les occupants allemands, jusqu'à son interdiction définitive de paraître prononcée à la Libération. Cette comparaison, qu'il convient de ne pas prendre au pied de la lettre, n'engage pas l'auteur.
82. Entretien avec l'auteur du 15 septembre 2007. Toutes les citations de Pierre Ménès sont issues de cet entretien, sauf mention contraire.
83. *L'Équipe* du 27 juin 1998.
84. *La Revanche d'Aimé Jacquet, ibid.*
85. Entretien avec l'auteur du 13 avril 2008. Toutes les citations de Jérôme Latta sont issues de cet entretien, sauf mention contraire.
86. *L'Équipe Magazine* du 30 mai 1998.
87. Entretien avec l'auteur du 22 novembre 2007. Toutes les citations de Remy Lacombe sont issues de cet entretien, sauf mention contraire.
88. *France Football* du 8 mai 1998.
89. *France Football* du 26 mai 1998.
90. *France Football* du 13 mai 2008.
91. *France Football* du 3 juin 2008.
92. *Le Monde* du 14 juin 1998.
93. *La Revanche d'Aimé Jacquet, ibid.*
94. *Le Monde* du 11 juillet 1998.
95. *L'Équipe* du 10 juillet 1998.
96. *L'Équipe* du 9 juillet 1998.
97. *L'Équipe* du 14 juillet 1998.
98. *L'Équipe* du 21 décembre 1998.

99. *Ibid.*
100. Entretien avec l'auteur du 2 janvier 2008. Toutes les citations de Gilbert Chaleil sont issues de cet entretien, sauf mention contraire.
101. *La Revanche d'Aimé Jacquet, ibid.*
102. *L'Équipe de France de football, la belle histoire*, éditions L'Équipe, 2004.
103. *Le Monde* du 5 juillet 2002.
104. *Le Point* du 27 mars 1999.
105. *L'Équipe* du 26 octobre 1998.
106. *France Football* du 17 novembre 1998
107. Karim Nedjari et Éric Maitrot, *Histoire secrète des Bleus*, Flammarion, 2002.
108. *Ma vie pour une étoile, ibid.*
109. Entretien avec l'auteur du 6 décembre 2007. Toutes les citations de Christophe Chenut sont issues de cet entretien, sauf mention contraire.
110. Entretien avec l'auteur du 18 décembre 2007. Toutes les citations de Catherine Bézio sont issues de cet entretien, sauf mention contraire.
111. Notes d'audience de la 17e chambre du Tribunal correctionnel de Paris.
112. *Ibid.*
113. Extraits de vignettes de Lefred Thouron publiées dans *L'Équipe Magazine* du 7 février 1998, « Lefred revoit sa physique » :
« Il suffit de décréter l'unieung sacrée. À partir de dorémaintenant tout le monde doit utiliser l'échelle de Jacquet… France Espagne, 1 à 0, est un match sur l'échelle de Jacquet qui en compte 7… » ;
« - Et un match moyen pour les voyous chintellectuels ? -Y a plus de voyous intellectuels ! L'échelle de Jacquet devient la mesure o-ffi-cielle !!! Point ! - Y en a là dedans ! »
114. Entretien avec l'auteur du 9 juillet 2007. Toutes les citations de Jean-Pierre Versini sont issues de cet entretien, sauf mention contraire.
115. Entretien avec l'auteur du 12 juillet 2007. Toutes les citations de Basile Ader sont issues de cet entretien, sauf mention contraire.
116. *L'Équipe* du 1er janvier 1998.
117. Entretien avec l'auteur du 16 janvier 2008. Toutes les citations de Lionel Bellanger sont issues de cet entretien, sauf mention contraire.
118. *Les Cahiers du football* du 28 avril 2003.

**Troisième partie : le syndrome**

1. *Libération* du 4 octobre 1998.
2. *L'Équipe* du 4 octobre 1998.
3. *L'Équipe* du 27 décembre 2004.
4. *L'Affaire Jacquet*, Vincent Duluc, Prolongations, 2008.
5. Entretien avec l'auteur du 17 décembre 2007. Toutes les citations de Francis Deltéral sont issues de cet entretien, sauf mention contraire.
6. *L'Équipe* du 18 octobre 2007.
7. *L'Équipe Magazine* du 20 octobre 2007.
8. Entretien avec l'auteur du 28 janvier 2008. Toutes les citations de Stefan L'Hermitte sont issues de cet entretien, sauf mention contraire.
9. Entretien téléphonique avec l'auteur du 31 janvier 2008. Toutes les citations de Pierre Berbizier sont issues de cet entretien, sauf mention contraire.
10. Retranscription tirée du livre *Histoire secrète des Bleus, ibid.*
11. Manchette de *L'Équipe* du 3 juillet 2000.
12. *Histoire secrète des Bleus, ibid.*
13. *L'Équipe* du 9 juin 2008.
14. *L'Affaire Jacquet, ibid.*
15. *L'Équipe* du 30 juin 2000.
16. *L'Équipe* du 11 novembre 2001.
17. *L'Équipe* du 5 juillet 2000.
18. *L'Équipe* du 22 mai 2002.
19. *Ibid.*
20. *Histoire secrète des Bleus, ibid.*
21. *L'Équipe* du 21 avril 2002.
22. *Histoire secrète des Bleus, ibid.*
23. Bruno Godard, *Les Bleus peuvent-ils vraiment gagner la Coupe du monde ?*, Hugo & Cie, 2006
24. *Ibid.*
25. Entretien avec l'auteur du 23 novembre 2007. Toutes les citations de Michel Dalloni sont issues de cet entretien, sauf mention contraire.
26. Entretien avec l'auteur du 10 octobre 2007. Toutes les citations de Thierry Cerinato sont issues de cet entretien, sauf mention contraire.
27. Entretien avec l'auteur du 14 février 2008. Toutes les citations de Gérard Houllier sont issues de cet entretien, sauf mention contraire.

28. *L'Affaire Jacquet, ibid.*
29. *L'Équipe* du 16 mai 2006.
30. Deux ans après, on ignore toujours les raisons de la sélection de l'ex-arrière latéral de Wigan. Pascal Chimbonda a joué deux minutes du match amical France-Danemark, le 31 mai 2006, et zéro minute pendant la Coupe du monde.
31. *L'Équipe* du 27 mai 2006.
32. *L'Équipe* du 29 mai 2008.
33. *L'Équipe* du 15 mai 2008.
34. Joël Domenighetti, *Domenech*, éditions du Moment, 2008.
35. *Le Parisien* du 11 juin 2008.
36. *L'Équipe* du 20 juin 2008.
37. *L'Équipe* du 19 juin 2008.
38. *L'Équipe* du 23 juin 2008.
39. *Ibid.*
40. *France Football* du 29 octobre 2004.
41. *France Football* du 11 octobre 2005.
42. Entretien avec l'auteur du 17 octobre 2007. Toutes les citations de Jean-Marie Lorant sont issues de cet entretien, sauf mention contraire.
43. *France Football* du 20 juin 2008.
44. *France Football* du 24 juin 2008.
45. Entretien avec l'auteur du 12 mai 2007. Toutes les citations de Gilles Chappaz sont issues de cet entretien, sauf mention contraire.
46. Entretien avec l'auteur du 26 avril, du 22 mai et du 19 juin 2007. Toutes les citations de Jacques Guérin sont issues de cet entretien, sauf mention contraire.
47. *Libération* du 20 novembre 2002.
48. *Ibid.*
49. Entretien avec l'auteur du 14 septembre 2007. Toutes les citations de Xavier Meunier sont issues de cet entretien, sauf mention contraire.
50. Entretien avec l'auteur du 5 septembre 2007. Toutes les citations d'Arnaud Ramsay sont issues de cet entretien, sauf mention contraire.
51. Entretien avec l'auteur du 3 décembre 2007. Toutes les citations de Jean-Pierre Bidet sont issues de cet entretien, sauf mention contraire.
52. Entretien avec l'auteur du 5 novembre 2007. Toutes les citations de Bernard Dolet sont issues de cet entretien, sauf mention contraire.
53. *France Football* du 19 décembre 2000.

**Quatrième partie : le foot, un État dans l'État**

1. Entretien avec l'auteur du 11 janvier 2008. Toutes les citations de Gilles Pernet sont issues de cet entretien, sauf mention contraire.
2. Le navigateur Alain Colas disparaît au large des Açores le 16 novembre 1978, lors de la première édition de la Route du Rhum.
3. Centre de formation des journalistes.
4. Le 29 mai 1985, des hooligans anglais provoquent la mort de 39 spectateurs du match lors du match de finale de Coupe des champions, Liverpool-Juventus de Turin, au stade du Heysel à Bruxelles.
5. Entretiens avec l'auteur du 25 avril et 12 juin 2007. Toutes les citations de Noël Couëdel sont issues de ces entretiens, sauf mention contraire.
6. Christophe Bouchet, *L'Aventure Tapie*, Seuil, 1992.
7. *L'Équipe Magazine* du 26 janvier 1985.
8. *France Football* du 18 décembre 1984.
9. *France Football* du 18 décembre 1984.
10. *L'Équipe* du 20 mars 1990.
11. *L'Équipe Magazine* du 15 septembre 1990.
12. *L'Équipe* du 10 avril 1992.
13. *L'Equipe* du 13 novembre 1991.
14. *L'Equipe* du 18 mai 1993.
15. *L'Equipe* du 18 mai 1991.
16. *France Football* du 6 février 1986.
17. Président d'Antenne 2 et de France 3 de 1990 à 1992.
18. Repreneur de *France-Soir* en 2006, l'ancien patron du magazine de foot *But* avait défini la nouvelle donne éditoriale de façon imagée : « On ne va pas couvrir un match de foot pour raconter que Juninho a marqué un coup franc. Moi, ce qui m'intéresse, c'est de savoir dans quelles boîtes de Lyon les joueurs sont sortis, après le match, et si Juninho s'est tapé une pute. » Élu conseiller municipal UMP en charge des questions de logement à Levallois-Perret (Hauts-de-Seine), il a été condamné pour violences et menaces à caractère antisémite en juin 2008, après avoir injurié un locataire impécunieux, puis adressé un salut nazi.
19. *France Football* du 11 septembre 1990.
20. *France Football* du 25 septembre 1990.
21. *France Football* du 27 avril 1993.
22. Le mot italien *bidone* a plusieurs sens : bidon, poubelle, sale tour,

cochonnerie. *Il Bidone* est aussi le titre d'un film de Federico Fellini qui met en scène trois escrocs romains, dont l'activité principale consiste à dépouiller les pauvres.
23. *France Football* du 4 mai 1993.
24. *L'Équipe* du 21 mai 1993.
25. *L'Équipe* du 23 mai 1993.
26. *L'Équipe* du 28 mai 1993.
27. *Ibid.*
28. *L'Équipe* du 4 juin 1993.
29. *France Football* du 8 juin 1993.
30. *France Football* du 13 juillet 1993.
31. *France Football* du 14 septembre 1993.
32. Jacques Augendre, *Anquetil-Poulidor : un divorce français*, Bernard Pascuito, 2008.
33. *La Grande histoire de l'OL*, Prolongations, 2007.
34. C'est aussi le nom du blog de Pierre Ménès sur Yahoo : http://fr.sports.yahoo.com/fo/pierrotlefoot/index.html
35. Entretien avec l'auteur du 14 septembre 2007 et du 25 janvier 2008. Toutes les citations de Laurent Coädic sont issues de cet entretien, sauf mention contraire.
36. Entretien avec l'auteur du 11 avril 2007. Toutes les citations de Bruno Godard sont issues de cet entretien, sauf mention contraire.
37. *Les Bleus peuvent-ils vraiment gagner la Coupe du monde ?*, *ibid.*
38. Ex-footballeur et international français à la retraite, né en 1968, Marc Keller a notamment joué à Mulhouse, Strasbourg, Karlsruhe, West Ham et Portsmouth.
39. *L'Équipe* du 27 juin 2007.
40. *Ibid.*
41. *Les Bleus peuvent-ils vraiment gagner la Coupe du monde ?*, *ibid.*
42. Compte-rendu d'une rencontre entre la Société des journalistes et Claude Droussent, datée du 10 juin 2005.
43. Les demi-points viennent récemment d'être supprimés en août 2008, à l'aube de la nouvelle saison de Ligue 1.
44. *L'Équipe* du 14 juin 2008, au lendemain de la cuisante défaite des Bleus (4-1) contre les Pays-Bas, lors du premier tour de l'Euro.
45. Site Internet des *Cahiers du football*, 12 octobre 2005.
46. *Le Journal du dimanche* du 3 décembre 2006.

47. *Les Bleus peuvent-ils vraiment gagner la Coupe du monde?, ibid.*
48. *L'Équipe* du 7 juin 2002.
49. *La Pravda* était l'organe officiel du Parti communiste de l'Union soviétique.
50. *Carton rouge! Les dessous troublants de la FIFA*, Presses de la cité, 2006
51. *Ibid.*
52. *Platini. Le roman d'un joueur*, Flammarion, 1998.
53. *L'Équipe* du 1er avril 2005.
54. *L'Équipe Magazine* du 2 avril 2005.
55. *Ibid.*
56. *Ibid.*
57. Dépêche AFP du 1er avril 2005.
58. Lettre ouverte datée du 6 avril 2005.
59. Réponse de la direction de la rédaction datée du 7 avril 2005.
60. *L'Équipe* du 10 juillet 2006.
61. *L'Équipe* du 11 juillet 2006.
62. *Le Canard enchaîné* du 19 juillet 2006.
63. *Le Point* du 3 août 2006.
64. Le monumental *Goat*, initiales du surnom que Mohamed Ali, qui n'est pas une chèvre, s'était lui-même donné (« *Greatest of all time* », « le meilleur de tous les temps »), vaut son pesant d'or. Édité par l'Allemand Tashen et tiré à 10 000 exemplaires en 2003, le livre de 800 pages, de 50 x 50 cm, pèse 34 kgs, pour un prix à l'unité de 3 000 euros ! Source : *Le Figaro* du 14 octobre 2003.
65. Ancien journaliste de la rubrique vélo de *L'Équipe* de 1984 à 1989, Philippe Bordas est essayiste et photographe. Il a notamment publié *L'Afrique à poings nus* (Seuil, 2004), un ouvrage de photos sur les boxeurs et lutteurs du continent noir.
66. Le footballeur a annoncé sa retraite le 25 avril 2006 sur Canal Plus, alors qu'il jouait au Real Madrid, dernier club de sa carrière.
67. *France Football* du 21 juin 1994.
68. *France Football* du 1er septembre 2006
69. Entretien avec l'auteur du 21 décembre 2007. Toutes les citations de Jean Gersin sont issues de cet entretien, sauf mention contraire.
70. *France Football* du 8 juillet 2008.
71. *France Football* du 20 mai 2008.
72. Youri Djorkaeff, *Snake*, Grasset, 2006.

73. *France Football* du 25 septembre 2007.
74. *France Football* du 18 octobre 2007.

**Cinquième partie : *L'Équipe*, l'organe officiel d'ASO ?**
1. *L'Équipe* du 29 juillet 2007.
2. Entretien avec l'auteur du 17 juillet 2007. Toutes les citations de Pat McQuaid sont issues de cet entretien, sauf mention contraire.
3. *L'Équipe* du 23 septembre 2005.
4. Le jugement intégral est publié dans *Le Procès du dopage*, Jean-François Quenet, Solar, 2001.
5. Entretien avec l'auteur du 13 octobre 2007. Toutes les citations de Hein Verbruggen sont issues de cet entretien, sauf mention contraire.
6. Entretien de Christophe Penot avec Félix Lévitan, *in Ces messieurs du Tour de France*, Cristel, 2003.
7. Xavier Louy, *Vélodrame*, Jacques Marchand, Calmann-Lévy, 2008.
8. *Sauvons le Tour !*, Prolongations, 2007.
9. L'histoire est racontée en détail dans *Pierre Chany, l'homme aux 50 Tours de France*, Cristel, 1996.
10. *Anquetil le rebelle*, Jacques Marchand, Prolongations, 2007.
11. *Ibid.*
12. *Pierre Chany, l'homme aux 50 Tours de France*, Cristel, 1996.
13. Entretien avec l'auteur du 15 novembre 2007. Toutes les citations de Jean-Pierre de Mondenard sont issues de cet entretien, sauf mention contraire.
14. *Dopage, l'imposture des performances*, Chiron, 2000.
15. *Dictionnaire du dopage*, Masson, 2004.
16. *Le Tour de ma vie*, Jean-Marie Leblanc, Solar, 2007.
17. *Le Nouvel Observateur* du 9 novembre 2000 et les attendus du jugement, publiés dans *Le procès du dopage*, Jean-François Quenet, Solar, 2001.
18. *Vélodrame*, Jacques Marchand, Calmann-Lévy, 2008.
19. *L'Équipe* du 29 juin 1987.
20. Entretien avec l'auteur du 16 mars 2007. Toutes les citations d'Alain Vernon sont issues de cet entretien, sauf mention contraire.
21. *L'Équipe* du 21 avril 1994.
22. *Ibid.*
23. *Vélo Magazine*, juin 1994.
24. *L'Équipe du* 14 janvier 1997.

25. *Libération* du 20 novembre 2002.
26. *Le Tour de ma vie, ibid.*
27. *L'Équipe* du 19 juillet 1997.
28. *Le Journal du dimanche* du 1er juillet 2007.
29. *L'Équipe* du 24 juillet 2007.
30. *L'Équipe* du 30 juillet 2007.
31. *Libération* du 28 juillet 2007.
32. *L'Équipe* du 25 juillet 1998.
33. *Le Parisien* des 25 et 26 juillet 1998.
34. *L'Équipe* du 30 juillet 1998.
35. Produit dopant à base d'amphétamines.
36. *L'Équipe* du 19 octobre 2002.
37. *L'Équipe* du 27 mai 2006.
38. Entretien avec l'auteur du 23 octobre 2007. Toutes les citations de Dominique Issartel sont issues de cet entretien, sauf mention contraire.
39. Daniel Baal, *Droit dans le mur*, Glénat, 1999.
40. Pierre Chany, *L'Homme aux 50 Tours de France, ibid.*
41. Entretien avec l'auteur du 29 octobre 2007. Toutes les citations de Philippe Bouvet sont issues de cet entretien, sauf mention contraire.
42. Entretien avec l'auteur du 13 février 2008. Toutes les citations de Gilles Comte sont issues de cet entretien, sauf mention contraire.
43. *L'Équipe* du 21 juin 2006.
44. *Le Canard enchaîné*, du 24 août 2005.
45. Pierre Ballester et David Walsh, *LA. Officiel*, La Martinière, 2006.
46. *L'Équipe* du 24 août 2005.
47. *Le Tour de ma vie, ibid.*
48. *Ibid.*
49. Entretien avec l'auteur du 9 janvier 2008. Toutes les citations de Jean-Marie Leblanc sont issues de cet entretien, sauf mention contraire.
50. *Vélodrame, ibid.*
51. *Ibid.*
52. *L'Équipe Magazine* du 5 juillet 2008.
53. Pierre Ballester, *Tempêtes sur le Tour*, éditions du Rocher, 2008.
54. *L'Équipe* du 28 juillet 2003.

**Un déclin inéluctable ?**

1. En référence au personnage du roman de Flaubert *Madame Bovary*.

2. Entretien avec l'auteur du 4 juillet 2007. Toutes les citations de Gérald de Roquemaurel sont issues de cet entretien, sauf mention contraire.

3. Entretien avec l'auteur du 24 octobre 2007. Toutes les citations de Stéphane Bitton sont issues de cet entretien, sauf mention contraire.

4. Entretien avec l'auteur du 24 mai 2007. Toutes les citations de Christian de Villeneuve sont issues de cet entretien, sauf mention contraire.

## TABLE DES MATIÈRES

# REMERCIEMENTS

Tout d'abord merci à Christophe Chenut, Claude Droussent et Noël Couëdel. En acceptant de me recevoir, ils ont grandement facilité mon travail. Un grand merci à eux d'avoir joué le jeu au risque de la critique. Ils méritent la palme du fair-play !

Merci à l'éternellement jeune Jacques Marchand, dont l'érudition et l'honnêteté intellectuelle auront éclairé cette enquête.

Merci à Christophe Penot, qui m'a guidé sur les pentes escarpées de l'histoire du cyclisme.

Merci à Jean-Pierre de Mondenard, dont l'expertise sur le dopage n'a d'égale que sa rigueur et sa disponibilité. Que d'erreurs et d'imprécisions évitées grâce à lui !

Mille et un mercis aux salariés du groupe *L'Équipe*, toutes publications et tous métiers confondus, pour leur accueil bienveillant. Une dédicace spéciale à Danièle Coussot.

Merci aux anciens de *L'Équipe* pour leur précieuse collaboration.

Et merci à toutes les personnes qui m'ont accordé un entretien.

Merci à Roman Perrusset pour son implication, la qualité de ses conseils et son indulgence désormais proverbiale sur la tenue des délais.

Merci à Philippe Moreau d'avoir permis la publication de ce livre.

Enfin un grand merci à Réguia et Abel pour leur stoïque patience.

Impression : CPI Firmin Didot à Mesnil-sur-l'Estrée
Dépôt légal : octobre 2008. n° 96810-6. n° d'impression : 93403
Imprimé en France